中国教育の文化的基盤

顧 明遠 Gu Mingyuan [著]

大塚 豊 [監訳]

東信堂

中国教育的文化基礎
by
顧明遠
Japanese translation copyright © 2009 by TOSHINDO
ALL RIGHTS RESERVED

日本語版への序

　私の『中国教育の文化的基盤』が間もなく日本で出版されることになり、非常に光栄であり、喜びに堪えない。大塚豊教授が親切にも本書を紹介し、自ら翻訳して下さったことに感謝したい。この本は大半が中国の伝統文化について述べたものであり、多くの古い漢語の内容を含んでいる。それを翻訳するのは容易なことではなかったであろうが、これは大塚教授の中国語の力量を示すものである。私は中国の文化および中国の教育に対する大塚教授の理解と熱意に敬服している。

　私が本書を書こうと思ったのは90年代の初めであった。私の専門は比較教育学であり、各国の教育の比較研究を行うとき、当該国の文化的伝統と結び付けていなければ、その教育の理念や現実を理解し難いといつも感じてきた。中国の教育が現代化に向かう過程の中で、私は多くの困惑を感じることがある。中国の近代教育制度は西洋から伝わったものである。最初は日本に学び、やがて西洋に学ぶようになったのであり、必然的に西洋文化の精神がしみ込んでいる。しかし中国の伝統文化は中国人民の根であり、中国教育の根でもある。それは中国教育の価値観、人材観に深遠な影響を与えている。われわれが現代化へ向かう過程の中で、如何にして正しく世界文明のあらゆる優れた成果を吸収し、如何にしてわが国自身の文化的伝統を受け継ぎ発揚し、如何にしてそうした外来文化と内発文化とを融合させ、新たな文化を創造するかということは、中国の教育関係者が考えないわけにはいかない問題である。このために、私はこの「中国教育の文化的基盤」というテーマを選び、中国教育がいったいどのような文化的影響を受けてきたのか、どのように発展してきたのかを整理しておきたいと考えた。この問題に対して基本的な認

識を持つことで、今後の中国教育の現代化の進展について明確な見通しを持ちうるのである。しかし、このテーマは扱い難く、中国の伝統文化や西洋文化に対する透徹した理解を必要とするものであり、私には元来荷が重いものであった。そこで、私は学習する姿勢をもって、学びつつ研究し、まるまる10年の時間をかけて本書を書き上げた。かくて私の願望はいちおう達成されたと言ってよかろう。

　本書が日本で出版されるについては、鈴木慎一教授にも感謝しなければならない。鈴木教授は本書をご覧になり、日本語に翻訳して日本で出版することを希望された。それから鈴木教授は大塚教授と相談され、中国のことに通じた大塚教授が翻訳に当たることになった。これは最もふさわしい人選であった。大塚教授の中国教育研究の深さは、われわれ多くの中国人学者より勝っている。一つの例を挙げれば、1980年代の中頃、彼が中国で教育の研究をしていたとき、私に「中国には解放前に21校の教会大学があったのに、どうして1952年に中国政府が接収した時には20校になっていたのでしょう」と尋ねたことがあった。私はすぐに答えることができなかった。そこで私は彼に付き添って、わが国教育家の大先輩である陳景磐教授に面会した時に、この問題を持ち出した。陳先生の返答は、北京の輔仁大学が政府によって接収される前にすでに北京師範大学と合併していたので、接収時には計算に入れられなかったというものであった。この一事は大塚教授の中国教育研究の深さを示すものであり、彼の真摯で謹厳な態度を物語っている。このたびの本書の翻訳に当たって、彼には長い時間をとらせた。改めて大塚教授に深く感謝の意を表したい。また、日本の出版社東信堂にも感謝したい。私は本書の出版が日中の学者の交流と協力に役立つことを願っており、本書の出版が日本の同業各位に中国教育を理解するための資料と情報をいくらかでも提供できることを望んでいる。

2008年7月6日

　　　　　　　　　　　　　　　　　　　　　　　　　　　顧　明遠

原著者まえがき

　教育に関するいくつかの問題がいつも私を悩ませる。どうして素質教育^{訳1}は中国で広めるのがこんなに難しいのか。どうして学歴主義は中国人の頭の中にこびりついて衰えないのか。どうして職業技術教育が中国では発展しないのか。ここ数年来、中国では教師と親が教育に対する観念を転換すべきだと強力に唱えられているが、いかなる観念を転換すべきなのか。古い観念の生まれた根源は何なのか。またどのようにすれば新しい観念を生み出すことができるか。改革開放以来、われわれは外国の多くの教育理論や思潮を取り入れたが、どの理論が中国の国情にぴったりと当てはまるのか。またどうすればそれらを土着化しうるのか。あれこれ考えているうちに、これらの問題はいずれも中国の文化的伝統と関わりがあると感じるようになった。十数年前、教育と文化の関係を研究することが私の頭の中に芽生えた。直感的に感じたのは、教育とは一つの大河のようで、文化は河の源であり、絶えず河の中に注ぎ込んでいる湧き水のようでもあり、教育を研究するのに、文化を研究しないとすれば、この河の表面の状態を知っていても、その本質的特徴をつかむことはできないということであった。その源と5000年にわたり注ぎ込んできた湧き水を捉えてはじめて徹底的に中国の教育の精髄と本質を知ることができよう。

　しかし実際に取りかかってみると、すぐにそれが手に余る仕事だと感じた。原因は私の文化に対する素養があまりにも薄弱なことであった。不足を補う

訳1　もともと受験準備のための教育を意味する「応試教育」のアンチテーゼとして提唱された概念であるが、その後、より幅広く個人の資質、個性、特性を活かし、全面的・調和的な発達を図る教育を意味するようになった。

ため、私は読書に努め、資料を収集した。しかしながら、すでに年齢が高く、記憶力も衰え、ある事について読むと、前の事は忘れてしまうといった具合である。特に身辺の多くの雑事のために、エネルギーが分散し、集中して執筆することができなかった。かくして10年もの長きにわたって引き延ばした末、ようやく筆を執った。今年、"SARS"の非常時を利用して、2か月半にわたって家に閉じこもり、何とか最初の草稿を完成した。本稿は読書ノートと言うべきものであり、なかでも文化に関わる部分は、主として他の人々の研究成果を借用したものであり、自分自身の見解はそれほどない。教育の面に関しても、若干の整理を行い、いくつかの自分の観点を述べたにすぎず、決して上述した諸問題を解決できていない。今原稿を取り出して出版するのは、一方で北京市教育科学計画事務室に委託された仕事に関して報告するとともに、もう一方で同業各位のご教示を請いたいからである。

2003年9月21日

北京の"求是書斎"にて

作　者

監訳者まえがき

　本書は顧明遠著『中国教育的文化基礎』(山西教育出版社、2003年刊)の全訳である。原著者の顧明遠氏は現在、中国教育学会会長であり、これまで北京師範大学教授・副学長を務められるなど、中国教育界では知らない人のないほどの重鎮である。顧明遠教授は中華人民共和国建国初期に社会主義の先輩国であるソビエト連邦へ派遣された第1期留学生の一人であった。モスクワにある国立レーニン師範学院で1951年8月から56年7月まで5年間学び、同学院を卒業後に帰国して北京師範大学教育学系で教鞭を執ることになった顧明遠氏は、以来、教育系主任、外国教育研究所長、日本の学問分野別の大学院研究科と違って、全学の大学院課程を統括する管理組織である大学院(中国語では「研究生院」と呼ぶ)の院長、副学長、在職管理職の再教育を目的とする管理学院の院長など、北京師範大学の要職を歴任された。また、学外でも、国務院学位委員会、教育部の小中学校教材検定委員会や社会科学委員会などで中心的な役割を果たしておられる。

　これらのポストのうち、顧明遠教授が最も長く関わって来られ、おそらく最も力を注がれたのは御自身の専門学問領域である比較教育学に直結した外国教育研究所(現在の国際・比較教育研究所)長の仕事ではなかったかと思われる。中国では建国直後しばらくは「ソ連一辺倒」の風潮の中で、それ以外の諸外国に対する関心は抑えられていたが、1960年代半ばからは教育を含む諸外国の問題について研究する機運が生まれた。北京、華東、吉林(現在の東北)の三大師範大学にそれぞれ外国教育研究の専門組織が設置された。しかしながら、ほどなくして始まった文化大革命の嵐の中で、これらの機関は「ブルジョア階級および資本主義の教育観を撒き散らす大本営」との誹りを

受けて停止させられてしまった。文革中に情勢がある程度安定を見せた時期、さらには文革の終結後に外国教育研究が再開されると、各地の主要な師範大学は研究対象地域による一定の分業ないし棲み分けをしながら、活動を積極的に展開するようになった。北京師範大学の場合には、主にソ連・東欧および北米の教育に関する研究に力点が置かれた。ソ連留学の経験者である顧明遠所長のリーダーシップが発揮されたのは言うまでもない。中国教育学会傘下の比較教育研究会の事務局は長く北京師範大学に置かれ、顧明遠教授は国内学会の会長であるとともに、世界比較教育学会（WCCES）の副会長も務められた。比較教育学者がともすれば外国教育の研究ばかりに偏りがちである中で、顧明遠教授は歴史も含めて自国の教育の研究において深い造詣を示され、そうした蓄積の一部が本書に結晶したのである。

　本書の内容は、中国教育の思想的、理論的背景となっている古代以来の思想や歴史的事実について考察し、いわば中国教育通史となっている。但し、古い中国教育史の書物に見られた編年体で、王朝ごとの制度的変遷や主要な思想家をたどったというようなものではなく、古代からの教育およびそれを支える伝統文化はもとより、外来思想の影響、教育をめぐる国際関係論など、縦横に議論が展開されている。比較教育学を主たる専門とされる顧明遠教授ならではの筆致が見られ、中国教育に関心を持つ者にとっては多くの興味深い史実が盛り込まれ、中国教育史の学習にとって特色ある好適な教材となりうるであろう。中国の伝統文化という日本人にとっての基礎教養ともいうべきものを継承し、地理的関係、とりわけ近年のプレゼンスの拡大から言って、今後も否応なく付き合っていかねばならない隣国中国に関する理解を深める上で、本書の果たす役割は大きい。ちなみに、原著は2006年に教育部の第4期高等教育機関哲学社会科学優秀成果の一等賞を獲得している。

　ここで監訳者である私および翻訳担当者と顧明遠教授との付き合いについて少し触れておきたい。私自身の顧明遠教授との最初の出会いは1979年12月、大学助手として初めての職を得た広島大学・大学教育研究センターで組織された訪中団の一員として北京を訪れた時である。その受け入れ機関が顧明遠教授が所長を務められていた外国教育研究所であった。研究所にとって

監訳者まえがき　vii

も文革後に初めて迎えた外国からの学術訪中団ということで、ずいぶんと気を遣ったとの後日談を聞いた。なかんずく同訪中団は南京大学を訪問中に団長が急逝されるという不幸に見舞われ、受け入れ機関の責任者であった顧明遠教授には大変な心労をおかけすることになってしまった。しかし、そうした非常事態を日中双方の関係者が協力して乗り越えたがゆえに、絆はいっそう強いものとなったのではなかろうか。以来、顧明遠教授とは個人的にも30年近くに及ぶ親密な交流が続いている。その後、私は国立教育研究所（現国立教育政策研究所）に異動し、現代中国教育の研究を専門とするポストに就いた。1982年には半年間の中国出張の機会を研究所から与えられたが、北京師範大学に滞在中に、顧明遠教授は私個人のために超多忙なスケジュールを割いて「中国高等教育学」の数日間にわたる連続講義を行って下さった。その時の録音テープはいまでも手許にあり、私の宝物である。親子ほど歳の離れた駆け出し研究者の未熟な質問にもいちいち丁寧に答えて下さったことは忘れられない思い出である。魯迅の実弟周建人氏の女婿でもある顧明遠教授は、中国で人気があり、中学の国語教科書の題材にも使われる魯迅の小説「藤野先生」の主人公である藤野厳九郎先生よろしく、まさしく「我が老師」なのである。また、本書の翻訳分担者はそれぞれ北京師範大学などで顧明遠教授から直接教えを受けた者、あるいは教授の弟子筋に当たる北京師範大学の国際・比較教育研究所の王英傑教授、李守福教授、高益民教授などから教えを受けた者である。つまり、本書の翻訳に関わった者は多かれ少なかれ顧明遠教授の弟子あるいは孫弟子として、その縁につながる者なのである。

　これら中国教育の研究を専門とする友人数名とは日頃から比較的頻繁な交流があるが、2007年春に監訳者が北京を訪れた折に顧明遠教授から贈られた原著の翻訳可能性について諮ったところ、同意を得ることができたため、担当章を決めて翻訳作業に移った。各人から集まった草稿は監訳者が改めて全編にわたって検討した後、各章担当者と協議しつつ修正を行った。それでも何カ所かはどうしても納得のいかないところもあり、これらについては2008年3月中旬に別件で訪日された原著者に直接教えを請うて完成稿を作り上げた。『論語』や『礼記』など中国古典からの引用字句については、書き下

し文の他に現代語訳を括弧付きで適宜入れた。また、翻訳に当たっては、章末にまとめた原注（本文中に算用数字を付した）とは別に訳注（本文中に「訳1」「訳2」のように記号を入れた上で脚注とした）を加え、理解が容易になるように配慮した。さらに、翻訳の過程では、既刊の関連図書、例えば、加藤常賢『中国教育寶典（上・下巻）』（玉川大学出版部、1972年刊）、西順蔵編『原典中国近代思想史』（全6冊、1976年刊）、毛沢東著、斉藤秋男・新島淳良編訳『毛沢東教育論』（青木書店、1957年刊）、宮崎市定『科挙』（中公新書、1963年刊）、斉藤秋男・市川博『世界教育史大系4 中国教育史』（講談社、1975年刊）、カイーロフ監修、ゴンチャロフ・エシーポフ・ザンコフ編、矢川徳光訳『ソヴェトの教科書：教育学（1巻）』（明治図書、1957年刊）などで既に訳出されている古典の章句やその他の文書の訳文を参照した。

なお、いくつかの章・節については、訳稿の編集過程で、原文にはなかった若干の「小見出し」を太字で入れて整理した。

また、原著に掲載された多くの写真については、日中間の学術交流に寄与しうるなら無条件で使用することを認めようという原著の出版元である山西教育出版社の寛大な御好意と原版の提供によって、本訳書にすべて取り入れることができた。同社および編集に当たられた張金柱氏に心から感謝を申し上げたい。

こうして完成稿ができあがった段階で、これまでも何度か出版に関する厚かましいお願いを聞き届けて頂いた株式会社東信堂に出版の可能性を伺ったところ、学術書の刊行が容易でない昨今の状況にもかかわらず、本書の価値を認めて下さり、出版をご快諾頂いた。同社の下田勝司社長に深甚なる謝意を表したい。

2008年6月

大塚　豊

中国教育の文化的基盤／目次

日本語版への序 ……………………………………………………………… i
原著者まえがき ……………………………………………………………… ii
監訳者まえがき ……………………………………………………………… v

序　論 …………………………………………………………………………3

　　西欧の代表的教育観 (3)
　　中国における教育観の変遷 (5)
　　文化理解の重要性 (11)

第1章　教育と文化 …………………………………………………………13

　第1節　文化に関する各種定義と文化の特性 ………………………14
　　文化についての各種の定義 (14)
　　文化の特性 (16)
　　文化の伝承と変遷 (21)
　　文化発展の基本的側面 (23)
　　文化の内包と構成 (27)

　第2節　文化の一部分としての教育 …………………………………28
　　教育に対する文化の影響 (29)
　　教育の基本的な特徴 (31)

　第3節　教育の文化的機能 ……………………………………………34
　　文化の取捨選択 (35)
　　文化の伝達 (36)

第2章　中国文化とその基本的特徴 ………………………………………39

　第1節　中国文化の形成と進化 ………………………………………39
　　華夏文化の誕生と初期の段階 (40)
　　周代宗法制度の確立 (41)
　　春秋戦国時期の百家争鳴 (42)
　　儒家主流文化の確立 (43)

魏晋における儒学に対する玄学、仏教の衝突 (44)
　　隋唐時期の東西文化の交流 (46)
　　宋明理学の形成 (47)
　　遼、金、元代の民族の衝突と融合 (48)
　　中国文化に対する西洋の学問の東漸の衝突 (49)
　　五四運動および中国伝統文化の解体 (50)
　第2節　中国伝統文化の基本的特徴 …………………………………52

第3章　中国伝統文化の類型、性質と基本精神……………………57
　第1節　中国伝統文化の類型と性質 …………………………………58
　　中国伝統文化は倫理型の文化である (59)
　　宗法制度は中国倫理型文化の社会的基盤である (63)
　　中国伝統文化の人文精神 (65)
　第2節　中国伝統文化の基本的精神 …………………………………67
　　天人協調（天と人が調和する）(69)
　　自強不息（怠らず励む）(71)
　　貴和尚中（和を貴び中庸を重んじる）(73)
　　矢志愛国（愛国を心に誓う）(76)
　　敬老愛幼（老人を敬い幼児を愛する）(78)
　　誠信待人（誠実に人とつきあう）(79)
　　勤労節倹（勤勉に働き倹約に努める）(80)
　　慎独自愛（一人でいる時行いを慎み自重する）(82)
　第3節　中国伝統文化の否定的側面 …………………………………83
　　因循守旧（古いしきたりを守って改めない）(87)
　　講「名分」重等級（「名分」を重視し等級を重んじる）(87)
　　重倫理軽技術（倫理を重んじ技術を軽視する）(89)
　　重整体軽分析、重帰納軽演繹（全体を重んじ分析を軽視し、帰納を重んじ演繹を軽視する）(90)

第4章　中国の教育伝統とその基本的特質 …………………………93
　第1節　中国教育伝統の変遷と形成 …………………………………93
　　古代原始社会の教育 (94)
　　文字の出現と学校の誕生・発展 (95)

孔子が始めた私学 (97)
　　「儒家独尊」と封建主義教育の確立 (98)
　　科挙制度の誕生、人材選抜と教育との結合 (99)
　　洋務運動と変法維新が中国伝統教育に与えた衝撃 (100)
　　五四運動の中国伝統教育への衝撃 (102)
　　中国人民革命の勝利と中国の新しい教育伝統の形成 (102)
　第2節　中国教育伝統における基本的特質……………………104
　　中国教育には政教合一の伝統がある (105)
　　中国教育には倫理道徳を重んじる伝統がある (106)
　　中国教育には経典を重んじ、技術を軽んじる伝統がある (107)
　　中国教育伝統は基本知識の伝授を重視し、方法はスコラ主義的である (108)
　　中国教育には尊師重教、師道尊厳の伝統がある (109)

第5章　中国伝統文化の中国教育に対する影響……………113

　第1節　中国伝統文化が中国伝統教育を鋳造した……………113
　　教育を重視し、教育を立国立民の本とする教育価値観 (113)
　　倫理道徳を核心とする教育価値観 (116)
　　「聖人君子」を教育の目標とする (118)
　　「四書五経」を教育の主たる内容とする (122)
　　スコラ主義の教授方法 (124)
　第2節　科挙制度の中国教育に対する影響……………………126
　　科挙制度の変遷 (126)
　　科挙制度と学歴主義価値観 (128)
　第3節　書院の中国教育に対する影響…………………………131
　　学派活動の拠点 (131)
　　書院教育の特徴 (134)
　第4節　中国伝統教育の貴重な財産……………………………137
　　「教え有りて類無し」の教育思想 (138)
　　道徳を先にする教育思想 (139)
　　因材施教の教育原則 (142)
　　学思結合の教育方法 (144)
　第5節　「学記」は中国伝統教育の遺産のなかで
　　　　　光り輝く財宝である……………………………………145

教育の役割を論じる (145)
　　古代学校制度を描写している (146)
　　教育の法則を論じる (146)
　　適時施教重視の原則 (148)
　　啓発式の教育方法 (149)
　　教学相長の教育原則と師弟関係 (150)

第6章　西洋の学問の東漸と中国教育の現代化 ……………………153

　第1節　西洋の学問の東漸が中国の伝統的な文化に与えた衝撃…153
　　西洋の宣教師がもちこんだ西洋の科学技術 (157)
　　西洋の学問が中国の伝統的な思想に与えた衝撃 (159)
　第2節　教会学校の出現と近代教育の中国での発生 ……………161
　　教会学校の急増 (161)
　　教会学校は西洋の学校制度をもたらした (163)
　　教会学校は西洋近代学校の斬新な教育課程、組織形態、方法をもたらした (165)
　　女子学校教育の先駆けとなった (166)
　第3節　西洋の学問の東漸が中国の教育の近代化に与えた影響…169
　　布教と教育 (170)
　　洋務運動と教育 (172)

第7章　西洋教育制度と教育思想の中国教育に対する影響 ………177

　第1節　中国の新学制の誕生 ………………………………………177
　　新学制誕生の準備期 (177)
　　壬寅―癸卯学制 (184)
　　壬子―癸丑学制 (188)
　　壬戌学制 (190)
　第2節　中国における西洋教育理論の伝播 ………………………193
　　ヘルバルト教育理論の伝播と中国の教育に対する影響 (194)
　　デューイの実用主義教育理論の導入と中国の教育に対する影響 (196)
　　プロジェクト・メソッドとドルトン・プランの中国への伝播 (201)

第8章　中国におけるマルクス主義の伝播と
　　　　マルクス主義教育思想の誕生 ……………………………205

第1節　マルクス主義の中国における伝播と新しい文化の基礎…206
　　五四運動以前のマルクス主義 (206)
　　五四運動以後のマルクス主義 (207)
第2節　中国におけるマルクス主義教育思想の伝播……………209
　　楊賢江の教育理論 (211)
　　マクロな問題の解決 (214)
第3節　革命根拠地における革命教育の実践と形成の伝統………217
　　革命根拠地の幹部教育 (217)
　　革命根拠地の大衆教育 (221)
　　建国後の教育実践への影響 (223)
第4節　新民主主義教育思想の形成………………………………224
　　民族的、科学的、大衆的教育 (224)
　　新しい教育の伝統 (226)

第9章　中国の教育におけるソ連の教育の影響……………229

第1節　中国におけるソ連の教育理論の伝播……………………230
　　ソ連から全面的に学ぶ方針の確立 (230)
　　ソ連の教育を学ぶ主要なルートと方法 (233)
第2節　ソ連の教育理論の特徴および中国の教育界に対する影響……238
　　カイーロフ教育理論 (238)
　　旧教育理論の批判的継承 (243)
第3節　中国の教育実践におけるソ連の教育の影響……………244
　　ソ連を模倣した教育制度 (244)
　　ソ連の授業モデルと教授方法の採用 (249)
第4節　ソ連の教育に対する批判とソ連の教育経験の土着化…………253

第10章　改革開放と教育思想の多元化……………………257

第1節　教育の見直しと各国教育思想の導入……………………257
　　教育の本質に関する討論、教育価値観の転換 (258)
　　比較教育の再建、外国の教育改革経験の紹介 (259)

各種教育思想の導入 (262)
　　教育理論界の新動向 (269)
　第2節　教育の大改革、大発展および教育観念の大転換…………270
　　教育の改革および発展 (270)
　　全面的に素質教育を推進 (272)
　　児童・生徒の主体性教育の討論 (276)
　　教育の産業化に関する討論 (277)
　　教育の近代化に関する討論 (279)
　第3節　伝統教育に対するネットワーク文化のインパクト………286
　　情報技術・ネットワーク文化 (286)
　　インターネット文化の特徴 (288)
　　伝統教育に対するインターネット文化の影響 (291)

第11章　結論：中国教育の現代化の道を探る……………………297

　　教育の現代化と中国の伝統文化の関係に正しく対処する (300)
　　外国の教育思想や経験に正しく対処する (308)
　　制度を刷新し、現代の国民教育体系を構築する (310)

原著者あとがき………………………………………………………………319
事項索引………………………………………………………………………321
人名索引………………………………………………………………………325

中国教育の文化的基盤

序　論

　教育とは何か、こんな問題を持ち出すのは、いささかおかしく思えるだろう。しかし、たとえそうだとしても、教育の理論界では教育とは何かについて諸説紛々なのである。

西欧の代表的教育観

　まず人々から教育学の父と称されているコメニウスから話し始めよう。彼は、人は誰でも知識、徳行、敬虔の種子を備えているが、しかしこの種子は自発的に成長することができず、教育の力に頼らなければならないと考えた。「適切な教育を受けてはじめて人材は一人の人間となることができる」[1]のである。コメニウスは教育について直接に定義を下していない。しかしながら、上記の言葉は明らかに教育についての一種の解釈である。ここには宗教の影響が含まれていて、彼は人の天賦の才能は神が創造したのであり、三つの種子は「自然にわれわれの身体の中に存在する」と考えた。教育はこれらの種子を発芽させ成長させるのである。彼の学説は「成長説」と呼ぶことができる。

　イギリスの教育者ロックは「人の心には天賦の才能はないという原則」を主張した。「人の心は白紙」であり、教育を通して子どもに

コメニウス（1592～1670年）はチェコの教育者。幼い頃から宗教の影響を受けた。彼は世界で最初に万人に共通な普遍的教育という考えを提示した教育者である。自然の秩序に合致した原理に基づき、目標が明確で相互につながった教育の体系を示した。強調した教授論は、「あらゆる事物」を「あらゆる人」に教える重要な手段とすることであり、例えば、直観の原則、徹底性の原則、自覚的積極性の原則、系統性の原則、順序立った漸進性の原則、量力の原則などの教育原則を示した。

知識と徳を身につけさせることができるとした。人はこの説を「白紙（タブラ・ラサ）説」と呼ぶ。

フランスの教育者ルソーは「自然教育」を提唱し、教育の任務は子どもをして「自然に帰らしめ」、自然な人間、自由な人間を育てることでなければならないとした。

ドイツの教育者ヘルバルトは独立した一個の学問としての教育学の理論体系を提示した。彼は、「教育学は学生の可塑性を基本概念とし」「教育学は一つの科学として、実践哲学と心理学を基礎とするものである。前者は教育の目的を説明し、後者は教育の方法、手段、抑制を説明する」[2]。彼の教育の目的は「徳行（道徳的品性の陶冶）」であり、同時に「教授を通じて教育を行う」ことだとする。従って、彼は「教授のない教育の概念はなく」「教育しない教授もない」[3]と考えた。

ロシアの教育者ウシンスキーは教育を広義の教育と狭義の教育の2種類に分けた。狭義の教育の概念では、学校、実際の責任を担う教育者や教師が教育者であり、広義の教育の概念とは無意識の教育であり、大自然、家庭、社会、人民、宗教、言語がすべて教育者である。彼は「完全なる教育は人類の身体的、知的、道徳的力を広範に発揮させうるものである」[4]と考えた。

アメリカの教育者デューイは実用主義経験論から出発し、「教育即成長」を主張した。彼が教育に対して下した定義は、「教育とは経験の改造ないし再組織である。この種の改造ないし再組織は、経験の意味を増加させるばかりでなく、その後の進路を方向付ける能力を高めることができる」[5]というものであった。デューイの理解した教育も「成長説」であるが、コメニウスの「成長説」とは異なるものであった。デューイは教育を子どもの経験の上に創り上げようとしたの

ヘルバルト（1776～1841年）はフランスの哲学者、心理学者、教育者である。ヘルバルト教育学は倫理学と心理学を基礎とし、教授の過程を管理（Regierung）、教授（Unterricht）、訓練（Zucht）の3段階に分け、教授は児童の多方面の興味を基礎として、経験的興味、思弁的興味、審美的興味、同情的興味、社会的興味、宗教的興味の6つの方面に分かれると考えた。ヘルバルトの教育思想は欧米の中等教育、とりわけ古典的な中等教育に大きな影響を与えた。彼の学派の門弟であるツィラー、ラインらは師たるヘルバルトの説を基礎として5段階教授法に発展させ、世界的規模で大きな影響をもたらした。

であり、彼は子どもの経験がその生得的な本能の上に創られるものと考えたが、同時に経験は人間の有機体と環境との相互作用の結果でもあると考えたのである。

以上の要約紹介の中からは、歴史上、各国の教育者の教育に対する理解や解釈は同じではないことが分かる。彼らはいずれもさまざまな歴史的背景の下で、自己の哲学的観点や教育実践に基づいて教育についての理解や解釈を提示したのである。彼らはいずれも教育に対して完璧な定義を下したわけではなく、主として教育の機能および教育の目的という二つの角度から教育とは何かを提示したのである。ここにはまた人間の本質、人間の先天的素質、後天的に獲得したさまざまな認識などが含まれている。

中国における教育観の変遷

中国の教育界では、長期にわたって孔子や孟子の教育思想の影響を受けてきた。孟子は、「天下の英才を得て、而してこれに教育するは三の楽なり」(世間の才能有る者を見いだし、これを教育することは第三の楽しみである)(『孟子』「尽心篇上」)と言った。『説文解字』には「教えるは上の施す所を下が效う所なり」(教えるとは、上の者が施すことを下の者が習うことである)と記されている。韓愈の『師説』はさらに明確に説明して、教師の任務は「伝導、受業、解惑」(聖賢の道を伝え、授業を行い、疑問を解く)としており、これが教育である。解放後、われわれはソ連に学び、最初に接触した教育の定義はカリーニン[訳1]が提示した「教育とは教育を受ける者の心理に一種の確定的で、目的をもち、系統だった感化作用を施すことであり、教育を受ける者の心身に教育者が望む品性を培うこと」[6]というものであった。カイーロフ[訳2]編『教育学』には普通教育の定義はなく、ただ共産主義教育を提起し、教育に階級的内容を付与した

訳1　ミハイル・イヴァノヴィチ・カリーニン(1875〜1946年)はロシアの革命家であり、ソ連の国家元首である全露中央執行委員長、ソ連最高会議幹部会議長などを歴任した。

訳2　イ・ア・カイーロフはロシア社会主義共和国の教育大臣であり、教育科学アカデミアの総裁も務めた教育学者である。カイーロフ監修により教育大学用の教育学教材として編まれた教科書は、建国初期の中国の教育界に大きな影響を与えた。

だけであった。彼は同書の中で「教育は社会的、歴史的過程であり、階級社会では階級性をもつものである」「共産主義の教育は目的的、計画的に青年世代の育成を実現し、彼らが積極的に共産主義社会の建設に参加し、積極的にこの社会のソビエト国家を防衛し築き上げるようにすることである」[7]と述べている。われわれは長期にわたってこのような観点を受け入れてきて、教育とは目的的、計画的に青年世代の活動を育てることであり、歴史性、階級性を帯びた上部構造であると考えてきた。

1978年、わが国の教育界では教育の本質に関する大論争が展開された。論争の焦点は、教育は上部構造なのか、それとも生産力か、あるいは多くの属性をもつものかなど、教育の本質とは何かに集中したが、統一的な結論は出なかった。そのために、各種の教科書の中にはさまざまな定義が含まれている。

以下、比較的権威のある幾つかの定義（広義のものだけに限る）を取り上げ、分析してみよう。

1. 教育は人を養成する一種の社会現象であり、生産の経験や社会生活の経験を伝える必要な手段である。（『中国大百科全書・教育』）
2. 社会生活の経験を伝えるとともに、人の社会活動を育む。一般に、広義の教育とは人々の知識、技能、心身の健康、思想・徳性の形成や発展に広く影響を与える各種の活動である。（顧明遠編『教育大辞典』）
3. 広義の教育は人々の知識、技能、身体の健康を増進させ、人々の思想・意識を形成ないし改変する一切の活動を広く指す。（南京師範大学教育系編『教育学』）
4. 教育とは一種の社会活動であり、その他の社会的事物と区別される本質的な属性は人を育成するということにある。（潘懋元編『高等教育学』）

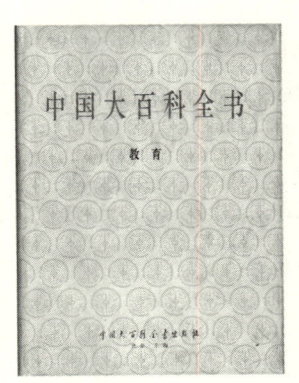

『中国大百科全書』は新中国が成立してから組織的に出版された最大規模の百科全書であり、中国大百科全書出版社から出版された。

以上の定義は大分類と考えてよいものであるが、この種の定義には二つの特徴がある。一つ目は、いずれも現象学の角度から提示されていると

いうことである。教育は一種の社会活動ないし社会現象であり、教育の本質は人間を育てることであるというものである。二つ目は、教育者の立場から出発し、教育者の教育を受ける者に対する影響を強調し、教育者が希望するような人間を育てるというものである。この種の定義は教育を受ける者本人の教育の過程での役割や彼らの自我の発達について論じることが少ない。『中国大百科全書・教育』は、教育を生産の経験や生活経験を伝える手段と見なし、教育者の役割をいっそう突出させているが、教育の過程における児童・生徒の役割には触れていない。

　1970年に于光遠が教育学を教育現象学と教育認識学に分ける考えを提示したことがある。教育の発生・発展の過程を研究するのが教育現象学であり、教育発展の法則を研究するのが教育認識学である。彼はまた教育の「三体論」、すなわち主体、客体、環境の三体の相互作用を提示した。私は当時あまり彼の三体論に賛成ではなかった。哲学の観点から見て、児童・生徒について述べようが、教師について述べようが、いずれも二体論なのである。仮に児童・生徒を主体とすれば、教師、環境が客体なのであり、仮に教師を主体とすれば、児童・生徒、環境が客体なのである。しかしながら、教育の過程の基本的要素から述べれば、確かに児童・生徒、教師、環境の三つの要素が存在する。三つの要素を三体と呼ぶこともできないことではない。于光遠のこのような認識は現象学の角度からだけ教育を見る一面性を克服し、教育を受ける者（児童・生徒）の教育の中であるべき地位を示したのである。

　1981年、私は『江蘇教育』第10期に「児童・生徒は教育の客体でもあり、教育の主体でもある」という論文を発表し、教育界に論争を引き起こした。論争の焦点は教育の過程において誰が主であるのか、児童・生徒が主なのか、それとも教師が主なのかという点であった。児童・生徒が教育の主体であるという見方は、教師が主導的役割を果たすという伝統的な教育の観念と矛盾する。実際のところ、このことは教育の理解や解釈の問題に関わり、伝統的な教育の観念に衝撃を与えた。指摘しておかなければならないのは、教育改革の深化や外国教育理念の導入につれて、教育における児童・生徒の主体的地位が大多数の教育関係者の同意を得てきたということである。

教育理論界が児童・生徒の主体性を重要視するようになるにつれて、20世紀の90年代半ばに、項賢明は「汎教育」[訳3]の理論を提示し、彼の博士論文「汎教育論」の中で、「教育とは主体としての人間が共同の社会生活の中で、人間の発達の源を開発し、占有し、消化することにより、特定で完璧な社会的個人となる過程である」と述べている。これは完全に児童・生徒の発達という角度から教育を見たものである。彼は、人間の成長発展は基本的に一種の生命現象であり、無機世界の簡単な変化とは同じでなく、その本質的特性は主体的な「成長」であり、しかもあらゆる生命の成長において最も高級で、最も複雑なものであると考える。従って、外部からの「改良」というのでは、このような教育という人間が人間になる活動の本質を全面的に概括するには不十分であり、全面的な教育観は「改造」的な「成長」教育観を内在的に包含するものであるとする[8]。このような教育観は実際のところデューイの教育観と似ている。教育において児童・生徒の主体的な成長を強調することは必要である。しかしながら、外部からの影響を完全に否定すること、とくに教師の役割を軽視したのでは、「汎教育」は教育のないものになってしまう。人間の成長と教育は密接不可分であるが、「人間が人間になる」すべての活動を教育と呼ぶとすれば、教育は人類の一切の活動を覆い尽くす活動になってしまうのである。

　1990年代末に全国津々浦々で「応試教育」[訳4]を糾弾する声が起こり、何が教育かがまたもや取り上げられるようになった。保定の呉宗璜をリーダーとする「主体・客体関係学」研究プロジェクトチームが『教育とは何か』という書物を書き、主体・客体関係の理論をもって教育問題を論じることを企図した。彼らはひとつの理論を構築し、主体・客体の関係が「一元四系」であると考えた。一元とは主体と客体の存在を指し、四系とは部分と全体との関係、

訳3　原語は「泛教育」であり、英語では Pan-education と表現される。学校教育、家庭教育、社会教育など個別の狭義の教育の限界を超え、主体と客体との関係から言葉の最も広い意味における教育の本質的構造を捉え直そうとする試みである。

訳4　試験に備える教育、すなわち受験準備のための教育を意味し、特定の内容のみに偏った学習になることから批判され、これに代わるものとして、個人のもつさまざまな資質を調和的に発達させることを目指す「素質教育」が提唱されるようになった。

原因と結果との関係、主体と客体との完全な同一点、主体と客体との類似点である。主体・客体関係学はいわゆる生物の進化が主としてその主体・客体関係を調節する「機能」の進化を指すと考える。この調節機能は二つの部分からなる。つまり、一つ目の主体内部の情報処理機能と、二つ目の利に走り害を避ける機能である。情報処理機能はさらに三つのランクに分かれ、第一ランクが感応、第二ランクが感知、第三ランクが思惟である。利に走り害を避ける機能もこれに対応して三つのランクに分かれ、第一ランクが適応、第二ランクが利用、第三ランクが創造である。生物の調節機能は生物の進化の程度を測る主要な指標である。微生物や植物は感応―適応機能を備えている。動物は感応―適応と感知―利用機能を備えていて、思惟―創造機能を備えているのが人である。思惟―創造調節機能は頭脳の知力あるいは通常は「知能」と言われるものである。生物はさらに遺伝蓄積の機能を備えており、これは前の世代が獲得した情報処理機能および利に走り害を避ける機能を累積するとともに後の世代に遺伝させる機能である。従って、主体・客体関係学の人々は次のように考える。すなわち、「人の教育、あるいは狭義の教育は"知能の累積遺伝"と定義すべきであり、これが人の教育の基本的特徴であり、人の教育の"本質"でもある」。彼らは、今日の教育について、思惟―知力のメカニズムや法則が未だ遺伝子のメカニズムや法則のように解き明かされ、理解されていないために、人の教育は人々が認識し理解しうる外在的な行為としての教育（伝授）のレベルにとどまっていると考える。さらに「今日の人の教育は本質的にまだ動物式の教育である」と断言し、伝統的教育とは「知識を伝え、知識を受け取る」教育であって、新しいタイプの教育モデルは「知力を開発し、創造・革新を育てる」ものでなければならないとするのである[9]。

　上記の観点はわれわれを大いに啓発するものであるが、複雑な教育を簡単に生物学化してしまっている。まず、上記の筆者は動物にも教育があると考えている。これは議論のある問題である。教育理論界では一般に、教育は人類特有の活動であり、目的的で意識的な活動であり、動物には意識がないと見なされている。次に、伝統的教育を動物式の教育と呼ぶのはきわめて不適切である。古来の教育は人類の生存と発展にとって重要な役割を果たしてき

た。何人といえども過去の教育（すなわち伝統的教育）が人類の文明の進歩に対して行った貢献を抹殺することはできない。伝統的教育を「動物式の教育」と呼ぶということは、われわれが今日でもまだ人類の文明を持たず、「動物式」生活の中にいるという意味であろうか。今日、われわれは伝統的教育を批判するが、そのすべてを否定しているのではなく、単に今日の時代の要求に合致していないと言っているだけである。さらに、教育を「知能の累積遺伝」と呼ぶのもひどく偏っている。知能を発達させるのは教育の一つの任務にすぎず、教育のすべてではない。教育は教育を受ける者の知力、体力などいずれも十分に発達させ、徳・知・体のいずれの面でも発達させなければならない。

　以上の教育に関する定義や観点から見ると、何が教育か、あるいは教育と言うのは何であるかについては、今日まで一致した見方が存在しないということが分かる。定義というのは、何か一つの角度から教育に対する理解を提示することなのである。ある者は教育現象の角度から見て、教育が一種の社会活動であるとする。ある者は教育の目的の角度から見て、教育の本質は人を育てる活動であるとする。またある者は教育の内容の角度から見て、教育は生産経験や生活経験を伝えていく活動であるとする。さらにある者は人の成長の角度から見て、教育とはすなわち成長であると主張する。人類社会が存在するようになって以来、教育が存在したのであり、人々はみな一定の教育を受けてきたのである。しかしながら、教育に対して一つの科学的定義を下すのはそれほど簡単なことではないのである。学術界は教育の本質的属性についてさまざまに異なった解釈を行っているが、これは教育が永久性をもつとともに、歴史性をもっているからである。歴史には二つの面がある。一つ目は垂直的側面であり、異なる時代は教育に対して異なる要求を行い、異なる時代、異なる利益集団の人々は教育に対してそれぞれ異なる認識をもっている。二つ目は水平的側面であり、異なる民族、異なる国家の歴史的変遷、文化的背景は異なっており、そこから教育に対しても異なった認識が生まれる。以上のことは教育というものの理解に関してのみ述べたものであり、教育の目的、内容、方法についても、教育の各要素やその相互関係の理解に関しても、やはり時代の変遷、民族文化の違いにより相違が見られるものであ

る。いずれの国家あるいは民族もすべて自らの教育の伝統があり、時代ごとに、こうした教育の伝統も変化を生じるはずである。教育の複雑さはここにある。教育は生理学や医学のようではない。生理学や医学は人の成長・発育を研究し、病気を治療するものであって、各地区、各民族の人々の身体の差異は小さく、共通の法則に従っている。しかし、各国、各民族の教育の伝統の差異は大きい。これは教育が人類の一種の社会活動であり、人類のその他の活動の影響を受けることが大きく、とくに教育に対する異なる文化からの影響が大きいからである。

文化理解の重要性

　まさしく上述した原因のために、一国ないし一民族の教育を認識し理解しようと思えば、当該国や当該民族の文化を理解し認識することなくしては不可能だということを私は痛感するのである。そこで、私はこの教育と文化という研究課題を取り上げた。第8次5か年計画期（1991〜1995年）および第9次5か年計画期（1996〜2000年）に、われわれは比較教育の角度から「民族の文化伝統と教育の現代化」の問題を研究し、主要な幾つかの国の文化と教育の伝統について検討を行った。本書は中国の教育に影響を与えた文化的基盤の研究に重点を置いたものである。他国の教育を理解するのは、自国の教育をよりよく理解し、自国の教育を改善するためである。他国の経験を借用するためには、自国についての理解がなければならない。人体の輸血と同じく、他人の血液を輸血しようと思えば、自己の血液型を知らなければならないし、臓器を移植しようと思えば、自己の身体に拒否反応が有るかどうかを知らなければならないようなものである。同時に、われわれは日々の教育実践の中で教育の観念の変化について声高に論じているが、いったいどのような観念が変わらねばならないのか、どの方向に向かって変わらなければならないのか、どうすれば変わりうるのか、こういったことも明確ではない。これらの問題を明確に認識するには、中国教育と中国文化の関係を研究しなければならないであろう。

　この課題は私にとって大変難しいものであった。第8次5か年計画期およ

び第9次5か年計画期に私が主に行っていたのは国際比較であり、基本的に完成はしたものの、余り深い研究ではないと感じていた。こうした比較は長期にわたって行うことが可能であり、いくらかのフィールドワークを行う必要がある。そうしてこそはじめて一つの国、一つの民族の文化特性を正しく理解し、そこから当該国、当該民族の教育の影響を理解することが可能になる。このたび中国教育の文化的基盤を研究するには、中国文化について深く突っ込んだ研究が必要である。この点は私が最も弱い部分であるとともに、この問題の重要性を感じもした。もしも中国教育に対する中国文化の影響を理解していなければ、中国教育の特質を理解することも不可能になるし、教育現代化の過程においてどのように教育改革を行い、とくに伝統的教育観念を変化させるかを理解することは不可能である。そこで私は学習しながら研究する方法をとったが、幾つかの問題、とくに文化に関する問題はほんの上っ面の知識をかじっただけで、本文中に記したのは私の個人的な学習ノートにすぎないのである。その主なねらいは、この問題を取り上げることで、学術界の注意を喚起したいと思ったことである。

原注
1　夸美紐斯『大教学論』人民教育出版社、1988年、39頁（邦訳は、コメニウス著、稲富栄次郎訳『大教授学（世界教育宝典 西洋教育編第14）』玉川大学出版部、1956年）。
2　赫爾巴特『普通教育学・教育学講授綱要』人民教育出版社、1989年、190頁（邦訳は、ヘルバルト著、是常正美訳『一般教育学（世界教育編第24）』玉川大学出版部、1968年）。
3　同上書、12～13頁。
4　烏申斯基『人是教育的対象』第1巻、科学出版社、1959年、8～12頁（邦訳は、ウシンスキー著、柴田義松訳『教育の対象としての人間（ウシンスキー教育学全集4・5）』明治図書出版、1966、67年）。
5　杜威「民主主義與教育」『杜威教育論著選』人民教育出版社、1999年、159頁（邦訳は、デューイ著、松野安男訳『民主主義と教育（上・下）』岩波文庫、1975年）。
6　加里寧『論共産主義教育』外国文書籍出版局、1949年、88頁。
7　凱洛夫『教育学』人民教育出版社、1947年、14頁（邦訳は、カイーロフ主監、矢川徳光訳『ソビエトの教科書　教育学Ⅰ・Ⅱ』明治図書出版、1974年）。
8　項賢明『泛教育論』山西教育出版社、2000年、36頁。
9　『主客体関係学系列叢書』撰写組編『教育是什麼』商務印書館、2000年。

第1章　教育と文化

　ある種の教育を研究するには、それを生んだ文化的基盤を研究しなければならない。20世紀の初め、イギリスの比較教育学者マイケル・サドラー(Michael Sadler, 1861～1943年)は孤立して教育を研究するのは間違っており、教育の文化的背景を研究し、教育を決定する各種の要素を研究しなければならないと考えた。ドイツのシュナイダー(Friedrich Schneider, 1551～1974年)およびイギリスのハンス(Nicholas Hans, 1888～1969年)と比較教育の要因分析法を打ち立てた。彼らは教育の要因には国民性、地理的位置、文化、経済、科学があると考えた。ハンスは各国の教育に影響を与える要因を次のように分けた。①自然的要因(この中には民族的要因、言語的要因、地理的要因、経済的要因が含まれる)、②宗教的要因(この中にはカトリックの伝統、アングリカンの伝統、ピューリタンの伝統が含まれる)、③俗世的要因(この中は人文主義、社会主義、国家主義、民主主義が含まれる)である。この種の分類は西洋文明を中心とするものであり、科学的ではないが、注意すべきは彼が提出した教育に影響を与える要因の複雑性である。われわれがもし人類の基本的社会活動から分析するならば、教育に影響を与える要因は、政治的要因、経済的要因、文化的要因に分けるべきであり、その中で文化的要因が教育に影響を与えるのが最も深刻で、最も長く持続する。多くの国の教育からは、政治が変わると、経済構造が変わることが見られる。しかし教育制度、とくに教育の理念にはあまり大きな変化は見られない。従って、何らかの教育に影響を与える文化的要因を研究しさえすれば、当該教育の本質を理解することができる。今日、われわれは中国の特色をもった社会主義教育システム(理論体系を含む)を創り上げなければならず、そのためには中国教育の発生や発展が依拠する文化的基盤を研究せ

ざるをえない。

第1節　文化に関する各種定義と文化の特性

文化についての各種の定義

　教育と文化の関係を明確にするために、まず何を文化と呼ぶか、文化をいかに理解するかを明らかにする必要がある。文化は広い含意をもつ概念であり、文化についての学術界の定義はすでに200種余りもあるという。ある者は文化とは一種の生活の様態であると言い、またある者は文化とは人類が創造した物質的、精神的成果の総和であると言い、さらにある者はそのうちの精神的成果のみを指すとする。梁漱溟は、「あなたは文化とはどのようなものだと思っているのか。それはその民族の生活の様式にすぎないのだ」[1]と述べた。また、「文化とはわれわれの生活が拠り所とする一切のもの」[2]とも言っている。彼と銭穆の見方はよく似ている。銭穆は『文化と生活』の中で、「文化は人類の生活によって始まったものであり、人生がなければ、文化もない。文化はすなわち人類の生活の全体であり、人類の生活の全体を集めたものが文化である」[3]と述べている。彼は『中国歴史の研究法』という書物の中で、「文化はすべての歴史の全体であり」「換言すれば、文化はすなわち人生である。ここに言う人生とは、各人の個別の人生を指しているのではなく人々の全人生を指すものであり、人々が共同で創り上げる人生であり、人生の各方面、各部門を含み、物質的なもの、精神的なもののいずれも含まれており、ここから人々の人生の一切合切が始まるのである」[4]と述べている。これはつまりある人間集団のすべての生活と彼らが創造した一切の財が文化だということである。しかしながら、彼は『中国文化史入門』という書物の中で、文化と文明を分けて述べている。彼は、「ほぼ文明や文化はいずれも人

梁漱溟（1893～1992年）は中国現代の哲学者、教育者である。郷村建設理論は教育者としての梁漱溟が提示した重要な理論命題であり、彼は「教育とはすなわち郷村建設である」と強調し、中国の郷村と中国の「民族精神」とが中国社会・文化の根本であると考えた。

類の集団生活について述べたものである。文明は外的なものを論じ、物質面に属す。文化は内的なものを論じ、精神面に属す。故に文明は外に向かって伝播し、授受しうるが、文化は必ずその集団内部の精神から累積され、生まれる」と言う。彼はまた「文化は文明を生むが、文明は必ずしも文化を生むことはできない」[5]とも言う。彼がここで言う文化は精神面の成果を指すだけである。梁漱溟と銭穆の見解にも合致しないところがあることを見て取れる。銭穆は文化が人生の全体であると考え、梁漱溟は文化が人生の拠り所とする一切のものであると考えており、そこにもわずかに違いがある。台湾の学者の趙雅博は「文化の重要な意義はまさに自然を変え、自己のもともとの状態を変えて、新たな状況にすることである。さらに的確に言えば、自然の中、あるいは自己の中に潜む機能あるいは能力を発揮させることであり、人が自らの能力、つまり理知、意志、感覚器官を使って、自己あるいは自然の中に潜在的にある隠れた能力を現実のものにすることであり、その目的は自らをもとの状態より良い状況にすることである……」[6]と考える。このような変化は物質と精神の両面で理解できる。以上の各定義はさまざまな角度から文化というこの複雑な概念を理解したものであり、いずれも道理がある。彼らの見解は同じではないが、ある点では同じである。つまり、いずれも人類の活動とその結果を指しているという点である。

私はさらに張岱年、程宜山の両氏が『中国文化と文化論争』という書物の中で下した文化についての次のような定義にも賛同している。すなわち、「文化とは人類が人と世界の関係の中で行う精神活動および実践活動の方式およびそこから創造する物質的および精神的成果の総和であり、活動の方式および活動の成果の弁証法的統一である」[7]。この定義は人類の活動の方式（動態的）と活動の成果（静態的）の統一を強調しており、活動の成果には物質的成果ばかりでなく、精神的成果も含んでいる。人類の活動の方式も精神活動と実践活動の両面を含んでおり、人類の活動方式自体も文化で

張岱年（1909〜2004年）は中国現代の哲学者、北京大学教授。『中国哲学大綱』『中国哲学発微』『中国哲学史方法論序論』などの著作がある。

あって、その活動の成果であるだけではない。これは他の定義に比べて全面的である。

文化の特性

文化は絶えず発展し、絶えず創造される過程であり、それは文化の時代性と呼ぶことができる。銭穆は人類の文化を遊牧文化、農耕文化、商業文化の3種類に分け、それに対する自らの解釈を行った。彼の分類が科学的か否か、解釈が妥当か否かは別にして、一点は正しい。すなわち、文化が時代の変化と社会の発展につれて絶えず変遷するものだという点である。遊牧時代には遊牧文化があり、農耕時代には農耕文化があり、人類が工業化社会に入れば、工業文化あるいは商業文化がある。人類は現在まさに情報化時代に邁進しているのであり、人類の文化もまた新しい時代に入ろうとしている。このような変遷は人類の精神活動や実践活動の中で完成するものである。人類の活動は文化の変遷の原動力であり源泉なのであり、これが文化の変遷の一つの面なのである。もう一つの面である文化の変遷あるいは文化の創造と呼ばれるものは、既存の文化または伝統文化の基礎の上に行われるものであり、伝統文化を離れることはできず、何の拠り所もなく新たな文化を創造することはできない。新しい文化は旧い文化を止揚し、改造しうるのであって、旧い文化の基礎から遊離することはできないのである。一つの生命体の新たな生命と同様に、母体を離れ、母体と完全に同じではないものの、やはり母体の遺伝子を帯びているのである。これは人類の精神活動や実践活動が既存の文化環境の中で行われるからであり、人類は文化の真空の中では生活できないのであり、新たな文化も文化の真空からは創造できないのである。まさしく文化がこのような継承性、変遷性をもっているが故に、われわれは今日、文化研究に対してこのように強い情熱を抱くのである。

文化には民族的特徴がある。文化はある民族あるいは種族が創造するものであり、一つの民族あるいは種族の特徴も彼らに比較的多く備わった文化の中に集中的に表現されており、梁漱溟が言う「民族生活の様式」[8]である。従って、文化の伝統と民族文化の伝統は同義語と言える。世界の各民族が置かれ

た歴史的時期は同じではなく、自然・社会環境も異なっているため、自然界や社会の各種現象に対する認識や理解も同じではなく、そのことから彼らにそれぞれ異なる文化を創造したのである。古代社会には五大文明の形態、すなわち古代エジプト文明、古代インド文明、古代バビロニア文明、古代ギリシャ文明、古代中国文明があった。数千年の歴史の変遷を経て、戦争やその他の原因のために、幾つかの文明は衰退してしまった。ギリシャ文明は西洋文化の源となったが、東方の中国文明はずっと今日まで続いている。国民国家の出現に伴い、文化の民族性がますます強烈に表現されるようになり、これが異なる国民国家を示すようになったのである。一つの国民国家、階級社会であっても、一つの民族の中に階級や階層が存在するために、一つの民族の文化も単一ではなくなる。レーニンは各民族の文化の中には2種類の異なる文化が存在すると考えた。彼は「各民族の文化の中にはあまり発達していないとはいえ民主主義や社会主義の文化の諸要素がある。なぜなら、各民族の中には労働大衆および搾取される大衆がいて、彼らの生活条件が不可避的に民主主義と社会主義のイデオロギーを生みだすからである。しかし、各民族の中にはブルジョア階級の文化（大多数の民族の中にはさらに黒百人組的および教権主義的文化が存在する）があり、しかもこれは単に"諸要素"であるばかりでなく、支配的な地位を占める文化である」と述べた[9]。民族文化の内部を見れば、それらは異なる文化要素をもつが、民族の間について言えば、各民族文化はいずれも自らの民族の特徴を備えている。従って、民族文化の中には主流の文化と非主流の文化が存在し、多民族国家には多種類の民族文化が存在するが、1種類の主流の文化が当該国家・民族の文化全体を代表することになるのである。

　文化の時代性および文化の民族性は、文化の二大特徴である。文化の時代性は、文化が時代の変遷とともに変遷するものであることを説明しており、文化の変異性とも呼びうる。このような文化の変遷は文化の動態性を説明するものであり、社会・経済、政治、科学技術などの変革につれて絶えず変化するものであり、時代の要求に適応するものである。まさにこのような変異性こそが文化を不断に進歩させ、時代とともに歩ませるのである。ある民族

の文化が前の時代と歩調を合わせて前進できないならば、この文化は衰退するはずであり、甚だしい場合には消滅してしまう。古代の五大文明のうちの幾つかが消滅したのは、外敵の侵入であったり、時代の変革に適応できなかったりして、別の文化に取って代わられることができなかったからである。文化の民族性はまた文化に備わった相対的な安定性、持続性、さらには相対的な凝固性、つまり容易に変わらない特性を説明するものである。まさにこのような安定性、持続性が民族文化の伝統を形成するのである。しかしながら、変革は絶対的であり、安定は相対的である。時代につれて変化することがあってはじめて、民族文化の生命力を確保することができ、文化の特性が保持されるのである。

　文化の変遷には漸進的変化と突然の変化という二つの方式がある。文化の漸進的変化は文化の内部で次第に発生するものであり、あるいは生産力の発展により生活方式に起こった変化であるか、あるいは外部民族との交易・交流の中で当該民族の文化要素を次第に吸収するものである。文化の突然の変化は社会の激烈な変革の時代に現れる。例えば、ヨーロッパのルネッサンスは中世の宗教文化を覆し、古代文明を復興させ、工業文化を開いた。アメリカの独立戦争はヨーロッパの幾つかの文化伝統を覆し、次第にアメリカの文化を樹立した。中国の新民主主義革命は半封建・半植民地の文化伝統を覆し、社会主義の新しい文化を打ち立て始めた。しかしながら、これらの変化は既存の民族文化の伝統を放棄したわけではない。アメリカの文化は依然としてヨーロッパ文化を継承したものであり、中国の社会主義の新文化も依然として中華文化の伝統を保存している。従って、民族文化は何らかの凝固性を備えている。ある時には社会の激烈な変革の中で、文化要素で表面的に消滅するものもある。しかし、適切な環境の下では再び復活するはずである。例えば、ロシアの東方正教会の伝統は十月革命の後に消滅したように見えたが、70年余り後、ソ連邦が崩壊するや再び復活した。長い歴史の過程では、文化の変遷は全体としてだんだん進行するものである。ある時には貿易や交流を通して、ある時には民族間の戦争を通して、最後には文化の衝突と融合に到達するのである。例えば、中国とヨーロッパの交易は、シルクロードを通

じて中国の「四大発明」がヨーロッパに伝わり、同時にヨーロッパの文明を持ち帰った。古代ヨーロッパの何年も続いた戦争がローマ文化をヨーロッパに広めたのである。

　一つの民族文化の変遷の原動力は、外部からの圧力であり、内部からのものでもありうる。周知のとおり、エジプトは古くからの文明国だが、ローマの侵入により古代エジプト文明は消滅し、7世紀の中葉にエジプトはイスラム教徒のために陥落させられ、次第にイスラム文化を打ち立てていった。しかし、エジプト人が創造した先進的科学技術の成果や絢爛たる文学・芸術は依然として今日まで伝わっており、人類の貴重な文化遺産となっている。中国では「西洋の学問の東漸」は外来列強の砲艦の下で次第に展開してきたものである。アヘン戦争以前にも、中国は他の民族文化を吸収してはいたが、ごくわずかであり、中国文化の本質に関わることはなかった。アヘン戦争以後、洋務運動にしても、変法運動にしても、いずれも西洋文化と直面せざるを得ず、中国文化と西洋文化の先鋭な衝突を引き起こした。この衝突の中で、いかなる政策がとられたかにかかわらず、「中国の学問を"体"とし、西洋の学問を"用"とする（中学為体、西学為用）」[訳1]にせよ、「夷の優れた技術をならい、以て夷を制す（師夷之長技術以制夷）」にせよ、いずれも中国文化の変遷を免れることはできなかった。もう一つの変遷の原動力は文化の内部に由来するものであり、ある種の民族文化が時代の変化に適応するため絶えず変化するものである。例えば、古代エジプト文字はもともと楔形文字であったが、後に科学技術の発展、生産生活のニーズのために、次第に表音文字が取って代わり、それによってエジプトの文化の進歩が促進された。人類の遊牧文化から今日の工業文化、情報文化に至るまで、文化内部の原動力が引き起こした変遷である。中国の近代文化の変遷もまた絶えず文化内部の原動力であり、たとえ外来の列強の圧迫を受けたにしても、中国が自ら近代化のニーズを追求したことによるものである。ここから、民族文化の変遷は総じて内部の原動

訳1　略して「中体西用論」と呼ぶ。「体」とは本体、主体を意味し、「用」は働き、補助を意味する。「体」も「用」も仏教にその源があり、宋学以来使用されてきた哲学概念であり、二者が両立可能なものとし、前者の優位性を保持しつつ後者の導入を正当化する。

力が拠り所であり、外部の動力は条件であるという結論を得ることができる。

　文化の時代性は人類文化の共通性を反映しており、文化の民族性は人類文化の個性を反映している。張岱年、程宜山の両氏は「文化の時代性、文化の民族性の問題は、煎じ詰めれば一般と特殊の関係の問題である。同時代の異なる民族の文化は似通った時代の特徴を備えており、これが一般である。同時代の異なる民族の文化は民族の特徴を備えており、これが特殊である。同時代の同一民族はその共通の心理の共通文化を表現しており、これが一般である。同時代の同一民族はまた異なる階級、異なる党派の異なる心理の２種類の文化を表現しており、これが特殊である」[10]と述べている。

　今日の経済のグローバル化、情報の国際化、人々の国際的交流が日増しに頻繁になっているという大状況の下で、文化の国際化と民族化の衝突の問題が現れるのは必然の成行きである。一方では、国際交流を通じて、各民族の文化は相互に融合し、相互に浸透し合うが、他方では、各民族は自民族の文化の特色を保持しようとし、他の文化によって融合されたり、消滅させられたりしないようにする。とくに弱小の民族は、勢いの強い文化による圧迫を日々感じている。いずれかの強権国家が経済のグローバル化の勢いを借りて文化覇権主義を全力で推し進め、絶えず自己の価値観を他人に押しつけ、西洋の生活方式こそ最も先進的な文化であることを大いに宣伝するとすれば、このような文化覇権主義は各民族文化からの強烈な抵抗を受けるのみならず、真の国際化にとっても不利となろう。文化の国際化は何か１種類の文化をもってすべての文化に取ってかわることではなく、各種の文化が相互に交流し、相互に学び、各自の文化をさらに繁栄させ、発展させることである。それぞれの民族の文化はいずれも長所があり、欠点もある。文化交流の中で他の民族の優れた文化を吸収し、もって自己の文化を豊かにすることにより、世界の文化を豊富多彩なものにしなければならないのである。つまり、各個人は各自の文化の中で生活しているが、別な文化も理解したいと思っている。例えば、外国の人々が中国にやって来て、世界公園を見に行くようなことは絶対になく、やはり万里の長城、明の十三陵、秦の始皇帝陵の兵馬俑を見に行くものだが、これはこうした場所が中華文化の民族性を備えているからで

ある。当然ながらここに言う文化の民族性は民族文化の優秀な特色であって、国粋主義的な理解となることはあり得ない。まさにそうであるからこそ、ユネスコはエジプトのピラミッドや中国の万里の長城を世界文化遺産のリストに加えたのである。

文化の伝承と変遷

文化の伝承と変遷は非常に複雑な過程である。文化の伝承と変遷の理論には主に3種類ある。すなわち、進化、伝播(原語は「播化」)、浸透(原語は「涵化」)である。

いわゆる文化の進化は文化の発展が次第に蓄積され、簡単なものから複雑なものへ、低級なものから高級なものへと、絶えず発展するものであることを指す。この理論は文化の伝承と変遷の時間形式を強調し、文化発展の普遍的、歴史的原則である。

いわゆる文化の伝播は、文化が人類の交流や連係、つまり交易、戦争、移転などの活動を通じて伝播し発展してきたことを指す。この理論は文化の伝承と変遷の空間形式を強調し、文化発展のエリアについての原則である。

いわゆる文化の浸透は、ある文化が孤立して発展してきたのではなく、外来文化との接触の中で、衝突、融合を通じて、双方に変化が生じ、ある種の交叉や浸透の局面が現れ、最後に意識的、無意識的な選択や調整を経て、新しい文化が生まれることを指す。これは文化発展の普遍的法則である。

文化の伝承と変遷についての認識はさまざまであることから、各種各様の学派が形成された。

進化論学派は、イギリスのエドワード・タイラー (Edward Tylor)、アメリカのルイス・モーガン (Lewis Henry Morgan) を代表とし、人類の本質の一致性を強調し、そこから文化発展の一致性が生じるとする。「単線的進化論」(古典的進化論)とも呼ばれる。20世紀の50年代には「新進化論」、つまり「複線的進化論」が生まれたが、この学派は人類の各種の文化の発展に一致性と普遍的法則が存在することを認めない。

伝播論学派は、ドイツのレオ・フロベニウス (Leo Viktor Frobenius) やロバート・

フリッツ・グレープナー（Robert F. Graebner）を代表として、「文化圏理論」を主張し、文化圏を一つの実体と見なし、この実体がその発源地を中心として世界の広大な地区に拡散したと考える。この学派は文化の空間転移を過度に強調する。

社会学派は、フランスのエミール・デュルケーム（Émile Durkheim）やマルセル・モース（Marcel Mauss）を代表として、人類の文化が生まれる根源は社会および社会環境であると考える。文化は社会の集団的観念であるから、社会学の実証的方法によって研究する必要があるというのである。

歴史学派は、アメリカのフランツ・ボアズ（Franz Boas）を代表として、文化に対して「歴史的動態研究」を行うことを強調し、「文化独立論」を主張する。各文化はいずれも生物的、地理的、歴史的、経済的影響を受けており、それらがすべて決定要素であって、唯一の要素ではなく、人類文化の発展は法則性のないものであると考えるのである。

「文化相対論」は「価値理論」とも呼ばれ、各民族文化は価値的に平等であり、あらゆる社会に適用しうる一つの絶対的な評価基準などは存在しないと考えるのである。

機能主義学派は、イギリスのブロニスロフ・マリノフスキー（Bronisław Kasper Malinowski）らのように、文化を一つの完璧な総体と見るものであり、各部分から構成され、各部分はおのおの特殊な役割をもっているが、いずれも自己の機能を完成させるためであるとする。

この他にも、心理学派（フロイド）、構造主義学派などがある[11]。これらの学派はそれぞれが自分の言い分を主張し、特有の側面をもっているが、実際のところ各種の文化の伝承と変遷は進化、伝播、浸透の過程を通らねばならず、これが普遍的な法則なのである。

各種の具体的な文化の変遷過程はまたそれぞれ異なっており、それぞれに固有の発展の道筋と特殊性をそなえていることは疑いをはさむ余地がないのである。これらの理論はさまざまな程度で教育および教育と文化との関係についての人々の認識に影響している。

文化発展の基本的側面

　文化発展の過程は非常に複雑であるが、転移 (Transferring)、選択 (selecting)、発見 (finding)、創造 (making) という、この四つの基本的側面から離れることはない。

　転移とは、既存の文化産品が時空を超えて延び、将来までその文化を保存し、同時に異なった地域でその影響を拡大することを期することである。そのうち、時間上の縦方向の転移は民族の文化的伝統の最も直接の要素を形成し、横方向の転移は各民族、各地域の文化交流を促進して、民族文化を更に豊富多彩にする。転移自体は決して創造ではないが、転移の過程は機械的な移動ではない。転移の内容は必然的に転移主体と環境の影響を受け、何かを付け加えるか、あるいは何かを失う。転移はまた次のように区分しうる。すなわち、主文化の主体は自発的に外に向かって伝わっていき、客文化の主体はそれを客文化の地区に持ち込むのである。例えば、キリスト教文化の拡張、つまりキリスト教の宣教師（主文化の主体）は自発的にキリスト教文化を世界各地に伝える。中国古代の四大発明や製陶、養蚕などの技術はヨーロッパまで伝播し、あるものは中国の商人（主文化の主体）が自ら伝えたのであり、あるものはヨーロッパの商人（客文化の主体）が持って行ったのである。いかなる転移方法であろうとも、文化の転移は文化の選択とつねに連係している。

　選択とは、文化の主体が時代の要求と自分のニーズに基づいて既存の文化を伝え、あるいは異質の文化を吸収するときに、いくつかのものを強調するか増加させ、いくつかのものを非難するか捨てることを指す。転移と選択とは不可分であり、転移の過程には必然的に選択がある。例えば、儒家の学説は董仲舒による選択、朱熹による解釈を通じて、すでに元来の儒学とは大きく異なるところがある。また西洋の学問の東漸以後、中国の政界と学界には各種の議論があったようだが、実は西洋文化に対する一種の認識過程と選択過程であった。今日われわれは中華民族の優秀な文化の伝統を発揚すると言っているが、実際には民族文化の伝統に対する一つの選択過程であり、いわゆる「その糟を除いて、その精華だけを取り」、優秀な部分がいっそう光彩を放つようにしているのである。文化の選択はいつも特定の時期の政治・

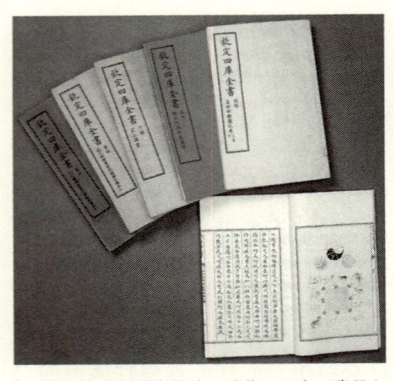

『四庫全書』は清朝乾隆帝の時代に10年の歳月をかけて完成された。3,461種、7万9,309巻の書籍が収められ、経（経書総典）、史（歴史）、子（哲学思想）、集（文芸、技芸）の4部に分かれる。基本的に清朝乾隆帝の時代以前の中国の古い漢籍を網羅し、きわめて豊富な内容であり、学術的価値が高い。

経済の制約を受ける。物質面の文化産品を除いて、制度、観念など上部構造に属す文化の形態は必然的に経済的土台の制約を受ける。ある時期の支配階級もどうしてもその統治の制度と観念を強化するのに有利なものを選ぶものである。そのニーズに適合するものは保留され、甚だしきはいっそう光彩を放ち、適合しなかったのは淘汰される。秦の始皇帝の焚書坑儒や、董仲舒が儒家の学術のみを尊重したのも一種の文化の選択であり、乾隆帝が『四庫全書』を編纂したのも、十分に物事のふるい分け作業を行ったのである。物質文化にも選択問題がある。さまざまな時代には生産力の発展のため、人々の物質に対する需要がさまざまな要求を生むはずであり、元からある物質や産品に対して選択と淘汰の過程が存在する。文化の内容の選択には2種類ある。1種類は自己の文化に対する選択であり、これは批判的な継承と発展である。もう1種類は異質の文化に対する選択であり、これは導入と融合である。選択の方法にも2種類ある。一つは上から下への選択であり、統治集団が命令を下して禁止したり、あるいは唱道し発揚したりすることであり、例えば、蒙古族と満州族が中原を治めるようになった後、漢化政策を推進したのは上から下への選択である。もう一つは下から上への選択であり、先に民間で流行し、次第に社会の上層に影響して、最後に全社会に受け入れられ、例えば西洋の学問の東漸のように、当初は宣教師が先に民間で細々と伝え、その後次第に朝廷に影響した例のようなものである。選択のない文化の伝播と発展はないと言ってよかろう。

　発見とは、すでに存在したが、注目されていない文化を発掘して利用することを指す。発見は2種類に分かれる。1種類は時間的意味においてであり、過去の文化に対して発掘と利用を行うことを指す。例えば、中国漢代の古文

学派は孔子の旧居の二重の壁の中から大量の春秋戦国時代の文献資料を見つけたことから興ったのである。考古学の発掘も文化に対する発見である。さらに、今日の各種の研究、例えば、敦煌学、紅学^{訳2}、魯迅学などはいずれも文化を発見する仕事を行っているのである。このような発見を通して民族文化はいっそう異彩を放つことになり、同時に文化のいっそうの発展を促すのである。ヨーロッパのルネッサンスも古代ギリシャ文化に対する発掘を通して興ったのであり、最終的にヨーロッパのブルジョア階級の思想・文化の伝統を形成したのである。発見のもう一つの意義は空間的意義であり、異質の文化に対する発見と吸収を指す。ここでもまた2種類の情況に分けることができる。1種類は積極的、主導的なものであり、もう1種類は消極的、受動的なものである。前者は仏教が東に伝わって中国文化に吸収されたのがその例であり、後者は西洋の学問の東漸のように、西洋が砲艦を背景として中国人に次第に西洋文化の先進性を発見させたのがその例である。文化の発見にはいつも一つの過程があり、かつまたその過程はいつも文化の選択と連係している。

　創造とは、いまだかつてない新しい質の文化を創り上げる過程を指し、文化の発展の最高の形である。それは創始の意味をもつ創造であり、オリジナルと叫ばれ、一定の文化の基礎を踏まえた上での再創造であり、改造とも叫ばれる。オリジナルかそれとも再創造かにかかわらず、元の文化基盤から離れることはできない。創造の主体はいつも一定の文化環境の中で生活しているため、元からある文化の基盤を離れることができず、文化の真空の中から一種の新文化を創造することはできない。レーニンはかつて十月革命の後に、プロレタリア階級が社会主義文化を打ち立てるには必ず過去の文化遺産を利用すべきであることをプロレタリア階級の文化派が否定しようとしたことを批判した。彼は「マルクス主義というこの革命的プロレタリア階級のイデオロギーは、世界史的意義を勝ち取った。それはブルジョア階級の時代の最も価値ある成果を捨て去らなかったどころではなく、二千年余りにわたる人類

訳2　紅楼夢に関する研究を意味する。

の思想と文化の発展におけるすべての価値あるものを吸収し加工したからである」[12]と述べている。

　中国にとって、中華文化の創造と基礎固めの時期は先秦時代であった。考古学の資料が証明するところによれば、中国はおよそ紀元前7000年から紀元前2300年には早くも華夏、東夷、南蛮など多くの種類の文化集団が生まれ、高いレベルの物質文明を創造し、比較的豊かな文化・思想を形成していた。周代までには次第に宗法（宗族を規制する秩序体系の制度）と礼制を作り上げており、このような制度は中国で数千年にわたって保持された。春秋戦国の時代に至ると、諸子は蜂起し、学派は林立して、百家争鳴、中国の文化が光り輝く創造の時期に入った。中華文化はここからその基本を確定し、歩み出したのである。中国の文化の発展からは、一つの民族文化が形成されるには、まず創造的な労働を通じてでなければならない。もちろん、文化の基盤を定める時期に創造が必要なだけではなくて、民族文化のいっそうの発展過程の中でも、やはり創造が必要である。つまり、一定の文化的基盤に立ったさらなる創造が必要なのである。中華民族は一つの多民族集団であり、中国の文化は絶えず各民族文化の優秀な内容を吸収、融合する過程の中で発展する。例えば、中国の民間音楽は各民族の楽器から構成され、中国の女性の着るチャイナ・ドレスはもともと満州族の服装であった。近代以降、西洋文化の影響を受けて、中華文化はすでに多くの西洋文化の精華を吸収していた。中華人民共和国の成立以後、マルクス・レーニン主義、毛沢東思想の中華文化に対する指導が確立され、既存の文化的基盤の上に、数千年来にわたって中国人民と世界の人民が創造した価値あるすべての文化の成果を吸収し改造して、中華民族の、科学的な社会主義の新文化を創造したのである。改革開放以降、鄧小平理論の指導の下で、中国の特色をもつ社会主義の新しい文化がいっそう光り輝いてまばゆいばかりである。総じて、創造は終始一貫して民族文化が発展する最も重要な側面である。

　もし転移と選択がおおよそ文化を保存する側面に属するとするならば、発見と創造は文化を生産する側面に属するものである。文化の発展はこの四つの側面を離れることはなく、しかもそれらは順次行われるのではなく、交差

しながら前に進むのである。

文化の内包と構成

　文化の内包はきわめて豊富にして複雑であり、いかなる文化も科学、芸術、宗教、道徳、法律、学術、思想、風俗、習慣、制度などを含む。学界は文化の構成について多くの種類の分類を行っている。一つ目は二分法であり、精神文化と物質文化、あるいは観念と実体、外向と内向などに分けることである。二つ目は三分法であり、物質、精神、制度、あるいは物質、観念、関係に分けるものである。物質の文化とは人々が物質的な生活資料を目的とする実践活動に従事する過程の中で創造した文化であり、自然界を征服することで創造した文化の成果を指す。関係の文化とは人類が創造の過程で接触し構成した各種の社会関係、生産関係、貿易関係、公私の関係、国際関係、民族関係、政権の関係などを指す。観念の文化とは長期にわたって形成される社会文化の心理、歴史文化の伝統、民族文化の性格、哲学思想、観念・理論、文化の理想、文学・芸術、宗教の信仰、道徳規範などを指す[13]。三つ目は四分法であり、物質状態の文化レベル、制度の文化レベル、行為の文化レベル、心理状態の文化レベルである[14]。

　張岱年、程宜山の両氏は三分法をとり、「われわれから見ると、文化は主に三つのレベルを含んでいる。第一のレベルは思想、意識、観念などである。思想や意識の中には最も重要な二つの面がある。一つは価値観であり、もう一つは思考方式である。第二のレベルは実物であり、つまり文化を表現する実物であって、それには哲学者の著作、文芸家の文学・芸術作品などの"物"が含まれるばかりでなく、科学技術が物化した形態である"物"、つまり人工的に改造された物質が含まれる。第三のレベルは制度、風習であり、思想の観点が凝結してできあがる条例や規則などである」[15]と述べている。龐朴も文化を三つのレベルに分ける。すなわち、物のレベル（物質のレベル）、心のレベル（あるいは心理のレベルとも呼ぶ）、その中間のレベル（心と物が結合したレベル）であるが、解釈には異なるところがある。龐朴は映画を見ることを例として、映画を上映するハードウエアの部分を文化の「物のレベル」と

称し、映画宣伝の思想やテーマおよび映画館の管理制度が文化の構造の第二のレベル、つまり「心と物の結合したレベル」と呼び、映画を見る人の審美の情緒、審美眼、価値判断などは文化の構造の第三のレベル、つまり「心のレベル」に属するとする[16]。四分法は風習、習慣など制度の文化の中から分かれたものを「行為の文化」と呼ぶのである。文化の質から分けると、高尚な文化と通俗的文化とに分かれる。私は、文化がどのような内容を含むものであろうと、文化の構造に対してどのような分類法をとるかについては、とくに注意を払うべき点があり、それは文化の人文主義的精神であると思っている。文化は人が創造したものであり、同時にまた文化は人を創造するのであって、人は一定の文化環境の中で成長するのである。そのため文化の人文主義的精神をとくに重視しなければならず、人文主義的精神を失った創造の成果は文化と呼ぶことはできず、あるいは「クズ文化」「文化のカス」と呼びうるだけである。例えば、人類が創造した殺人兵器、賭博機械、ならびに暴力、色情などの内容を宣伝する作品や情報はいずれもこれに当たる。

　われわれが以下に述べる文化は主に思想・観念のレベルの文化を指しており、部分的に制度の文化にも関連する。なぜなら、思想・観念の文化と教育の関係は最も密接だからである。物質状態の文化、制度の文化が重要ではなく、教育の発展に影響していないなどと言っているのではなく、相対的に言って、思想の文化の教育に対する影響が最も深く、最も長いので、重点的に研究しなければならないのである。エネルギー、力量、そして紙幅に限りがあるため、本書で論じるのは文化に関連する一部分であって全てではない。

第2節　文化の一部分としての教育

　教育は人類の重要な社会活動であり、文化活動である。上述した台湾の学者の趙雅博が文化について下した定義は、あたかも教育についての定義のようである。教育の本質は人が自らの能力を使って自分の中にある潜在能力を発揮し、自分の元来の状態を改造し、自分の生活をもとの状態よりもっと良くすることである。教育は人を育てる活動であり、人類の創造する生産の経

験と生活の経験を次世代に伝授し、文化を次世代に順次伝えて、彼らの知力の発達を促し、彼らを自然的人間から社会的人間に変えることである。教育が創造するものは主として精神的産品であり、それは育成された人材の中に含まれ、同時に創造された物化した知識の中に含まれる。教育の主要な任務は人材を育成することであるので、それは人材の育成を通して文化に伝播し、文化を創造するのである。

教育は文化を伝播し創造すると同時に、教育は文化から離れられない。教育はいつも一定の文化環境の中で行われるものであり、いつも全体の文化伝統に束縛される。例えば、中国古代の教育は古代の封建的な文化の土壌で展開したのであり、中国の歴史上長期にわたって存在した科挙制度は封建制度の中で形成されたものであるので、封建的な文化の一部分であり、このような科挙制度は学校教育を人材の選抜制度と結び付け、中国教育に対して1300年余り影響を与えた。

教育は文化の一部分として、特定の時期の政治・経済の産物であり、政治・経済制度や生産の発展レベルに制約され、同時にまた一定の文化の影響を受ける。教育に対する文化の影響は政治・経済の教育に対する影響よりも更に深くて、更に長く持続する。教育の基本的要素は教育者、教育を受ける者、教育の内容、教育の手段であり、この四つの要素で文化の深くて長く続く影響を受けないものはない。とくに文化の思想、意識、観念レベルの影響は、教育者と教育を受ける者の教育に関する価値観、人材観、師弟観に浸透し、教育に関する価値観の確立、教育目標の制定、教育内容の選択、教育制度の確立に影響を与える。

教育に対する文化の影響

教育に対する文化の影響は大まかに言って、以下のいくつかの側面がある。

文化の価値の方向が教育の価値観に影響する。例えば、アメリカ文化の伝統の最も基本的な価値の方向は個人主義である。これはアメリカの歴史の発展がもたらしたものである。アメリカは移住者の国であり、アメリカ人は世界各地からアメリカ大陸にやって来て、生存と発展のため、個人的な奮闘こ

開拓に頼らざるを得なかった。そこで個人主義がすべてのアメリカ人の血液の中に溶け込み、アメリカ教育の価値観に深く影響を与えているのである。イギリス文化の価値の方向はアメリカとは全く違う。アングロサクソンの民族文化の価値の方向は、伝統を重んじることである。これは伝統がイギリスでは強烈な非難や徹底的な否定を受けていないためである。従って、イギリス人は生まれつき保守的であり、今日に至っても、たくさんの古い制度や観念が依然として生き続けている。彼らの教育の価値観も保守的であり、貴族的な教育制度、ジェントルマンの育成は依然としてイギリス教育が追求するものである。中国文化は一種の倫理型文化であり、中国文化の価値の方向は人格の完成を追求するものである。そのため、中国の教育はかねてから徳育が第一であることや、"一人前になること"、"道理に通じた人なること"、学生をどのように教育して一人前にするかが強調され、それから親への孝行や、国への忠誠が続く。

　ある国の文教政策は必然的に教育制度と教育内容に影響する。それぞれの国は特定の時期には何らかの文教政策があって、このような文教政策はしばしばその時の政治・経済制度の制約を受ける。例えば、日本は明治維新に際して全面的な西洋化の文教政策をとり、日本の近代教育に根本的変化を生じせしめた。中国は漢代にただ儒学のみを尊ぶ文化政策を実行したことで、中国の教育制度と教育内容が2000年余りにわたる影響を受けた。中国の科挙制度は一種の制度文化としてかつて中国の教育に1300年余りにわたって影響を及ぼした。後で中国教育の文化的基盤について検討する時に、詳しく論じなければならない。

　物質的産品と精神的産品を含む文化産品の生産様式および目に見える形態も、教育内容、教育方法および組織形式に影響を与える。文字の発生と発展、文化自身の発展に影響しただけではなく、学校教育にも影響した。学校教育は物質的産品に一定の剰余がある時にようやく発生したものである。印刷術の発明と普及は古代の経典の広範な伝播と保存を可能にし、学校教育は教材や読本を有するようになった。学年別の授業という教育上の組織形式も資本主義生産が発展を始めた時期にできあがった。歴代の哲学家、思想家、文学

者の著作は文化の精神的産品であり、これらの著作は教育の観念、内容、方法に影響を与えずにはおかない。近代科学の迅速な発展は、学校教育の内容、方法、手段にさらに大きな変化を生じさせた。以前にわれわれは近代教育は近代的な生産の産物であり、実際には近代教育は近代的な文化の産物であると述べたことがあった。

教育の基本的な特徴

教育は文化の一部分であり、そのため文化と同様な特徴、つまり民族性と時代性をもっている。

ある民族（あるいは国家）の教育の伝統は民族の文化の伝統と同じく、固有の特質がある。それは当該民族（あるいは国家）の政治、経済、科学技術の制度および水準に見合ったものであり、当該民族の文化の伝統に見合ったものであって、民族文化の伝統の影響を受けて形成されたものである。私は『民族文化の伝統と教育の現代化』という書物の「序文」の中で、次のように書いたことがある。すなわち、「われわれは、この前の二つの段階（哲学社会科学における第7次5か年計画以前および第7次5か年〔1990～1994年〕計画期、第8次5か年〔1991～95年〕計画期の比較教育の研究を指す―筆者）の研究プロセスの中で、教育に影響を与える政治的要因と経済的要因が比較的多く、教育に影響を与える文化的要因が比較的少ないことを分析したことがあり、各国の教育制度や事実を政治的要因と経済的要因だけを使って分析して見ても、説明がつきにくく、これらはいずれも大変重要な要因ではあるが、総じて隔靴搔痒の感がある。例えば、アメリカ、フランス、ドイツはいずれも経済の発達した資本主義国家であるが、それらの教育制度と教育の事実を処理する方法には大きな差があって、たとえ同じヨーロッパ大陸にあるフランスとドイツの教育でも、全く異なっている。しかし、社会制度の異なる東洋の国家、例えば中国、日本、韓国の教育の伝統にはたくさんの同じところがあるのである。これはどうしてであろうか。……そこで民族文化の伝統と教育発展の関係を思いついた……」というものである。教育の伝統はいつも民族文化の烙印を押されており、そこで民族教育の特質が形成されるのである。このような特質は簡

単には肯定も否定もできない。それは当該国あるいは当該民族の政治、経済、科学技術、制度、発展水準に見合っており、それらの文化の伝統に見合っているが、別の国家あるいは別の民族に見合っているとは限らない。これがつまり教育の民族性なのである。

　教育はまた時代性、あるいは変異性と呼びうるものをもっており、時代の発展につれて変遷するのである。教育の変遷は文化と同様に、その原動力は教育の外部および教育の内部に由来する。教育の外部からの原動力は政治制度と経済制度の変革であり、科学技術の発展である。現代科学技術は急激に発展し、人材を育成する教育に対して以前とは異なった要求を出しており、教育は必ず変革し、教育の現代化を実現して、時代の要求に適合しなければならない。教育変遷の原動力は教育の内部からも起こる。例えば、教育の発展がもたらす教育の需要や構造の変化、教育科学の発展がもたらす人材養成の法則についての新しい認識、教育実践が教育のために提供した新しい経験などは、いずれも教育が絶えず革新され、絶えず改善されることを要求する。

　教育は文化の一部分であり、同時に教育は相対的な独立性も持っている。実は文学、芸術、建物など、文化に含まれる各部分はおのおの独立性をもち、教育もまた例外ではない。教育の対象は人であり、青年・少年・児童であるが、人には自らの発達の法則があって、青年・少年・児童の成長には固有の法則がある。教育は政治、経済、文化の制約を受けるだけでなく、青年・少年・児童の成長発達する法則にも従わなければならない。これらの法則に背けば、人の潜在力は抑えられ、人材が駄目にされるかもしれない。そのため教育は文化的特性を持つだけではなくて、また科学的特徴も備えている。だからある学者は、教育は芸術でもあり、科学でもある(ある人は、教育は科学ではなく、教育学が科学なのであると述べているが、それは学問分野の角度から言っているのであって、私がここで言う科学とは、教育の活動が科学的活動のように人の発達の科学的法則に従わなければならないことを指しているのである)。科学は普遍妥当性を備えているものである。普遍妥当性と民族性は矛盾することもあるが、融合しあうことも可能である。教育はひとつの科学であり、普遍妥当性の一面も持っている。まさにこのような普遍妥当性、つまり各民族、各国の教育には

たくさんの類似したところがあって、互いに学び合い、互いに参考にし合うことができるので、いくつかの教育制度、教育内容、教育方法は移植することさえできるのである。中国の近代的な教育制度は西洋から移植され、日本、韓国の近代教育制度も西洋から移植されたものであって、決してその土地で成長したものではない。これは紛れもない事実である。もちろん、このような移植は本国の文化的伝統や教育の伝統を存分に考慮に入れたものであり、やはり民族文化の土壌の上に成長してきたものである。従って、ひとたび移植に成功したなら、それは民族の教育的特色も持つのであり、この時には、科学性と民族性は融合し一体となるのである。

　現代の教育は更に国際性を備えている。現代の教育自体が一種の国際現象であり、それは互いに学び合い、互いに交流し合った結果である。科学技術の発展につれて、国際的なコミュニケーションはますます迅速になった。とくにインターネットが通じたことは、情報の交流をますます迅速にし、世界はますます小さくなった。ある国のある教育改革は迅速に全世界にあまねく伝わることがあり得る。海外で学ぶ大量の留学生、異国で働く外国人専門家やアドバイザー、世界各地で開催される国際会議、学者間で遣り取りされる各種の郵便物、資料の交換、これらはいずれも文化・教育の国際的な交流を促進し、教育の国際化を促進した。

　教育の国際性は教育の時代性の表現であり、これと教育の民族性は矛盾しない。教育の国際性は決して教育の民族性を排除するものではなく、まさに教育が民族性を備えてはじめて国際交流の必要が生まれるのである。今一つの主張があって、教育は国際的にレールを接続することを提唱しているが、これは教育の民族性と矛盾する。世界には統一的な教育システムはなく、統一的なレールもない。有るのは各国、各民族の教育だけであって、それゆえレールを接続することはできないのである。教育の国際化の程度は強まり、外国人留学生の増加、国際間の学歴・学位の相互承認に存在しているが、これも国際的な合意あるいは二国間の合意を通じてようやく行うことができるものである。

　さらに説明を要するのは、民族の文化的伝統と教育の近代化は互いに矛盾

し、互いに対立する面があるばかりでなく、互いに依存し合い、互いに促進し合う面もあるということである。民族の文化的伝統は長い歴史の中で蓄積され形成され、現実の社会に対して巨大な影響をもたらす文化の特質および文化の様式なのである。それはたくさんの古い内容、とくに伝統文化の部分を含んでいる。文化的伝統はそれが形成された初期には当時としての新しい文化であり、当時の社会の発展方向を示していたが、現代社会にとっては古い文化となってしまっている。その内容は絶えず発展し、絶えず新しい内容が付け加わっているが、結局のところ一部分の内容は古いものである。もちろん、古い文化の伝統の中にも優れたものと劣ったものの区分がある。そのため、教育の現代化を実現する過程では、文化的伝統に対して識別、選択、改造を加えることが必要である。

　民族の文化的伝統と教育の現代化が相互に依存し合い、相互に促進し合う面は、次の点に表れる。すなわち、①民族の文化的伝統は教育の現代化の基礎であり前提であって、これについてはすでにこれまでに詳しく述べた。②民族の文化的伝統は民族の特徴として、いつもその合理的な核をもっている。このような核は民族性や国民性を反映し、民族の発展方向と人類の進歩する方向を示すものであり、それは教育の現代化の発展を促している。

第3節　教育の文化的機能

　教育は文化の影響を深く長く受け、文化も教育に依存して伝播され継承されなければならない。もちろん、文化の伝播は完全に教育だけに依存しているのではなく、多くの伝達媒体がある。しかしながら、教育は確かに文化の継承と発展の主要な方途である。特に古典文化は学校教育に依存し、識字から始まる文化・科学教育を通じて世代を超えて伝わってきたものであり、これは言わずもがなの道理である。総じて言えば、教育の文化的機能も文化の発展するいくつかの側面の中に含まれており、教育は文化を選択し、伝播し、創造する機能を備えている。

文化の取捨選択

　いかなる時代の統治集団も一定の時代、一定の社会のニーズに基づき、またその時の文化に対する理解に基づいて、既存の文化産品に対して廃棄するか保存するかを決めなければならない。このような廃棄あるいは保存はしばしば教育を通じて行われる。上述したように、文化はいつも時代の発展につれて絶えず発展するものであり、このような発展は新しい創造を含むだけではなく、廃棄や保存も含んでいる。とくに制度と観念のレベルでの文化は、いずれも上部構造に属し、経済的土台の制約を受ける。生産様式が変革されれば、上部構造も必然的に変化するものである。歴史上のすべての時期の支配階級はいつもその統治を強固にするのに役立つ観念や制度を選択しなければならなかった。そこで、そのニーズに適した文化が保存され、ひいては大いに発揚される一方、適しなかった文化は廃棄されたのである。秦の始皇帝の焚書坑儒や、前漢の時期の董仲舒が多くの学問を捨て去り、ただ儒家の学問だけを尊重したことも、いずれも一種の文化の選択である。秦の始皇帝の焚書坑儒は行政的手段を通して文化に対して選択を行ったのであり、文化を破壊する機能を果たした。董仲舒が儒家の学問のみを尊重したのは行政的手段を通して、また教育を通して実現したものであり、教育の内容が儒教の経典だけに限定された上、2000年余りもそのままであり続けた。物質的文化についても選択の問題がある。このような選択は社会生活を通じておのずと行われる優勝劣敗の選択であり、あるものは教育という手段を通して、先進的な生産の技術と知識を伝播し、古い生産の技術と知識は批判し捨て去ることになる。

　上述したとおり、文化の選択の内容には2種類あって、1種類は当該民族の文化の選択であり、もう1種類は外来の文化に対する選択である。われわれの教育は民族の優れた文化的伝統を発揚し、また世界のすべての文化の優れた成果を吸収しなければならないが、これには自民族の文化と外来の文化に対して真剣に取捨し研究を行い、表面から内面に向かって、枝葉を除いて真髄を取らなければならない。これも真剣に選択を行うことである。自民族の文化に関して、われわれは中国の伝統文化がすべて封建主義の文化だと考

え、継承しうるものは何もないと考える虚無主義に反対するばかりでなく、今でも『論語』の精神で天下を治めなければならないなどと考える復古主義にも反対しなければならない。われわれは中華民族の文化的伝統には優れた精華があるが、封建的な糟粕もあって、時代のニーズに基づき、偽物を除去し本物だけを残し、枝葉を除いて真髄を取ることで、ようやく現代化した価値観念を確立することができ、選択の目的を達成することができるのである。物質文化に含まれる建物、服装、芸術の装飾などはいずれもこのような選択を通して発展してきたものである。このようにただ絶えず選択することでのみ、中華民族の優れた文化はようやく大いに発揚することができる。外来の文化について、われわれはすべての外来の文化が中国の国情に適しないと考え、それをきっぱり閉め出すような排他主義に反対するばかりでなく、ただ西洋文化だけが先進的で、全面的に受け入れるべきだと考えるような全面的な西洋化にも反対する。いかなる文化も優れた成分とカスの成分を含んでおり、いくつかの内容はただ当該民族だけに適し、他の民族には適しないかもしれない。従って、外来の文化に対してはもう一つの選択の問題があると考えられる。文化の選択は弱小の民族にとってはとりわけ重要であり、もし外来の勢いの強い文化に対して選択を行わないならば、当該民族の文化はやがて浸食され、失われる危険性がある。外来の文化の吸収には、教育がいっそう重要な役割を果たす。

文化の伝達

　教育は文化を伝達する重要な手段であり、学校教育の主要な任務は保存された古典の中の物化した知識を順次伝えていくことである。もちろん、学校教育は学校の制度を通じて、また教師が言動を通じ身を以て次の世代に価値観、行為規範を伝えていかなければならないのであり、それによって民族文化は世代を超えて伝わっていくのである。仮に、縦方向の伝播が自民族の文化の伝達方式であると言えば、教育の分野で行われる国際交流、留学生の相互派遣などは、横方向の文化伝達の役割を果たすものである。教育を通じて文化を伝達することと文化を選択することは不可分であり、教育が文化を伝

達する過程では必然的に選択が起こりうる。文化を伝達する主体（政府や教師を含む）は、往々にして時代のニーズや自己のニーズに基づいて、いくつかの内容を強調したり増加したりするか、非難したり捨て去ったりするものである。政府が教育計画、学習指導要領を制定し、あるいはカリキュラム基準を編成し、国の共通教科書を編纂することは、実際には一種の文化の選択であり、教育目標の要求と子どもの発達上の要求に基づいて、適切な文化内容を選択して教育内容としているのである。

　教育が選択を通して伝達した文化はすでに元の文化ではない。従って、教育は文化を創造する意義を持っているのである。儒学を例にして言えば、董仲舒、朱熹などの解釈を通じて儒学はすでに元来の儒学ではなくなっている。古文経学、今文経学は儒教の経典に対してさまざまに異なった解釈を加えている。このような解釈は儒教文化に対する一種の選択であるとともに、一種の創造でもある。宋代・明代の性理学は仏教の禅宗の思想内容を吸収して、さらに儒教文化に対するある種の創造を行った。

　教育は文化の創造の中で重要な役割を果たすものである。学校の任務はといえば、一つには人材を育成することであり、二つには知識を創造することである。人材の養成過程では学術討論、科学研究が展開され、新しい知識と思考方法が生み出され、人類の文化を豊かにし創造するのである。中国古代の書院、ヨーロッパ中世の大学はともに人類の文明の発展史上において計り知れない役割を果たした。現代の学校はさらに知識の発祥地となり、多くの科学技術が学校の実験室の中でまず生まれるのである。学校は創造力のある大量の人材を育成し、彼らも絶えず社会のために新しい物質文明と精神文明を創造するのである。

原注

1　梁漱溟「東西文化及其哲学」『中国現代学術経典・梁漱溟巻』河北教育出版社、1996年、33頁。
2　同上書、237頁。
3　銭穆『文化與生活』台湾楽天出版社、1963年。
4　銭穆『中国歴史研究法』生活・読書・新知三聯書店、2001年。

5 銭穆『中国文化史導論』台湾商務印書館、1993年、5頁。
6 趙雅博『中国文化與現代化』黎明文化事業公司、1992年、1頁。
7 張岱年・程宜山『中国文化與文化論争』中国人民大学出版社、1990年、3〜4頁。
8 梁漱溟、前掲論文、33頁。
9 『列寧全集』第20巻、人民出版社、1958年第1版、6頁（邦訳は、マルクス＝レーニン主義研究所レーニン全集刊行委員会訳『レーニン全集』第20巻、大月書店、1957年）。
10 張岱年・程宜山、前掲書、12頁。
11 『中国文化史三百題』上海古籍出版社、1987年。
12 前掲『列寧全集』第20巻、283頁（邦訳は、前掲『レーニン全集』第31巻、大月書店、1959年）。
13 金達凱『中国文化史論』屯青書屋（台湾）1994年。
14 張岱年・方克立偏『中国文化概論』北京師範大学出版社、1994年、5〜6頁。
15 張岱年・程宜山、前掲書、1990年、4頁。
16 龐朴『文化的民族性與時代性』中国和平出版社、1988年、71〜72頁。

第2章　中国文化とその基本的特徴

第1節　中国文化の形成と進化

　中国は古くからの文明を持つ国であり、長い歴史を有しており、中国文化は歴史が長い。わずか一つの節で中国文化の発展を明解に述べようとすることは不可能であるし、筆者にはとりわけ困難である。しかし中国教育の伝統の形成を説明するためには、この問題は避けることができないので、ひとまずここで、本を読んで理解したことを述べてみる。

　中国は多民族国家であり、各民族はいずれも自らの文化的伝統を有している。したがって、中国文化の伝統は多民族の文化を包含する大きなシステムである。その形成は、数千年にわたる民族間の相互衝突、交流、融合の結果である。この大きなシステムの中で、漢民族の文化的伝統は一貫して主導的な地位にあった。近代の多くの学者が中国文化の発展の歴史を研究してきた。梁啓超は「中国学術思想変遷の大勢を論ず」と題する文章において、中国の学術思想の発展を、胚胎時代（黄帝[訳1]時代から春秋時代までを指す）、全盛時代（春秋から先秦まで）、儒教思想統一の時代、道教思想の時代、仏教思想の時代、近世の学術（明の滅亡から今日まで）に分けている。この中には縦方向の区分もあれば横断的な交叉もある。近年出版された2冊の著書ではこの問題の区分が異なっている。例えば呉小如編『中国文化史綱要』は、伝統的な上古、中古、近古という三分法を採用している。彼は、上古は秦漢以前の長い歴史の時期を含んで、中国文化が発生して基礎を確立した時期であり、中古時代は二つの主要な文化現象、一つ目は士族文化の深い発展、二つ目は異なる民

訳1　中国の伝説上の帝王。『史記』の「五帝本紀」で最初に登場する。

族の交流と融合があり、近古は宋、元、明、清の時代を指し、中国文化が変容した時代であると考えている[1]。張岱年・方克立編の『中国文化概論』は一般的な時期区分を行わず、中国文化の発展の内在的変化にもとづいて九つの歴史的過程をそれぞれ論述している。それは、(1)上古(中国文化の誕生)、(2)殷商西周(神中心から人中心へ)、(3)春秋戦国(中国文化の主軸時代)、(4)秦漢(統一帝国と文化の統一)、(5)魏晋南北朝(乱世における文化の多元化傾向)、(6)隋唐(全盛時代)、(7)北宋・南宋(内省・精緻化の傾向と市井文化の勃興)、(8)遼夏金元(遊牧文化と農耕文化の衝突と融合)、(9)明清(中国文化の黄昏と新たな文化の創造)である[2]。どちらの著書も西洋の学問が東洋に伝播する時期までしか論じておらず、わが国の近現代文化の発展と変遷に言及していない。これは、中国の伝統文化を論じるのみであり、中国文化の伝統の全体的な発展を述べていないということでもある。中国の近現代文化は中国の伝統文化と大きな違いがあるものの、それも中国文化の一部であり、しかも教育に対する影響は非常に大きいので、中国教育の文化的基盤を論じるには、中国近現代文化に言及しないわけにはいかない。したがって、私自身の学習と理解にもとづき、中国文化の形成と変遷について、次のように概述する。

華夏文化の誕生と初期の段階

考古学の資料が示しているように、中国には早くも紀元前7000年から紀元前2300年までの間に華夏、東夷、南蛮の三大文化集団が現れた。現在の山西、河南、陝西の三省が境を接するところ、黄河中上流の広大な地域に仰韶文化[訳2]が出現し、現在の山東、河南、江蘇の黄河中下流の中原地域に龍山文化[訳3]が出現しており、それ以降相次いで出土したものにはさらに江浙一帯の良渚文化などがある。数年前、成都付近で出土した三星堆の文物は、3000年余り前の巴蜀文化が中原文化と密接な関係にあったことを示してい

訳2　中国の代表的な新石器文化。1921年に河南省澠池県仰韶村で最初に遺跡が発見されたことから名付けられた。年代は紀元前5000年から紀元前3000年にかけてである。

訳3　中国の新石器時代最後期の文化。1928年に山東省章丘県龍山鎮で最初に遺跡が発見されたことから名付けられた。年代は紀元前2500年頃から紀元前2000年頃にかけてである。

る。近年中国の南方でも北方でも多くの新しい考古学的発見があり、中華文化の歴史を数千年さかのぼらせた。早くも7000年余り前には、中華民族の祖先が中華の大地で絢爛たる文化を創造していた。殷墟で出土した甲骨文とその他の文物は、殷商の時期に、中国がすでにかなり高い水準の物質文明をつくり出すとともに、比較的豊富な文化思想を形成していたことを示している。華夏の初期の文化は氏族制度の文化に属している。考証によれば、仰韶文化は母系氏族共同体^{訳4}制の時期に属し、龍山文化は父系氏族共同体制の時期に属する。原始的文化は、物質的な面では主として火の使用と石器、木器、骨器、陶器といった道具の制作と使用であり、観念的な面では主として原始宗教崇拝、祖先崇拝とトーテミズムにあらわれていて、中国の祖先の中にすでに龍や鳳凰などをシンボルとするトーテム画があらわれている。

周代宗法制度の確立

殷から周に移る際の文化的変遷は中国文化史上最初の大変革であった。『中国文化概論』と『中国文化史綱要』はどちらもこの時代を「神中心から人中心へと向かう」時代と称している。この時代、社会制度からみれば、原始的な氏族共同体制社会から貴族奴隷制の宗法制度社会へと徐々に変化した。周代になると、宗法制度の国家が基本的に形成された。まさに『詩経』に言うところの、「周は旧邦なりと雖も、其れ命ぜられて維れ新たにす」(周は古い国であるが、天命を受けて周を新たにした)

孔子（紀元前551～紀元前479年）：中国古代の最も偉大な哲学者、教育者。30歳の時曲阜城の北に学舎を設けて私人による学問講義の先鞭をつけ、晩年には「六経」の考訂に打ち込み、「六経」の整理の作業を教学に結びつけて、そこから豊富な教育思想を生み出した。「六経」の改訂は孔子の一生で最も偉大な貢献の一つである。

訳4 共通の祖先を持つこと、あるいは持つという意識による連帯感のもとに構成された血縁集団からなる共同体。

である。周代の維新は主として、宗法制度の成立にあらわれている。宗法制度の核心は嫡出の長男が継承し残りの子どもには土地を分け与えるという継承制度である。この制度を維持するには人間関係を調節する礼節と祭祀の制度がひと揃い必要であり、そのためにひとまとまりの礼楽制度(あるいは礼教と称する)が生まれた。この礼楽制度は後世の儒家が継承するとともに発展させ、数千年にわたって中国文化に影響を与えた。

春秋戦国時期の百家争鳴

　これは、中国が木製の「耒耜」(農耕器具)を使う農業から鉄製の「犁」(すき)を使う農業へと転換した時期である。政治制度の面では、家と国家が一体の宗法制国家が崩壊して、郡県制、君主専制中央集権制が徐々に確立し、諸侯が割拠して国家が統一できなかった。経済では、井田制が名田制へと移行した。学術では、諸子が蜂起し、学派が林立した。前漢初期の歴史家司馬遷は「諸子百家」を陰陽、儒、墨、名、法、道の六家にくくって論じ、前漢末の劉歆は儒、墨、道、名、法、陰陽、農、縦横、雑、小説の十家にまとめた。実際、儒、道、墨、法、陰陽は当時最も主要な学術の流派であった。どうして春秋戦国時代に百家争鳴という局面が生じ得たのであろうか。それは、当時の社会や政治の変遷によって決定され、また学術界内部の力の蓄積によっても決定されたのである。これについては歴史家によって多くの論述がなされている。梁啓超は百家争鳴の原因を分析した時、次の七つの点を挙げている。一つ目は蓄積の豊富さ、二つ目は社会の変遷、つまり宗法制度の崩壊で、「それ以前の貴族や世襲官僚が独り占めにしていた学問が一挙に民間へと広まった」こと、三つ目は思想言論の自由で、「周がすでに大きな存在ではなくなって権力は四散し、世を渡り歩く学者はそれぞれ自ら得たことを賞賛して天下にはびこり、ある国で用いられなければそこを出て別の国へ行くのみ」という状況だったこと、四つ目は交通の頻繁さ、五つ目は人材の重視、六つ目は文字の簡略化、七つ目は学問を論じる風潮の隆盛である[3]。このような分析は筋が通っている。百家争鳴の結果、相互に学び、相互に補い合って、学術思想はさらなる発展を遂げた。さらに梁啓超が言うように、「諸派の文が初

めて起こった時には、それぞれ旗幟を鮮明にし、互いに混じり合うことはなかった。時代が下ってくると互いに議論し互いに影響しあって、しばしば当初の学説とは相容れないものとなり、他派の長所を模倣し採用して自らの短所を補うことがあった」。百家争鳴は中国文化の発展をきわめて大きく促進させたが、それは中国文化の光り輝いた時期であり、同時に中国文化の基本的な方向性をも形作った。

儒家主流文化の確立

長年の併合戦争を経て、秦王嬴政はついに中国を統一するという大事業をなし遂げた。秦の始皇帝は政治改革を行うと同時に一連の文化政策を実施して、全国的に文字の統一、貨幣の統一、度量衡の統一、いわゆる「書は文を同じくし、車は轍を同じくし、計測は単位を同じくする」ことが実現し、同時に文化専制主義を行った。秦の始皇帝は李斯の建議を採用して「秦の記録でないものはすべて焼き捨て」、「焚書の命を下し、密告行為を行い」、「禁を犯した者四百六十人余りを捕らえて、みな咸陽で穴埋めにした」。これが天下を驚愕させた「焚書坑儒」である。秦王朝の専横はあまりに早い自己壊滅をもたらした。

漢初には秦滅亡の教訓を取り入れ、静かに何もせず、人民に休息を与える政策が実施された。そこで、諸子百家の学説は復興の様相を呈した。しかし、漢王朝の政治上の統一は必然的に思想上の統一を求めた。漢の武帝の時、董仲舒は三度詔に応じて上書し、「天人三策」の中で「百家を排除し、儒術のみを尊ぶ」という主張を提示するとともに、儒学を、「三綱五常」[訳5]を核心とする封建倫理道徳に改めた。これ以後、儒家思想を主導的な思想とする統一的中国伝統文化が基本的に確立してきた。この文化的伝統は綿々と2000年余り続き、五四運動[訳6]の直前になるまで質的な変化はなかった。当然、中国文化はひとり儒家文化に限られるわけではなく、それは多民族の文化の

訳5　人間の基本的関係を君-臣、父-子、夫-婦の三綱とし、それを支える人間性として仁、義、礼、智、信の五常を据える考え方。
訳6　1919年5月4日に北京で起こった事件を契機に全国的に展開された反帝国主義運動。

融合であって、漢文化においても、道家、法家等の思想の伝統がしみ込んでいるし、後にはまた仏教思想を吸収した。しかし、儒家文化が中国伝統文化において常に主導的な地位にあったことは認めないわけにはいかない。張岱年と程宜山の両氏が言うように、「儒家思想、儒家文化は、中国伝統文化の全体と等しくはないが、しかし確実に中国伝統文化を最もよく代表するものである。……中国伝統文化の基本精神は主として儒家の学説の中にあらわれており、中国文化と西洋文化の基本的な違いも主として儒家の学説の中にあらわれている」[4]。たしかにそのとおりである。

　この後、中国文化は数度の大きな衝突と融合を経るが、五四運動の直前に至るまでの衝突と融合はどれも、儒家を主流とする漢文化に質的な変化を起こさせることはなかった。むしろ漢文化の方がその他の民族の文化の内容を吸収し融合させて、中国文化をいっそう豊富で多彩なものとした。

老子：中国古代の哲学者。著書に『老子』があり、また『道徳経』とも言う。『老子』には豊富な教育思想が含まれている。

魏晋における儒学に対する玄学、仏教の衝突

　これは秦漢以後中国文化の最初の大きな衝突であった。玄学[訳7]の経典は『老子』、『荘子』、『周易』であった。漢の武帝が「百家を排除し、儒術のみを尊ぶ」として以降、道家思想はたちまち隆盛から衰退へと向かった。後漢末期になると、社会が揺れ動いた。三国鼎立から隋の文帝の統一まで、三百数十年の間中国は再び分割された状態にあった。儒学はその独尊的な地位を維持しようがなく、各家の思想が再び活発になってきた。玄学は当時の知識階級の主要な学術思想になった。当時の社会は王朝が頻繁に交替し、人々は塗炭の苦しみを味わい、門閥世族地主の間で容赦ない強奪が行われ残忍な殺し合いがあったことによって、一部の知識人は悲観し失望し

訳7　『老子』、『荘子』、『周易』にもとづく形而上学。

て、消極的、退廃的になり、深奥な学理を話して気ままにすることだけを好み、精神的なよりどころを探し求めた。そこで玄学が盛んになり、名教礼法[訳8]を攻撃した。玄学の発展は、哲学思想の上でも文学芸術の上でも儒学の枠を打ち破るものであった。例えば玄学が

白馬寺：河南省洛陽市の東郊外にあり、後漢の永平11（西暦68）年に創建されたと伝えられ、中国で最も早く建立された寺院の一つである。

尊重する自然と自由は、儒家の礼を中心とした思想に対する直接的な衝撃であった。張岱年と方克立が『中国文化概論』の中で述べているように、玄学は老荘哲学が発展してきて、「老荘の学の世事を軽んじ自然に任せるという価値観が、これまでにはなかった規模で中国知識人の精神世界におし広まり、さらには中国知識人の玄妙で、世俗を離れ、清廉で、虚無的な生活趣味を形成した」[5]のであり、ここに中国知識人の純潔高尚さの源をみることができるのである。

この時期、仏教も中国の大地に伝播した。仏教は古代インドからやってきて、漢代に中国内地に伝えられた。魏晋南北朝の"大動舌"の時期には、統治階級が思想を麻痺させる必要に応じて、広範に伝播した。同時に、後漢時期、仏教の教義は中国の伝統倫理や宗教教義と結びつきはじめ、隋唐の時期には隆盛に至るとともに、中国の特色を有する多くの宗派が生まれた。仏教は中国の哲学、文学、芸術、建築などに対してとても大きな影響をもたらした。

魏晋南北朝の時期には、玄学が流行し、仏教が伝播したが、儒学もやはり発展し、魏晋の経学[訳9]は独自の特色を備え、それによって儒家の経学は新しい歴史的発展段階に入った[6]。

訳8　名称一般を重視する教えや礼にもとづく作法。
訳9　中国古典の「経書」や「四書五経」などの解釈を行う学問。

この時期はまた民族大融合の時期でもあった。天災、戦争などの原因によって、北方少数民族は漢代から不断に中原周辺の郡部に移り住み、日に日に漢化され、魏晋南北朝の時期になるとさらに進んで北方少数民族が次々と中原で建国し、自己の統治を強固にするために、「漢化」を提唱した。特に拓跋鮮卑族^{訳10}が作った北魏は北方の各国を統一し、孝文帝の時期に都を洛陽に移し、漢化を行う改革を全面的に推し進め、北方民族と漢民族の融合をきわめて大きく促進させた。この融合においては、少数民族の一方的な「漢化」ではなく、漢民族も少数民族の多くの優秀な文化を吸収し、徐々に中華民族文化の伝統を作り上げた。

隋唐時期の東西文化の交流

　隋唐時期は中国の版図を切り開き、大帝国を作った時期である。中国文化も気宇壮大な隆盛の時代に入った。隋唐の隆盛は社会の急激な変化と関係がある。当時門閥世族の勢力が急激に没落し、科挙制度^{訳11}が確立して、中下層の読書人が科挙を通じて官途に就いたことは、庶民出身の貧しい読書人が政治に参与する積極性を大いにかきたて、それによって彼らは世俗地主階級という文化の最高の座に登りつめた。「唐代文化はしたがって一種の明朗で喧しく、奔放で熱烈な時代の気質を備えている」[7]。唐代は詩歌の創作が最も活発な時代であり、それが中国文学の発展に対して与えた影響はきわめて大きかった。唐代の絵画、書道にも優れた成果がみられた。唐文化は盛唐の雄大な気概を反映していた。

　隋唐時代は、西域地区の発展が最も重要だった時期でもある。唐は建国後、西北の辺境を大いに開発し経営した。かつてはゴビ砂漠北部の雄を称した突厥政権は瓦解した。唐朝は西域に軍を駐在させて府^{訳12}を設置し、中国と西洋との交通の大動脈の順調な運行と繁栄を保証した。中国と西洋の文化はシ

訳10　鮮卑は古代蒙古の一遊牧民族。拓跋はその中の一部族で、2世紀後半頃から勢力を持ちはじめ、386年に北魏を建国した。
訳11　隋代より清末（1905年）まで行われた科目別高級官人資格試験制度。
訳12　中国の行政区画の名称。複数の県を管轄するのは通常州または郡であるが、その特殊なものとして設けられた。

ルクロードを通じて行き来し、漢民族は大きな度量で西洋文化の精髄を多く吸収した。唐朝は国際的な気宇と度量を備えた時代であったと言ってよく、唐の首都長安は国際的な大都市となっていた。唐朝の時期、東ローマ帝国は7度中国に使節を送った。西洋商人の足跡は中国南方の揚州などの都市にあまねく及んでいる。またまさにこの時期には、中国の紙の製造、絹織物、火薬、冶金の技術がアラビア帝国に伝わり、のちまたヨーロッパに伝わった。隋唐の時期、中国は西洋と頻繁に行き来しただけでなく、東方の各国との往来も密接だった。日本、高麗、越南はいずれも何度も人を派遣して入唐させた。しかし、東方について言えば、この地域への漢文化の伝播の方が多かった。隋唐時期は、魏晋時期の多民族・多文化の融合と発展を継承し、いっそう開放的な態度、すべてを網羅するという広大な気概で、各民族の文化を大胆に吸収し、中国文化の発展に対して重要な意義を有したと言える。

宋明理学の形成

宋朝は中国文化の発展の重要な時期である。宋の太祖は建国後、積極的に「重文軽武」政策を推し進め、武を棄て文を習うという社会的な風潮を形成し、士大夫はみな学識を重視した。したがって、宋朝では哲学、文学、絵画、技術などの面でいずれも大きな発展があった。しかし、宋代文化の品格は唐代とははっきりと異なっていた。唐代文化は明朗、熱烈、奔放であり、宋代文化は柔静、淡雅で相対的に閉鎖的であった。

宋朝から明朝まで、中国文化発展史上最も重要なできごとは宋明理学の構築であり、それは中国後期封建社会の発展に影響を与えた。宋明理学は、儒教・仏教・道教が闘争を経た後三つが合流してできたものである。漢の武帝以後、伝統的な儒学は中国思想界で至尊の地位に達したが、絶えず玄

朱熹（1130〜1200年）：中国南宋の哲学者、教育者で、宋代理学を集大成した。朱熹の生涯には非常に多くの著述があり、教育の面に大きな影響を与えたものには『童蒙須知』、『小学』、『近思録』、『論語集注』、『孟子集注』、『大学章句』、『中庸章句』（これらを「四書」と称す）などがある。彼は周秦以来の教育理論と教育実践に対して系統的な総括と改善を行い、完全で整った教育理論の体系を作り上げた。

学、仏教の挑戦を受けた。宋朝の儒学者は仏教と道家の思想を大胆に吸収しはじめ、儒学を革新して理学をうちたてた[8]。理学は北宋の周敦頤、張載、程頤、程顥に始まり、「窮理尽性」(物事の道理をきわめ天性を発揮する)を主要な内容とした。彼らは「万物には一つの天理しかない」と考えた。朱熹はこれに対して大きな役割を発揮し、宇宙には理と気があり、「理があればそこには気もあるが、理が根本である」と考えて、「自然の道理にしたがい、人としての欲望を取り除く」という考え方を提示した。南宋の陸九淵、明代の王守仁は「心」を宇宙万物の本源だとみなし、雑念を捨て去るのが物事の道理をきわめることだということを強調して、いっそう内心の修養に重きをおき、それによって「天地の万物と一体となる」という境地に達するとした。宋明理学は儒学を哲学化し、儒学が推賞する三綱五常などの政治倫理道徳を至高無上の天理とし、哲理の上で封建政治の統治を強化した。宋明理学によって儒学文化は発展の頂点に至ったと言ってよい。朱熹は儒学の集大成を行った者とみなされ、彼が整理し注釈した儒家の経典は儒家思想の正統として尊重されて、中国の読書人が必ず読むべき経典となり、また科挙試験のよりどころともなった。しかし物事がきわまれば必ず逆の方向に動くものであり、宋明理学は人々の思想を封じ込め、またそれによって儒家文化は生気と活力を失い、中国社会はここから徐々に衰退へ向けて歩みはじめた。

遼、金、元代の民族の衝突と融合

隋唐以降、中国文化の大きな衝突や大きな融合は遼、金、元代にあった。この時期、わが国の北方少数民族である契丹、女真、蒙古族がたえず中原に侵入して全国を統治するに至ったが、これは中国の歴史上初めて漢族でない民族が統治した時期である。しかし驚くべきことに、中国伝統文化は中途で途絶えなかったばかりか、かえって充実し発展したのである。原因は当時の北方民族はまだ奴隷制の段階にあり、彼らは中原に侵入して統治者となって以後、少数民族が封建化する過程を加速させるために、どの王朝も「漢化」を大いに推し進める文教政策を採用したからであり、「孔子を尊敬し、儒学を崇拝する」ことはこの政策の核心であった。この政策の実施は、中華民族

の大連合、大融合を促進させた。儒家文化を核心とする漢文化は、中国辺境地域の拡大にしたがって、南へ、西へ、北へと広がった。少数民族は、漢化を推し進めると同時に、自民族の文化伝統を保持することにも力を入れた。この民族大衝突の時期に、漢文化も多くの少数民族文化の精髄を吸収した。例えば、北方民族の尚武の精神や純朴な学風を吸収したし、少数民族の歌舞や楽器も中華民族文化芸術の一部分となった。このような多民族文化の融合は、清代に至ってもまだ継続した。清は、山海関から入って全国を統一して以降、自己を中国封建の正統な延長であるとし、躍起になって漢化を推し進め、自民族の文化を完全に漢文化の中に入れ込んだ。したがって、遼、金、元から後の清代の時期は、依然として儒家文化が大きく統一していた時代であったが、また中国文化が大きく融合した時期でもあり、それによって中華民族文化は発展して新たな段階に入った。

中国文化に対する西洋の学問の東漸の衝突

明末清初、西洋の宣教師が東洋へ布教に来るようになった。明の万暦年間、イタリアのイエズス会宣教師マテオ・リッチ（Matteo Ricci, 1552〜1610年）、スペインの宣教師ディダコ・デ・パントーハ（Didaco de Pantoja, 1571〜1618年）らがマカオや広東にやって来て布教し、後に北京にも来た。彼らの宗教活動の特徴は、西洋の学術の紹介を通じて布教事業の道を切り開くとともに、キリスト教の中国化に力を尽くしたことである。ちょうど明の中葉、一部の地区には資本主義生産関係の萌芽が現れはじめた。先進的な知識人のいくらかは封建礼教に対する批判をするようになり、「世の中を治め実用に供する」ことを主張した。マテオ・リッチらが伝えた西洋の学術は一部の知識人をひきつけた。例えば、徐光啓はマテオ・リッチの『山海輿地図』

マテオ・リッチ（1552〜1610年）：イタリア・イエズス会の宣教師。明の万暦10(1582)年に中国に至り、「四書五経」を精読し、布教と同時に中国に西洋の自然科学等の知識を紹介した。訳書に『幾何原本』（徐光啓と共訳）、『天学実義』などがある。中国人の視野を広げることや、中国と他の国との文化交流に対して、積極的な役割を果たした。

を読んで、非常に敬意を払い、マテオ・リッチから天文や暦算など西洋の近代科学を学びはじめた。彼はさらにマテオ・リッチと協力して『幾何原本』6巻を翻訳した。これらの宣教師はたんに西洋の天文や暦算を紹介しただけでなく、さらに他の近代科学も紹介した。例えばドイツの宣教師ジャン・テレンツ（Jean Terrenz, 1576～1630年）が著わした『西洋人体概況』（泰西人身概況）は、最も早く中国に伝えられた人体解剖学であり、ジューリオ・アレーニ（Giulio Aleni, 1582～1649年）が書いた『西学大全』（西学凡）は当時の西洋の教育制度、とりわけヨーロッパの大学が開設していた専攻、カリキュラム、教育の過程、試験などを紹介した。『ヨーロッパ総説』（欧羅巴総説）は、西洋の各レベルの学校の設置、規模、就業年限、カリキュラム、試験方法、教員資格などについて概述しており、西洋の教育が中国に伝えられる先駆けとなった。

西洋の学問の東漸は西洋の近代科学を伝えただけでなく、中国伝統文化の世界観や価値観、思考の方法とも衝突した。そのとき、啓蒙思想家の黄宗羲、顔元らは現実からかけ離れた学風に反対し、精神的な道徳の空論である理学に反対し、世の中を治め実用に供する実学を提唱して、儒家文化の「技芸に縛られず、よって技術を軽蔑し、技芸を楽しまない」という伝統的な観念を批判し、科挙制度を攻撃して、「天下を治める才」を有する人材の養成を主張した。しかし、当時の政治・経済の各種要因や、清朝成立後一度は出現した封建社会崩壊前の残照である康熙帝、乾隆帝の治世、さらに加えて伝統勢力があまりに強大であったことによって、西洋の学問の東漸はついに中国伝統文化の基盤を揺るがすことができなかった。

五四運動および中国伝統文化の解体

中国文化の最も大きな変化は1840年のアヘン戦争から始まったもので、五四運動は中国封建文化への批判が集中的にあらわれたものであったが、しかし新民主主義革命の勝利に至ってようやく本当に中国封建文化の基盤が打ち砕かれたのである。中国は周秦からアヘン戦争の直前に至るまで封建社会であり、封建社会の政治経済を反映して統治的な地位を占めていた文化は封建文化であった。アヘン戦争以後、外国資本主義が中国を侵略し、中国社会

もまた徐々に資本主義の要素が成長して、中国はしだいに植民地社会ないし半植民地半封建の社会に変わっていった。このような社会を反映して統治的な地位を占めた文化は植民地文化であり、半植民地半封建の文化であった。したがって、中国伝統の封建文化はアヘン戦争以後徐々に解体されはじめていた。しかし、清王朝がまだ打倒されていなかったので、辛亥革命以前、中国文化の主体はまだ儒家文化を主流とする封建文化であった。五四運動は、反帝国主義、反封建を徹底した新文化運動であり、ロシア十月革命^{訳13}の影響のもとで生じたものである。当然、五四運動の初期には、文化運動に参加する知識人の構成はとても複雑だった。まさに毛沢東が述べたように、「五四運動は、その始まりは、共産主義の知識人、革命的なプチブルジョア階級の知識人、ブルジョア階級の知識人（彼らは当時の運動の右翼だった）という三つの集団の統一戦線の革命運動だった」⁹。李大釗、陳独秀ら一部の急進的な知識人は、ロシア十月革命の影響を受けてマルクス主義を中国に紹介した。中国共産党の創設に伴って、新文化運動は新民主主義革命の一部となった。新民主主義革命が勝利したときにこそ、中国封建伝統文化はようやく真に崩壊し、新たな文化体系がようやく作られはじめたのである。しかしながら、まさに前章で言及したように、文化、特に思想観念レベルの文化にはある種の凝固性があり、社会制度の変革は旧文化の基盤を揺るがし、旧文化の体系を打ち砕くことはできるが、旧文化のある種の観念は依然として残存し続け、新文化の建設にはさらに何世代もの努力が必要なのである。今日でも、わが国の社会主義新文化はまだ建設の途上である。しかし、五四運動以来の中国文化の変化は根本的な転換を伴っており、中国文化の質的な変化である。中国文化に対する西洋文化の衝突と影響については、後に専門の章で論述するので、ここでは簡単な言及のみとする。

　中国文化の変遷からわかるのは、中国文化は衝突と融合の中で発展してきたのだということである。毎回の衝突と融合は、いずれも文化の選択と創造であった。中国文化は、変遷の過程で、優れた部分はいつも保持し続けると

訳13　1917年にロシアで起こった社会主義革命。

ともに、改造と創造を経て時代の要求にあわせ、さらにいっそうの輝きを加えた。拙劣な部分はすべてうち捨てられたが、当然一部分はある人の頭の中に残存してきた。中国文化は、縦方向の発展から言えば、幾度も変遷して、今日すでに質的な変化を起こしている。しかし横方向からみれば、それはまた他の国家、他の民族の文化と区別されるものであり、中華文化の特質を備えている。まさにこの文化的特質が凝集して世界各地の華人の中華的な心理的結びつきとなり、みなが一つの心で団結して中華文化の復興のために努力しているのである。

第2節　中国伝統文化の基本的特徴

　中国文化は世界文化の重要な構成部分であり、中国人民の貴重な財産である。中国文化は数千年の変遷を経てすでに高水準の文化形態にまで発展しており、民族性を有するとともに、世界的共通性も有している。中国文化の特殊な点は次に挙げるいくつかの点にあると考えられる。

　第1に、中国文化はかなり強い創造性を有している。中国文化は数千年の間、何度も変化してきたものの、絶えることなく綿々と続いてきて、現在でもまばゆい輝きを発しているが、これは、その大きな創造的能力と密接不可分である。近年出土した文物からわかるように、私たちの祖先は想像力に富み、創造にたけていた。1998年、私は徐州の漢墓を訪れたが、墓穴の甬道は長さが約100メートル、幅1メートル、高さ2メートルで、両側の壁の直線は誤差がまったくなく、計算の精確さは現代の専門家が驚嘆するものだった。2000年にはまた四川省成都付近の三星堆の出土文物を見学したが、青銅面具や金鳥トーテムは非常に精巧に作られており、その上想像力に富んでいた。これらはいずれも、古代中国人がとても強い創造的精神とすぐれた技術力を有していたことを示している。古代の四大発明は、中華民族が世界文明に対して行った最も傑出した貢献である。中国文化は物質文化で多くの創造があっただけでなく、制度文化、観念文化でも多くの創造を行った。例えば『易経』が主張する簡易（簡単なものを選び繁雑なものを統べる）、変易（事物

は変化する)、不易(永劫不変である)の意味及び8種の自然現象を代表する八卦は弁証法的な思考に満ちているし、また例えば科挙制度は文官試験制度の先鞭をつけた。儒家文化も不断の創造の中で発展し、宋明理学は発展して儒学の頂点に達した。清朝以来、夜郎自大で、自分の殻に閉じこもったため、中国文化は一度は衰退へと向かった。しかし、中国人民が帝国主義の抑圧と封建主義の統治を覆してからは、中国の国情にあった社会制度をみつけだし、中国人民はもう一度青春をみなぎらせ、中国文化は再度創造の中で復興し発展しているのである。

　第2に、中国文化はかなり大きな包容性を有している。中国文化は各種の異質な文化を吸収するとともに、それを有機的に自民族の文化と結びつけるという特性を有している。歴史的にみて、異質文化は中国に入ると、大部分は徐々に中国化に向かい中国文化の一部となった。まさに梁啓超が言うように、「我々の中国が外国の学問を受け入れない時代は過ぎ去り、すでにそれを受け入れた以上、必ずやその長所をことごとく吸収して自らの栄養とし、なおかつその性質を変え、巧妙に用いて、またわが国の新しい文明を作り出すことができるだろう、すなわち青は藍より青く、氷は水よりも冷たいのである」[10]。例えば前に言及した仏教の東漸は、一つのはっきりとした例証である。仏教はもともとインドで生まれたが、中国で保存され、発展し、広く知られるようになった。仏教の教義はもともと中国の宗法観念と矛盾するものである。仏教は俗世間を離れることを主張し、中国文化は俗世間と関わることを主張する。仏教は来世を重視し、中国文化は現世を重視する。仏教の教義は中国文化の忠孝といった宗法観念とも調和しない。しかし数百年の改造と吸収を経て、仏教は、一部は変化して中国式の宗教(禅宗)となり、別の一部は宋明理学の中に取り込まれた。さらに、世界の歴史上、多くの文化が異民族の侵入によって中断されたり滅亡したりしている。例えば古代インド文化はアーリア人の侵入によってアーリア化したし、エジプト文化はアレキサンダーの占領によってギリシャ化し、カエサルの占領によってローマ化し、アラビア人の移入によってイスラム化したし、ギリシャ・ローマ文化はゲルマン民族の侵入によって千年にわたり中断した。ところが、中国文化は

武力をもって中原に侵入した北方民族の文化を中国文化発展の軌道に組み込んできた。当然それは文化発展の水準と関係がある。長い間、中国文化は農業文化であり、北方民族の文化は遊牧文化であって、彼らは中原に侵入した後遊牧文化を農業文化に転換させようとし、漢文化を学ぼうとした。例えば、清政権が成立した後、中国を統一するために、力を尽くして漢文化を推し進め、すべての満族大臣・要員が漢文の経典を学ぶことを求めた。康熙帝はさらに自ら『康熙字典』を編纂し、乾隆帝は『四庫全書』を編纂して、満族文化は完全に漢文化の中に溶け込んだ。逆に満州文字は使う人がいなかったため徐々に消えていき、今や消失の危機に瀕している。これと同時に、漢文化も少数民族文化の中から多くの優秀な栄養分を吸収し、漢文化に新たな血液を注入して、中国文化をいっそう豊富で多彩なものとした。

　第3に、中国文化には強大な統合力がある。中国の古代文化は、斉魯文化、荊楚文化、巴蜀文化、呉越文化、嶺南文化など多元的な文化体系を含んでいた。これらの文化は、所在地が異なり、文化の内容と特徴が異なり、発展の水準やレベルにも違いがあるものの、溶け合って一つとなるに足る共通の特徴があり、共通の大きな伝統がある。中国文化のこのような特徴は今もなお十分にはっきりとあらわれている。全世界の華人は、その身がどこにあろうとも、きわめて似かよった価値観と人生で追求すべき目標を持っている。このような強大な統合力を生み出した原因は多面的である。中国は長期にわたって統一された一つの国家であり、地区による違いはあるものの、同一の社会制度と生産方式のもとにあって、儒家文化を主流文化としてきた。同時に、それは中国が統一の文字を使用してきたことと密接な関係があり、各地の方言には違いがあるものの、全国どこでも統一の文字が使用され、少数民族は中華民族に組み入れられた後すべて漢語、漢字を使用しており、統一の文字があったので、儒家文化は全国で保存され通用してきたのである。その中で、教育が果たした役割は言うまでもない。

　第4に、中国文化は多元性を有している。中国は多民族国家であり、中華の大地には56の民族が居住している。それぞれの民族は自らの文化伝統を有しており、漢文化は中華民族文化の主流であるが、各少数民族も自らの文

化伝統を保持し、それによって中国文化の多元性が形成されたのである。総人口の95％を占める漢族であっても、地域の相違によって、地域文化には違いがある。例えば、斉魯文化と嶺南文化には大きな違いがある。南方と北方の漢族は、居住条件（建築芸術を含む）でも風俗習慣でも多くの相違点がある。例えば、中国には八つの料理体系があり、内容も作り方もそれぞれ異なっているが、また多くの共通の特徴があり、中国統一の、西洋とは完全に異なる飲食文化を形成している。したがって、中国文化は豊富で多彩であるが、また統一の基本的精神を有している。世界的に、このような豊富で多彩であるとともに基本的に統一された民族文化伝統は少ない。文化の多元性と文化の包容性、統合性は、弁証的統一の関係である。まさに中国文化が包容性を有していることによって、このようなすぐれた成果が次々とあらわれる多元的な文化が形成されたのであり、またまさに中国文化が多元的であるので、包容と統合を必要とし、一つの全体が形成されたのである。

第5に、中国文化には世俗性がある。西洋神学においては俗世間を逃れて孤高の生活を送るのに対して、中国の文化は俗世間と関わる一種の理性的な精神を示している。孔子は『論語』の中で鬼神に関するいくつかの記述を残している。例えば、「民の義を務め、鬼神を敬してこれを遠ざく、知と謂うべし」（人として正しい道を励み、神霊は大切にしつつ遠ざかっている、それを知と言うのだ）（『論語』「雍也篇」）、「未だ人に事うること能わず、焉んぞ能く鬼に事えん」（人に仕えることもできないのに、どうして神霊に仕えることができよう）（『論語』「先進篇」）である。鬼神に対して否定はしないものの肯定もしないという孔子の思想は、中国が後に作り上げた無神論の文化伝統にとても大きな影響を与えた。同時に、中国文化の主導思想としての儒家思想は一種の俗世間と関わる精神を提唱し、「身を修め、家を斉え、国を治め、天下を平らかにす」（身を修め、家族を和合させ、国を治め、天下を平和にする）ことを求め、天下を自分の任務とする社会的責任感を提唱した。それは、西洋で濃厚な原罪思想を主張する宗教文化と異なり、仏教の来世を重視する文化ともまったく違っている。

中国文化のこれらの基本的特徴によって、中国文化は数千年にわたって

綿々と続き、なおかつ不断に発展し向上することができたのである。

原注
1　呉小如編『中国文化史綱要』北京大学出版社、2001年。
2　張岱年・方克立編『中国文化概論』北京師範大学出版社、1994年。
3　梁啓超「論中国学術思想変遷之大勢」『中国現代学術経典・梁啓超巻』河北教育出版社、1996年、15頁。
4　張岱年・程宜山『中国文化與文化論争』中国人民大学出版社、1990年、128〜129頁。
5　張岱年・方克立編、前掲書、5〜6頁。
6　毛礼鋭・沈灌群編『中国教育通史』(第2巻) 山東教育出版社、1986年、293頁。
7　張岱年・方克立編、前掲書、5頁。
8　李宋桂『中国文化概論』中山大学出版社、1988年、23頁。
9　毛沢東「新民主主義論」『毛沢東選集』(第2巻)(第2版) 人民出版社、1991年、700頁。
10　張岱年・方克立編、前掲書。

第3章　中国伝統文化の類型、性質と基本精神

　中国伝統文化とは中国の古代文化、すなわち中国が近代化に向けて歩み出す以前の文化を指している。前章ですでに述べたように、中国の近代化への歩みはアヘン戦争^{訳1}後洋務運動^{訳2}の時期に始まった。しかし近代化は歴史のプロセスであり、すぐに作りあげられるわけではない。洋務運動から五四運動の前までは、中国の近代文化は作られなかった。文化の社会的基盤について言うならば、辛亥革命の勝利から封建王朝は壊滅しはじめ、中国古代文化はその社会的基盤を失った。しかし、思想・観念レベルとしての文化は、社会制度の改変によってすぐに消失することはない。ましてや、辛亥革命後、封建反動勢力が常に復活を企て、彼らはいつも旧文化の中の朽ち果てたものを利用して自らに役立てようとした。そこで、辛亥革命もまた失敗だったと言う人もいる。同時に、中国の近代文化も古代文化を継承した基礎の上に発展してきたものであり、古代文化の中の優秀なものは必ず継承し発展するだろう。ここでは中国伝統文化を中国古代文化に限定するが、それは、中国伝統文化は中国封建社会において生まれ形成されたものであり、中国伝統文化イコール封建文化であるとは言えないものの、それは結局のところ中国封建社会の産物であり、中国の近代文化とは本質的な相違があるからである。中国伝統文化は中国封建社会において生まれ形成されたが、しかしそれは中華民族の文化の結晶であり、豊富な内容を含み込んでいて、民族の精神を内に秘めており、近代の新しい文化をつくる基礎であった。今日、社会主義新文

訳1　アヘン禁輸問題を契機として起こった清英間の戦争。1840年に始まり、1842年に南京条約が結ばれて収束した。
訳2　19世紀後半に西洋近代の文明をとりいれ中国の自強をはかろうとした運動。

化をつくろうとすれば、必ずわが国の伝統文化を改めて理解し、その精髄を吸収しなければならない。したがって、中国伝統文化を仔細に分析し、中華民族を凝集させ数千年にわたって綿々と続いてきたすぐれた精髄と中国社会の発展を阻害する時代遅れの残滓とを区別する、すなわち毛沢東が言う「粋を取り、滓を捨てる」ようにしなければならない。このような作業は教育従事者にとって特に重要である。まさに第1章で述べたように、教育は文化に対して伝播、選択、改造という役割を有している。教育従事者は中国の伝統文化を次の世代に伝えなければならず、伝統文化に対して選択と改造を行わなければならない。すぐれたものと劣ったものを区別することは一種の選択であり、優秀な精神をその時代の内容に与え、いっそうの輝きを加えることは創造である。この作業をうまく行うため、まず中国伝統文化の類型と性質を分析してみなければならない。

第1節　中国伝統文化の類型と性質

　どのような類型の文化の生成や発展であっても、その文化が置かれた自然環境や社会的・歴史的条件を離れることはできない。自然環境からみれば、中国はアジアの腹部に位置し、東は海に臨み、西は峻険な山で、交通の発達していなかった古代には、半ば閉鎖された状態にあった。中国は早くから四方の隣国と行き来があったし、その上漢代にはヨーロッパに通じるシルクロードを切り開いたが、この往来はとても難しく、非常に限定的なものであった。中国伝統文化は基本的に半閉鎖的な大陸文化に属している。物質の生産方式からみれば、中国は長期にわたって小農経営の農業社会の状態にあり、商品経済は十分には発達しなかった。宋代になっていくらかの地区の商品経済が比較的速く発展し、それは著名な絵巻物である『清明上河図』から見出すことができるが、歴代の政策は常に農業を重視して商業を抑制するものであり、手工業や商業が十分に重視されて大きく発展するということはなく、基本的には相変わらず自給自足の小農経営を主としていた。社会組織の構造からみれば、中国古代社会は血縁関係の宗法制度によって社会秩序をつなぎ

とめる封建専制主義社会であり、960万平方キロメートルの土地に数十の民族が団結し、大きく統一された国家を作り上げ、その上それが2000年あまり続いた。これは世界史上唯一無二であると言える。中国伝統文化はこのような社会制度の中で生まれ発展してきたのであり、同時にこのような社会制度の確立、存続と強化を擁護してきた。これらの特徴は中国伝統文化と世界文化との相違を決定し、自らの特徴を形成した。

中国伝統文化は倫理型の文化である

　中国文化は総体的に言えば倫理型文化であり、それが中国文化の最も典型的で代表的な特徴であることは、学術界も広く認めている。ある学者は西洋文化を「知性の文化」と概括し、中国文化を「徳性の文化」と称しているが、確かにそのとおりである。中華民族は大きく統一された長い歴史発展の過程で、ひとまとまりの成熟した道徳価値体系を作り上げ、豊富な個人的倫理、家庭倫理、国家倫理及び宇宙の倫理という道徳規範の体系を形成するとともに、ひと揃いの完全に整った道徳教育の理論を有している。それは中国民族の文化伝統における重要な内容である。当然、中国伝統文化は倫理道徳を重視するとともに、知識を軽視することも決してなく、徳と知を統一させるものであった。しかしそこには主と副の違いがあり、知は徳に奉仕するものであった。『大学』の最初の文がまさに、「大学の道は、明徳を明らかにするにあり、民に親しむにあり、至善に止まるにあり」（学問の完成として修得すべき道は、英明な徳を明らかにすることにあり、人民を信愛することにあり、完全無欠な善をよりどころとして行うことにある）である。知識を学ぶのはすなわち道徳をより完全なものにするためであった。『論語』「学而篇」で「行ないて余力あれば、以て文を学ぶ」（礼にしたがって行動し、そのうえでなお余裕があれば、書物を学ぶのだ）と述べているのは、明らかに知識を学ぶことを副次的な位置に置いている。儒家は甚だしくは天地自然をも倫理の中に組み込んだ。北宋の哲学者である張載の言葉はこの点を十分に説明している。彼は「乾を父と称し、坤を母と称す。予茲に貌焉たる、乃ち混然として中処するなり。故に天地の塞は、吾が其の体にして、天地の帥は、吾が其の性なり。民は吾が同

胞にして、物は吾が與(ともがら)なり」(乾を父といい、坤を母という。自分という小さい体は天地の妙合によって作られ、その中間にいる。したがって天地の間に充塞している気は自分の体そのものであり、天地間の主宰者は自分のこの性である。人は自分の兄弟であり、物は自分の仲間である)(『正蒙』「乾称篇」)と述べた。彼は天を父と称し、地を母と称し、人民を兄弟と称し、万物を友と称して、完全に自然を倫理道徳化したのである。

またある学者は、西洋文化は「真を求める文化」であり、中国文化は「善を求める文化」であると考えたが、これもまたある程度そのとおりである。アメリカのハーバード大学の校訓は「プラトンを友とし、アリストテレスを友としなさい、そしていっそう真理を友としなさい」(Let Plato be your friend, and Aristotle, but more let your friend be truth.) というものである。そして、中国の大学の校訓は常に徳を先にしている。清華大学の校訓は「自強不息、厚徳載物」(倦まずたゆまず努力し、あらゆるものを包容するような厚い徳を身につける)であり、西洋の価値志向とははっきりと異なっている。

倫理的な関係は一種の人間関係、情的な関係であり、特に家族における人間関係である。梁漱溟は『中国文化要義』の中で、中国は倫理本位の社会であると述べている。倫理はまず家庭を重んじる。「倫理は家庭に始まるが、

中国春秋末期の大教育家・孔子の「不仕退修詩書図」(明・聖跡図)

家庭にとどまらない」。「倫理関係とは情誼の関係であり、またその相互の間での義務関係でもある」。また「社会の各種関係をすべて家庭内の関係と同じようにするなら、その心情はますます近いものとし、その義務はますます重いものとしなければならない」[1]と述べている。このような関係は、中国社会の血縁関係を基礎とする宗法制度と関係がある。この問題は以下でさらに述べることがあろう。

　中国の倫理文化は西洋の宗教文化と大きく異なる。西洋社会では、宗教生活は大多数の人にとって欠くことのできないものである。したがって、宗教文化は西洋文化の主要な類型であると言ってもよい。西洋の宗教文化は神を主宰とする文化であり、中国の倫理文化は一種の世俗の人倫関係を重んじる文化である。このような世俗の倫理文化があるため、中国人には宗教の必要がない。清末民初に人々が「文化的怪傑」と呼ぶ辜鴻銘（1857～1928年）という学者がいて、彼はかつて世界的に影響を与えた名著『中国人の精神』（またの名を『春秋大義』もしくは『原華』）を執筆したが、それは英語で書かれており、フランス語、ドイツ語、日本語など多くの言語に翻訳され、1996年ようやく中国語に翻訳された。同書にはでたらめな観点もたくさんあるが、中国人には宗教が必要ないという彼の言い方は、ある程度そのとおりである。彼は「中国人が宗教を必要としないわけは、彼らにはひとまとまりの儒家の哲学と倫理体系があるからであり、このような人類社会と文明の結合体――儒学が宗教に取って代わっているからである」と述べる。彼は、宗教は人に安心感と恒久感を与えることができ、儒学が、宗教ではないのに宗教に取って代わることができるのは、儒学の中に宗教のような人に安心感と恒久感を与えられるものが存在しているからであり、それはまさに孔子が編纂した『春秋』の内容であると考えた。彼は儒学とヨーロッパの宗教との違いを分析し、ヨーロッパの宗教は人々を善良な（個）人となるよう教え導き、儒学は人々を善良公民となるよう教え導くと考えた。彼は「儒教では、人生の主要な目的は孝順な息子、善良な公民になることだと考える」と述べる。なぜ人生の目的がこのようなものであるのか。彼の解釈では、孔子は、人類社会のあらゆる関係の中には利害という基本的な動機のほか、いっそう高尚な行為がある

と人々に教えており、それがまさに「責任」なのであって、この責任の基礎を求めるため、孔子は「名分」、いわゆる「大義名分」を提示したという。彼は文章の最後に、画竜点睛的に「一人の中国人、特に教育を受けた一人の中国人が、もし名誉ある法典に背き、忠君の道、すなわち孔子の国教における大義名分を放棄するのであれば、このような民族精神、種族精神を失ってしまった中国人はもはや正真正銘の中国人ではない」[2]ことを強調している。ここで煩を厭わず辜鴻銘の言を引用したのはなぜか。それは彼の説明がとても鮮やかで、中国人が宗教を必要としない理由をはっきりと述べて、それは儒学のひとまとまりの倫理綱常があったからだとしているからであり、また中国の儒学を主体とする伝統文化の封建的倫理精神を余すところなく述べているからである。彼が著書の中で描いた中国人は完全に封建社会の中国人であり、彼は忠孝を中国人の基本的精神であるとし、また封建文化の基本的精神とした。「大義名分」は彼の目にはとりわけ重要であり、それは中国倫理道徳の基礎であった。それでは、「大義名分」はどこから来たのか。それはまさに封建宗法社会の等級制度と観念であり、封建社会が堅持してきた「三綱五常」である。この辜鴻銘氏は中国倫理文化の否定的な面をあまりにもはっきりと述べすぎている。このような否定すべき、時代遅れの倫理観念はちょうど我々が現在批判し捨て去ろうとしているものである。そして、中国倫理文化の真の精髄を、彼は理解していないのである。

　中国の倫理型文化は綿々と数千年続いており、自ずと肯定的な面がある。中国の倫理型文化が否定的な文化であるとは言えない。中国伝統文化はとりわけ人の道徳的主体としての精神的な広がり、人の精神世界の追求を強調している。道徳倫理は、民族内の凝集力の強化、民族精神の振興、集団価値の整合、社会秩序の調和に対してきわめて重要な役割を果たすとともに、それによって中国社会を前向きに発展させてきた。中国の伝統的倫理道徳における信念、例えば「天下の興亡には一般の平凡な人にも責任がある」や「世の憂いに先立って憂い、世の楽しみに後れて楽しむ」は個人と国家、個人と民族の関係を調和させる観念であり、「父は子を慈しんで子は親を尊敬し、兄は弟と友のように接して弟は兄に従順であり、夫は妻を敬い妻は夫にしたが

う」は家庭関係を調整する倫理観念であり、「己の欲せざるところは、人に施すことなかれ」や「他人が行をなすを助ける」、「誠実に人とつきあう」などは人と人との関係を調和させる倫理観念であり、「富貴も淫す能わず、威武も屈く能わず、貧賤も移うる能わず」(どんな富貴でも心を乱すことができず、どんな威光や武力でも志をまげさせることができず、どんなに貧しくさせても操を変えることができない)は個人の修養に関する倫理観念である。このほか、例えば「仁愛孝悌」(他人を慈しみ、父母に孝順で年長者を尊敬する)、「謙和好礼」(謙虚で礼儀正しい)、「誠信篤実」(誠実で実直である)、「克己奉公」(私を抑えて公に奉仕する)、「見利思義」(利を見て義を思う)、「忠貞愛国」(一貫して国に忠誠を尽くし国を愛する)などはいずれも中国倫理文化の精髄であり、この美徳は今日社会主義現代化建設の過程においていまだ十分に重要な現実的意義を有している。

宗法制度は中国倫理型文化の社会的基盤である

　中国古代社会の組織構造は宗法制度である。これは、中国が血縁の紐帯が十分には解体されていない状況で階級社会に入って形成されたものであるからであり、また中国の社会が小農経営の自然経済を基礎としたからでもある。小農経営の自然経済は家庭を基礎とする生産方式である。宗法制度は家庭を重視し、家庭から一族へ、また国家に向かって歩み、「家国一体」の組織形態を形成した。社会全体が「君臣、父子、夫婦」の間の宗法原則で組織された。

　中国人の血縁意識、家庭観念は特に重視され、家庭における個人の地位、職責、義務が重んじられた。それは、「中国文化は家族本位であって個人の職責や義務に目を向け、西洋文化は個人本位であって個人の自由や権利に目を向ける」[3]からである。陳独秀も『新青年』に文章を発表して、「西洋民族は個人本位であり、東洋民族は家族本位である」と述べた。また、「宗法社会は家長を尊び階級を重んじるので、孝を教える。……国の組織はあたかも家族のようであり、元首を尊び階級を重んじるので、忠を教える。忠孝は宗法社会封建時代の道徳であり、開化途上の東洋民族の一貫した精神なのである」[4]と述べている。中国古代には、何世代もの人が一つの大家庭で生活しており、

「同じところに住んで財産を共有し」、各家族成員は経済的に独立しておらず、共同財産に頼って生活しなければならなかった。家庭秩序を維持するのはまさに家庭の倫理原則であり、それはすなわち父は子を慈しんで子は親を尊敬すること、兄は弟と友のように接して弟は兄に従順であること、夫は妻を敬い妻は夫にしたがうことなどであった。このうちではやはり孝が核心である。『孝経』は孝を「天の経なり、地の義なり、民の行いなり」(天の法則であり、地の秩序であり、民の行うべきものである)とみなし、その上それをすべての道徳の根本にまで拡大し、「孝は徳の本なり」としている。民間にも「すべての善の中で孝が第一である」や「根本的なことをするのに孝よりも貴いものはない」といった古くからの言い方がある。したがって銭穆のような学者は、中国文化は「孝の文化」であると考える。謝幼偉は『孝と中国文化』の中で、「中国文化はある意味において『孝の文化』と呼んでもよい。孝は中国文化において最も大きな役割を果たし、最も高い地位を有している。中国文化を述べるのに孝を軽視するなら、中国文化が本当にわかったことにはならない」[5]と述べている。家庭の中で地位が最も高いのは父親であり、息子は父親に絶対的に服従しなければならず、これを孝というのである。

　中国の倫理体系は、家庭から一族へ、一族から国家へと、一つにつながっている。家庭において示されるのは「孝」で、家庭の長、一族の長を尊敬し従順であることであり、国家において示されるのは「忠」で、君主、そしてまた一国の長に忠誠を尽くすことである。だから『孝経』は、「親に事(つか)うるに始まり、君に事うるに中(ちゅう)し、身を立つるに終わる」(はじめに親に仕え、続いて君主に仕え、最後に身を立てることによって孝がなし遂げられる)と述べている。ここから、すべての人間関係の処理原則が派生する。中国の倫理体系で重要な特徴の一つは、一族を重んじて個人を軽視し、集団を重んじて個を軽視し、義務を重んじて権利を軽視することである。

　宗法制度の崩壊に伴って、中国の伝統的な倫理道徳は存在の社会的基盤を失った。しかし観念形態としての文化はまだ存続している。このような一族の観念は今日の中国でも依然として重要な影響を有している。西洋の家庭では、子どもは成人(一般には18歳)になると家庭を離れて独立して生活する。

中国の家庭は同居が幸せであると考え、父母は子どもの面倒を見、さらに孫の世話までしようとする。「息子を持って老後に備え、穀物を蓄えて飢えに備える」という考えは今でも多くの人の頭の中に存在している。このような観念にはある程度肯定的な面もあり、それは中国人が老人を尊敬し、父母を敬い父母を扶養することを子どもが尽くすべき責任であるとみなすことである。しかし否定的な影響もあると言わないわけにはいかない。中国人はしばしば子どもを私有財産とみなし、子どもの独立した人格を尊重せず、子どもの個性や独立する能力の育成を重視しない。

中国伝統文化の人文精神

中国伝統文化の最大の特徴は「人を中心とする」ことである。これは西洋文化とははっきりと異なっている。西洋文化は「神を中心とする」のであり、天地の万物はすべて上帝が創造したものである。中国文化は人の役割を重視し、「人は万物の霊である」と、人を宇宙万物の中心に置いている。中国古代の思想家は一般には皆神霊の存在を疑っている。孔子は「民の義を務め、鬼神を敬してこれを遠ざく、知と謂うべし」（人として正しい道を励み、神霊は大切にしつつ遠ざかっている、それを知と言うのだ）（『論語』「雍也篇」）と述べている。彼の弟子が彼に、いかに神霊に仕えるかを問うたとき、彼は「未だ人に事うること能わず、焉んぞ能く鬼に事えん」（人に仕えることもできないのに、どうして神霊に仕えることができよう）と答えている。

中国儒家の学説は、一貫して現実社会の人生問題を重視しており、天道ではなく人道を重んじ、人を一定の倫理政治関係の中に入れて考察し、道徳的な実践を重視している。孔子の学説の核心は「仁」の一文字にまとめることができる。「仁」には多くの解釈があるが、最も主要な精神は「克己」（己を抑えること）と「愛人」（人を愛すること）である。「己れを克めて礼に復るを仁となす」（己を抑えて礼に従うことが仁である）（『論語』「顔淵篇」）という。「克己」とは礼によって自分の身を抑制することであり、「礼にあらざれば視ることなかれ、礼にあらざれば聴くことなかれ、礼にあらざれば言うことなかれ、礼にあらざれば動くことなかれ」（礼にはずれたことは見ず、礼にはずれたことは聴

かず、礼にはずれたことは言わず、礼にはずれたことはしないことだ)なのである。「仁とは人を愛することであって」(『論語』「顔淵篇」)、「愛人」とは礼によって人に応対することであり、「己立たんと欲して人を立て、己達せんと欲して人を達す」(自分が立ちたいと思えば人を立たせてやり、自分が行きつきたいと思えば人を行きつかせてやる)(『論語』「雍也篇」)、「己の欲せざるところ、人に施すことなかれ」(自分が望まないことは人にも仕向けないことだ)(『論語』「衛霊公篇」)ということである。儒学は、漢代に董仲舒の改造を経て、ひとまとまりの倫理綱常(三綱五常)を作り、いっそう人倫関係を重視した。董仲舒は漢朝の封建政治を維持するために「天と人が感応する」体系を作り上げたが、立脚点はやはり君臣・父子・夫婦の義という人倫関係であった。宋明理学は「窮理尽性」(物事の道理をきわめ天性を発揮する)を主要な内容とし、「理」を根本とする「天人合一」訳3の宇宙観を作り、「三綱五常」を天理とみなし、最後にはやはり倫理道徳関係に立脚した。理学は人の道徳的修養を重視し、霊魂不滅論に反対し、神霊の存在を否定して、人の主体的能動性を強調した。漢代の儒学が孔子の学説に対して行った改造や、宋明理学の儒学に対する新たな解釈は、かなり大きな程度でもともとの儒学の思想を歪曲したと言わねばならない。彼らが強調した倫理道徳関係は、多くの場合、封建統治に奉仕するものであって、したがって人間性の発展を抑制し、人文精神を逸脱してしまった。

　中国文化の人文精神はまた宗教への対応にもあらわれている。西洋のキリスト教文化は「原罪説」を主張し、人は絶えず懺悔し、善を行って贖罪していれば、没後に天国に行けるとする。仏教文化も来世を重視し、この世で善を行えば来世で成仏できるとする。中国文化は現実の人生を重んじ、人を通じて現実生活における問題を解決することを強調する。宗教の信仰は本来排他的であり、ある宗教を信じれば別の宗教を信じることはできない。しかし中国人は単一の宗教観念を持たず、迷信を信じる時もあるが、仏も拝めば神仙も拝み、馬祖も神なら関羽訳4も神であって、そのうえとても現実主義的で、

訳3　天と人とを同一にみなす考え方。
訳4　後漢末・蜀の国の武将。勇猛をもって知られ、劉備を助けて功があり、没後各地で廟(関帝廟)が建てられて祀られた。

実現したい望みがあれば神を求めるのであり、金儲けがしたければ福の神に供え物をし、子どもが欲しければ観世音を拝みにいくが、平生はどの宗教も信仰しないのである。

中国伝統文化のこのような人文精神は、人の主体性を発展させ、人の精神の開発を重視し、人びとが絶えず努力することを鼓舞することに対して、重要な意味を持っている。

第2節　中国伝統文化の基本的精神

どの民族文化にも、その表現の形式がどれほど豊富で多彩であっても、その基本精神が存在する。つまり民族精神である。民族精神とは、ある民族が長期にわたる社会実践を経て徐々に形成した、比較的安定し持続している共通の精神状態や心理的特徴を指し、民族文化の最も深層にあり、最も肯定すべき核心である。それは民族文化に根ざし、また民族文化の発展に影響を与えそれを発展させるものであり、民族が発展する原動力である。したがって、ある民族の文化を研究するなら、その基本精神を研究しないわけにはいかない。ある民族の基本精神がわからなければ、その民族の文化を理解することもできない。どの民族文化のどの次元にも、民族文化の精神、また民族の意識や価値観が浸透している。ある民族の思想家や哲学者の思想や著作がその民族の意識や価値観を反映していることは言うまでもないし、ある民族の風俗習慣や人とのつきあい方、物事の処し方で彼らの民族精神を反映していないものはない。たとえ物質的な文化であっても、民族精神を反映していないものはないのであって、例えば中国で出土した文物の多くは青銅器や陶器であり、ギリシャで出土した文物の多くは石像彫刻なのである。中国で出土した文物にある絵画や彫刻は、その寓意や象徴はいずれも他の国で出土した文物と大きく異なっている。ここには民族精神が浸透しているのである。

中国伝統文化は広くかつ深くて、歴史が長い。それに中華民族が数千年にわたって実践し創造してきた文明の成果であり、豊富な物質文明と精神文明を包括している。文化の構造に照らして言えば、物質の次元、制度の次元、

観念の次元がある。中国伝統文化の基本精神は主として観念の次元の文化を指し、思想、意識、価値観、思考様式などを含んでいる。どの文化にも肯定的な面と否定的な面がある。ここで論述する中国伝統文化の基本精神は、中華伝統文化の中の肯定的な要因を指しており、中華民族の長期にわたる実践や思想家たちによる総括と洗練を経て、中国人民の生活行動を指導するとともに社会の発展を推し進める思想意識と価値の観念であって、そこには中国伝統文化のすぐれた精髄が集約されている。

中国伝統文化の基本精神について、各研究者は諸説紛々としている。張岱年と程宜山が著した『中国文化と文化論争』では中国文化の基本精神を「剛健有為」(強く健やかで人の役にたつこと)、「和与中」(和と中庸)、「崇徳利用」(徳を重んじ利用する)、「天人協調」(天と人とが調和する)の四つの面にまとめている。しかし張岱年・方克立編の『中国文化概論』は主として三点、すなわち「天人合一」(天と人とを一体とみなす)、「以人為本」(人中心)、「剛健有為」(強く健やかで人の役にたつこと)に集約している。李崇桂著『中国文化概論』は八つの点、「自強不息」(怠らず励む)、「正道直行」(正しい道をまっすぐに進む)、「貴和持中」(和を貴び中庸を保つ)、「民為邦本」(民を国の基本とする)、「平均平等」(平均的で平等を重んじる)、「求是務実」(真実を追い求め実務に携わる)、「豁達楽観」(度量が大きく楽観的である)、「以道制欲」(道徳で欲を抑える)を挙げている。中国伝統文化の基本精神を探り出すには一つの基準がなければならない。その基準とは、人と自然、人と社会(民族、国家)、人と他の人、人と自分自身の関係である。これら四つの関係にもとづき、しかも教育の観点からみると、中国伝統文化の基本精神には次に挙げるいくつかの点、「天人協調」(天と人とが調和する)、「自強不息」(怠らず励む)、「貴和尚中」(和を貴び中庸を重んじる)、「矢志愛国」(愛国を心に誓う)、「敬老愛幼」(老人を敬い幼児を愛する)、「誠信待人」(誠実に人とつきあう)、「勤労節倹」(勤勉に働き倹約に努める)、「慎独自愛」(一人でいる時行いを慎み自重する)などがありうる。これらの点は、長期にわたって、中華民族の各世代の人々の思想や行動習慣に影響を与え、また中国の教育の伝統にも大きな影響を与えてきた。以下ではそれぞれについて分析する。

天人協調（天と人とが調和する）

　多くの論者が、中国文化と西洋文化の相違を述べる時、いつも中国文化と西洋文化では人と自然の関係について理解が異なることに言及する。デューイは中国で講演した時[訳5]、西洋文化は自然の征服であり、東洋文化は自然との融合であると述べた。五四運動の時期、李大釗は「東西文明には根本的に異なっている点があって、すなわち東洋文明は主として静であり、西洋文明は主として動なのである」と述べた。彼は、東洋と西洋の所在する地理的環境が異なっているので、両者の文化の違いが形成されたと分析した。このような「主として動」「主として静」という言い方は当然人と自然の関係に限られるわけではなく、宇宙観、人生観の各面に及ぶ。しかしそのうち自然に関するものを取り上げると、彼は、東洋文化は「自然が人間を支配する」のであり、西洋文化は「人間が自然を征服する」のだと考えていた[6]。仔細に考察してみると、こうした言い方はいささか断定的である。実際のところ人類は、西洋人であろうと東洋人であろうと、皆絶えず自然を利用し、自然を改造することで発展し進化してきたのである。人類は受動的に自然に順応したのではなく、自らの生存と発展のために、常に絶えず自然を征服し、自然を利用している。現実の世界において、人類が節度なく自然を利用したことによって、すでに人類の生存環境が深刻な破壊を受けたではないか。当然、ここで述べた人と自然の関係は、東西文化における自然に対する一種の態度、一種の価値観や世界観に触れたにすぎない。

　中国の多くの学者は、「天人合一」を中国文化の基本精神の一つであるとみなしている。それぞれの学派は、「天人合一」に対する理解が異なり、解釈に違いがあるが、基本的には「天人合一」は天と人、天道と人道、天性と人性の統一を指すと考えるとともに、中国人は早くから、人と自然が調和してつきあわなければいけないことを認識していたと考える。実際には、中国の儒学が主張する「天人合一」は決して自然に対する態度ではなく、儒学倫

訳5　進歩主義教育を推進したアメリカの哲学者、教育者ジョン・デューイ（1859～1952年）は、中国に2年2か月余りにわたり滞在した（第7章に詳述）。

理思想の一部であって、天道を用いて人道を解釈し、天道を用いて人道に奉仕させるものである。石中英は、彼の博士論文の中で、「天」に対する古代哲学の理解を分析し、理解の一つとして自然の意味における天、二つ目として宗教的意味における天、三つ目として倫理的意味における天があるとしている。彼は、「中国古代、天と人の関係や天人合一を論じる時、自然の意味や宗教的意味で言及し論じることは少なく、多くは倫理的意味で言及し論じている」とする。「『天人関係』は基本的には最高の道徳準則なのである」[7]。私は彼の観点に賛成する。歴代の学者の「天人合一」に対する詳細な説明を少しみてみれば、この結論が得られるのである。

漢代の思想家である董仲舒は「天人感応」説を提示し、「天」とは意志を持った上帝であり、帝王の権力は「天」に命を受けていると考えるが、これは完全に、漢の武帝政権による大統一に奉仕する唯心主義の思想体系であった。宋代の張載は「天人合一」のテーマを明確に示し、人は自然の一部であって、すべて「太虚の気」[訳6]から構成されていると考えたが、彼は同じように自然を人倫化した。彼は、儒者は「明に因りて誠を致し、誠に因って明を致す、故に天人合一し、学を致(きわ)めて以て聖と成るべく、天を得て而も未だ始めより人を遺さず」(明によって至誠となり、至誠によって明となる。それゆえ天と人とは一つであり、学問を究めることで聖人となることができ、天道を得たからといって人をなおざりにすることはない)(『正蒙』「乾称篇」)と考えた。後代の思想家たちも皆、天道と人道とを区別することなく論じている。彼らが天道について述べる時、それは自然の発展の規律について述べるのではなく、人道のために注釈を行っているのである。当然、多くの思想

董仲舒(紀元前179～紀元前104年)：中国前漢の哲学者、教育者。彼の著作である『漢書・芸文志』には123編が記載されていたが、大部分はすでに失われている。教育の面では、彼は秦王朝滅亡の歴史的教訓を総括し、儒家の教育思想を継承し発展させ、漢王朝の文化教育政策に理論的基盤を築いた。

訳6 張載は太虚が凝集して気となり、気が有形に凝集して万物となり、物が分散して気となり、気が分散して太虚に帰すると説いた。太虚とは無形ながら無ではなく、万物の気の本体であり、宇宙生成の根元である。

家は宇宙の発展の規律も探究し、多くの詳細な見解を示しているが、しかし話が天と人の関係に及ぶと、しばしば中国伝統の名分や人倫にとらわれ、天道を用いて人道を解釈してしまうのである。

我々が今日言う「天と人の調和」は、中国伝統文化の基本精神であり、封建倫理の束縛を捨て去っており、中国古代の人と自然が調和することに対する素朴な思想を指している。中国古代の経典の中にはこの面の記述がある。『周易外伝』の中では「天地ありて然る後に万物あり、万物ありて然る後に男女あり、男女ありて然る後に夫婦あり」(天地ができ、それから万物ができた。万物ができ、それから男女ができた。男女ができ、それから夫婦ができた)(「序卦」)と述べられている。また、「諸を仁に顕し、諸を用に蔵し、万物を鼓して、聖人と憂いを同じくせず。盛徳大業至れるかな」(天地陰陽の道はその仁愛の徳をはっきりと外に表し、活動の源泉は内に収めて見えないようにする。天地陰陽の道は万物を奮い起こして生長し活動させるが、無心にしてあるがままであり、聖人が常に天下人民を憂えると同じではない。してみると天地陰陽の道が万物を生じる徳、万物を成す業はこの上もなく大きくこの上もなく盛んで、何物もこれに加えることができない)(「系辞」)とも言う。ここで指摘されているのは、人類は自然の一部であり、自然が万物を生み出したのは無意識的であって、聖人の意志が転移したのではなく、それでこそ真の天と人との調和なのであって、後代の人が解釈した天道と人道の統一ではないということである。しかし、「天人合一」の思想が、一貫して中国古代の学者が関心を持ってきた問題であって、中国の主導文化となっており、歴史上思想の統一、民族意識の凝集に対して重要な役割を果たしてきたことは認めなければならない。今日、「天と人の調和」を認識することにはいっそう重要な意味がある。したがって、我々はそれを中国伝統文化の基本精神として挙げるのである。

自強不息（怠らず励む）

「自強不息」、「剛健有為」は中国伝統文化であり、また中国文化全体の基本的な核心でもある。中国古代の大思想家である孔子は、「自強不息」、「剛健有為」の思想を十二分に示している。例えば彼は、「剛毅木訥仁に近し」(真っ

正直で勇敢で質実で寡黙なのは、仁徳に近い)(『論語』「子路篇」)、「三軍も帥(すい)を奪うべきなり、匹夫も志を奪うべからざるなり」(大軍でもその総大将を奪い取ることはできるが、平凡な男でもその志を奪うことはできない)(『論語』「子罕篇」)、「士は以て弘毅ならざるべからず」(士人はおおらかで強くなければならない)(『論語』「泰伯篇」)、「憤りを発して食を忘れ、楽しみて以て憂いを忘れ、老いの将に至らんとするを知らず」(発憤しては食事も忘れ、楽しんでは心配事も忘れて、やがて老いがやってくることにも気づかない)(『論語』「述而篇」)と述べている。これらの思想はすべて、人々が奮闘し努力して、刻苦して勉学に励み、仕事に奮闘して、どんなことにもくじけないようにすべきであることを奨励している。『易伝』「篆篇」には「剛健有為」の精神について典型的にまとめた記述がある。そこでは、「天行は健(けん)なり。君子以て自ら強めて息(や)まず」(天道は一日として休止することがなく、至健である。君子もそれにしたがい日々自ら努め励んで休むことがない)と述べられている。天体の運行は休むことがなく、人の活動は天を手本とするものであるので、したがって「剛健有為」、「自強不息」でなければならない。また、「剛健にして文明なれば、天に応じ人に順(したが)う」(強くて休むことがなければ、天の動きに合致し、人の求めにも応じることができる)、「剛健中正、純粋にして精なり」(剛であって強く、健であって休むことがなく、中であって過不足がなく、正であって偏らず正しい。また純であって混じりけがなく、粋であって傷がなくて美しく、精であって潔白そのものである)とも述べる。「剛健」で道徳的であること、「剛健」で公正であることを人の最高の思想的品格であるとする。これらの思想は一貫して後代の人々に継承され、発展してきた。もし「天人合一」の思想が主として中国知識人の関心を引いたと言うならば、「自強不息」の精神は広く人民大衆の中に根ざしているのである。

　「自強不息」の精神は、頑強不屈の精神であり、絶えざる進取の精神であり、自力更生の精神であり、団結奮闘の精神である。まさにこれらの精神が中国社会の数千年にわたる不断の発展を推し進めてきた。それは大自然との戦いの中に現れており、我々の祖先は洪水と戦い、猛獣と戦い、「大禹治水」[訳7](大

[訳7] 夏の国を開いたとされる伝説の王である禹は、たび重なる洪水を治める大功をあげた。

禹水を治む）や「精衛填海」訳8（精衛海を填む）、「愚公移山」訳9（愚公山を移す）、自力更生の精神を発揮した。民族の危機の際には、この精神は民族の闘志をかきたて、抑圧に抵抗し、強暴な敵をおそれず、困難を克服した。国家が隆盛の時には、この精神は人々が不断に向上しようとし、新たなものを作り出そうと努力することを励ました。まさにこのような精神が民族の凝集力と不撓不屈の精神を強化したのである。今日、全国の人民が社会主義現代化の建設を行う過程において、とりわけこのような精神が求められる。ついこの間の、わが国の人民がSARSとの戦いに打ち勝った時にも、このような精神が同様に比類なき威力を発揮したのである。

貴和尚中（和を貴び中庸を重んじる）

中国伝統文化の基本精神の一つは「貴和尚中」である。いわゆる「貴和」とは、調和を重んじ、「和して同ぜず」を主張し、異質なものを融合させることである。いわゆる「尚中」とは、中庸を主張し、一方に偏ることなく公平で、極端に走らないことである。西周時代末期、史伯はすでに、異なる事物をあわせて一つのものにすると調和の効果があり得ることを認識していた。五つの味が調和すれば、口に合った食べ物を作ることができるし、六つの律が調和すれば、耳に心地よい音楽を生み出すことができる。史伯は、「和は実に物を生じ、同は則ち継がず。他を以て他を平（たい）らかにするを之れ和と謂う、故に能く豊長にして物之に帰す。若し同を以て同を裨（ま）さば、尽きて乃ち棄てん」（調和こそは万物を生じるが、同調では生産が継続できない。互いに異質な他の物と他の物が親しむことを和と言い、それでこそ万物が豊かに生長して人民は心服するのである。もし同質の物で他の同質の物を増加させるなら、それがなくなれば何も生じない）（『国語』「鄭語篇」）と述べる。また、異なる事物をあわせて平衡に達したらそれを「和」と言い、和してこそ新しい事物を生み出すことができるので

訳8　海で溺死した炎帝の娘が精衛という名の小鳥と化し、溺死の怨みをはらすため、山から木や石をくわえてきては海を埋めようと励んだという伝説。

訳9　家の前の道をふさぐ山を掘り崩そうと、たゆまぬ努力を続けた老人愚公の意気に打たれた天帝が山を移したという伝説。

あり、同じ事物を一つにあわせても、お互いに排斥しあい、発展することができないとも述べる。ここにはすでに、矛盾を統一させる弁証的思想が満ちている。春秋末期斉国の晏嬰は、「和」と「同」の相違を詳しく説明して、斉の昭公に君臣の間の「可否」がお互いに助け合う関係を解釈した。彼は斉の昭公に対して、「和は羮の如し、水火醯醢塩梅を以て魚肉を烹、之を燀くに薪を以てし、宰夫之を和し、之を齊うるに味いを以てし、その及ばざるを濟して、以てその過ぎたるを洩す。君子、之を食らいて、以てその心を平らかにす。君臣もまた然り。君の可と謂うところにして否あらば、臣はその否を献じて以てその可をなし、君の否と謂うところにして可あらば、臣はその可を献じて以てその否を去る。ここを以て政平らかにして干さず、民、争心なし」（心の和合は吸い物を作るようなものです。水・火・酢・塩から・梅びしおを使って魚や肉を煮つけ、薪をもやしてそれを焼き、料理人がほどよく調和して、その味加減を調え、味の足りないところを増し加え、味の強すぎるところを減らします。お上の人はこれを召し上がれば満足なさいます。君と臣の間もこれと同様で、君がよいと言われることでもよくないと思うところがあれば、臣はそのよくないと思われるところを進言して、よいところをうまくいくようにし、君がよくないと言われることでもよいと思われるところがあれば、臣はそのよいと思われるところを進言して、いけないところをやめさせます。このようにしてこそ政治は公平で道理にもとることがなく、民にも争う心がおこりません）(『左伝』「昭公二十年篇」)と述べた。

　孔子も「貴和尚中」を主張しており、「礼の用は和を貴しと為す」(礼の働きとしては調和が貴い)(『論語』「学而篇」)と述べる。また、「君子は和して同ぜず、小人は同じて和せず」(君子は調和はするが雷同はしない、小人は雷同はするが調和はしない)(『論語』「子路篇」)と言い、「和」を君子の道徳基準とする。孔子は「和」を「中」と結びつけ、極端なものに反対し、「中庸を維持する」ことによってのみ和諧に達することができるとした。そして「中」はまた「礼」を基準とする。彼は「礼の用は和を貴しと為す。先王の道もこれを美と為す。小大これに由るも行われざるところあり、和を知りて和すれども礼を以てこれを節せざれば、亦た行わるべからず」(礼の働きとしては調和が貴いのである。昔の聖王の道もそれでこそ立派であった。小事も大事もそれによりながらもうまくいかない

ことがある。調和を知って調和していても、礼でそれに折り目をつけなければやはりうまくいかないものである）（『論語』「学而篇」）と述べる。『中庸』という書は、孔子の「中庸を維持する」という思想が集中的に反映されている。宋の朱熹は、「中とは一方にかたよらず公平で、過ぎることもなく不足することもないことの名称であり、庸とは通常のことである」と注釈するとともに、「中庸」を世界の根本法則とし、「中とは天下の大本であり、和とは天下が達すべき道である。中和に至れば、天地は位置を定め、万物はその間で育つのだ」と述べた。また、「中庸」を人類道徳の最高基準とみなして、「中庸はどうすれば到達できるのだろうか？ そこに至る人は本当に少ないことだ」と述べた。

「貴和尚中」は、礼として謙譲を尊ぶことと結びついている。中国人は常に謙譲の態度で他人に接することを尊び、寛大で度量が大きいことを重んじる。このような「貴和尚中」の思想によって中国は、大きな度量と、包容力の大きい気概をもって各民族の文化を吸収して中華民族の大文化に融合させることができたのである。

「貴和尚中」の思想は、中国伝統文化の基本精神としてすでに全民族が認めるものであり、中国の各種の人間関係を調和させる行動準則となっている。中国人は大切な道理を知り、大局を考え、調和を重んじ、安定を求め、中国民族の大団結を促し、また中国人民と世界各国人民との友好的なつきあいも促した。周恩来総理がバンドン会議において「共通点を見出して、相違点に残しておく」ことを提示し、今日中国が「平和的に勃興する」ことを示して世界各国とともに繁栄しようとしていることも、中国のこのような「貴和尚中」の思想を国際関係の中で継承し発展させるものだと思われる。

当然、中庸の思想にもある程度否定的な面があり、中間を維持し安定を求め、過度に保守的であって、同時に「貴和」はしばしば争いを収めようとするが、それも創造し向上しようとするには不利で、今日の競争を重視する世界とはあわないようである。しかし、相対的に言えば、肯定的な面の方がやはり主導的である。

矢志愛国（愛国を心に誓う）

「愛国」は、中国伝統文化の基本精神であり、中華民族の伝統的な美徳の重要な内容でもある。古代から今日まで、中国人の道徳体系において、愛国的であるかどうかはある人の人生を評価し価値を決める主要な、ないしは最も根本的な基準となっている。レーニンがかつて指摘したように、「愛国主義とは、長年にわたって強められてきた、祖国に対する最も深い親しみの感情である」。このような感情は「国家・民族の存在と発展を基本的に保証するものである」[8]。どの民族も自己の民族と祖国を愛する感情を有していると言わねばならない。中華民族について言えば、愛国主義には特別な意味がある。それは、アヘン戦争以後の百年間、中国はしばしば列強に侵略された国であり、中華民族は抑圧された民族だったからである。愛国主義は終始、中国人民が外敵に抵抗し、不断に前進するのを鼓舞する、尽きることのない原動力だった。

中国伝統文化から言えば、中国は長期にわたって宗法制度を主体とする社会であり、家と国は一体で、「忠」と「孝」が二つの最も基本的な倫理道徳概念だった。孔子が『春秋』を著したのは、周礼を用いて「大義名分」を規定しようとしたのである。その中で最も重要なのは、臣民の君主に対する絶対服従であり、これこそが「忠」である。孔子は、魯の定公が君臣の関係を問うた時に、「君、臣を使うに礼を以てし、臣、君に事うるに忠を以てす」（主君が臣下を使うには礼によるべきですし、臣下が主君に仕えるには忠によるべきです）（『論語』「八佾篇」）と述べた。前漢の時代、董仲舒は封建的な中央集権制度の必要にもとづいて「三綱五常」の倫理規範を示し、それは中国人の倫理価値志向に2000年あまりにわたって影響を与えた。「三綱」の第一条はまさに「君は臣の綱」であり、臣民が自らの君主に絶対服従することを強調している。これらには間違いなく封建的な倫理道徳思想が満ちあふれており、封建統治に奉仕するものであって、長い間中国社会の発展を阻害した。これらの封建的思想は、今日では批判され、捨て去られなければならない。しかしそこに含まれる、国家に忠誠を尽くし、愛国を心に誓うという思想は長期にわたって中国人民に認められ、同時に美徳だとみなされている。数千年来、中国人民は祖国を重んじ、民族を個人よりも上に置いたため、人々を感動させ涙に

むせばせる多くの愛国的な英雄が現れた。

　中国古代の思想家の国を憂い民を憂うという深い思想が中国人民の愛国精神を育んだ。例えば『礼記』「儒行篇」には「苟(いやしく)も国家を利せば、富貴を求めざる」（国家に平安と利益をもたらすことができれば、自身の富貴は求めない）と書かれている。『左伝』「昭公元年篇」には「患(うれ)いに臨みて国を忘れざるは、忠なり」（わが身の災難に臨んでも国を忘れないのは忠というべきである）とある。范仲淹の『岳陽楼記』の中の「世の憂いに先立って憂い、世の楽しみに後れて楽しむ」、文天祥の「人生古(いにしえ)より誰か死無からん、丹心を留取して汗青(かんせい)を照らさん」（古来より人として生まれて死なない者はないのだから、せめて赤心を留めて歴史に名を残したいものだ）、顧炎武が非常に広く伝えた「天下の興亡には一般の平凡な人にも責任がある」といった愛国的な字句はみな、広範な人民によって口ずさまれ、心に刻まれている。まさにこのような愛国精神が、中国の人民が強暴な相手を恐れず、心を一つに団結して、前の者が倒れても後ろの者が続くよう励ましたのであり、列強の侵略や抑圧に抵抗して、抗日戦争と新民主主義革命の勝利をもたらした。まさにこのような愛国精神が、我々の多くの学生たちが祖国の繁栄と富強のために個人のすべてを捧げて嵐のようにすさまじい社会主義建設に身を投じるよう鼓舞したのである。「矢志愛国」、つまり国を愛する志を立てることは永遠に、中華民族が前進する原動力なのである。

　愛国主義は、中国人について言えば、さらに歴史的な解釈をしなければならない。中国は多民族国家であり、中国がまだ統一されていなかった時には、各民族、各諸侯の国の間でよく衝突や戦争が起こった。その時の愛国主義は主として、自らの民族、自らの諸侯国に対する忠誠としてあらわされ、例えば屈原**訳10**の楚国に対する忠誠や、岳

『岳陽楼記』篆書図。『岳陽楼記』は北宋の名臣・范仲淹の作である。文中には岳陽楼の「遠き山を抱き、長江を飲み込む」壮大な気宇と日夜で変化する風景の特徴が詳細に描かれているが、いっそう重要なのは文中に"中国古代知識人の「先に憂い後に楽しむ」という忠君愛国思想が吐露されていることであり、それは歴代の人民に賞讃されてきた。

訳10　戦国時代楚の王族として生まれた忠臣（前340〜前278年）。楚辞の作者。

飛^{訳11}の宋朝に対する忠誠があった。中国が統一された後は、56の民族が仲むつまじく中華の大家庭の中で生活している。そこでは、愛国主義は中華民族の大団結、中国領土の統一という点で表現され、中華文化に対する一体感にあらわれているのである。

敬老愛幼（老人を敬い幼児を愛する）

　中国古代社会の組織の構成は宗法制度だったので、中国人の血縁意識の中で家庭の観念は特に重んじられ、家庭における個人の地位と責任が非常に重視された。家庭を維持する倫理道徳は「父は子を慈しんで子は親を尊敬し、兄は弟と友のように接して弟は兄に従順であり、夫は妻を敬い妻は夫にしたがう」であり、その中ではまた「孝」が核心であった。儒教文化もまた「孝」を特に重視し、それを最も基本的な道徳規範とした。『孝経』は「孝」について系統的に詳しく述べ、「孝を以て天下を治む」（孝にもとづいて天下を統治する）ことを示し、「人の行いは、孝より大なるはなし」（人の行いで孝より大事なものはない）と考え、「夫れ孝は天の経なり、地の義なり、民の行いなり」（孝というものは天の法則であり、地の秩序であり、民の行うべきものである）とした。孔子は、孝は主として人を敬うことに表されると考え、「今の孝は、是れ能（よ）く養うを謂う。犬馬に至るまで皆能く養うこと有り。敬せずんば何を以て別たんや」（今の孝は、十分に養うことを言う。犬や馬でも十分に養うということはある、尊敬するのでなければどこに区別があるのか）（『論語』「為政篇」）と述べた。孟子も、「孝子の至（いたり）は親を尊ぶより大なるはなし」（孝子の極致は、親を尊ぶより大なる者はない）（『孟子』「万章篇上」）と述べた。中国古代文化の中で、孝は封建的な秩序を維持する行為規範であり、一定の程度と範囲において社会の進歩を阻害する否定的な役割を持っていた。しかし、長期間に形成された老人を尊敬する伝統は人の心の中に深く入り込み、中国の伝統的な美徳となって、今日でも依然として肯定的な意義を有している。一面で、老人は社会の発展のた

訳11　南宋の武将（1103～1141年）。無実の罪により獄死させられたが、後に冤がすすがれ、救国の英雄として岳王廟にまつられている。

めに貢献してきており、社会から尊重されなければならない。別の面では、彼らはまた社会における弱者集団でもあり、社会によって配慮される必要があるのである。

　老人を敬うことと幼い者を愛することは、しばしば一つに結びつく。それは、幼い子どもは自らの生命の延長であり、民族の未来であって、しかも彼らは幼くて弱く、成人による世話を必要とするからである。古代に言われた「父は子を慈しむ、兄は弟と友のように接する」はどちらも小さく幼い者をいたわらなければならないことを指している。中国古代に提唱された「敬老愛幼」は、自らの家庭に限られるのではなく、全社会にまで拡大され、人の一種の美徳となっている。「吾が老を老として以て人の老に及ぼし、吾が幼を幼として以て人の幼に及ぼす」(身近な年寄りを年寄りとして敬い仕え、その心を他人の年寄りにまで及ぼし、身近な幼い者を幼い者として慈しみ愛し、その心を他人の幼い者にまで及ぼす)という、孟子のこの名言は、すでに中国の伝統的な美徳の格言となっている。

誠信待人（誠実に人とつきあう）

　中国古代に人間関係を調節する重要な準則は「誠信」(誠実であること)であった。古代の人は、「人が身を立てるのは、信、知、勇があるからである」と言った。「誠信」は個人が身を立てる根本でもあり、一つの民族、一つの国家の生存の礎でもある。『左伝』「襄公二十二年篇」には、「信を失はば立たず」(信義が失われれば国は立っていけない)と述べられている。これは、信用を重んじなければ立身立国のしようがないということである。「誠信待人」は、人に対して誠実で信用を守るということであり、中国の伝統的な美徳である。儒教の学説は信を非常に重視した。董仲舒はそれを「五常」の一つに挙げた。いわゆる五常とは、「仁、義、礼、智、信」という五つの道徳的観念を指す。孔子は「朋友と交わり、言いて信あり」(友達と交わるのに信義を重んじる)と述べた。曾子は「吾れ日に三たび吾が身を省みる。人の為に謀りて忠ならざるか、朋友と交わりて信ならざるか、習わざるを伝うるか」(私は日に何度もわが身について反省する。人のために考えてあげて真心からでなかったのではないか、友人と

交際して誠実ではなかったのではないか、習っていないことを教えたのではないか）(『論語』「学而篇」）と述べた。孔子はまた「人にして信なくんば、其の可なることを知らざるなり、大車輗（げい）なく小車軏（げつ）なくんば、其れ何を以てかこれを行（や）らんや」（人として信義がなければうまくやっていけるはずがない。牛車に輗（ながえ）のはしのくびき止めがなく、四頭だての馬車に軏のはしのくびき止めがなければ、いったいどうやって動かせるだろうか）(『論語』「為政篇」）とも述べた。意味は、信用を重んじない人はどのように身を立て、世を処するかわからないということである。それはあたかも、大きな牛車に輗のはしのくびき止め（古代の牛車の輗（ながえ）の前の横木についた木製の差し込み）がなく、四頭だての馬車に軏のはしのくびき止め（馬車の軏（ながえ）の前の横木についた木製の差し込み）がなければ、いったいどうやって動かせるだろうかというようなものである。中国の歴史には、信を守るために自らの利益さえ犠牲にすることを説明する物語がたくさんある。「誠信」は人の立つ根本であり、君主となる者は民衆の信を得られればようやく臣民の敬愛を受けることができ、友となる者は友の信を得られればようやくその友情が長く続けられるのであり、年長者が年下の者の信を得、師となる者が弟子の信を得られればようやく誠実な弟子を育てることができるのである。「言必信、行必果」（言ったことは必ず実行し、行う以上必ずやり遂げる）はすでに、中国人が物事を処理し人に相対する時の人生哲理となっており、多くの人々に広く認められ、守られている。したがって、「誠信待人」は中国伝統文化の基本精神であるに違いない。現代社会にはいっそう「誠信」が必要であり、「徳を以て国を治める」とはまずもって「誠信」によって国を治めることなのである。相互信頼の基礎の上に作り上げることによってこそ、社会はようやく安定し、団結して発展することができる。

勤労節倹（勤勉に働き倹約に努める）

「勤労節倹」は中華民族の伝統的な美徳であり、中国の絢爛たる文明を創造する基礎であった。『左伝』には「民生（みんせい）は勤むるにあり、勤むれば則ち匱（とぼし）からず」（民の生活は努力しだいであり、努力すれば乏しくなることはない）(『左伝』「宣公十二年篇」）とある。墨子は「倹節すれば則ち昌（さかん）に、淫佚（いんいつ）すれば則ち亡

ぶ」(節約し節制すれば国は栄え、逸楽にふけると亡ぶ)(『墨子』「辞過篇」)と述べる。唐代の詩人李商隠の『詠史』には「前賢の国と家とを歴覧すれば、勤倹に由りて成り奢に由りて敗る」(先賢たちの国や家を眺めわたしてみるに、いずれも勤勉倹約によって成り、豪奢によって滅びているものだ)という言葉がある。これらの名言・警句はみな、勤労すれば富むことができるが、しかしさらに倹約に努めなければならないことを述べている。勤労しても倹約に努めなければ、裕福は長続きしない。中国でみながよく口ずさむ詩である「禾を鋤いて日午に当たる、汗は滴る禾下の土。誰か知らん盤中の饗、粒粒皆辛苦なるを」(稲の手入れをしているとちょうど正午。汗が稲の下の土に滴り落ちる。しかしいったい誰が知ろうか、食器の中の飯粒が、一粒一粒みなこのような辛苦の結晶であることを)(李紳『憫農』)は、子孫が勤勉に働き倹約に努めなければならないと戒めるのによく使われる。

　勤労が学習に応用されると骨身を惜しまず学習することになり、これも中国では伝統的である。唐代の教育家が『進学解』で青年が勤勉に学習することを奨励した、「業は勤むるに精しく、嬉しむに荒む。行いは思うに成り、随うに毀る」(業は勤勉であれば詳しくなり上達するもので、浮かれ気分では荒廃してしまう。行いは思案工夫をつむことで成功し、気のままにしたがってやると失敗するのである)という言い方もまた、中国では誰もが知っている。

　したがって、労働であろうが学習であろうが、すべて勤勉さが必要である。現代社会は依然として勤勉に働き倹約に努める必要があり、勤勉に働いてこそ財産を生み出すことができ、倹約に努めてこそ資源を節約することができるのである。市場経済は消費を重視しており、消費が拡大してこそ生産が拡大できると考える人もいる。しかし、地球の資源は有限であり、今日もし勤勉に働くことによって新たな資源を探すことをせず、倹約に努めることによって資源を節約しなければ、経済が持続的に発展できないだけでなく、我々の後代の生存を危うくしてしまう。したがって、勤勉に働き倹約に努めることは中国伝統文化の基本精神であり、永遠に保持し発揚するに値するものなのである。

慎独自愛（一人でいる時行いを慎み自重する）

　これは中国人の自己修養の最高の境地である。「慎独」とは、ある人が他人に知られない時でも自覚的に道徳規範を遵守することができることを指している。『礼記』「大学篇」には「中に誠なれば、外に形はる、故に君子は必ずその独を慎むなり」（心のうちに誠があればそれは外に現れる、だから君子は必ず自分自身を大切に修めなければならない）と述べられている。「自愛」は、自らの人格を尊重し、自暴自棄にならないことを指している。「自愛」は、自強、自信と結びつく。自らの力を信じ、倦まずたゆまず努力すれば、成果をあげることができるのである。「慎独自愛」しようとすれば、厳格に自律して身を清めなければならず、利益の誘惑を受けてはならない。中国人は「気骨」を重んじるが、これも「慎独自愛」の表現である。「富貴も淫す能わず、貧賤も移うる能わず、威武も屈く能わず」（どんな富貴でも心を乱すことができず、どんなに貧しくさせても操を変えることができず、どんな威光や武力でも志をまげさせることができない）（『孟子』「滕文公篇下」）は中国人の気骨を代表している。気骨がある人は人の尊敬を受け、自愛しない人は人に唾棄される。今日の言葉で言えば、自己に正しく向かい合い、遭遇した挫折に正しく対応して、不撓不屈でねばり強く努力することができ、得られた栄誉に正しく対応しておごりたかぶらず、その拠ってきたところを忘れないでいられるということである。「慎独自愛」は、中国人が追求する精神の境地であり、最高の人格の質でもある。

　以上は、著者が理解した、何世代にもわたって中国人に影響を与えた中国伝統文化の基本精神である。もし道徳修養の観点から論じれば、さらに多くの伝統的な美徳がある。ここではただ、人と自然、人と国家、人と他の人、人自身の修養といういくつかの面について最も典型的な民族精神を示した。論じる範囲が広く、巨視的なものから微視的なものまで、たんにいくつかの面を叙述しただけなので、バランスを欠いていると感じられるかもしれない。しかし、それらの精神的な力量は同等であり、世界観、人生観、価値観、道徳観において中華民族に非常に大きな影響を与え、長くしかも強く続き、今日に至っているのである。

第3節　中国伝統文化の否定的側面

　中国伝統文化は中国の旧時代の文化であり、先秦時期から形成されはじめ、2000年余りの封建社会において根本的な変化はなかった。それは中華民族を団結させ、中国を統一し、中国文化そのものを発展させる役割を果たしし、その基本精神は長期にわたって中国人の思想、価値観、行動様式に影響を与えているが、それは結局のところ旧時代の文化である。歴史唯物主義の方法で分析すれば、中国伝統文化には肯定的な面があるが、否定的な面もまたきわめてはっきりしている。同時に、どの文化にも二重性があり、優秀な面もあれば、腐敗した面もあるのである。文化の発展とは、優秀な部分は伝承し発展させ、腐敗した部分は徐々に捨て去り淘汰することであるが、一部が残存し続けることもあり得る。中国伝統文化の社会的基盤は封建社会と専制主義であり、封建社会の相当長い期間において、中国伝統文化は世界文明の頂点に位置していたと言えるが、近代になって、中国は徐々に遅れたものになった。どうして遅れてしまったのだろうか。中国文化はその中でどのような責任を負わなければならないのだろうか。ここ百年、中国の知識人はひたむきに原因を探し求め、特に五四運動の前後には、多くの学者、各学派が自らの観点と見解を発表した。

　多くの学者は、ここ数百年で中国が西洋より遅れたのは、文化の遅れ、特に観念の遅れによってであると考えた。陳独秀は、中国が西洋文明に追いつこうとすれば二種類の自覚が必要で、一つは政治的な自覚で、国民一人ひとりが政治に関心を持ち政治に参加することであり、二つ目は倫理的な自覚で、しかも倫理的な自覚を最終的な自覚とすることだと考えた。彼は、「西洋文明よりわが国に輸入したもので、最初に我々の自覚を促したのは学術であり、……その次は政治であって、数年来の政治情勢が証明しているように、すでに欠けたものを守り残ったものを抱くことができない状況がある。これまでと同じように今後も、わが国の人々が疑って決められないのは倫理問題である。ここで自覚できない、すなわち先に自覚したと言った者は、徹底的な自覚ではないのである。それはまるで、ぼんやりとしてはっきりしないところ

にいるようなものだ。私は敢えて、倫理的な自覚が我々の最後の自覚の中の最後の自覚であると断言する」[9]と述べた。梁漱溟も陳独秀の観点に同意した。彼は次のように言う。我々は早くから西洋の大砲や鉄の鎧、音、光、化学、電気の見事さをみていた。甲午の役（日清戦争）で海軍全体が全滅するに至って我々が初めて気づいたのは、大砲や鉄の鎧、音、光、化学、電気といった、そうした持ってこられるものではなく、これらのものの背後には根本的なものがあるということだった。ここにおいて戊戌の変法、義和団事件があった。しかし西洋の政治制度は実際にはまだ中国では実現できず、さらに根本的な問題が背後にあった。「いわゆる根本とは西洋文化全体であり、全体の文化が異なっているという問題なのである」[10]。彼は、文化の相違はつまり生活の中で問題を解決する方法が異なる点にあると考えた。彼はそれを「人生の三つの道筋」に分けた。それは、

㈠未来への道筋：まさに、努力して求めるものを獲得し、方策を講じて自らの要求を満足させることである。言葉をかえて言えば、奮闘する態度である、

㈡問題に出くわしても解決を求めようとせず、局面を変えて、現在の境地で自分自身の満足を求めるやり方、

㈢問題に出くわすと、その問題や要求そのものをまったく見ないようにしようとするやり方、

である。「すべての人類の生活はおおよそこの三つの道筋ややり方を出ることがない。一つは前向きに要求することであり、二つ目は自己についての意識を転換し、調和を図り、中庸を維持するものであり、三つ目は身を翻して後ろ向きに要求することである」。彼は、「中国文化は自発的行動、調和、中庸の維持を求めることを根本精神としており」[11]、したがって徹底的に変えないわけにはいかないと考える。彼はまた、「私は、もし西洋が我々と接触せず、中国が完全に閉鎖され、外部と遮断されていれば、三百年、五百年、千年経ってもこのような汽船も機関車も飛行艇も、科学的な方法や『デモクラシー』の精神も生まれてはこないだろうと断言できる」[12]と述べる。このような中国伝統文化の基本精神を徹底的に否定する観点は討論に値する。中

国伝統文化の基本精神には積極的に向上しようとする面があり、歴史上中国文化が各民族の文化を吸収し包含したという事実がそれを十分に説明している。ましてや歴史は発展するのであり、腐敗したものが一定の程度になれば必ず滅亡するのである。生産力の発展は必然的に生産関係を変化させるが、それは遅いか早いかのことにすぎない。中国社会の発展は決して、三百年、千年の後を待っていられない。マルクス主義の観点によれば、外的要因は常に内的要因を通して作用する。中国社会の内部には早くから力が秘められていたので、遅かれ早かれ、封建専制主義の束縛を打ち破ったであろう。もちろん、梁漱溟が示した三種類の人生の方向は、間違いなく我々が考えるに値するものである。

　1920年代、多くの学者はさらに「国民性」の問題を議論した。魯迅の小説『阿Q正伝』は、国民性を検討した影響の大きな著作である。許寿裳の回顧によれば、すでに日本において、彼らは常に中国の国民性を議論していた。「私たちはいつも、三つの互いに関連しあう問題を論じていた。一つは理想の人間性とはどのようなものか、二つ目は中国民族に最も欠けているのは何か、三つ目はその病根はどこにあるのか、である。一つ目については、それは内外の哲学者が倦まずたゆまず追求していて、その説は非常に多いので、私たちは善いものを残らず学んでそれに従い、多くを語らなかった。二つ目の探索については、当時私たちが自分たちの民族に最も欠けているものは誠と愛だと感じていた。……三つ目の難題については、当然歴史的に探究しなければならず、関連する原因が多いものの、異民族に二度支配されたこと、これが最も大きく最も深い病根だと考えた。奴隷となった者には誠や愛を口にで

魯迅（1831〜1936年）：中国近代の文学者、思想家、革命家、教育者。魯迅は畏れるところのまったくない精神で自らの身を社会革命に投じ、社会を改造するには多くの新しい戦士を育てなければならないことを示した。社会の改革は「まず人にあり」、「子どもたちを救う」ことを呼びかけて、教育が「社会の実際の闘争」と結びつかなければならないと唱えた。

きるところがどこにあるだろうか。……唯一の救済方法は革命である」[13]。魯迅は、民族性を徹底的に改造し、必ず思想革命を行わなければならず、そうでなければ表看板は換わっても品物は古いまま、スローガンは換わっても骨組みは古いままで、革命は成功させられないと断固として主張した。彼は、「中国の改革について言えば、最初に着手するのは当然旧物の掃討であり、それによって新しい生命が誕生しうる気運を作り出すことができる」[14]と述べた。旧物とは何か。それはまさに、「三綱五常」を主要な内容とする、封建奴隷的な思想意識であり、また魯迅が文章で描写した愚昧、守旧、惰弱、屈従、自己満足といった卑しむべき習慣、あるいは中国国民の下劣な根性と称するものであった。これが中国伝統文化における滓の部分である。魯迅が描いた中国国民の下劣な根性は、一面では芸術的な誇張であるが、別の面では鉄が鋼にならないのを残念に思う感情もその中に含んでおり、彼は決して中国伝統文化の基本精神を否定してはおらず、まさにその反対で、彼は民衆の最後の自覚を喚起するために、民族の基本精神を奮い立たせたのである。

孔乙己：魯迅の小説『孔乙己』における主要人物。彼の身には、中国封建社会における知識人の世情に疎く時代に遅れているという特徴が集中的に示されており、魯迅は孔乙己の悲劇的な性格を批判的に明らかにし、このような性格を作り出す文化教育制度に対する強い非難を示した。

梁漱溟は『中国文化要義』において、中国民族の品性を次の十点、(1)私利私欲、(2)勤労倹約、(3)礼貌の重視、(4)平和的で気弱、(5)足るを知って満足すること、(6)保守的であること、(7)曖昧模糊、(8)堅忍さと残忍さ、(9)揺るぎなさと柔軟さ、(10)熟達し周到であること、にまとめている[15]。これは、否定的な面を過度に重視しているようである。

張岱年と程宜山は、『中国文化と文化論争』において、中国伝統文化には二つの大きな欠陥があり、一つは実証科学の欠如、もう一つは民主の伝統の欠如であると指摘している。これは、五四運動の時に多くの人が述べた「賽先生」と「徳先生」訳12でもある。この二つの大きな欠陥は、中国伝統文化

訳12 「賽先生」はサイエンス（science）、「徳先生」はデモクラシー（democracy）のこと。

の社会的基盤と密接に関連している。中国古代社会の基盤は一つには小農経営であり、もう一つは専制主義の宗法制度である。まさにこのような社会的基盤によって、中華民族の伝統文化における優秀な性質が長期にわたって抑圧され、遅れたものが保持されつづけてきたのである。したがって、中国伝統文化の欠点を理解することは、我々が遅れたものを清算し、優秀な基本精神を発揚するのに有利である。

　以上の論述の多くは、中国伝統文化全体から言えることである。これらの欠陥、特に教育の伝統に影響を与えた否定的な面は、おおよそ次のいくつかの点にまとめることができる。

因循守旧（古いしきたりを守って改めない）

　封建社会では自然経済が統治的な地位を占めた。このような閉鎖的な経済活動は、人々に伝統を忠実に守り、家を守って家業を興すことだけを求め、開拓したり創造したりすることを求めなかった。中国の古くからの教えに「父母が存命中には、遠くに行かない」とあるように、子どもは父母の身辺にいて彼らを守らなければならなかった。こうした観念は教育の価値観や人材の育成にまで影響を与えた。数千年の間、封建社会の統治階級が育成しなければならなかったのは言うことを聞く奴僕であり、彼らには主人に対する絶対的な忠誠と服従が求められ、自らの独立した見解は求められなかった。また、労働人民も封建統治で自然経済という条件の下にあって、自らの子どもに家を守り正業に就くことを教え、彼らをわずかな土地に縛り付けることしか知らず、彼らに新たな土地を切り開くことは求めなかったのである。

講「名分」重等級（「名分」を重視し等級を重んじる）

　宗法制度の封建社会では、人は等級にしたがって自分の位置を定めた。いわゆる長幼の別や上下の別は、定められた「名分」にしたがって順序づけたものである。儒家思想の核心である「礼」は、奴隷社会と封建社会の等級制度の社会規範と道徳規範である。「礼」は、最初は神を祭る器物や儀式を指していた。周代に、礼を儀式の中から区分し、それを発展させて「君君たり、

臣臣たり、父父たり、子子たり」という等級制度と血縁関係を紐帯とする宗法制度とした。中国伝統文化は一貫して礼を倫理道徳規範とした。孔子は「礼にあらざれば視ることなかれ、礼にあらざれば聴くことなかれ、礼にあらざれば言うことなかれ、礼にあらざれば動くことなかれ」(礼にはずれたことは見ず、礼にはずれたことは聴かず、礼にはずれたことは言わず、礼にはずれたことはしないことだ)(『論語』「顔淵篇」)と述べる。このような観念は長い間中国人の思想に影響を与えていて、それは官本位、官尊民卑、権力の重視と義務の軽視としてあらわれている。現在の中国の人事制度でもやはり等級制度を援用しており、行政管理部門に等級があるだけでなく、企業・事業組織でも等級があって、学校でさえも副部レベル相当や司局レベル相当などと分類されているし、人と人がつきあう時の相手の呼び方も「長」の文字をつけないといけないという具合で、すべての待遇が行政の等級によって分けられている。そこで、現在でも地方の指導者を「父母官」と呼ぶ人がいる。中国人は特に「名分」を重んじ、等級の区別を重んじる。聞いたところでは、ある省の副庁長が海外へ訪問した時、名刺の名前の後に必ず括弧書きで「正庁長級」(局長レベル)と加え、ある大学の学長の名刺には「副部長級」(副大臣レベル)と印刷されていて、外国人に笑われたということである。高等教育機関の教員は評価を受けて職称を割り当てられ、どの業種でもすぐに評価されて職称が割り当てられる、これはいずれも「名分」と等級を重んじる思想である。このような観念を打ち破らなければ、民主や平等を口にすることはできないし、それは現代文明とは相容れないものである。「名分」を重んじることはすべての官本位の根源である。このような思想はすでに我々の次の世代にまで影響を与えている。最近『報刊文摘』においてある文章の要約を目にしたが、それはこの問題をとてもうまく説明している。概要は次のようなものであった。

　　週末、息子が帰宅して、私は彼の少年先鋒隊小隊長の腕章が見あたらないことに気づいた。息子は口ごもりながら事のいきさつを話した。授業中に鉛筆を削る小刀で遊んでいて、先生に叱られ、小隊長の腕章を取ってそれをまじめに授業を聞いていた友だちに渡すように命じられたのだ

という。

　私は思案にふけった。今でも覚えているのは、私が小さかった時、担任の先生が級長になるのは一番誇るべきことなのだと言明したことだ。みんなに好かれ、ものわかりがいいとなれるかもしれないよ、と。小学を卒業する日まで、私は級長にはなれなかった。後に、あの級長をやった同級生は気持ちを抑えつけて暮らし、活動も思い通りにはやれなかったことを知った。

　ずっとあれは奇形的な時代のことだと思っていたが、我々の次の世代でもまだ続いている。息子は私がうんともすんとも言わなくなったのを見て怒ったのだと思い、私の腕を揺らしながら「たいしたことないよ、先生は、先生の話をちゃんと聞いていればまた小隊長になれると言っていたよ！　安心して、来週には取り返すから」と言った。

　官文化は中国で綿々と数千年続いており、比べてみると、私たちが長らく伝えてきた子どもに対するあの激励、あの誇り、あの心の鍛錬は、思うに、あたかも脆く弱い果実を飾り付けているようで、痛ましさを感じさせるのである。(2003年9月10日)

重倫理軽技術（倫理を重んじ技術を軽視する）

　儒家の学説を核心とする中国伝統文化はただ倫理道徳を重視するのみで、科学技術を軽視した。『礼記』では、「凡そ技を執りて以て上に事うる者」（およそ技術をもって官職にある者）は、「士と歯せず」（士と同列には扱わず）、「淫声異服、奇技奇器を作りて以て衆を疑はすものは、殺す」（いかがわしい歌、変わった服装、目新しい芸当、珍しい器物を作り出して民衆を迷わせる者は、死刑とする）（『礼記』「王制篇」）と述べられている。孔子は技術を論じることなく、農作業さえ論じなかった。古代の墨家と名家は科学技術を重視したが、当時は主導的な思潮とはならなかった。漢の武帝によって儒学のみを尊ぶ政策が実施されて以降、墨家と名家はいっそうあるべき地位を失った。少数の知識人は科学的な探索を行った。例えば東晋の道家である葛洪は医学、兵法、天文の研究を行ったし、明代の李時珍は薬学の研究に傾注して『本草綱目』を著し、中国

の漢方薬学に非常に大きな影響を与えた。また明末の徐霞客は中国の山や河を歩き回り、地理学に対して大きく貢献した。しかし、それはきわめて個別の知識人に限られており、技術を軽視する思想が主導的な思想となった。近代科学が中国で生まれなかったのは、このような技術を軽視する伝統的な思想と関係があると言わざるを得ない。

重整体軽分析、重帰納軽演繹（全体を重んじ分析を軽視し、帰納を重んじ演繹を軽視する）

　思考様式から言えば、中国伝統文化は全体を重んじて分析を軽視し、帰納を重んじて演繹を軽視した。全体を重んじることには合理的な一面があり、事物を全体としてみることは一面性や局部性を克服するのに有利である。中国医学と西洋医学の違いはここにある。中国医学の診察や薬の投与は病人の全体的な状況を重視して、調和的に処置し、西洋医学の診察は人間の体の部分的な病理変化を重視し、対症療法的に薬を与える。しかし、全体を重視して部分の分析を軽視することはしばしば事物に対する認識を曖昧模糊とさせ、事物の性質を科学的、定量的に説明することができず、漠然とした概念に満足してしまう。このような思考様式には、実証科学の発展を阻害するところがある。

　中国伝統文化の思考様式はまた、帰納を重視し演繹を軽視するようにあらわれることもある。中国古代の哲学者が論述した道理には結論だけがあり、論証がない。孔子の『論語』における言論は、どの言葉もみな断定的で、ある種の結論であり、論証や解釈は与えられていない。例えば孔子は「故(ふる)きを温めて新しきを知る、以て師と為(な)るべし」（古いことに習熟して新しいことも知れば、教師となることができるだろう）、「学んで思わざれば則ち罔(くら)し、思うて学ばざれば則ち殆(あやう)し」（学んで考えなければはっきりしない。考えて学ばなければ危険である）と述べる。これらの断定的な言葉には非常に深い意味があるが、なぜそのようなのかについての解釈はない。これと西洋の古代ギリシャの学者ソクラテスの「産婆術」とは大きく異なっている。産婆術は問答の形式で相手側の話の中にある自己矛盾を明らかにし、相手のさらなる思考を導き、

このようにして一歩ずつ事物の本質の明示へと到達しようとするものである。中国古代の教育においては世の中のことをわかっていない子どもに四書五経を読んで鵜呑みにさせ、それによって学生に深い理解を求めない学風を育てた。このような思考様式は実証科学の発展を大きく阻害し、科学的な精神の育成を阻害しており、中国伝統文化の欠点であると言わざるを得ず、近代化の過程で変えなければいけない。

　総じて言えば、中国伝統文化は中国宗法制度の封建社会において形成されたので、間違いなく多くの封建的で遅れた観念を持っているのであり、これらの封建的で遅れた観念は、我々が中国伝統文化を研究するときにしっかりと分析して取り除かなければならないのである。

原注
1　梁漱溟「中国文化之要義」『中国現代学術経典・梁漱溟巻』河北教育出版社、1996年。
2　辜鴻銘『中国人的精神』海南出版社、1996年。
3　梁漱溟、前掲論文。
4　陳独秀「東西民族根本思想之差異」『新青年』第1巻第4号。
5　梁漱溟、前掲論文。
6　李大釗「東西文明根本之異点」『言治季刊』1918年7月。『中国文化與文化論争』より再引用。
7　石中英『教育学的文化性格』山西教育出版社、1999年、272頁。
8　『列寧全集』第28巻、168頁。
9　陳独秀「吾人最後之覚悟」『新青年』第1巻第6号。
10　梁漱溟「東西文化及其哲学」『中国現代学術経典・梁漱溟巻』河北教育出版社、1996年。
11　梁漱溟、同上論文、63～65頁。
12　梁漱溟、同上論文、74頁。
13　許寿裳『私所認識的魯迅』人民文学出版社、1952年。
14　「出了象牙之塔・後記」『魯迅全集』第1巻、人民文学出版社。
15　梁漱溟、前掲論文、258～259頁。

第4章　中国の教育伝統とその基本的特質

第1節　中国教育伝統の変遷と形成

　教育は文化を構成する一つの部分であり、中国教育は中国文化の重要な構成部分である。中国教育は一方で中国文化を選択し、伝播し、改造する手段となるものであり、また一方では中国文化の土台の上に自らの伝統を形成してきた。中国の教育伝統は一つの形成発展過程を有している。ある歴史段階にはその文化伝統があり、またその教育伝統もある。理論的にいえば教育伝統と文化伝統とは同じ発展の歩みをもつが、実際には全く同じ歩調で発展するということはない。教育は相対的に独立したものであり、時に教育は文化全体の発展に後れをとることもある。例えば、明末清初の「西学東漸」、すなわち近代科学が中国士大夫階級に伝わったとき、学校教育にはそれは伝わらなかった。時に教育は文化全体の発展に先んじることがある。例えば、清末および民国初期、教育は西洋の学制を取り入れたが、当時の中国文化は半封建半植民地の状況のなか、なお封建文化を主体としていた。教育伝統は同時代の政治、経済および文化の影響のもとに形成されると同時に、またそれまでの教育伝統が継承され、発展して形成される。例えば、近代学制が中国に導入されて以降、学校制度、構造、教育内容および方法は明らかに改変されたが、教育における価値観、人材観、そして教授方法に至るまで、いぜん中国教育伝統が深く烙印されていた。

　ここで若干概念の説明をしておかなければならない。「教育伝統」と「伝統教育」との区別である。教育伝統とは一つの国家または地域、あるいは一つの民族が長期にわたって形成してきたそれぞれの特色をもつ教育体系であり、教育思想、教育制度、教育モデルなどがこうした伝統に含まれる。伝統

教育とは、過去の教育実践において形成され、継承されてきたある特色をもつ教育体系を指す。用語法の時制からいえば、教育伝統は現在進行形であり、伝統教育は過去形である。教育伝統は伝統教育の土台の上に形成されるものであり、伝統教育を継承、発展させたものである。このため、伝統教育と教育伝統は対立する関係にあるのではない。伝統教育を保守的、旧時代的と決めつける人がいるが、このようなおおざっぱな言い方は正しくない。伝統教育は過去長期にわたって形成されたもので、確かに保守的な面はあるが、凝り固まって変わらないというのでは決してなく、それもまた発展変化してきているのである。その中身についてみれば、今日でも継承し大いに発揚できる優れたものもあるし、現代の要求に合わず、捨て置くべき時代遅れのものもあるであろう。このため、今日の教育伝統というのは伝統教育の批判と継承の土台にのみ形成されうるものなのである。批判は否定、排斥とは違う。選択と改造をいう。あるいはまた、教育は文化に対する一種の選択と改造の問題であるばかりでなく、教育それ自体についての選択と改造の問題であるともいえるだろう。

したがって、中国の教育伝統の形成と発展はまた一つの過程であり、大きくみれば以下のいくつか重要な段階を経てきている。

古代原始社会の教育

原始社会は人が動物から分かれた最初の人類社会形態である。原始社会の生産水準は低く、人類が生活するための手段は石器や樹木で作った弓矢しかなく、食べる物は毛と血のついた禽獣の肉であり、飲む物といえば野獣の血や天然の水であった。その後しだいに陶器を製造することを学び、火を使うことを学び、煮炊きして物を食べることを学んだ。さらにまた農作物を植え、放牧することを学んだ。モルガンの『古代社会』によれば、人類は未開時代、野蛮時代、文明時代とたどってきた。原始社会は未開時代および野蛮時代に属し、この時代が非常に長く、およそ100万年以上の歴史をもつ。この悠長たる歳月のうちに、人類は生存と進歩のために、互いに生産経験と生活経験を交流し、これを次の世代に伝えた。このことが教育を生んだのである。原

始社会の教育活動は主に共同で行う労働と祭祀などの社会活動において進行し、完成した。

中国の考古学者が元謀原人^{訳1}、藍田原人^{訳2}、北京原人などの旧石器時代早期に属する人類遺跡を調査したことは、中国教育の起源を指摘するうえで重大な意義をもつ。中国古典には火の使用、耕作や放牧の記載がある。例えば、『白虎通』には「民に教えて熟食せしめ、人を養いて性を利し、臭を避けて毒を去る」とあり、火を用いて煮炊きした食事をすることを教え、体質を増強し、体調を整えたのである。『尸子』には、「伏犧氏（ふっき）の世、天下に獣多し、故に民に教うるに蝋をもってす」（古代中国神話にある伏犧氏の時代、天下に獣が多く、人々に猟を教えた）とか「燧人氏（すいじん）の世、天下に水多く、故に民に教うるに漁をもってす」（古代神話にある燧人氏の時代、天下に河川が多く、このため人々に漁業を教えた）という記述が載っている。また『易経』「繋辞篇」には、「包犧氏没し、神農氏作つ。木を斫（しゃく）して耜（すき）となし、木を揉めて耒（らい）となし、耒耨（らいどう）の利、もって天下に教う」（包犧氏^{訳3}の没した後、神農氏が代わって起ち、木を伐採し曲げて鋤を作った。鋤と鍬の役に立つことを人々に教えた）。すなわち人々に農耕を教えたのであった。原始社会の教育は人々の労働と関連したものであったといえよう。中国古典にはトーテム崇拝、宗教祭祀等の活動の記載があり、これらの活動は一世代また一世代と教育を通じて伝えられたものである。氏族社会の末期に至って、「家学」（家伝の学問）の学校教育形態が萌芽を見せ始める。しかし、この種の学校は氏族貴顕が独占する学校であった。

文字の出現と学校の誕生・発展

文字の出現は学校の誕生と発展を促した。文字をもってはじめて人類の生産経験と生活体験が記録できるようになった。人類の文化が書面に記されるようになり、学校は文字が書いてある教材を使うようになった。中国古代の

訳1　元謀原人は約170万年前に生息していた中国最古の人類といわれる。雲南省元謀県で発見された。
訳2　藍田原人は約100万年前に生息していたとされ、陝西省藍田県で発見された。
訳3　伏犧氏の別名。古代神話の帝王。神農氏、燧人氏とともに「三皇」に数える説がある。

蒼頡、または倉頡ともいう。伝説における漢字の創始者である。『史記』は『世本』(訳注：器物の創始者、氏姓の出所を記した書)により、倉頡は黄帝の史官であったとしている。

言い伝えによれば、文字は倉頡(そうけつ)が創造したことになっているが、実際には労働大衆が創造し、史官がこれを総括、修正して確定し、広まったものである。中国で発見された最古の文字は亀甲獣骨に刻まれたもので、考古学者はこれを甲骨文と称している。甲骨文はすでに成熟した文字であり、これ以前に長い原始文字段階の時期があったと思われる。その後青銅器に刻まれるようになり、これを金文と称している。最近陝西省眉県で出土した27の青銅器には約3,500文字の銘文があり、西周の歴史が記されていた。まさにこの文字の発明によって我々は今日中国古代の歴史を知ることができるのである。さらに後代文字はまた竹簡や木簡に刻まれ、また布帛に書かれるようになった。おおよそ前漢時代になり、中国に最も古い植物繊維による紙が出現した。後漢の蔡倫が先人の造紙経験を総括して普及させてから、紙は大量生産できるようになった。紙の発明と応用は人類文化の継承と発展とを大きく推進することになり、学校教育の発展に対しても大きな影響を与えた。紙は筆記に便利なだけでなく、保存と伝達にも便利であった。

印刷技術の発明は中国人民が人類の文化に対してなしたもう一つの偉大な貢献である。もっともこれは後の時代のことになる(中国5世紀に碑石の石刻が出現し、11世紀に畢昇が活版印刷術を発明した)。印刷術の発明は文化の広範な伝播と教材の普及にとって極めて重要な働きをした。紙と印刷術の発明は教育の実施に大いなる便宜を与え、学校教育の発展を促進した。

中国古代にはすでに学校があり、古典の記すところによれば、中国最古の学校には「庠」「序」「校」などの名称があり、『孟子』「滕文公篇上」には「庠、序、学、校を設け為(つく)りてもってこれを教う。庠とは養なり。校とは教なり。序とは射なり。夏は校と曰い、殷は序と曰い、周は庠と曰う。学は三代これを共にす」(庠、序、学、校を設けて教育した。庠とは養う意であり、校とは教える意で

あり、序とは弓を射る意である。夏時代は校といい、殷時代は序といい、周時代は庠といった。学は三時代いずれも用いられた）。中国の学校がおおよそ氏族社会後期、奴隷社会早期に出現したといえよう。

　人類が階級社会に進んだのち、教育は階級制をおび、学校教育はもっぱら統治階級の独占するところとなった。教育の内容は統治者の礼儀、兵法等の人を治める術を主なものとした。中国古代の教育内容は、「礼、楽、射、御、書、数」のいわゆる「六芸」であり、奴隷国家が武を尚び礼を尊ぶ必要に応えるものであった。

孔子が始めた私学

　私学とは私人が学問を講じることであり、春秋時代に始まる。『呂氏春秋』「離謂篇」に春秋鄭国で鄧析という私人が学問を講じた記録が載っているが、一般には孔子が私学を始めたとされている。孔子は魯国曲阜で学校を設けて弟子に学問を授け、詩書礼楽を教えた。孔子はまた弟子を伴って列国を周遊したが、これこそ春秋末期最大の私学団体であった。同時代にはほかにも少正卯が魯国で学問を講じ、墨子は自ら弟子3千人と称した。戦国時代、諸子が起ち、おのおの学校を設け道を伝え弟子に学問を授けた。学生はまた自由に師を選ぶことができ、百家争鳴、人材輩出の盛況をつくり上げた。秦代にいちど私学を禁止したことがあったが、禁じてもなお絶えることがなかった。漢代には師が経書を授け、学問を講じることが再び盛んになり、自ら「精舎」「精廬」を立てた。その中には大きな規模をもち、数百数千から万に至る弟子をもつものもあった。魏晋南北朝時代、社会が動乱し、官学の興廃が続く

孔子が杏壇で学問を講じる図（明・呉彬作）

なか、私学が発展した。この時期世俗的な私学のほか、仏教や道教を授ける私学もあった。隋唐以後、私学の名称は多岐にわたり、家塾、経館、義学、私塾、村塾などが庶民の学習機運を盛り上げた。唐朝末期には書院が出現し、宋代に発展を遂げるが、のちに書院はしだいに官学へと変遷をたどっていく。これを要するに、私学は中国の教育発展史上重要な地位を占めていたのであり、中国文化の伝播と発展になくてはならない存在であった。

漢の武帝（前156～前87年）は、名を徹という。中国史上最も力のあった皇帝の一人で、国土を広め、制度を整え、偉大な功績を挙げた。思想文化面では「諸子百家を退け、儒家独りを尊ぶ」政策を実行し、儒学の我が国社会歴史における地位の基礎を作った。

「儒家独尊」と封建主義教育の確立

前漢初期、社会では黄老の学[訳4]が尊ばれ、「民に休息を与える」「無為にして治める」政策が実行された。武帝が帝位を継いで以降、封建制度を固めるために政治の一大統一を図り、董仲舒の建議を入れて「諸家を退け、独り儒家を尊ぶ」文教政策を推し進めた。建元5（前144）年に儒家五経博士を設置し、その他の諸子を罷免し、儒家教典を官学に列した。これより以後、儒家教典は中国における封建時代の学校教育の主体をなし、中国の伝統教育はこれより形成される。漢王朝は原始儒学を漢代統治の必要に合わせた官制儒学に改造し、「三綱五常」を核心として、君父政治を強化した。「儒家独尊」の文教政策は以後歴代統治者の奉じるところとなる。

「儒家独尊」が中国の教育に与えた影響はきわめて大きい。まず、百家争鳴の時代を終息させ、教育の儒学化を実現した。漢王朝は「今文経学」と「古文経学」[訳5]の論争を経て、統一儒学を打ち立てる任務を完成させたが、この儒学はもはや孔子本来の儒学ではなく、改造された儒学であった。隋唐時代

訳4　黄帝と老子の学問
訳5　経書の書体で、秦以前を「古文」といい、漢代の書体の隷書を「今文」という。

に科挙制度が確立され、教育と人材選抜が結びつけられたことにより、科挙試験の内容もまたこの改造された儒学経典が主となったが、この制度が中国の教育に及ぼした影響は非常に深い。次に、「儒家独尊」は教育の政治倫理化を促した。儒学は孔子が始めたときから教化、徳治、仁政を強調し、教育の政治に及ぼす力を重視した。漢の武帝が勧めた儒家独尊は儒学の教化、徳治の思想、すなわち「教化立って奸邪みな止む」[1]（儒学の教化が確立することによって諸子の邪学が廃止される）ことを受け入れるというものであり、儒学教育をさらに政治化し、封建統治に奉仕させるものであった。教育の政治化はまた中国教育の伝統となった。

漢代以後2000年、中国の教育は王朝交代によって変化してきたが、アヘン戦争までは封建教育の根本的伝統は本質的に何も変わらず、近代にいたって大きな衝撃を受けることになる。

科挙制度の誕生、人材選抜と教育との結合

科挙による人材選抜制度は隋朝に始まり、唐代に発展し、しだいに人材選抜のための試験制度として形成されていった。この制度は中国の教育に巨大な影響を与えた。それは教育を試験制度のなかに取り込んでいった。一方で、一般の人々が科挙試験を通じて仕官できる機会をもつようになり、きわめて大きな力で人々を学問に駆り立て、中国人が教育を重視する伝統を形成する

殿試は、中国古代科挙試験の試験段階における最終段階の試験で、一般に皇帝自ら出題する。殿試の成績第一位は「状元」、第二位は「榜眼」、第三位は「探花」と称した。図は唐代殿試の情景である。

ことになった。また一方では、教育を科挙試験に従属させ、実際から離れたスコラ主義的学習を強めることになった。とくに明代以降、科挙試験に「八股文」訳6が採用され、学校教育の硬直化をもたらした。科挙制度は中国教育における価値観、人材観、教育観に対してよからざる深刻な影響を与え、とくに学歴主義が中国教育の伝統になった。このことについては後でまた分析する。

洋務運動と変法維新が中国伝統教育に与えた衝撃

　これは前漢以来の中国伝統教育に対する第一次の衝撃であった。明末清初、西洋の学問が東漸を開始したが、中国の教育にはさほど大きな影響をもたらさなかった。アヘン戦争以後、中国の門戸がこじ開けられ、中国統治階級内部の一部官僚は中国の軍事、経済、教育が西洋列強に遅れていることをしだいに認識するようになった。曾国藩、李鴻章、左宗棠、張之洞などを代表とする一連の洋務派が洋務運動を主張した。いわゆる「洋務」は、簡単にいえば、工業、商業、外交、教育など外国に関する一切の事柄を指す。洋務運動の教育面での主張は張之洞が提起した「中学を体とし、西学を用となす」という言葉に表れている。いわゆる「中学を体となす」とは封建主義の三綱五常を中国文化の基礎とすることで、「西学を用となす」は「諸々の夷の優れた技術をもって夷を制す」ことであり、西洋の技術を学ぶことである。つまり、封建専政制度と封建倫理綱領を不変とする条件の下で、工場、学校、新聞社等を開設し、西洋資本主義の自然科学と技術を取り入れ、富国強兵の目的を達成しようというのである。洋務運動が提唱されるなか、中国は最初の洋学堂を設立し、第一陣の留学生を派遣した。設立された第一期の洋学堂には外国語学校、工業学校、軍事学校などがあり、具体的な学校としては京師同文館、上海広方言館、広州同文館、福建船政学堂、天津水師学堂、江南水師学堂な

訳6　八股文とは、明・清の2代にわたって科挙の答案に用いられた文体である。試験は、「四書」、「五経」から出題され、題目、論旨の展開、言葉使い、字数など、全てが形式として規則化され、また、文章の構成は8つの段落（破題、承題、起講、入手、起股、中股、後股、束股）に分かれていた。このように全てが形式的であるがゆえに、創造性がない試験方式だとの指摘を受けた科挙試験制度は、1905年に廃止された。

どがあった。

　維新運動は19世紀末ブルジョア改良主義思想をもつ知識人が起こしたものである。八股文によって人材選抜する制度を批判攻撃し、科挙試験の廃止を要求した。また伝統的な教育モデルを改革して現代的な新式学校を設置し、西洋の科学技術を学習し、実用的な人材を養成することを要求した。

　洋務運動と維新運動とは性格を異にする運動であった。前者は封建統治階級内部から提起された教育改革の主張であり、後者はブルジョア改良派が提起したいわゆる「新学」の主張であった。この二つの運動は背景と内容を異にしていたが、いずれも清朝末期に発生した中国封建主義教育伝統に対する初めての衝撃であった。洋務運動は封建思想の核心に触れようとはしなかったが、洋学堂の設立を主張した。維新運動は資本主義を発展させることから出発し、封建専政政体の改変と西洋文化の学習を要求した。維新運動は失敗したが、その闘争を通じて封建主義教育思想は批判を受け、封建倫理を説く三綱五常は動揺し始め、封建教育制度は崩壊を開始した。科挙の廃止と学堂の設置はこの二つの運動の結果であった。1905年、中国で約1300年続いた科挙試験はついに廃止され、西洋の教育制度と先進的な科学教育内容がようやく中国で確立され、伝播されたのである。

康有為（1858～1927年）は、中国近代ブルジョア改良派の指導者である。

梁啓超（1873～1929年）は、中国近代ブルジョア改良主義者であり、教育学者である。

　辛亥革命は封建教育伝統にとってひとつの衝撃であった。とくに蔡元培が提起した教育方針は人間の調和発展についてのブルジョア階級思想を体現し、封建主義教育思想を力強く批判したものであった。しかしながら、辛亥

革命の失敗により、蔡元培の教育思想は実現をみるに至らなかった。

五四運動の中国伝統教育への衝撃

前章で五四運動の中国伝統文化への批判を述べたが、その実際は旧教育への批判でもあった。五四運動が提起した「科学と民主」のスローガンは封建主義教育伝統に深刻な打撃を与えた。この運動を通じ、学校においては尊孔読経の内容を廃止し、文学革命のもとで、白話文によって授業を行った。学校教育を人民大衆の実際の生活に近づかせ、教育普及の条件を作った。平民教育運動を展開し、教育を受ける男女平等の権利を訴えた。科学的な教育内容と方法を提唱した。これらのすべてが中国教育の伝統に質的な変化をもたらし、封建教育制度の城郭は徹底的に倒壊した。

五四運動の最大の収穫はマルクス主義の中国への伝播である。このことは前章ですでに述べておいた。その中国教育への影響は、中国教育界がマルクス主義から科学的な思考方法を掌握し、封建主義教育と資本主義教育を批判する有力な武器を真に身につけて、中国に新しい教育思想体系と教育制度を確立する基礎を形成したことである。楊賢江が著作出版した『新教育大綱』(1929年) は、マルクス主義的視点をもって系統的に教育理論を解明した中国最初の著作である。

「陝北公学」は中国共産党が指導した、抗日民族統一戦線の維持と国防教育の実施、抗日幹部の養成を目的とした幹部学校であり、1937年9月延安に設置された。図は陝北公学の集会に参加する学生たち。

中国人民革命の勝利と中国の新しい教育伝統の形成

中国工農革命戦争の時代、革命根拠地では教育を発展させ、とくに幹部教育に新たな経験を積んで新民主主義教育方針を提起した。ソビエト文化教育の総方針は「共産主義の精神をもって労苦にあえぐ広範な民衆を教育し、文化教育を革命戦争と階級闘争に奉仕させ、教育と労働を結びつけ、広範な中

国の民衆をみな文明の幸福を享受する人間とする」[2]ことにあった。解放戦争の勝利は封建主義と帝国主義の統治を徹底的に転覆し、封建主義教育伝統はその政治的基礎を失った。解放後、『中国人民政治協商会議共同綱領』第41条は「封建的買弁的ファシスト的思想を粛清すること」を提起し、民族的科学的大衆的新民主主義教育を打ち立てた。解放初期の教育改革を通じて、封建主義教育思想はひとつの体系としては徹底的に崩壊した。しかし、思想体系が崩壊したといってもそれと旧思想が根絶されたこととは同じではないことを我々は認めないわけにはいかない。封建主義教育の残滓が存続することはありえるし、今に至っても一部の人間の頭の中で息づいている。

　中華人民共和国建国以後、中国の教育はいく度もの改革を経験した。とくに1978年の改革開放以来、中国教育の改革と発展は新たな段階に入り、中国的特色をもつ教育伝統を形成しつつある。

　以上の中国教育伝統の変遷と形成過程から、教育が時の政治、経済、文化の影響を受けない時代はないことが看て取れよう。とくに、文化の影響は深く、長きにわたるもので、容易には改まらない。このため、中国教育伝統を検討し、中国的特色をもつ新しい教育伝統を打ち立てるには、中国教育の文化的基礎を検討するとともに、中国文化の変遷とその教育に対する影響を検討し、西洋文化（教育を含む）が中国に入って以後の中国教育に与えた影響も検討しなければならない。同時に、教育の発展はそれ自体の法則があり、ある時期の教育伝統は歴史上の教育伝統を継承、改造しながら、また外来の教育伝統を吸収して形成されるものであることを認識すべきである。今日の中国教育の伝統についていえば、以下のいくつかの要素を包含している。(1)数千年来の中国伝統教育の影響（そのなかには優れた教育思想と封建主義教育思想の残滓が含まれる）、(2)五四運動以来の科学と民主の優れた教育思想、(3)旧解放区教育の経験と伝統、(4)建国以後学んだソ連の教育思想、制度および方法、(5)改革開放以後の西洋教育思想の影響。もちろんこれらの要素がなんの連携もなく独立しているわけではなく、逆に相互に絡み合い、影響し合っている。これらの要素には優れた教育思想もあれば、陳腐化した教育思想も入っている。中国の現代教育伝統のなかにこれらの要素が同じ割合で働いているわけ

ではなく、あるものは主に、あるものは従的に働いている。建国以来、我々はマルクス・レーニン主義、毛沢東思想、鄧小平理論および「三つの代表」理論[訳7]を導き手として、中国的特色をもつ現代教育体系と伝統を確立しようと努力実践してきた。しかし、新たな教育伝統はいまだなお形成途上にある。有体に言えば、我々の教育伝統のなかにはなお少なからず遅れた、古臭いものが残存しており、教育観を一層更新し、教育改革を深化させてこそ、新世紀に要求される中国的特色をもつ伝統教育を打ち立てることでできるのである。

第2節　中国教育伝統における基本的特質

　中国の教育伝統は数千年の歴史をもつが、基本的には大きく二つの段階に分けることができる。最初の段階は古代から中華人民共和国成立以前までであり、基本的に封建主義教育であった。太古の時代から春秋戦国時代まで原始社会と奴隷社会を経験しているが、この時代には中国教育伝統はまだ形成されていない。またアヘン戦争から全国解放まで半封建半植民地社会を経験し、封建教育制度はすでに崩壊しているが、教育思想からいえば、中国教育伝統は全体としてなお封建主義的である。あるいは半封建半植民地主義的ということもできるが、やはりその主導的地位にあるのは封建主義的な伝統である。中華人民共和国が成立して以後初めて、中国教育伝統の性格が根本的に改変され、大衆的科学的民族的社会主義教育の教育伝統へと移ったのである。しかし、この二つの段階は截然と分けられるものではない。五四運動以後、大衆的科学的民族的教育思想が中国の大地に芽生え、革命根拠地においてある程度の実現をみた。全国解放以後、封建主義教育思想は徹底的に批判され、封建教育制度は再び存在することはなくなったが、一部の封建主義教育思想は人々の脳裏になお残存し、今に至っても力を持っている。また、二つの段階の教育伝統は全く関係をもたないわけではなく、後者の伝統は前者

訳7　2002年2月に江沢民総書記（当時）が提起した指導思想で、中国共産党は①先進的生産力の発展要求、②先進的文化の前進方向、③最も広範な人民の根本思想を代表するというもの。

の伝統の批判と継承のうえに発展してきたのである。中国文化伝統と同じように、縦方向に中国発展の歴史からみれば、中国教育伝統は二つの段階において質的変化をとげたが、また横方向に他国の教育との比較でみれば、中国教育伝統は中華民族の特質をもち、前後継承する関係をもっている。中国教育伝統は中国文化伝統の影響を受けるという明らかな特質をもっている。その特質をまとめれば、おおよそ以下のような事柄になる。

中国教育には政教合一の伝統がある

中国歴史上官学がよく発達したことは、歴史に明確な記載があり、西周時代に官学が設立され始めた。朝廷が直接設立して管轄した官学は中央官学とされ、西周の国学、漢代の太学や官邸学、鴻都門学、唐代の国子監、太学、四門学などがある。歴代の官府が行政区域ごと地方に設置した学校は地方官学とされた。官学の教官は学官と呼ばれ、朝廷の官吏であった。『礼記』に記載されている学官には大司楽、大楽正、小楽正があり、漢代には五経博士、博士酒祭などの設置が開始され、隋では祭酒、司業を国子監の正副監長とした。唐は隋の制度を受け継ぎ、宋では提挙学事司を、明では提督学校官、清では提督学政をそれぞれ設け、彼らはみな朝廷の俸禄を受けた。

北京国子監にある太学の扁額。

政教合一の最も明らかな特徴は教育と人材選抜との結合であり、具体的には科挙制度に表れている。科挙制度は一種の人材選抜制度であり、幾段階にも分かれた統一試験を通じてその成績により人材を選抜登用し、相応の官職を授ける。科挙試験の内容は時代ごとに異なったところもあるが、一貫して

辟雍：もとは西周天子が設けた大学であり、東漢以後歴代みな辟雍をもつ。しかし、多くは祭祀の場所であった。図は北京国子監内の辟雍である。

「四書」「五経」を主たる内容としていた。このため、教育はこれらの経典と注釈を熟読し、これをもって科挙試験に備え、官途に就くことが目的であった。

　政教合一の伝統は中国革命根拠地でも十分みられる。当時の教育は幹部教育を主としており、学校内の学生は学生でもあると同時に幹部でもあり、国家公務員のすべての待遇を受けていた。学校内の教員もまた各レベルの幹部であった。教育の目的と内容は当時の革命闘争に奉仕するものであった。解放以後に至っても、大学生は幹部の政治的待遇を享受していた。長年来、中国は教育を階級闘争ないし政治闘争のための道具とした。このことは政教合一の伝統と無関係ではない。

中国教育には倫理道徳を重んじる伝統がある

　中国文化は倫理型の文化であり、中国教育もまた倫理型教育で、人の道徳修養を重視する教育であるということができる。『説文解字』に「教、上の施すところ、下の効うところなり」（教とは上の者がほどこし、下の者がこれをならうことをいう）、「育、子を養いて善を為さしむなり」（育とは子を養って善をなすようにすることである）とある。『中庸』には「道を修むとはこれ教と謂う」とある。『礼記』「学記篇」（訳注＝以下「学記」と略す）には「教は、善を長じ、其の失を救うことなり」（教とは、善きところを伸ばし、善なきものを救いみちびくことである）とある。これらはすべて人の道徳修養の角度から教育を語ったものであり、長年にわたる封建統治階級の要求を反映している。孔子、孟子の学説はみな人と人、人と社会の関係を講じたものである。孔子は「仁」を核心とする学説を唱え、「仁」が純粋に道徳観と品格を示していた。孟子は孔子の思想を受け継ぎ、「父子に親あり、君臣に義あり、夫婦に別あり、長幼に序あり、朋友に信ある」（親子の間には親しみがあり、君臣の間には忠義があり、夫婦の間にはけじめがあり、長幼の間には順序があり、朋友の間には信義がある）ことを強調し、教育を受ける者に対しこの「五倫」を守るよう求めた。『礼記』「大学篇」には「古の天下に明徳を明らかにせんと欲する者は先ず其の国を治め、其の国を治めんと欲する者は先ず其の家を斉え、其の家を斉えんと欲する者は先ず其の身を修める」（古来優れた徳を天下に知らしめようとする者はまず国

を治めようとし、国を治めようとする者はまず家を整え治め、家を整えようとする者はまず其の身を修め正しくする)とある。これにより「修身、斉家、治国、平天下」は中国教育の最高の理想となった。

　この伝統は高いヒューマニズム精神をもつ。その封建的内核を削げば、強調するところは教育の社会化機能であり、若い世代に自己に正しく対し、他人に正しく対し、社会に正しく対する高貴な品格と社会、国家、民族に対する高度な責任感を養うことである。

　倫理を重んじるこの伝統は今日の人を育てることを重視する、いわゆる「教書育人」、すなわち人をつくる、中国人をつくることを第一にする教育へと発展してきている。すなわち、政治思想教育を学校教育の第一位に置き、学生生徒に愛国主義、集団主義、社会主義の思想教育を実施し、学生生徒が正しい世界観、人生観、価値観を打ち立てるよう助ける教育である。

中国教育には経典を重んじ、技術を軽んじる伝統がある

　この特質は倫理を重んじることと関係する。中国の教育は一貫して政権を維持する能力を教えてきており、生産技能を教えることが少なかった。孔子は「六芸」、すなわち礼、楽、射、御、書、数を教授し、「道徳教育、文化知識および技能技巧の養成」という三つの部分をほぼ網羅したが、この三つの面を等しく扱ったわけではない。道徳と道徳教育を第一に置き、三者の重心とした[3]。射、御は軍事教育の内容であり、生産技能ではない。以後、歴代の学校教育はすべて科挙の要求に従って儒家経典を内容とし、生産労働の技能を伝授することはなかった。中国古代には世界に著名な「四大発明」があり、技術上幾多の創造はあったが、それらはすべて民間の原始形態の教育によって伝播したもので、父から子、師から徒弟という方式で伝えられたのであった。この方式は科学知識と生産技術の相続、蓄積および保存には適さず、天災人災にあえば容易に失われてしまう。中国多くの古代技芸が今日に相続されなかったことは、中国教育伝統と関係しているといわざるをえない。出土した文物のなかに、中国古代に高い冶金技術、製陶技術があったことをみることができるが、それらが伝わることはなかった。このような結果を招いた

原因は、一つには統治階級がこれらの技術を独占して生産品のみを朝廷の用に供出させ、民間に伝わることを許さなかったことにある。例えば、解放後江西省で出土した官制窯で多くの製品が砕き壊されて埋められていたが、これは朝廷の独占品が民間に流れ、製陶技術が伝わることを許さなかったためである。また、学校教育ではこれらの技術を伝授せず、蔑視しており、知識人もこの技術を顧みなかったことがあり、このため典籍文献への記載や整理がなされず、伝わるのを困難にした。技術を修得した工匠が世を去れば、その技術はそのまま終結し、後世に伝わることはなかった。

中国教育のこの伝統は中国人が経典を重視し、技術を軽視する思想を形成し、この思想が中国科学技術の発展に直接に影響した。今日にいたってなお中国職業技術教育の発展に影響を与えている。

中国教育伝統は基本知識の伝授を重視し、方法はスコラ主義的である

中国教育は一貫して識字から開始してきた。古代の児童はまず字と書を学んだ。秦漢時代は『史籀編(しちゅうへん)』『倉頡編(そうきつへん)』を学び、宋代以後は『百家姓』『千字文』『三字経』を学び、しかるのちに『論語』『孟子』『中庸』『大学』の四書および五経、さらにその注釈書を熟読した。方法は教師が書に書いてある通りを読み上げ、意味をとることはしないというもので、学生はひたすら暗記し、解釈を求めない。漢代の儒家が学問を講義するにあたっては、ただ経典の考証と経文の解釈を講じるのみで、しばしば「ひとたび経説すれば百余万言に至り」、煩瑣に流れた。「師法」「家法」[4]の砦が厳重で侵しがたく、経典を講ずるには厳格にこの法を守らなければならず、守らなければ家門を追い出された。このために教学には独立思考が不可能であり、創造に欠けていた。唐宋時代に改革が試みられたが、すべて失敗に帰した。とくに明清時代発生

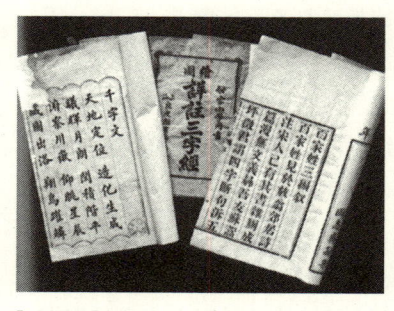

『百家姓』『千字文』は中国古代、子どもに対し啓蒙教育を施す際に使われた主要教材で、北宋時代に成立、蒙学課本、小兒書ともいわれる。その他同類の書に『三字経』『千家詩』『文字蒙求』などがあり、内容が理解しやすく、すらすらと読め、子どもが暗記しやすい。

した数回の「文字の獄」により、知識界は無情なる弾圧を受け、思想は束縛され、学界に言葉なく、学校教育に深刻な影響を与えた。明清の科挙では八股文が採用され、出題の題材は一律に「四書」「五経」のなかの原文から採られ、内容注釈は程朱理学訳8派の注釈を範とし、文章構造や体裁は硬直的な格式を採り、学生が頭脳を働かせることを縛った。顧炎武訳9はかつて「八股文の害、焚書に等しく、人材を敗壊するは、咸陽の郊より甚だし」(八股文の害に秦末の焚書に等しいが、その人材を損なう点においては咸陽の郊外に(儒者を穴埋めにした)坑儒よりも甚大である)と痛烈に批判した。

　中国の教育は一貫して暗記することを重視してきた。「唐詩数百首を熟読しても、詩吟はできず、ただうなるだけだ」と俗にいわれる。このような方法は基本知識を固めるのに都合がよいが、学生が一人で思考する能力と創造精神を養うのに向いていない。全国解放後、中国の教育はソ連に倣って系統的な知識の学習を強調し、詳しく講釈し、多く訓練する方法を採った。この経験と中国古代の教育の伝統とは互いに即応するものであり、このことが基本知識の伝授、基本技能の訓練を重視する今日の伝統を形成するとともに、一方で創造精神と実践能力の養成を軽視することになった。

中国教育には尊師重教、師道尊厳の伝統がある

　中国は一貫して教育を重視してきた。これには二つの理由がある。一つには、歴代統治階級がおしなべて徳をもって国を治め、臣民を教化することを標榜してきたことがある。漢王朝以後、歴代王朝は武力を持って天下を平定したが、天下を治めるに当たってはみな文教をもってした。例えば、宋の趙匡胤訳10は武力をもって政権を取得してのち、「文教を興し、武事を抑える」政策をとり、豪族たちを抑えて皇帝権力を強化した。清朝も全国統一後、一方では反清復明思想をもつ知識人を鎮圧しながら、一方では武力をやめて文徳を修め、漢文化を広め、程朱理学を尊んだ。これらはすべて教育を重視す

訳8　北宋の程顥・程頤、南宋の朱熹によって立てられた性理学。
訳9　清代の学者。考証学の祖といわれる。
訳10　宋の太祖。初代皇帝。

この写真は師道尊厳の様子をよく表している。中央に師が座し、その両脇に弟子が並ぶ。中心となる者が突出し、序列は厳格である。尊師重教、つまり師を尊び、教育を重んじる中国古代の社会的雰囲気と精神の追求がよく示されている。

ることにつながった。また一方では、科挙制度は門閥によらず人材登用する制度であり、平民すべての者が試験に参加できた。合格者は多くはなかったが、人々に希望を与え、努力して勉学に励めば苦境を脱することができ、「学んで優なれば、すなわち仕う」「読書作官」の思想が民間に伝え広がった。中国では王侯貴族であれ、一般庶民であれ、条件さえ許せばみな自分の子どもに勉学をさせることを願った。

　教育を重視すれば、教師を尊敬することになる。中国には「一日師たれば、終身父たる」(一日でも師であれば、終生父のように敬う) 伝統があり、教師を父母と同等の地位に置いている。同時に漢代以後、儒学のみを尊び、孔子を封建統治を維持する至高無上の地位に押し上げた。孔子が一生主として従事した職業は教師であり、このため教師もまた孔子の威光を浴び、「天地君親師」[訳11]の最後の一員に列せられた。中国歴代の経典および思想家の著作はみな師道尊厳を教化の主たる内容としている。例えば、「学記」には「師厳しくして、しかるのち道尊し」(教師が厳格であれば、その教える道も尊厳をもつ) とあり、「師」は「道」を伝える者であれば、師を尊んでこそ、伝道の目的が達せられる。韓愈の『師説』では教師の任務を「伝道、受業、解惑」(道を伝え、業を授け、惑を解く) とし、これも師道尊厳を強調している。この伝統はそのまま一貫して今日まで伝えられ、中国人の教育価値観につながっているといわなければならない。

　中国の教育の伝統は、その内容からいえば、さらに多くの特質をもつとい

訳11　尊ぶべき五者を総称していった言葉。

えるだろうが、ここでは広い角度からみた概略を述べておくにとどめる。この特質は全面肯定も全面否定もできず、中国教育の現代化への影響には積極的な面ももっているし、消極的な面ももっていて、さうに分析が必要であろう。この点について次章で具体的に述べることにしよう。

原注
1 『漢書』「董仲舒伝」中華書局、1985年。
2 『毛沢東同志論教育工作』人民教育出版社、1958年、15頁。
3 毛礼鋭・沈灌群編『中国教育通史』第1巻、山東教育出版社, 1985年、226頁。
4 「師法」とは、経典を伝える際漢の初め博士となった経師の経説を基準とすることをいい、「家法」とはその後の大師の弟子たちが経典を伝えるとき発展させた一家の言を指す。

第5章　中国伝統文化の中国教育に対する影響

第1節　中国伝統文化が中国伝統教育を鋳造した

　中国伝統教育は中国伝統文化と相対応する概念であり、中国伝統文化と相伴って生まれた中国近代教育以前の教育を指す。教育に文化を構成する一部分であり、中国伝統教育もまた中国伝統文化の構成部分であるが、同時に中国伝統文化の大きな溶鉱炉の中で鋳造されたものでもある。中国伝統文化は儒家文化をもって核心となし、中国伝統教育はさらに儒家文化を主体とし、教育価値観から教育の内容および方法にいたるまで儒家の精神が浸透していないものはない。中国伝統教育はすなわち儒家文化を伝承した教育である、ということもできよう。本節では中国伝統文化の中国伝統教育に対する影響をいくつかの面から説明してみたい。

教育を重視し、教育を立国立民の本とする教育価値観

　中国は一貫して教育を重視し、教育を民族生存、国家安定の命脈と見なしてきた。このため中国は早くから教育を国家事業に組み入れ、国家建設に当たってはまず教育を第一に考えてきた。伝説上の黄帝、堯、舜時代は十分に教育を重視し、舜の時代から教育の専門機関が出現し始めた。『尚書』「舜典」には「夔、汝に典楽を命じ、冑子に教う」(舜の臣である夔は、汝氏に典楽を司る官を命じ、その長子に教えた)と記されている。当時すでに専門の公職があり、貴族の子弟に教えを施していた。『史記』「五帝本紀」にも類似の記載があり、一般の人々に対する教育についても「契、百姓親しまず、五品馴らわず、汝司徒となし、而して五教敬い敷きて、寛に在り」(舜の臣である契は、一般の人々が親しまず、家庭内でも父・母・兄・弟・子の五つの秩序が乱れていたが、汝氏が司徒

になし、人として行うべき道である五教を謹んで広めたところ、親しまれるようになった）と語っている。五教とは、父の義、母の慈愛、兄の愛、弟の恭順、子の孝心をいい、血縁家族の倫理であって、この血縁家族の倫理道徳をもって一般の人々を教育することを要求したのである。この時代はまだ君臣の関係をいうまでには至っておらず、君主制度をもつに至らなかったゆえに原始共同体社会とされている。以後、生産力の発展と社会変革の進展に従って、教育がますます重視されるようになっていく。古典の記述によれば、虞、夏、商、周にはみな学校があった。西周時代すでに奴隷制社会の完成期に達し、学校教育も階級分化を開始した。当時の学校は国学と郷学の2種類に分かれ、国学は統治階級の上層貴族子弟のために設けられた。郷学は地方の学校で、庶民のために設けられた[1]。『礼記』「学記篇」（訳注：以下「学記」と略す）に「古の教えは、家に塾あり、党に庠あり、術（遂）に序あり、国に学あり」（古代の教育は、家では塾、村では庠、都城では序、国では学でそれぞれ行われた）とある。西周時代にはすでに完成された教育体系があったことがみてとれる。

　春秋戦国時代にいたって孔子が初めて私学を開いた。各学派がみな館を建てて学徒をあつめ、学問をする一種の気風が社会に形成された。儒家文化はとくに教育による立国を重視した。「学記」の「開宗明義」に「国を建てるに君民、教学を先と為す」（国を建設するにあたって君民は教学を第一に考える）とある。教育を立国の第一の地位に置いたのであった。多くの儒学思想家はみな教育重視を唱え、教育を通じ統治者が聖明な主となり、臣民が「化民成俗」すなわち、教化を受け入れ、良民となることを願った。孔子の弟子である有子は「其の人と為り孝弟にして上を犯すを好むものは鮮(すくな)し、上を犯すを好まざりて乱を作すを好むものは未だあらざるなり」（その人と為りが父に孝、兄に弟、恭順であって目上の者に反抗することを好む者は少ない、目上の者に反抗することを好まずして乱を起こすのを好む者はこれまでいたためしがない）（『論語』「学而篇」）といったが、教育を受けた者は礼儀を知り、上を犯し乱を成すことがないということである。

　隋唐が科挙による人材登用を開始して後、庶民も勉学に没頭すれば科挙に合格して名を上げ、身分と社会的地位を変えることができた。科挙は一般の

人々の教育への積極性を大いに刺激した。いわゆる「学びて優なれば、すなわち仕う」「書中自ずから黄金屋あり、書中女顔あり玉のごとし」という言葉が人々の間で口々に伝わり、その思いが広まった。このことによって、中国人には教育をよく重視する伝統があるといえよう。王侯貴族であれ、平民庶民であれ、能力さえあれば、衣食を切り詰めてでも子女を学校に上げようとした。中国古代の官学、私学の発達は他の文明国家には多くみられない。

中国古代はなぜこのように教育を重視したのか。人々が教育を立国立民の根本であると考えたからである。『大学』に「明徳を天下に明らかにせんと欲する者は、まず其の国を治めよ。其の国を治めんと欲する者は、まず其の家を斉(ととの)えよ。其の家を斉えんと欲する者は、まず其の身を修めよ。其の身を修めんと欲する者は、まず其の心を正しからんとせよ。其の心を正しからんと欲する者は、まず其の意を誠にせよ。其の意を誠にせんと欲する者は、まず其の知を致せ。知を致すは格物にあり、格物にして然るのち知に致り、知に致りて然るのち意誠なり、意誠なりてのち心正しく、心正しかりてのち身修まり、身修まりてのち家斉い、家斉いてのち国治まり、国治まりてのち天下平らかなり。天子よりもって庶民に至るは、いつに修身を本とす」とある。教育とは格物致知[訳1]にして、身を修め心を養い、治国平天下の目的に達することにある。個人の学習を国家興亡の命運と結びつけることは、中国教育の伝統である。当時は統治者についていったものであったが、歴代の知識人はみなそれを教育の最終目的とした。

このような教育価値観は今日まで影響を与えている。読書救国、教育興国はつねに中国人が追い求める目標であった。およそ中国人であればみな子女の教育を重視し、その子女ができるだけ長い間学校に通い、できるだけ多くの教育を受けることを願ってきた。国内の進学競争が激烈なことも、広範な人々が教育に関心を寄せていることもこのことを十分説明している。海外に居住する多くの華人も、一世はほとんどの人が学歴をもたないが、財力を蓄えるとまず行うことは学校への資金援助であり、その土地では中華学校を開

訳1 格物とは事物の理を極めること（朱子説）をいい、致知は知を深めることをいう。

設し、祖国に対しては学校運営のための資金提供をする。

このような教育価値観のなかには消極的な面も潜んでおり、教育を個人の地位向上のための手段とすることがないわけではない。今日の社会ではこうした考えもあまり非難することはできない。しかし、この価値観から派生する「学びて優なれば、すなわち仕う」「読書做官」(学問をして官途に就く)といった観念は学生に労働を卑しめ、虚栄を求めさせ、学生の心身の健康に深刻な影響を与えてきた。また、この教育観は現代社会の人間観を大きくゆがめ、現代社会の多様な人材養成と資質教育の推進を妨げている。

倫理道徳を核心とする教育価値観

中国古代の教育はその開始のときから社会、国家と結びついていた。教育の目的は「修身、斉家、治国、平天下」であった。宗法制度を基礎とする社会では、とくに人倫道徳を重視した。五帝の時代は「五常」教育を重視した。儒家文化はまさしくこの要求に合致し、儒家は「政に従うに徳をもってす」る政治主張から出発した。とくに道徳と道徳教育の治国、民生安定における役割を重視した。このため、儒家教育は個人、家庭、家族と国家とを結びつける紐帯となった。漢の武帝時代に董仲舒が建議した「儒学独尊」政策は偶然ではない。封建統治の必要に符合したものであった。このため、董仲舒は原始儒学の思想を改造し、「三綱五常」を新儒学の核心とした。これより以後、封建時代全体を通じて教育は倫理道徳を核心とする価値傾向を呈示することになった。宋明の理学は道徳教育と自己修養をさらに強調した。倫理を重んじ功利を軽んずる、人文を重んじ自然を軽んじる教育価値観は中国古代教育の伝統を構成している。墨家、農家などの学派が民を豊かにし財を生む、人を教育して耕作させることを主張したが、漢の武帝の「罷黜百家」(百家を退ける)政策以後、墨農諸家の主張は教育の面では何の影響ももたなくなった。清代初期の実学派が「経世致用」(世の中を治めるには実用を重んじる)を主張し、経学を中心とすること以外に、小学[訳2]、史学、天文学、水利、金石などに

訳2　文字の形・音・意味を研究する学問。

も研究を伸ばすことを図ったが、朝廷および社会一般の同意と重視を得ることはできなかった。このためアヘン戦争の前まで、中国古代教育は全体からいえば、もっぱら学生を教育して人間的な成長を図るだけで、実用に当たらせようとはしなかった。学生を教えて善に従わせるだけで、真理を探究させようとはしなかった。いわゆる「善」の徳行は封建倫理の基準であった。倫理道徳教育が教育のすべてであるという意味をもつ状態にまで達していたのである。貴族子弟が学校に通うのは統治集団が規定する「礼」を学習するためであり、それによって上層階級に身を置き、封建朝廷に仕え、国家を治め、家門を上げ、祖先を輝かせるためであった。

　このような教育価値観は積極的な面も消極的な面も合わせもっている。その積極的な影響は、中国人が一貫して教育を重視してきたこと、中国教育が一貫して道徳教育を重視してきたこと、学習することはまず人間として成長することであるとして自らの道徳修養を重視してきたこと、そして気高い道徳情操を養ってきたことにあらわれている。倫理道徳を重んじる傾向は中華民族の国民性、心理性格、風俗習慣等にも影響している。中国人は一貫して義を重んじて利を軽んじ、集団を重んじて個人を軽んじてきた。「寛にしてもって人に待し、厳にしてもって己を律す」（寛い心を持って人に相対し、厳しい態度をもって己を律する）、「独り其の身を善くし、身を潔めて自ら好しとす」（もっぱら自身の善を磨き、身を潔くしてみずからこれをよしとする）、「国家興亡、匹夫責めあり」（国の興亡には、とるに足らぬ人間にもその責任がある）などの格言は、中国人日常の座右の銘となっている。その消極的影響は明らかである。まず、人を家族の倫理関係の中に束縛し、思想が一つにきつく縛られた。いわゆる「礼にあらざれば思うことなかれ、礼にあらざれば聞くことなかれ、礼にあらざれば見ることなかれ、礼にあらざれば動くこことなかれ」（礼にかなわなければ考え、聞き、見、動くことは許されない）という言葉は、個性人格のない人間を育てた。ある学者は、中国数千年の教育は「話を聞く」のみであり、それには理由がなかったわけではない、といっている。その結果は、育てた人間は思わず、話さず、動かず、開拓精神に欠けているというもので、中国近代社会の進歩を大きく阻害した。次に、科学技術知識の学習を

重視せず、我が国近代科学の発展に影響した。中国科学史を研究しているイギリス人ニーダム訳3 はかつてこのような疑問を呈したことがある。「中国の科学技術水準と経済水準が歴史上その他の文明を遙かにリードしながら、なぜ近代科学が中国で生まれなかったのか、またなぜ中国近代化が大幅に遅れてしまったのか」。この問題への答えは複雑である。政治制度に原因があるであろうし、経済制度にも原因があるであろう。しかし、中国伝統教育の価値観、すなわち倫理を重んじ、科学技術知識を重視しない教育観がこれに錯綜して絡み合っていることはいえるであろう。

「聖人君子」を教育の目標とする

聖人、賢人は中国古代で尊敬された最高の理想的人格である。孔子は堯、舜、禹を理想の聖人とし、「聖王」と呼んだ。王は外在する表象であり、聖は内在する修養された品格であって、うちに聖なるをもって初めて賢明なる君主となるのである。このため儒家は「内聖外王」たる君子を育てることを最高の目標とした。孟子（孟軻）は「人みなもって堯舜たるべし」（人はみな堯舜のようにならなければならない）といっている（『孟子』「告子章句下」）。また、教育によってのみ身を修め心を養い、人々が聖人の境地に達することができると述べている。聖人とは何か。儒家には多くの解釈がある。荀子（荀況）は「聖と

孟軻（約紀元前372〜289年）戦国時代の思想家、教育家。孟軻は「性善説」を初めて唱え、内心の道徳修養を強調し、また後天的環境の人への影響も否認しなかった。教育の面では、孟軻は「深造自得」（奥義を究めてよく会得する）、「専心有恒」（一つに専心して変わらない）、「循序漸進」（順立ててゆっくり進む）、「因材施教」（能力特性に合わせて教育する）、「重思有疑」（重ねて考えれば疑念がわく）などを主張し、後世に大きな影響を残した。

訳3 ジョセフ・ニーダム（Joseph Terence Montegomery Needham, 1900〜1995年）は英国ケンブリッジ大学で医学を修めた生化学者であり、同時に中国科学史研究の権威でもある。王立協会およびブリティッシュ・アカデミーのフェローに選ばれ、1930年代後半関心を抱き、4年間の中国滞在を通じて完成させたライフワークの『中国の科学と文明』は中国科学史の詳細な実証研究により西洋世界に非ヨーロッパ文明の見方を一変させる衝撃を与えた。

は倫を尽くすなり」(聖とは人の道を究めていくことだ)という(『荀子』「解蔽篇」)。また「故に聖人は人の積みて致すところなり」(このように聖人は善を積んで人に及ぼすところの人である)という(『荀子』「性悪篇」)。董仲舒は「天令之れを命と謂う、命は聖人行わざるにあらず」(天が令することを命といい、命は聖人が必ず行うものである)といっている(『挙賢良対策』三)。『白虎通』「聖人篇」にはまた聖人を神化して「聖人とは何ぞ。聖は通なり、道なり、声なり。道は通ぜざるところなく、明にして照らさざるところなく、声を聞いて情を知り、天地と徳を合わせ、日月明を合わせ、四時序を合わせ、鬼神凶吉を合わす」(聖人とはどのような人か。聖は通であり、道であり、声である。道は通じていないところはなく、明るく照らさないところはなく、声を聞いて事情を理解し、天地の徳を合わせもち、日月の明かりを合わせもち、四時の秩序を合わせもち、鬼神の吉凶を合わせもつ)といっている。宋明の理学に至っては、ひとしく「天理を究め、人欲を滅した」ことを旨として、聖人と成ることを最高の道徳的境地であり、人生の理想であるとした[2]。やや通俗的にいえば、聖人とは見識が高明で、徳才兼備の君子の中でももっとも徳行があり、威信声望がある人をいう。

　君子は、西周、春秋時代の貴族の通称であった。『国語』「魯語上」に「君子は治に務め、小人は力に務む」とある。統治する貴族が君子であり、肉体労働に従事する奴隷が小人である。春秋末期、「君子」と「小人」はしだいに「有徳者」「無徳者」という言い方に変わっていった。孔子は「君子は義に喩り、小人は利に喩る」(君子は義に敏感であり、小人は利に敏感である)といい(『論語』「里仁篇」)、また「君子は義もって質と為し、礼もって之を行い、孫もって之を出し、信もって之を成す、君子なるかな」という(『論語』「衛霊公篇」)。意味するところは、君子は事をなすに当たって適切であることを原則とし、礼節をもって実行し、謙虚な言葉でこれをいい、誠実な態度でこれを完成させる、これでこそ真の君子というわけである。「君子」という言葉は『論語』に最も頻繁に出てくる言葉であり、多く107回を数える。『論語』第一章第一節に「人知らずして慍らず、亦君子ならずや」とある(「学而篇」)。人があなたを理解していなくても、あなたは怨んだりしない、このような人こそ君子というのではないか。どのような人が君子なのかについて、孔子には数多くの

解釈があり、語る相手によって異なっている。因材施教（能力や特性に合わせて教育を施す）だからである。子貢が孔子にどうすれば君子になれるかを問うた。孔子は答えた、「君子は周して比せず、小人は比して周せず」、と（「為政篇」）。君子は団結を重んじるが仲間と結託することはない、小人は仲間と結託するが、団結しない。司馬牛は孔子にどうしたら君子になれるかと問うた。孔子は答えた、「君子は憂えず惧れず」、と（「顔淵篇」）。君子は心配もしないし、恐れもしない。孔子はまた「君子は人の美を成し、人の悪を成さず。小人はこれに反す」（君子は人の美しいところを備え、人の悪しきところをもたない。小人はこれと反対である）という。孔子の目には、君子はその主張する「仁」の境地に到達していなければならないというのがある。「仁」についての解釈も『論語』には多く語られ、104回出てくる。孔子は「仁」と「礼」を関連させ、「己に克ちて礼に復す」（自分の欲を克服して礼に復帰する）ことを「仁」としている。「仁」は「礼」に仕えるものであり、周礼を回復できる人こそ最も仁徳を有する人なのである。我々はここで孔子の「仁」の思想をもっぱら語るわけにはいかない。簡単にいえば、君子とは礼義誠信を重んじる人であり、最高の道徳的修養をつんだ徳才兼備の人である。

　孟子は孔子の思想を発展させ、君子の養成を人性の角度からの認識まで高めた。孟子は「人性の本は善」であると主張し、「惻隠の心、人みな之有り。羞悪の心、人みな之有り。恭敬の心、人みな之有り。是非の心、人みな之有り」といった（『孟子』「公孫丑上」）。人はみな四つの端をもっている。「惻隠の心」とは仁の端である。「羞悪の心」とは義の端である。「辞譲の心」（原文ママ）とは礼の端である。「是非の心」とは智の端である。人の四端とは教育を通じて「仁、義、礼、智」の四徳になる[3]。したがって「人みなもって堯舜となること可なり」である（『孟子』「告子章句下」）。孟子はまた人を教育して人間として成長させ、高尚な人格をもつ君子となることを目指した。孟子は仁義を重んじれば聖王となり、そうして初めて天下を得ると考えた。これは君子と聖王とを結びつけた考え方である。ここに「内聖外王」といった言い方も生まれる。

　荀子もまた孔子の思想を継承した一人であり、同様に君子の養成を説い

た。しかし、孟子と違い、「性悪」説を提起し、「今人の性、生まれて利を好むあり、是に順う、ゆえに争奪生まれて辞譲亡ぶ。生まれて疾悪あり、是に順う、故に残酷生まれて忠信亡ぶ。生まれて耳目の欲あり、声色を好むあり、是に順う、ゆえに淫乱生まれて礼義文理亡ぶ」(人の性は、生まれながらに利を好む心があり、そのままだと奪い合いが生じて譲り合いがなくなる。生まれながらに憎む心があり、そのままだと残酷な状況が生じて忠信がなくなる。生まれながらに色欲物欲があり、そのままだと淫乱が生じて礼義秩序がなくなる)といった(『荀子』「性悪篇」)。荀子はこのように人は「悪」の行いがあるが、教育を通じて矯正ができると考えた。いわゆる「化性起偽」(人の性を変えて善を作り上げる)である。荀子は教育に大きな役割を付与した。また「我賤にして貴、愚にして智、貧にして富ならんと欲す、可なりや。曰く、それ唯学べよ。彼学んでこれを行う、士と曰うなり。敦慕するは君子なり。これを知るは聖人なり。上に聖人となし、下に士、君子となす。孰か我を禁ずるか」といっている(『荀子』「儒效篇」)。教育によって人は卑賤から高貴に変わり、愚鈍から聡明に変わり、貧困から富貴に変わることができる。士から君子に、そして聖人になれる。士、君子、聖人は封建社会統治階級の三つの階級であり、彼らが追い求めた理想の教育目標であった。

荀況(紀元前約313～238年)は戦国末期の思想家、教育家。「性悪説」を唱え、『荀子』を著した。荀況は教育の役割と目的、道徳教育、教学内容と方法の諸方面すべてにおいて論述がある。教育の役割は「化性して偽を起つ」(人の性を変えて善を作り上げる)こととした。道徳修養については「参験反省」(あれこれと反省する)、「択善而従」(善を選んで行う)、「積善成徳」(善を積んで徳を成す)などの主張をした。教学方法については、「強学力行」(学問に努めてこれを実行する)、「虚壱而静」(心をむなしく一つにして動かない)、「学思兼顧」(学んで考えることをともに心がける)、「積漸全尽」(少しずつの進歩を積み上げてこれをすべて尽くし出す)「専一有恒」(学問をもっぱらにし変わらない)などの思想を強調し、後世の教育に積極的な影響を与えた。

中国古代の教育は士大夫、君子、聖人を最高の養成目標としたが、実際には統治階級の人材を養成した。「徳才兼備」ともいうが、重視したのは人の「徳行」であり、「才」はただ統治の才であった。この教育目標は完全に封建統治階級に仕えるものであった。それは封建社会が必要とした「徳行」を強調し、

人のもって人たる「人性」を喪失し、人と同じからざる個性をなくしたことは、一種の奴隷根性を養成した教育でもあった。このため魯迅は中国の封建伝統教育を「人を食う」という言葉で総括したのであった。

しかしながら、儒家がこのように理想の人格を養成目標とした教育伝統は、道徳修養が社会の構成員それぞれが自覚的に選択し実践するべきものであることを強調し、人の道徳面での完成を求めた。教育伝統は中国の歴史上でも少なからぬ憂国の人材を養成し、同時にまた中国人の民族性と民族精神にも影響を与えた。今日我々が歴史唯物主義の方法をもってこれを改造し、封建教育の内容と奴隷根性の養成を削り取れば、それはなお一定の意義をもつ。「教人做人」(人を教育して人間として成長させる)、「徳才兼備」は理想の完成された人格を追究しており、いまなお我々が継承発展すべきものである。

「四書五経」を教育の主たる内容とする

中国古代の教育内容は豊富である。西周の国学には礼、楽、射、御、書、数の6科目があり、「六芸」と称した。「礼」は政治倫理科で、奴隷制社会の道徳規範および礼節を含む。「楽」は芸術科の総称で、音楽、詩歌、舞踏を含む。「射」は弓術であり、「御」は戦場での馬の御し方でいずれも軍事訓練科である。「書」「数」は文化基礎科である。「書」「数」は小芸となし、初等教育段階の学習内容であった。「礼」「楽」「射」「御」は大芸となし、高等教育段階の学習内容で、なかでも「礼」が核心であった。『大戴礼記』「保傅篇」には「古は八歳にして外舎に就き、小芸を学び、小節を履む。束髪して大芸に就き、大節を履む」(古代には8歳になれば外舎(王の子の出でて学ぶところ)で初等の学問をし、初歩の節義を身につける。15歳になれば高等な内容を学び、進んだ節義を身につける)とある。当時の教育内容が文武を兼ね備え、階級が明確に分かれており、中国奴隷社会全盛期の教育水準を代表している。

しかし、おおよそ前漢の時代から教育内容がもっぱら経書を研究した「経学」を主にするようになった。前漢武帝時代の董仲舒による「儒家独尊」政策と関連しているだろう。「儒家独尊」の文教政策は「諸子百家を退け」(例えば墨家は生産知識の教育を重視した)て、百家争鳴の時代を終息させただけでな

く、教育の政治倫理化を促進し、教育内容にも当然ながら封建礼法と統治術を重んじる経学を要求するようになった。毛礼鋭、沈灌群両氏の編になる『中国教育通史』によれば、「漢の武帝が『諸子百家を退け、儒家のみを尊ぶ』ようになって以後、統治者は経学をもって治世し、学校での人材育成や朝廷の官吏登用にもすべて経学を重要な基準と基本内容として採用した」[4]という。とくに科挙制度が生まれて以後、試験内容は経学を主とし、明代では「四書」から出されるようになり、朱熹の『四書章句集注』がその基準となった。試験内容はつねに教育内容を左右する指揮棒であり、中国古代の教育内容が単一化されたことも容易に理解できる。

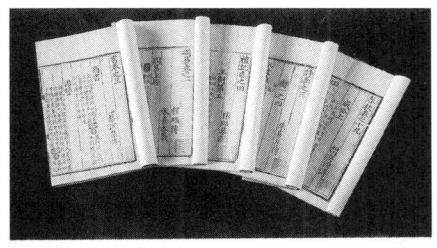

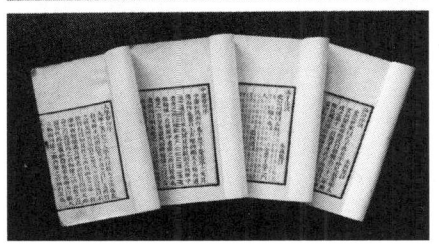

四書とは『大学』、『中庸』、『論語』、『孟子』で、写真は中国古代の教科書である。五経とは『詩経』、『書経』、『易経』、『礼記』、『春秋』で、写真は中国古代の教科書である。

　中国古代に代々使用された教科書は非常に多いが、内容は倫理道徳教育を主としたものであった。我々が『教育大辞典』を編纂したとき、教材262篇（冊）、教育的読み物252篇（冊）を収集したが、内容を分類すると以下のようであった。一つの種類は児童向けの啓蒙教科書や読み物で、細分類すると、1) 識字を主とし、歴史、自然、生活、生産などの常識を兼ね備えたもので、よく知られている『千字文』、『百家姓』、『三字経』など、2) 訓育を主とし、子女に人倫礼節を教えるもので、『弟子規』、『女児経』などに分けられる。もう一種類は功名を求める青年向けの「四書五経」および各種注釈である。自然科学の教科書はきわめて少なく、わずかに『算経十書』、『九章算術』、『神農本草経』、『本草綱目』など10数冊とさびしいかぎりであった。読本の中には正式に作成された教科書ではないものもあった。科挙に一度は算科を設けたことがあったが、期間は長くなく、合格定員も少なく、主に暦算に従事する人材を選抜した。

中国古代教育が自然科学と応用技術の教育を軽視したことが、我が国近代科学の発展にどれだけ深刻な打撃を与えたかは計り知れない。この教育がもたらした結果は近代科学の中国における発展を阻害しただけでなく、学生を実際から切り離し、虚栄を尊び、科学を語らず、いたずらに尊大になる心理傾向や雄弁を好み、実証を嫌う思考方式を育んだ。このことは社会全体の進歩と発展を大きく阻害したのであった。

スコラ主義の教授方法

　中国古代の教授方法もまた実に多様である。『論語』のなかには、孔子が学問を講じた際に啓発式、討論式の方法を採用したことがみてとれる。孔子は「憤ぜずんば啓せず、悱せずんば発せず。一隅を挙げて三隅をもって反らざれば、すなわち復せざるなり」（弟子が疑問でふくれあがらなければ教えず、弟子が自分でどうにもできなくなる状態にならなければ導かない。一つの隅をあげて説明しても他の三つの隅を理解せず反応しなければ、成熟していないのだから、また同じ説明をせず、相手の成熟を待つ）といっている（『論語』「述而篇」）。また「学記」では啓発を重視し、「君子の教えは喩なり」とある。「喩」は「言い聞かせて悟らせる（暁喩）」、つまり啓発誘導することである。また「道いて棄てず、強いて抑えず、開きて達さず」といい、教師はよく誘導、啓発しながら抑制せず、また既成の結論を押しつけたりしない。また教師にも学生の実際状況を理解するよう要求し、「学ぶ者に四失あり、教える者は必ずこれを知るべし。人の学ぶや、あるいは失は則ち多なり、あるいは失は則ち寡なり、あるいは失は則ち易なり、あるいは失は則ち止なり。この四は心の同じなるなきなり。その心を知れば、然るのちその失をよく救うなり」と語った。すなわち、教師は学生が多く学習したがりながらその解釈を強く求めない、学習すること少なくて知識に欠ける、学習を容易に考えて刻苦勉励しない、自信に欠け困難を恐れて途中で止めてしまう、という四つの欠点を知らなければならない、というのである。古代の書院はまた学術討論を重視した。朱熹は白鹿洞を主宰し、『白鹿洞書院掲示』を制定した。その中で学習に際しては弟子たちが自ら学び、師と弟子の間に疑問や難問があれば問いただし、講義や詩文発表

のための会合など多様な形態と教育活動を組織することなどを示した。

　以上述べたことはみな高等教育と研究組織のことであり、教育と研究が一つに結びついていた。初等レベルの教育や科挙を目指す一般の教育では、経書古典や各種注釈をひたすら暗記する学習を行った。「八股文」の実施以後、学生はいかに八股文を作成するかを学び、その内容については解釈を求めなかった。魯迅はかつて短編小説『五猖会』のなかで子どもの時分父親に『鑑略』を読ませられた情景を描写している。魯迅は古い教育方法を痛烈に批判した。「当時『鑑略』を読んだ方が『千字文』や『百家姓』を読むよりずっと役に立ち、古代から現代までの概略を知ることができると、ある人が言っていたことを覚えている。古代から現代までの概略を知ることは当然いいことではあるが、私は一文字も理解できなかった。"粤自盤古"は"粤自盤古"であり、読み進んで暗記する。"粤自盤古"！"生於太荒"！（そもそも盤古氏、太古に生まれ）である。……」[5]。

　筆者もまたこのような経験をもつ。抗日戦争初期、私が小学校に入ったばかりの頃、日本軍が学校を破壊して通う学校がなくなり、1年間私塾に学んだ。読む本は『大学』で、今なお「大学の道は、明徳を明らかにすることに在り、民に親しむに在り、至善に止まるに在る」（大学の道は、優れた徳を明らかにし、民に親しみ、最高の善に止まって揺るがないことに在る）という語句を覚えているが、当時はまったく何の意味かわからなかった。初級中学の国語で『孟子』を読んだが、意味を理解せず、ただ丸暗記をしただけであった。中華民国の時期でもなおこのようなありさまであるから、それ以前は推して知るべしである。

　中国の伝統的教育方法には一つの特徴がある。それはただ知識の結果を流し込むことであり、知を求めた過程を解釈することはしない、またただそのあるままを知り、なぜそうなのかを知らずにしておくことでもある。「四書」、「五経」を熟読し、学者の注釈を暗記するだけである。文章を書くにも「我六経に注し、六経我に注す」（我に天地万物の理が備わっており、我が心が六経の注

訳4　出典は『宋史』「陸九淵伝」。六経は、五経に「楽」を加えたもの。

釈となり、また六経が我が心の注釈となる）^{訳4}に限定され、実際の問題を研究しない。陶行知先生はこのような教育を「何ももたらさない」（死んだ）教育と批判し、「先生は教えるだけで何ももたらさず、意味なく教育し、教育は死に絶える。学生が学んでも何も得られず、意味なく学び、学びは死に絶える」といった[6]。

このようなスコラ（経院）主義的な教育方法が中国の教育に与えた影響はきわめて深刻である。今日の教育もまたその影響から完全に脱却してはいない。もちろん暗記に関しては異なる主張もある。朱熹はかつてまず熟読をし、その後徐々に理解していくことを主張した。現在もなお幼少期に古典を暗唱することの利点を説く人もいる。楊振寧先生もまた少年時代読んだ『論語』、『孟子』から得るところがあったといったことがある。私にしても年少期は記憶力が強く、古典の詩文や中華の名言を暗唱したことにはいい面もあり、人としての教養と思想品格を高めることができたと思っている。しかしながら、この暗唱法は理解できている基礎のうえに行うべきもので、ひたすら暗記するだけを一つの学習方法として提唱してはならない。丸暗記のスコラ主義的教育方法は個性を抑圧し、奴隷根性を育てるだけで、創造精神と実践能力をもつ人材を育てることはできない。

第2節　科挙制度の中国教育に対する影響

中国の科挙制度は中国伝統文化の一大特色である。科挙は本来朝廷が官吏を登用する一種の試験制度であったが、それが教育と一体となって中国教育の伝統に深刻な影響をもたらした。

科挙制度の変遷

科挙は隋代に起源をもつ。隋の煬帝大業2（606）年に進士科が設けられ、これをもって科挙の開始となる。唐代にはさらに発展し、しだいに完成された試験制度を形成していった。『新唐書』「選挙志」には「唐制、取士の科、多く隋の旧を用う、しからばその大要に三あり。学館によりたるは生徒と曰

い、州県によりたるは郷貢と曰い、皆司より昇りてこれを進退す、……此れ歳挙の常選たり。其れ天子自ら召すは制挙と曰い、以て非常の才を待つところとなる」（唐制における官吏登用は隋の旧制度に倣った。その大要は三つの制度があった。学館から推挙された者は生徒といい、州や県から推挙された者は郷貢といい、みな司（官吏）が推挙してその採否を試験した。これが歳挙（毎年州県からの推挙）の一般的な方法であった。天子が自ら採用することを制挙といい、優秀な人材を登用することとなった）。試験方法は、毎年冬なか11月、中央および地方の官学が試験によって学業優秀な者を礼部に送り、省試に参加させるというものであった。すなわち『新唐書』の「選挙志」には「毎歳仲冬、州、県、館、監その成る者を挙げ、これを尚書省に送る」とある。試験の科目類（登用科目）は多かったが、通常は秀才、明経、進士、明法、明字、明算の6科の試験が行われた。

　宋代は唐の制度を継承したが、いくつか変化もあった。開始したころは科目が多くあったが、王安石の変法をへて明経など諸科が廃され、進士1科だけが残されて経義論策をもって官吏登用がなされるようになった。司馬光が政治を執った時、進士を経義と詩賦の2科に分けた。さらに試験に殿試を加えて、州試、省試、殿試の3段階とした。省試に合格すると進士と称した。殿試の優秀合格者を三つに分け、進士及第、進士出身および同進士出身を賜って直接官を授けた。明代に至って試験を「四書」（『大学』、『中庸』、『論語』、『孟子』）から出題するようになり、朱熹の『四書章句集注』の解釈を基準として試験を一層画一化した。明代以降は試験に「八股文」を採用するようになった。その特徴は、(1)題材に「四書」「五経」の原文を一律に採用した、(2)内容の解釈は必ず程朱理学派の注釈を基準とした、(3)文章の構造体裁に硬直的な格式、すなわち破題、承題、起講、入手、起股、中股、後股、束股の八つの部分か

隋の煬帝（569〜618年）は隋の第2代皇帝。亡国の君主でもあり、政を行うに当たっては残虐横暴、奢侈淫蕩を尽くし、最後は身を滅ぼす禍を招いた。功績の一つをあげるならば、606年、明経科進士科を置き、全国から優秀な人材を選抜した。このことが1300年以上続いた科挙制度の正式な形成を示す事柄となっている。

ら構成する「八股文」を採用した、というものであった。清の光緒31（1905）年に至って清朝政府によりようやく次年から科挙制度を廃止するとの上諭（皇帝の下文）が発表された。科挙制度は中国封建社会で1300年の長きにわたって実施された。その中国教育への影響は計り知れない。

　科挙制度は人材選抜制度であり、文官試験制度であって、我が国が始めた制度である。その出現は偶然ではない。当時の封建社会を一層強固にし発展させる時代の要請によって生まれたのである。多くの学者が指摘しているように、イギリスの文官試験制度は中国から伝わった。この制度は世襲制度に比べれば、当然大きな進歩であった。それは子弟を世襲させる制度がもつ懶惰、堕落、腐敗という悪習を克服した。しかし、さらに重要なのは貴族の専権を弱め、皇帝の権力を強め、人事権を中央に集中させることができたことである。また同時に、中小氏族の子弟に仕官の道を開いたことは、豪族貴族の専権を抑制するとともに、統治階級内部の広範な中下層氏族・地主を安定させ、その積極性を引き出した。読書に没頭し、科挙試験に合格しさえすれば、高官高禄を得、政治に参加し、身を統治者の列に置くことができるようになる。したがって、科挙制度は貴族の猛烈な反対を受け、その推進はひとつの闘争であった。たしかに歴代の科挙試験のなかから人材が生まれた。しかし、発展したのち、不正が横行し、多くの弊害もあった。とくに明清で「八股文」を推進してからは硬直化して変化を拒み、科挙制度を末路に追いやった。

科挙制度と学歴主義価値観

　科挙制度が中国社会にもたらした最大の影響は学歴主義価値観の形成であった。科挙が封建社会の諸氏族、すなわち中下層地主階級の子弟が仕官する唯一の路となり、合格によって一挙に天下に名が知れわたり、栄華富貴がこれに伴ってやってくることから、社会に広く「学問をして官吏となる」（読書做官）、「官吏となって財を成す」（做官発財）といった考え方が形成された。いわゆる「万般みな外品たりて、ただ読書のみ高し」（世の中すべてが取るに足らないものばかりで、学問のみが尊い）である。宋の真宗皇帝に『勧学詩』があり、次のようにいう。

家を富ますに良田を買うに用いず	（金持ちになるに良田を買う必要はない）
書中自ずから千鐘の粟有り	（本のなかから自然に千石の米がでてくる）
安房するに高梁を用いず	（安楽な住居に高堂をたてる必要はない）
書中自ずから黄金屋有り	（本のなかから自然に黄金の家がとび出す）
妻を娶るに良謀なきを恨むなかれ	（妻を娶るに良縁がないと嘆くな）
書中女有り顔玉のごとし	（本のなかから玉のような美人が出てくるぞ）
門を出るに人の従うなきを恨むなかれ	（外出するのにお供がないと嘆くな）
書中車馬多きこと簇がるがごとし	（本のなかから車馬がぞくぞく出てくるぞ）
男児平成の志を遂げんと欲せば	（男児たるものひとかどの人物になりたくば）
六経を勧めて窓前に読め	（経書をば辛苦して窓口に向かって読め）7、訳5

『儒林外史』に描かれた「範進が挙人に合格する」（郷試に合格して挙人となり、全国試験で進士になる会試への受験資格を得る）場面では、封建社会の科挙に対する熱狂的追究が文学的に生き生きと表現されている。

このような学歴主義価値観はずっと今日まで影響を与えている。「読書做官」、「書中自ずから黄金屋有り、書中女有り顔玉のごとし」といった意識は広く存在する。進学競争、普通教育の重視、職業教育の軽視、高学歴の追究、

訳5 訳は、宮崎市定『科挙』（中公新書、1963年、16頁）によった。宮崎著とテキストの語句、句の順序に若干の齟齬があったが、句の順序と語句は本文に従った。ただし、宮崎訳と意味上の相違はなかったので、訳はそのままとした。

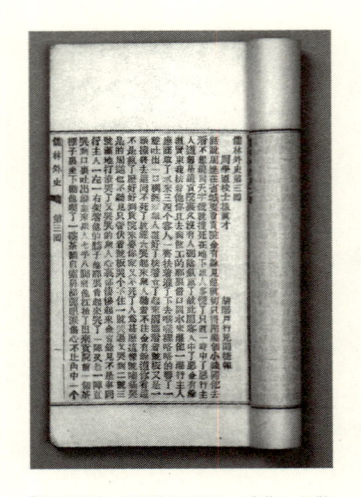

『儒林外史』は長編小説で、清代の呉敬梓の著である。小説は範進、厳貢生などの人物像の描写を通じ、封建礼教を批判、科挙制度を攻撃した。

これらは科挙制度の学歴主義と同じ血でつながっていないか。今日の高級中学、大学への入試と科挙とはなんと似通っていることか。科挙は知識人を二種類に分けた。一つは試験に合格して功名をなした「上人」で、統治階級に入った人間であり、もう一つは試験に落第した「下人」で、統治される側に回った人間である。今日の高級中学、大学の入試でも同じである。合格者は人に先んじ、いい職業に就くことができ、不合格者は社会の底辺での生活を余儀なくされる。もちろん、今日社会の職業に人格的に高低貴賤の別はない。しかし、物質生活の上ではやはり大きな差がある。社会では人にすべて差別があり、人材になるには選抜されなければならないという人もいる。そのとおりであるが、人材の選抜と処遇の差は平等な競争のうえに生まれなければならず、能力競争の結果でなければならない。今日の進学競争は、一回の試験が一生を決め、試験内容と方法は能力と水準を完全には反映していない。もちろん、今日の進学競争にもそれなりの原因がある。一つには我が国の教育資源が不足し、教育の需給に矛盾があることが関係している。また我が国の労働人事制度にも関係がある。我が国計画経済時代の労働人制度では学歴のみを見て能力を見ず、高学歴をもてば高職位に就けた。現代社会では学歴は重視してしかるべきである。それは一人の人間の教育を受けた程度を表している。しかし、学歴主義だけをとることはできず、教育程度が能力を代表しているわけではない。学歴主義だけをとるならば人々を高学歴追究に駆り立て、進学のための悪しき競争を引き起こし、資質の向上に影響を与える。

科挙制度は学校教育に影響を与えた。科挙試験は封建国家が官吏を選抜する装置であり、学校は官吏を養成する場所であった。学校が養成した学生は科挙試験による選抜をへて官職を授かるのであり、このため学校と科挙は一

中国が科を設け官吏登用を開始したのは606年の隋朝であった。図は宋代の郷試試験発表の情景である。

束に結びつけられていた。学校教育の養成目標、教育内容、教授方法に科挙の影響を受けないものはなく、学校は科挙の準備機関か従属物であった。前節で述べた「内聖外王」の君子型人間を養成目標とし、「四書」「五経」を教育内容とし、さらにスコラ主義の教授方法をとったことは科挙と無関係ではない。とくに奴隷根性を育て、個性を無視した教育目標、結果のみを重視して過程を見ない、丸暗記、解釈を求めない教授方法は今日の学校教育にまで影響を与えている。

第3節 書院の中国教育に対する影響

学派活動の拠点

書院は中国古代特有の学校教育組織である。書院は唐中期開元年間に始まる。『新唐書』「百官志」によれば、開元5 (717) 年、乾元殿で四部書（経学・諸子・史学・詩文集）を書写し、乾元院を設置した。翌6年、乾元院を麗正修書院と改めた。13年、麗正修書院を集賢殿書院とさらに改め[8]、しだいに書院の名

書院は中国古代教育史上貴重な遺産であり、唐に起源をもち、宋初に盛んになった。図は中国四大書院の一つ岳麓書院。湖南省長沙の岳麓山にある。

白鹿洞書院は、江西省廬山にある。

嵩陽書院址（河南省嵩山）。

がつけられるようになった。書院はもともと書物を修理、校閲、所蔵するところであり、朝廷が書を読み、調べ物をするのに用いられた。当時は隠棲して読書する場所あるいは学徒を集めて講義をする場所にも書院や精舎の名をつけた。例えば、四川省の張九宗書院、湖南省の李寛中秀才書院、江西省の梧桐書院、皇寮書院、義門書院などがある。

唐末五代の戦乱期、官学は衰退し、多くの学者は山林にのがれて学問をしたが、その中には景勝地を選んで校舎を建て、弟子を募って学問を講義した。これがしだいに一種の学校教育組織に変わっていった。宋の初め、朝廷の奨励を受けて学問講義を主とする書院がしだいに隆盛になり、規則も整えられるようになった。著名な書院に岳麓書院、白鹿洞書院、嵩陽書院、睢陽書院、石鼓書院、茅山書院などがある。南宋の時期、理学の発展に伴って書院は教育の場だけでなく、しだいに学派活動の拠点となっていった。例えば、張栻（しょく）は岳麓、朱熹は白鹿、呂祖謙は麗正、陸九淵は象山でそれぞれ学問を講じ、しだいに「南宋四大書院」と称せられるように

なった。元代には朝廷が積極的に書院を開設し、発展を奨励する政策をとった。書院は数が大きく増えただけでなく、地域分布も拡大した。南宋の時期に書院は江南に集中したが、元代になると、江南にいぜん集中していたものの、やがて「南学北移」を開始した。元代の書院にはもう一つの特徴がある。それは官学化に向かったことであった。朝廷は一方で私人が出資、土地提供をして書院を開設することを提唱しながら、また一方では各段階の官府が出資して書院の建設や修復を行った。これと同時に、官府は書院に対する管理規制を強化した。最も重要な政策は書院に「山長」を配置し、講義主宰の人間を選任させたことである。少なからぬ山長、教授は直接各段階の官府の官吏を兼任した。たとえ私人が招聘した山長、教授でも官府から認可後に学官の職が与えられ、官学と同様に扱われた[9]。明初の統治者は一時期官学振興に努め、書院は100余年息を潜めたが、明の成化年間に復興し始め、陳献章、王守仁、湛若水などの学派が勃興して隆盛になった。書院は官学が科挙の従属物に流れる弊害を正し、学問研究制度を発展させ、学派の宗旨を標榜し、質疑討論することに力を入れた。東林書院はさらに実学重視を唱し、「朝政を諷議し、人物を裁量する」(朝廷の政治を論評し、人物を評価する)風潮を開こうとした。顧憲成らは「風声雨声読書声、声声入耳、家事国事天下事、事事関心」という対句を作り、天下の学徒に語り伝えた。一時期、朝野の人々がともに寄り合い、同じ主張をしたが、このことが朝廷の怒りを買い、身を滅ぼす禍を招いた。明の天啓5(1625)年、宦官の魏忠賢は党派への大疑獄事件を起こし、天啓6(1626)年天下の書院を打ち壊す詔勅により東林書院を瓦礫と化さしめた。崇禎元(1628)年には冤罪がはれ、建築もやや回復した。清朝の初め書院が学徒を多く集めて反清復明を広めることを防止するため、書院新設を認めなかった。雍正帝の時に、私人が書院を創設するのを禁止するとともに、公金を支出して官立書院を設置し始めた。最初に省都で書院を設置または回復した。この後、各府、州、県に次々と書院を設立し、清末にはその数が数千か所にも達した。清代は非常に多くの書院が官立に属していたが、そのほかに官吏が私財を投じて創建した書院や商人が出資した書院もあった。しかし、この時期の書院は官学化していた。書院の山長と教授を推薦招聘

東林書院（江蘇省無錫）

する権限は多く省の総督と巡撫、提督学政といった行政官に属しており、学徒もまた多くが行政官によって選抜され入学していた。非常に多くの書院が官学と同じように行政から成績を評価される考課式書院となっていき、科挙の従属物に落ちていった。嘉慶年間（1800年前後）に至るまで、浙江省提督学政の阮元は杭州に詁経精舎を創建し、改革を進め、華美に流れず、もっぱら実学に勉めた。教学の内容は経史を主としながら、併せて小学（修身）、天部、地理、算法などを教えた。二度のアヘン戦争（1840年および1856年のアロー戦争）以後、近代科学を伝授する書院も現れた。光緒27（1901）年書院を学堂と改める詔勅が発せられ、書院はしだいに学制改革のなかで廃されていった。中華民国成立以後もいくつかの書院が残った。梁漱溟が重慶に建てた勉仁書院、馬一浮が楽山に建てた復性書院などである。これらは古代書院の伝統を継承発展させていたものの、本来の意味の書院ではもはやなくなっていた。

書院教育の特徴

　書院は我が国古代において私学の伝統を継承し、学派の教育とくに禅林精舎の学問講義の形式および官学の経験を取り入れて発展したものであり、官学と並行して存在した一種特殊な教育制度であった。教育程度は一般に蒙学（初等教育）の上に立ち、当該地域や省の最高学府となった。大多数の書院は名師や大儒が弟子を集めて学問講義したものが発展して成立した。基本的には高等教育の範疇に入る。書院は中国の大地に一千余年存在し、学術を盛んにし、人材を育て、中国教育史上無視できない地位を築いただけでなく、世

界の教育発展史上でも注目に値する現象であった。書院は以下の特徴をもって中国教育に深い影響を与えた。

　第一に、書院は基本的に私学の性格をもつものであり、元代から官学化が図られたとしても、大多数は私人が創設した、あるいに私人の創設または経営を主としながら朝廷や地方官府の奨励と資金援助を得たものであった。資金援助の形式は銀子を賜る、土地耕田を授ける、さらに書院名、書物、扁額を賜るなどがあり、我が国の私営官助、民営公助の学校運営の先駆となった。書院は官学と相互に補う関係をもち、また拮抗する関係をもった。一般的には、官学が振興されないときは、書院が設立され、その不足を補った。いったん官学が発展すると、書院はしばしば零落した。歴史上このように官学が盛行し書院が衰退する、あるいは書院が興り官学が敗れるという交代局面がいく度となく起きた。総じていえば、官と私が相互に補い、士大夫子弟の教育要求を満たしたのであった。書院は中国教育発展にとって不滅の役割を果たした。

　第二に、書院の教育は事柄を理路整然と説明し、身をもって行い示すことを重んじた。大多数の書院は名師大儒が講義をし、これらの大教師が多く学術に心酔し、深く内省して心性を修練することを目標にした。多くの書院は科挙に反対し、名利追究に反対した。書院を山林の景勝地に建設し、脱俗して気高く、志をもって節を保つことを標榜し、一種の学問気風を形成して歴代の知識人に影響を与えた。清代に書院の多くが官学となり、科挙制度の従属物になったとしても、一部の書院は経史研究と訓詁考訂を宗旨とした。

　第三に、学問講義と学術研究は書院の主要な内容であった。教育と研究の緊密な結びつきは書院教育の特徴である。書院は官学の教育課程や授業のように煩雑で画一的、形式的ではなく、簡潔で柔軟、自学と独立研究を主とした。質疑討論を採用し、学生の思惟を啓発することを重んじ、教師と学生との討論を展開し、学術の自由を体現した。教育活動では通常書院の主宰者が講義し、毎回の講義に一つの主題を立て、宗旨明立と称して研究の心得および研究の成果を教授した。学徒は講義を聴きながら質疑を行い、討論式の授業を行った。時には書院が異なる学派の名士を招いて講義をさせ、学生との

間で討論をさせることもあった。例えば、南宋の淳熙8 (1181) 年朱熹は陸九淵を白鹿洞書院に招来して「君子は義に喩り、小人は利に喩る」を講義させ、異なる学派が同じ書院で講義する見本を確立してみせた。また別の講義方法もあった。朱熹と張栻は岳麓書院で「朱張共同講義」を行った。「朱陸の鵝湖山での共同講義」というのもあった。このような共同講義はその後流行となり、各書院でそれぞれに開催し、他の書院の教師や学生と共同討論するようになった[10]。今日我々が行う各種フォーラムやセミナーのようなものであった。

　第四に、書院の学問講義は開放式であり、他の地域、異なる学派の学者がやってきて聴講し、また教えを請うこともできた。名師の講義に対して四方八方から学生や教師が来聴し、聴衆が千人を超えることもたびたびあった。このような開放式の講義は学術交流に利した。書院の教育は相互の切磋琢磨を重視し、教師と学生の関係が密接で、交わす情誼が深く、我が国の「尊師愛生」の優れた伝統をさらに強化し、これを固めた。

　第五に、書院はもとは蔵書修本の場所であったのであり、一般に書院はみな図書の収集、整理、修訂を重視し、多くの書院が蔵書楼、蔵書閣などを建築した。少なからぬ書院が自ら図書を刊行した。このため、書院はその土地でもっとも豊富な蔵書を抱える場所でもあった。

　第六に、書院は「学規」と称する厳格な規則制度を有していた。書院が制定する学規は仏教禅林制度の影響と啓発を受けている。系統的に整備された最初の書院学規は南宋朱熹が定めた「白鹿洞規」

岳麓書院蔵書楼

であり、以後の歴代書院が依拠する手本となった。「学規」は、立志、存心（志を失わない）、究理、察微（微細なことまで推し量る）、克行（克己して行ずる）、接物（ものをよく見る）などを重視し、学徒の品性徳性の修養を非常に重視した。「白鹿洞規」は封建社会教育の基本精神と要求を概括し、封建社会教育の共同準則となって一般の官学でもしばしば採用された[11]。

　書院は中国伝統文化の産物であり、一千年余の間変遷を遂げ、明清代に大多数が科挙の従属物に沈んだものの、書院制度そのものは優秀な伝統をもち、中華文明の伝承に重要な役割を果たした。書院の最大の欠点は、ひたすら経史を伝えて科学を重んじず、本質的に封建社会に仕えたことであった。今日我々の書院研究は、その優れた点を発揚し、その残りかすをそぎ落とせば、教育改革に有益な参考情報を提供することができるであろう。

第4節　中国伝統教育の貴重な財産

　中国伝統教育は中国伝統文化（古代文化）の産物である。それは中国の封建社会で生長発育し、疑いなく封建主義の烙印が押されている。しかし、中国伝統文化と同じく、中華民族の形成発展および繁栄のために大きな貢献をなしている。そこには教育の精華である民族精神をうちに含んでいる。中国伝統教育のなかの優れた精華は我が国教育の貴重な財産であり、我々が継承し、発揚するに値するものである。中国伝統教育の内容は非常に豊富で、教育思想から教育制度、教育方法に至るまですべて浩瀚な文献記載がある。中国教育史学界にはすでに多くの学者が積み上げた大量の研究がある。毛礼鋭・沈灌群の主編による『中国教育通史』は歴史の記述とともに論述を行い、我が国の古代から現代までの教育発展の歴史を全面的に総括している。王炳照・閻国華編の『中国教育思想通史』、王炳照・李国鈞編の『中国教育制度史』は8巻本300〜400万字の膨大な編集によって我が国歴代の教育思想および制度を論述し、我が国伝統教育の歴史経験を総括し、その精華を十分に掘り起こしてくれている。しかし、通史の限界から、中国伝統教育の精華は各時代あるいは各教育家の章節に散見されるのみで、統一的単独の総体的な論述がみ

られない。本節では概括的、簡潔に中国伝統教育における継承発揚すべき精華について紹介してみたい。それによって今日我が国の教育伝統が伝統をどのように継承し発展してきたかがみてとれよう。

「教え有りて類無し」の教育思想

「教え有りて類無し」の思想は孔子が最も早く提起したものである。孔子は「教え有りて類無し」（あるのは教育であって、人間の種類ではない）といった（『論語』「衛霊公篇」）。また、「束修を行うより以上は、吾未だ嘗て誨うることなくばあらず」（わずかな謝礼でももってきた者があるかぎりにおいては、つねに教えを施さないことはない）ともいっている（『論語』「述自篇」）。「類無し」をどのように解釈すべきだろうか。馬融の解釈は「人の教えに在るところ、種類無しと言う」[12]。すなわち、人は教育によって存在するのであり、種類の別はない、というのである。黄侃の解釈は「人の乃（すなわ）ち貴賎有り，同じく宣べて資（たす）け教うるべし。其の種類庶鄙をもってこれを教えざるべからずなり。これを教えれば則ち善、本は類無きなり」といっている[13]。人には貴賎の別があるが、身分の卑しさをもって教えないというわけにはいかない。教えれば善良な人となり、人の種類の別はないというのである。朱熹の解釈は「人の性は皆善なり、而してその類善悪の殊なり有るは、気の之に習い染まるなり。故に君子に教え有り、人皆もって善に復すべし、當に復た其の類の悪を論ずべからず」、すなわち、人の性は本来善良であり、その善悪の区別があるのは好くない習俗に染まってしまうからである、教育を受ければまた善良に戻ることができ、その悪の種類があることを論じるべきではない、といっている。古代各人の解釈は皆同じではないが、総じてその意味するところは種族を分けず、貴賎を分けず、人は皆教育を受けてのち、善良な人間となることができるというものである。

毛礼鋭・沈灌群編『中国教育通史』では孔子の「教え有りて類無し」の主張を分析し、「当時の奴隷主義教育の『教え有りて類有り』に対して提起されたもので、これと対立している」と述べている。当時奴隷主であった官学の「教え有りて類有り」の表現には二つの面があった。一つは蛮夷諸族を異族非類

と称し、彼らを華夏礼儀教育の対象としなかったことであり、二つには華夏諸族のなかで統治の地位にある氏族のみが教育を受ける機会があり、奴役を被る氏族は教育を受ける権利がないということであった。いわゆる「礼は庶人に下さず」(礼は一般庶民には関係がない)である(『礼記』「曲礼上」)。孔子の「教え有りて類無し」はこの二つの限界を突破し、当時重大な意義をもった。以後の儒家学説の伝播と発展についても重大な影響をもった。

　もちろん、孔子の「教え有りて類無し」は当時の統治階級内部に限られ、飢餓線上にもがく労働大衆を含んではいない。しかし、奴隷制から封建社会への移行期にあって、孔子が教育が奴隷制貴族に限られるのではないと提起したことは、進歩的な意義をもつ。

　後世「教え有りて類無し」はしばしば教育的平等の代名詞のようにされてきた。この意味からいえば、「教え有りて類無し」の思想は今日でもなお重要な意義をもっているが、時代の要求に従って新たな解釈も必要である。まず、我々は教育普及への努力を強化し、国民一人一人がよい教育を受ける機会をもち、全民族の教養資質を向上させるようにしてはじめて全面的な「小康」(いくらかゆとりがある社会)を実現することができる[訳6]。次に、教育の均衡的発展を図り、国民が基本的に同様の質をもつ教育を受けられるようにし、教育の公平を徐々に実現していかなければならない。第三に、学校では教師が生徒学生を分け隔てなく扱い(一視同仁)、人為的に生徒学生を等級分けし区別して扱うことをしてはならない。教師は生徒学生一人一人を信じ、教育すればみな有用な人材となると信じなければならない。

道徳を先にする教育思想

　これまでにも述べたように、中国の伝統教育は倫理道徳をもって最高の価値とする傾向がある。それには積極的な面がある。道徳教育を第一とすることである。教育はまず生徒学生を教えて人間的に成長し、人格高尚な人間と

訳6　「小康」は、2002年11月の中国共産党代16回全国代表大会で江沢民総書記(当時)が行った「政治報告」のなかで提起された概念で、経済発展の目標として20年後に国内総生産額を4倍増とし、「いくらかゆとりのある社会」(小康社会)を実現する目標を掲げた。

なるようにしなければならない。儒家教育の養成目標はすなわち「君子」であった。君子とは徳才兼備の人である。『論語』はすべて人倫道徳を説き、仁、義、礼、信を説き、どのような人間が君子か、どのようにして君子となるかを説いた。孔子曰く、「君子は徳を懐い、小人は土を懐う」(君子は徳を思い続け、そうでない小人は土地を思い続ける)(『論語』「里仁篇」)、また曰く「君子は義に喩り、小人は利に喩る」(君子は義に敏感であり、そうでない小人は利に敏感である)[14]。いずれも君子には道徳がなければならないことを説いている。

　中国伝統の道徳教育には一つの方法がある。まず練習を大事にし、幼いうちから庭の掃除をさせ、礼儀正しく受け答えをさせ、習慣を養う。やや大きくなると読書をして礼を理解させ、経学・史学・諸子・詩文集を学習して人間的な成長の道筋を学ばせる。例えば、王守仁(陽明)は『教約』を撰し、南江西の巡撫の任にあったとき郷村にある社学(学校)の蒙師(教師)にこれを配布した。そこには社学の毎日の授業科目および授業の順序が次のように規定してあった。「さきに徳を考え、次に書を背し書を誦し、次に礼を習いあるいは課倣を作し、次に書を復誦し書を講じ、次に詩を歌う」(最初に徳を教え、次に書を暗唱させ、次に礼を教えるか習い事をさせ、次に書を復誦させるか書を講釈させる、次に詩を歌わせる)[15]。古代には多くの名のある人物が「家訓」や「家規」を定めて子女の教育に当たった。例えば広く伝わっている著名な『朱子家訓』は清代の朱柏廬が定めたものである。この書には生活起居から人間形成、処世術まで正反両面の例を挙げ、子孫が仕事に励み、倹約し、正直であるよう教育することが書かれてある。そのなかに多くの名句格言があり、「一粥一飯、當に之を思い来たりて易からざるべし、半絲半縷、恒に物を念じて力めて艱を維ぐべし」(一杯の粥や飯もこれを得ようと心がけ簡単に考えてはいけない、半すじの糸も常に物を大事に思って困難を避けてはならない)、「雨ふらざれば宜しく綢繆すべし、渇に臨んで井を掘ることなかれ」(雨が降らないうちに修理をしておき、のどが渇く前に井戸を掘るようにしなければならない)[16]など、今でも人々に語り継がれている言葉がある。

　中国伝統の道徳教育はとくに自律を強調している。自ら修養し、心性において情操を陶冶することをいっている。孔子曰く、「仁を為すは己に由る」(仁

を実践するのは自分からそうしないといけない)、「君子は諸れを己に求め、小人は諸を人に求む」(君子は自力でこれをなし、小人はことをなすのに人を頼る)(『論語』「衛霊公篇」)。孔子の学生であった曾参曰く、「吾日に三たび我が身を省みる――人のために謀りて忠ならざるか、朋友と交わりて信ならざるか、習わざるを伝うるか」(私は日に三度我が身を反省する――人のために行って忠実であるか、友人と交わって信義があるか、習っていないことを人に伝えなかったか)(『論語』「学而篇」)。話していることはみな自己修養であり、自己修養が人生の大事であり、これを常に忘れず、怠らないようにしなければならないということである。『礼記』「大学篇」に曰く、「忠に誠なり、外に形(ただ)しき、故に君子は必ず其の独りを慎む」(忠に誠実で、外見が正しくあろうとすれば、君子は独りの時こそ慎まなければならない)。いうところは、「独りを慎む」、すなわち自重自愛である。宋代の儒家朱熹は「居敬」(寸時も怠けず、立ち居振る舞いに注意する)を唱えたが、これも自律、自己教育を強調したものである。

　中国伝統道徳はまた、他人に学び、他人の品行を鑑として自己と照らし合わせることを重視した。孔子曰く、「三人行(あゆ)めば、必ず我が師あり、其れ善き者を撰んで之に従い、其れ善ならざれば之を改む」(人が三人歩いていれば必ず自分の師となるべき者がいる。その善い者を探してこれに従えばよいし、善くないところは我が身に照らして改めればよい)(『論語』「述而篇」)。また、曰く、「賢を見て斉しからんことを思え、賢ならざるを見て内に自ら省みよ」(『論語』「里仁篇」)。後者は、賢人を見たなら見習おうとしなければならない、賢でない人を見かけたなら、その悪いところが自分にないか自己を反省しなければならないといっている。孟子は孔子の思想を継承した。孟子もまた「反りみて諸れを己に求めよ」(反省して自己にこのことの責めを自分に求めよ)と主張した。すなわち「人を愛して親しからざれば、其の仁を反りみよ、人を治めて治まらざれば、其の智を反りみよ、人に礼たりて答えざれば、其の敬を反りみよ、行いて得ざるあれば、みな反りみて皆諸れを己に求めよ。其の身正しくして天下之に帰す」(『孟子』「離婁篇」)とある。「愛人」「治人」「礼人」がみなよい結果を得られないとしたら、自己を点検し、「仁」「智」「敬」であったかどうかをみよ、自己の身が正しければ天下を治めることができる、というのである。

これはもちろん統治者を戒めたものであるが、孟子の道徳修養に対する認識を説明している。自己修養、自己からまずことをなせと強調しているのである。

中国伝統道徳におけるこのような理想追求と心身修養の方法は、歴代ずっと継承され、発展してきた。中国伝統道徳は封建社会の産物であり、多くの内容が封建思想に染み込んでいる。しかし、そのなかには多くの精華がある。それは人と人との関係の処理の方法であり、人類共有の品性であり、また普遍的な人として備えるべき資質である。したがって、中国伝統道徳の精華は世界から中華の美徳と讃えられている。同時に、伝統道徳の多くの内容は我々がマルクス主義歴史唯物主義的態度をもって精華を吸収し、その残りかすを批判し、内容を改造し、その局限性を放棄し、新時代の精神を付与すれば、今日の社会主義精神文明建設の重要な内容になるであろう。

中国伝統教育は道徳教育を重視してきた。道徳教育の多くの内容と方法はすべて我が国の教育にとっての貴重な財産であり、またマルクス主義歴史唯物主義の方法によってこれをさらに掘り起こし、研究し、批判的に継承すれば、中国現代教育の重要な構成部分となるであろう。

因材施教の教育原則

中国古代の教育は因材施教（能力や特性に合わせて教育を施す）を重視してきた。漢代以後、統一された封建統治を維持するため、常に人々の頭脳は束縛され、個性の発展が抑制されるようになった。しかし、因材施教は伝統教育の原則としてずっと重視されてきた。歴代の進歩的教育家は様々な学生に対し異なる教育方法を採用してきた。

因材施教は孔子が最も早く提起し、実行したものである。宋代の程頤は「孔子の人を教えるや、各其の材に因る。政事をもって入る者有り、言語をもって入る者有り、徳行をもって入る者有り」（孔子の教育に当たっては、それぞれの人間の資質に合わせて行った。政治をもって教育する者、言語をもって教育する者、徳の行いをもって教育する者があった）といっている（『河南程氏遺書』巻19）。『論語』にも孔子が様々な学生に異なる方法を用いることを説明する対話がある。

「子路問う、『聞けば斯ち諸れを行わんか』。子曰く、『父兄在す有りて、之を如何ぞ其れ聞けば斯ち諸れを行わん』。冉有問う、『聞けば斯ち諸れを行わんか』。子曰く、『聞けば斯ち諸れを行え』。公西華曰く、『由や問う、聞けば斯ち諸れを行わんかと。子曰く、父兄在す有りと。求や問う、聞けば斯ち諸れを行わんかと。子曰く、聞けば斯ち諸れを行えと。赤や惑う、敢えて問う』。子曰く、『求や退く、故に之を進む。由や人を兼ぬ、故に之を退く』」(子路が「何かを聞けばすぐにこれを実行してよろしいでしょうか」と尋ねた。孔子は「父兄がいるのに、それに聞くこともなくどうして聞けばすぐにこれを実行せよといえるだろうか」と答えた。冉由が「何かを聞けばすぐに実行してよろしいでしょうか」と尋ねた。孔子は「聞けばすぐにこれを実行しなさい」と答えた。公西華が「由（子路）が何かを聞けばすぐにこれを実行してよろしいでしょうかと尋ねたときに、師は父兄がいるのに、とお答えになった。求（冉有）が何かを聞けばすぐにこれを実行してよろしいでしょうかと尋ねたときに、師は聞けばすぐにこれを実行しなさいとお答えになった。赤（公西華）は戸惑います、改めてどういうことか伺います」といった。孔子は、「求は消極的だからそれを励ましたのだが、由は人をしのぐのでそれを押さえたのだ」と答えた)。多くの学生が孔子に「仁」とは何か、と質問している。孔子は様々な人間に対し、様々な場面で、様々な答えをしている。

　孟子は「人の性は本来善である」ことを信じていたが、環境が違えば人の成長も違う、学生の特性と置かれた環境に従ってそれぞれ異なる教育を施さなければならないと考えていた。孟子は「君子はもって教うるところの者に五つあり。時雨の如く之を化す者有り、徳を成す者有り、財を達す者有り、問に答うる者有り、私淑艾する者有り。この五者は君子の教うるところの者なり」。孟子は学生を5つの類型に分け、ただ教えを施して導かなければならない者、徳行修養に重きを置く者、才知を伸ばしていくべき者、疑問に答えてやるべき者、「私淑して弟子となる」形式、つまり間接教育を採用すべき者をそれぞれ示した。

　因材施教の教育原則は封建社会で打撃を受けたが、進歩的な教育家はみなこの原則を重視した。それは、我が国教育思想宝庫のなかの重要な遺産であり、今日なお重要な意義をもつ。それは人の生長発育の法則に符合し、人の

多元知能の理論に符合している。因材施教によって多様な人材を育てることは、現代社会の人材多元構造への要求にも符合している。それは「学歴主義」の教育原則とは対立する。1枚の学歴証書を重視するのではなく、学生の異なる先天的素質と異なる環境に基づいてその聡明な才知を十分伸ばし、多様な人材を育てていくのである。

学思結合の教育方法

儒家は思考を重視し、事物を理解する精神の実質を重視した。孔子曰く、「学びて思わざれば則ち罔（くら）く、思いて学ばざれば則ち殆（あやう）し」といった（『論語』「為政篇」）。意味するところは、ただ学習するだけで思考しなければ迷い惑って物事が明らかにならず、ただ思考するだけで学習しなければ中身が無く実質を伴わない、ということである。よく学びよく思考すれば、疑問も多くなる。孔子の学生である子夏はいった。「博く学びて篤く志し、切に問いて近く思う、仁其の中に在り」（広く学んで志を固くし、差し迫った質問をして身近なところから考えていく。仁はこのようなところに生まれてくる）（『論語』「子張篇」）。そこで、孔子はいった。「下問を恥じず。」（『論語』「公冶長篇」）。孔子はまたいう、「三人行めば、必ず我が師あり、其れ善き者を撰んで之に従い、其れ善ならざれば之を改む」（人が三人歩いていれば必ず自分の師となるべき者がいる。その善い者を選んでこれに従えばよいし、善くないところは我が身に照らして改めればよい）（『論語』「述而篇」）。どの人間にも優れたところがあり、人はそれに学ばなければならない。

学思結合と関連して孔子はまた啓発式教育方法を提唱した。「憤せずんば啓せず、悱（ひ）せずんば発せず」（弟子が疑問でふくれあがらなければ教えず、弟子が自分でどうにもできなくなる状態にならなければ導かない）、「故きを温ねて新しきを知る」（古いことに習熟すれば、新しい現実の問題も認識できる）などである。孔子のこのような話はみな中国人の熟知するところであり、中国の伝統的な格言となっている。これらを数千年にわたって広く人々が伝承し、生活に生かしてきたのである。

第5節 「学記」は中国伝統教育の遺産のなかで光り輝く財宝である

「学記」は中国はおろか世界でも最も古い系統的な教育理論の著作である。戦国時代後期に成立し、思孟学派^{訳7}の作品として広く認められている。秦に先立つ我が国儒家教育の経験と理論を全面的系統的にまとめ上げている。古代ローマの教育家クインティリアヌスの『弁論家の教育』と比べてもちょうど3世紀早い。「学記」は中国の二千年以上も前の教育論著ではあるが、中国教育に与えた影響は計り知れない。二千年来の中国教育は基本的には書物にある思想や原則に従って展開してきた。その多くの思想が今日なお現実的な意義を有している。秦より以前の教育経験と理論を総括したもので、前にみた多くの思想理論についてもこれに触れてはいるが、この著作そのものについて簡単に紹介し、分析しておく必要がある。

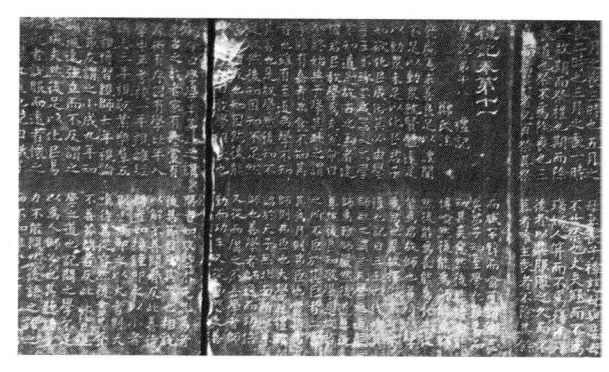

「学記」は『礼記』のなかの一篇であり、中国古代で最も古い教育の専門著作である。全篇1,229文字。制作年代はおよそ戦国時代から漢代の初めにかけてである。「学記」は教育の役割、教育の目的、学校制度、教学原則、教育方法といった問題を論証している。図は西安市碑林「学記」拓本片（宋代）である。

「学記」は教育の地位と役割、教育と社会政治との関係、学校制度、教学の原則と方法、教師、学生およびその関係などについて初めて全面的に詳述した。その主な内容は以下のようである。

教育の役割を論じる

「学記」はまず教育の役割を取り上げている。国家についていえば、国を興し民を安んじることができる、個人についていえば、有徳有才の君子とな

訳7　「思孟学派」は戦国時代の学派で、思は孔子の孫「孔伋」(子思)を、孟は「孟軻」(孟子)をそれぞれ指す。

ることができる、とする。「君子もし民を化し俗を成さんと欲せば、其れ必ず学に由るべきか」は、統治者が人民を感化しようと思えば、必ず教育を通じて行わなければならないといっている。したがって「古の王は国を建てるに君民教学を先とす」、古代の君主は国家建設にはまず教育に依拠したのであった。個人についていえば、「玉琢かざれば、器を成さず。人学ばざれば、道を知らず」といった。いい宝石でも彫琢しなければ、いい器や芸術品にならない。人は学習しなければ、道理（すなわち儒家の仁礼の道）を知ることはできない。教育の役割について十分肯定している。

古代学校制度を描写している

「学記」に「古の教えは、家に塾あり、党に庠あり、術（遂）に序あり、国に学あり」（古代の教育は、家では塾、村では庠、都城では序、国では学でそれぞれ行われた）とある。古代の我が国にすでに整備された教育体系があったことが説明されている。「学記」は年齢段階ごとの学習について詳細な説明をしている。「比年学に入り、中年考校す。一年離経辨志を視、三年敬業楽群を視、五年博習親師を視、七年論学取友を視る、之を小成と謂う。九年知類通達し、強立して反らず、之を大成と謂う」。毎年規定の年齢で入学し、1年おきに試験をする。第1年目は経書の句ごとの理解力と学習の興味を評価し、第3年目は学習に勤勉か、学友と切磋琢磨しているかを評価し、第5年目は広く学んで質問を多くしているか、教師と議論しているかを評価し、第7年目は学んだことの是非を論述しているか、どのような学友を選んでいるかを評価する。これらが達成されていれば、「小成」とする。第9年目は一つのことから他のことを類推して多くのことを知ることができるかが要求され、これが達成されて挙一反三になればこれを「大成」といった。ここでは教育（国学、すなわち大学）を2段階に分けている。小成段階は一般に15歳から21歳まで、大成段階はさらに2年を学ぶ[17]。

教育の法則を論じる

「学記」は、教師がまず教育の法則を理解しなければならないとし、「君子

は既に教えの由って興るところを知り、また教えの由って廃するところを知る。然るのち以て人の師為るべし」(君子は教育が盛んになる理由を知っており、また教育が廃される理由を知っている。そうであってこそ人の師となることができる)という。また、学生に対して誠実にして、その能力や特性に合わせて教えを施す(因材施教)。そうでなければ人を育てる目的は達成されないとし、「人を使うに其の誠に由らず、人を教うるに其の材を尽くさず。其れ之を施すや悖(ぼつ)、其れ之を求むるや佛(ふつ)」(人を使用するときに誠実にせず、人を教育するときに其の才能を発揮させない。そうなれば結果は悖(乱れ迷う)、佛(かすか)となってしまう)といっている。教師は学生の学習状況を理解し、その優れた点と劣った点を理解し、それぞれの状況に従って学生の学習を指導しなければならないとし、「学ぶ者に四失有り。教える者は必ず之を知るべし。人の学ぶや、あるいは失は則ち多なり、あるいは失は則ち寡(か)なり、あるいは失は則ち易なり、あるいは失は則ち止なり」と述べている。教師は必ず学生を理解しなければならず、学生の学習にはしばしば陥る四つの誤りがある。ある者は多く学習したがる。ある者は進取の精神に欠け学習することが少ない。ある者は学習を非常に容易に考える。ある者は困難に会えばすぐ途中で止めてしまう。学生一人一人の心はみな違う。その違いを知って初めて長所を伸ばし、短所を改め、いわゆる「教えるや、善を長じてその失を救うなり」となる。

　学生についていえば、またよく学習しなければならない。学習できる学生は、教師が半分教えれば倍の効果がある。学習できない学生は、教師が倍教えても半分しか効果がない。よく学んで思考すれば、疑問が生じよく質問をする。「善く問う者は堅木を攻めるがごとし。その易きを先んじて、節目を後にす。その久しきに及ぶや、相説きて以て解す」といっているのは、授業において善く質問する学生は堅い木を切るようなもので、まず容易なところから始め、その後堅いところを切っていく、長い努力を経て、ようやく問題が解決する、ということである。教師もまたよく答えてやらなければならない。「善く問を待つ者は鐘を撞くがごとし。之を叩くにもって小なれば則ち小鳴し、之を叩くに大なれば大鳴す。それ従容たるを待ち、然るのちその声を尽くす。善く問いに答えざる者は此に反す」とは、学生の質問に回答する

のは鐘を突くようなものであり、軽く突けば鐘の音は小さく、強く突けば鐘の音は大きく響く、一つ突いて一つ休み、抑揚をもたせて急に調子を変えたりすれば、妙なる美しい鐘声が聞ける、ということである。授業についていえば、一問一答し、その後意味解釈を尽くす、となろう。

　学生の学習は課内と課外を結びつけ、時間や場所に応じて学習しなければならない。「学記」には「大学の教えたるや、時に教えて必ず正業有り、退息して必ず居学有り。操縵を学ばざれば、能く弦を安んぜず。博依を学ばざれば、能く詩を安んぜず。雑服を学ばざれば、能く礼を安んぜず。其の芸を興さざれば、能く学を楽しまず。君子の学に於けるや、焉れを蔵し焉れを修し、焉れを息し焉れを游ぶ」とあり、これは、授業の時は正式の課程を学習しなければならず、休息するときもまた課外の宿題をしなければならない。課外で調弦してよく曲を弾く練習をしなければ課内で琴を修得することはできず、課外で平仄と音律を練習しなければ詩経を修得することはできず、課外で掃除応接を練習しなければ課内で礼の要諦は修得できず、課外で各種の学習活動を展開しなければ、学習の正式な課程も楽しくなくなる、ということをいっている。

　「学記」が語ったこのような教育の法則は今日でも従うべきものではないだろうか。

適時施教重視の原則

　教育は適時に行わなければならない。時を間違えれば、たとえ勤勉に学習しても大きな成果は得られない。いわゆる「當に其れ可なるべし之を時と謂う」(まさに良しとすべきを時というのである)、「時過ぎて然るのち学べば、則ち勤苦しても成るは難し」(良いとする時を逃して後学べば、どんなに苦労しても成就しがたい)である。では、どんな時が適時なのか。それは遅からず、早からずである。適時に教えを施すには、また急ぎすぎてはならず、順序だってゆっくり進まなければならない。「節を陵がずして施すに孫たり」。陵は超えるという解釈がされており、節は程度、孫は順序を指す。すなわち、学生の受容能力を超えて教育することはできず、順序にかなうべきことをいってい

る。「学記」はまた教育には順序立ててゆっくり進み、功を焦ってはならないことをもっぱら強調しており、「学は躐(りょうとう)等せず」(順序を飛び越えて進まない)というのである。学びの初めは学びの順序をよく考慮しなければならない。

適時施教は、学生の能力を超えてはならず、また長い目をもってわざわいを未然に防ぐよう注意しなければならない、ということでもある。「未発に禁ず之を豫と謂う」、学生の不良行為が発生する前に予防するのである。

啓発式の教育方法

啓発式の教育は儒家が重視した方法であり、教育の原則といえる。この原則は孔子が最初に提起した。「学記」は儒家教育の経験を総括し、そのなかで啓発式の教育方法を重要な位置に置いて大きく発展させた。「学記」は直接「啓発」の文字を使っていないが、わずか2千字余りの篇中には教育にあたって学生の学習への興味を高め、誘導し、決して無理強いしないことを何度もいっている。曰く、「故に君子の教えは喩なり、道びいて牽かず、強いて抑えず、開いて達(とお)さず。道びいて牽かざれば則ち和ぐ。強いて抑えざれば則ち易し。開いて達さずば則ち思う。和ぎ易きもって思う、善(さと)く喩すと謂うべきなり」。ここでは三つのことを要求している。一つは学生を指導して正しい学習方法と進むべき道を選択させ、学生を無理に引っ張っていくことはしない、そうすれば教師と学生との関係は穏やかなものとなる、というものである。二つは、学生に積極的に学習するよう厳しく求めるが、無理強いしてその積極性や自主性を抑えつけることはしない、そうすれば学生は楽しんで学習し、学習が負担にならない、というものである。そして三つには、学生の心を開き、思考を啓発しながら、なお最終的な結論や結果を手のひらに出してみせ、一目で分かるようなことはしない、そうすれば学生は自分で思考するようになる、というのである。教師と学生が相和み、学生が楽しんで学習し、よく思考するようになれば、教師は「喩す」(啓発する)ことをよく行ったということになろう。

教学相長の教育原則と師弟関係

　教学相長とは、教育の原則であり、また一種の師弟関係であるともいえよう。教学は教と学が同時に進行する活動であり、教師と学生が共同して活動する過程である。この師弟共同活動の過程において、教師と学生が互いに切磋琢磨し、討論する。学生はもとより教師から知識を獲得することができる。教師もまた学生の質問のなかから自己の学識と教育技能を高めていくことができる。これが「教学相長」である。「学記」は二千年前にこの原則を提起した。「学びて然るのち知足らず、教えて然るのち知困しむ。知足らずして然るのち能く自ら反りみるなり。知困しみて然るのち能く自ら強むるなり」(学習して知識がなお不足すれば、自ら学習を反省することができる。教育して知識がなお困惑しているならば、自らこれを固めていくことができる)。この教育原則が教と学との弁証関係を十分説明している。師弟関係からいえば、教育理論界では数百年の論争が続いている。誰が中心なのか、教師か、学生かという問題である。「学記」のなかには早くから正しい答えがある。教育の過程には誰が中心かという問題は存在しない。教師の責任は「道を伝え、業(わざ)を授け、惑を解く」ことであり、学生の使命は教師の「道」と「業」を学習することである。しかし、学習の過程で当然疑惑が生じる。疑惑が生じれば自分の足らないことが感じられ、教師に教えを請いにいく。教師は学生の疑惑に答える。疑惑に答える過程で教師は自己の学問の不足を感じ、さらに学習し向上しようとする。多くの教師はこのようにして成長していくのではなかろうか。このことからすれば説明は難しくない。この教育原則は教育の法則に符合し、この師弟関係は民主的で平等な師弟関係である。教学相長は今日現代教育が大いに提唱しなければならないものである。

　「学記」にみられる教育思想はきわめて豊富であり、多くの中国教育史でこれを一つの章節にして紹介し、論評している。本書は教育史の専門的な研究書ではないので、要点をかいつまんで紹介するにとどめたが、「学記」の教育思想は我が国伝統教育の貴重な遺産であり、中国教育伝統の重要な文化的基礎であることを指摘しておきたい。

「学記」は中国だけでなく世界でも最も古い教育理論の専門書であり、中国歴代の教育はこれを「奉じて法戒となしてきた」のであった。その内容はおのずと当時の統治階級の要求を反映することをのがれるものではなかったが、その教育思想や教育方法は教育の法則に符合している。それは不朽の教育著作であり、中国の教育現代化建設においていぜん重要な地位と役割を有している。

　本章では主として中国伝統文化の中国伝統教育への影響を論じてきた。ここでは二つのことを指摘しておきたい。一つは中国伝統文化の中国伝統教育への影響は以上の叙述に限られるものではないということである。中国の伝統文化は博く大きく精緻で深く、中国伝統の学術思想、芸術創作、科学技術発明で中国の教育に重大な影響を与えなかったものはない。さらにまた中国の文化は儒家に限られるものではない。道家、仏教およびその他各派の思想がある。しかし、本書でこれまでもいってきたように、その対象があまりにも大きく、また筆者の学識浅薄のために、きわめて狭い範囲、すなわち儒家文化の基本精神が中国教育に与えた影響という範囲の記述に限定せざるを得なかった。さらにこの範囲に限ってもなお多くの漏れがあり、全面的な説明に至らなかった。二つは中国伝統教育もまた動き発展するものであり、数千年の間にその内部で多くの変遷をたどってきたということである。本書で紹介した中国伝統教育の思想と理論は多くが秦以前に形成され、その後数千年の間に大きく変化し、発展し、また時に後退した。しかし幾多の変化をとげてもその本質には変わりがない。現代教育制度が中国に輸入される以前にその基本内容は根本の変化をみることはなかった。それゆえに本書ではその歴史的な変化の考察を行わなかった。本章を閉じるに当たり、筆者には意を十分尽くしたという感はなく、心残りの思いばかりを強くしている。

原注
1　毛礼鋭・沈灌群編『中国教育通史』第1巻、山東教育出版社、1985年。
2　顧明遠編『教育大辞典』上海教育出版社、1998年。
3　王炳照・閻国華編『中国教育思想通史』湖南教育出版社、1994年。

4　毛礼鋭・沈灌群編『中国教育通史』第2巻、山東教育出版社、1985年、5頁。
5　「朝花夕拾」『魯迅全集』第2巻、人民文学出版社、1973年。
6　董宝良編『陶行知教育論著選』人民教育出版社、1991年、395頁。
7　王炳照『中国古代書院』商務印書館、1998年。
8　孟憲承・陳学恂等編『中国古代教育史資料』人民教育出版社、1961年、185頁
9　王炳照、前掲書、141頁。
10　同上書、5〜6頁
11　陳元輝・尹徳新・王炳照編著『中国古代的書院制度』上海教育出版社、1981年。
12　劉宝楠『論語正義』岳麓書社、1992年。
13　毛礼鋭・沈灌群編、前掲『中国教育通史』第1巻。
14　同上書。
15　顧明遠編『教育大辞典』第8巻、上海教育出版社、1991年、244頁。
16　同上書、251頁。
17　毛礼鋭・沈灌群編、前掲『中国教育通史』第1巻、409頁には「九年知類通達し、強立して反(かえ)らず、之を大成と謂う」の解釈を「以後9年で『知類通達し、強立して反らず』の程度までなることを要求している」とし、さらに「9年の研鑽によって一般には30歳の成人となっている」と述べている。この解釈は誤りと思われる。「学記」のこの段にいう「9年」は、第9年を指すと解釈すべきである。

第6章　西洋の学問の東漸と中国教育の現代化

中国で現在まで連綿と続く教育の伝統は、ただ中国の伝統的な文化という血液が流れているわけではなく、世界各国の優秀な文化を絶えず吸収するうちに発展してきたものである。西洋の文化が中国の教育に与えた影響について説明するのは、中国の伝統的な文化が中国の教育に与えた影響について説明するよりもずっと複雑である。中国の伝統的な文化は数千年間それほど大きな変化はなく、その精神は一貫している。しかし西洋の文化は多元的で、中国に伝わるには複雑な過程を経ており、さまざまな時期に、さまざまな経路を通じて、中国の教育に影響を与えてきた。第2章においてすでに説明したように、中国と西洋の文化の交流はとても早くから始まっていた。インドから伝わった中国の佛教、シルクロードからもたらされたアラビア文明はともに中国の教育に重大な影響をもたらしてきた。但しこうした影響は文化の融合を経て発生したものであり、間接的な影響ということになる。中国の教育に直接的な影響をもたらしたのは、明末清初に始まった西洋の学問の東漸に他ならない。本章ではまずこの問題について考察していくことにする。

第1節　西洋の学問の東漸が中国の伝統的な文化に与えた衝撃

　西洋の学問の東漸、といった場合の西洋の学問、これは主にヨーロッパの文化、ヨーロッパの自然科学と技術を指す。東漸というのは、東洋に徐々に浸透していったこと、つまり中国への伝播を指す。西洋の学問は直接運ばれてきたのではなく、複雑な過程、激しい文化的衝突や闘争を経て、徐々に中国文化に吸収され、融合されていったのである。ほとんどの歴史家は、西洋

の学問の東漸は明末清初に始まり、五四運動まで300年以上続いたと考えている。但しこの300年以上の間、西洋の学問の東漸の性質、経路は異なっており、いくつかの段階に分けることができる。第1段階は明末清初に、西洋の宣教師が布教のために東方にやってきて、布教の手段として西洋の科学技術をもたらした。この時期の性質は我が方が主であり、明、清の朝廷は天朝としての態度で西洋の学問に接した。第2段階はアヘン戦争以後、中国が半封建・半植民地国家に転落していた頃、不平等条約の情況下で西洋の学問の受け入れを迫られたものである。西洋の宣教師は堅牢な艦船と大砲の力を借りて中国で布教し、同時に教会学校を開いたことで、西洋の学問が中国で早く伝播することになった。第3段階は五四運動前後に、中国の封建的文化の立ち後れと西洋の文化の先進性を認識した中国の知識人が、中国の社会を改革し、西洋の学問を学ばなければならないと考え、自覚的に西洋の学問を学習した時期である。ここから、歴史的にみると、西洋の学問の東漸は、学習の拒絶、学習の強制から、自覚的な学習へという過程を経てきた。もちろん、これは全体的な視点から述べたものであり、具体的には一つ一つの段階はいずれも闘争、衝突と融合に満ちている。本章では、西洋の学問の東漸の前2段階とその中国の教育への影響について主として考察する。

　西洋の学問の東漸は明末清初に始まるが、中国では明朝中葉から資本主義生産関係の萌芽が出現し始めていた。手工業工場は商業が盛んになったことにより大きく発展した。とくに紡績業、陶器製造業の発展は人目を引くものであった。大中の都市が出現し始め、非農業人口が急速に増加していった。明朝はもともと閉鎖的な国家で、対外的に鎖国を実施しており、朝貢貿易が対外貿易の唯一の合法的な手段であった。但し民間の密貿易は行われ続けていた。明朝末期に至り、私的な海外貿易が合法化され、朝廷が福建沿海のいくつかの港を貿易港として開放して、外国との交流が始まった。特に明の成祖 (1402～1424年) はその影響を拡大するために、鄭和を西洋に派遣した。当時の「西洋」は主に今日のインドシナ半島、マレー半島、インド洋とアフリカ東海岸を指していた。鄭和は7度派遣され、中国と外国の交流を拡大させた。

　中国人とヨーロッパ人が直接接触したのはポルトガル人が最初であった。

第6章　西洋の学問の東漸と中国教育の現代化　155

航海の発達に伴いヨーロッパ各国は15世紀末に海外への領土拡大を始めた。最初に植民に立ち上がった国家はスペインとポルトガルであった。最初に東洋の国にたどり着いたのはポルトガルである。明の正徳12（1517）年、ポルトガル国王が中国へ派遣した使節団は広州に到着して、中国との貿易関係を求めた。地方官への賄賂により北京に入ることはできたが、ちょうど武

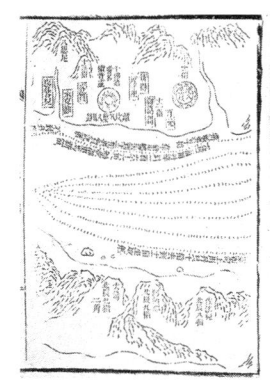

鄭和は明代の宦官で、元の姓は馬、名は三保。ウィグル族。永楽3（1405）年に船隊を率いて「西洋」へ向かい、2年で帰ってきた。その後も航海を重ね、28年間で7度出国し、遠くはアフリカ東岸と紅海まで到達した。鄭和は海上の「シルクロード」を拓いて、中国とアジア・アフリカ各国との経済文化交流を促進した。これは鄭和の西洋航海ルートである。

宗が病死したため、面会には至らず、無駄足となった。しかし彼らはあきらめず、武力に訴える方法に転換して、通商の機会を求めた。明の嘉靖32（1553）年、ポルトガル人は水にぬれた貨物を乾かすことを口実にマカオに入った。1557年に再びマカオを守る中国人官吏への賄賂により、マカオに居を構え

古いマカオの風景

ることができた。ここから、マカオは西洋の学問の東漸の窓口となるのである。

西洋の学問の東漸は西洋のカトリック教の伝来から始まった。スペイン人フランシスコ・ザビエル（Francisco de Yasu Y Xavier）は最も早く中国を目指したカトリック教会の宣教師であったが、中国大陸に入らないうちに病死してしまった。この後、主にポルトガル人がマカオにおいて布教した。明の万暦11（1583）年、ミケーレ・ルッジエリ（羅明堅 Michaele Rugien）がついに広東に住む許可を得て、最初のカトリック教会を建設した。中国において布教するために、彼は中国語を勉強し、中国服をまとい、中国人の印象を良くしようとした。その後、イタリアの宣教師マテオ・リッチ（利瑪竇 Matteo Ricci, 1552～1610年）が中国に来て布教し、大きな成功を収めることになる。彼は、努力を重ねて礼部官員瞿景淳の息子、瞿太素を中国で最初の信徒にしただけでなく、韶州（現在の広東省韶関）に中国で2番目のカトリック教会を建て、万暦35（1607）年には800人余りの信徒を抱えるようになった。万暦29年、マテオ・リッチは北京に至り、北京での布教の許可を得て、ここから中国での布教のルートを開拓し、同時に、西洋の学問も中国の大地に伝播させた。

西洋の学問の東漸は偶然のものではない。社会の生産力の発展からみると、当時の中国には資本主義的生産の萌芽が表れていて、客観的にみれば新しい生産力の発展を促進する文化を必要としており、西洋の宣教師が持ち込んだ西洋の科学と技術はこの需要に合うものだった。社会の文化的な発展からみると、中国の伝統的な文化は明朝の頃にはすでに衰退し始めていた。一方で文化専制主義が前例にないほど強化され、もう一方で、資本主義の萌芽に適応して、早期啓蒙思想家が出現した。彼らは宋明理学に反対し、「経世致用（治世に役立てること）」を主張しており、西洋の学問の科学技術はちょうど彼らの需要に合っていた。従って、西洋の学問の東漸が始まった時、朝廷には重視されず、また保守派の抵抗も受けたが、一部の知識人にはこれが受け入れられて、中国の文化が近現代の文化へ転換するきっかけとなったのである。

西洋の宣教師がもちこんだ西洋の科学技術

　西洋の宣教師はみな、当時のヨーロッパの知識人の中の精鋭であり、ヨーロッパの近代科学に関する知識をほぼ把握していた。彼らが中国に来たのは布教するためであったが、順調にはいかなかった。なぜなら西洋のキリスト教文化と中国の伝統的な文化とは大きな隔たりがあったからである。中国の伝統的な文化は家族を中心としており、忠と孝を重んじ、現実世界においては国に忠義を尽くし、家に孝を尽くす考え方であった。これに対してキリスト教は神を信仰し、人は皆罪があり、神を信仰するのは贖罪のためであり、天上での幸福を追求する考え方であった。従ってキリスト教が中国人に受け入れられるのはとても難しいことであった。中国に来た宣教師の多くは中国人の信頼を得るために、中国語を学び、中国の儒学について研究し、中国人の衣服や帽子をまとい、できるかぎり中国人の心理・習慣を受け入れ、同時に自然科学と技術の伝達を利用して、布教の権利を取得した。彼らはまず上流階層をターゲットに、西洋の科学技術の知識を用いて中国の上流知識人の注意をひいた。この直接的な影響を受けたのが明末の徐光啓（1562～1633年）である。徐光啓は崇禎帝の朝礼部尚書であり、東閣大学士、文淵閣大学士でもあった。彼はマテオ・リッチの『山海輿地全圖』（『坤輿萬國全圖』とも訳される）を読んでとても興奮し、マテオ・リッチと親交を深め、キリスト教徒となった。またマテオ・リッチに天文、暦算などの西洋の近代科学を学び、国内に広め、「名理の儒」が科学と生産において筋が通らないことを非難した。さらに彼は数学、天文、暦法、農学にたいへん造詣を深め、数学がすべての自然科学の基礎であると認識し、マテオ・リッチと共に『幾何原本』（ユークリッド原論）の前半6巻、『測量法義』などの書籍を共訳して、最も早くヨーロッパの数学と測量の知識を系統的に導入した。

　マテオ・リッチと同じ時代には、スペインのイエズス会宣教師ディダクス・パントゥージャ（龐迪我 Didace de Pantoja, 1571～1618年）、ポルトガルの宣教師ディアズ（陽瑪諾 Emmanuel Diaz Junior, 1574～1659年）、ドイツの宣教師ジョアン・テレンス（鄧玉函 Jean Terrenz, 1576～1630年）、イタリアの宣教師ジューリオ・アレーニ（艾儒略 Julio Aleni, 1582～1646年）、ドイツの宣教師アダム・シャール（湯若望

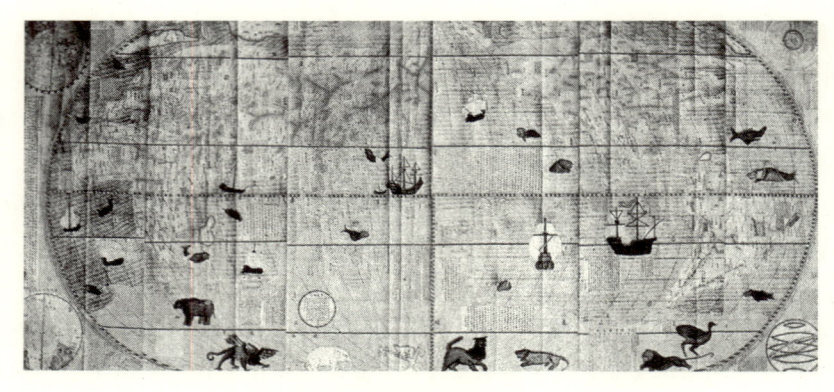

『坤輿萬國全圖』

Jean Adam Schall Von Bell, 1591 〜 1666年）などが相次いで中国を訪れている。彼らはみなマテオ・リッチの方法を用いて、中国語を学び、中国服を着て、各種の科学的知識を翻訳し、宮廷のために科学器具を製造し、それに龍の文様などの中国の図案を刻印して、中国の支配者に気に入られようとした。

　清朝になって、ローマ教会下のイエズス会が多くの宣教師を中国に派遣し、彼らのある者は朝廷に職を求め、宮廷の絵師となったり、欽天監[訳1]で職についたり、ある者は中国の官僚層と交流を深め、布教と同時に西洋の科学技術とルネッサンス以降のヨーロッパの音楽、絵画、彫刻芸術を伝えた。ジューリオ・アレーニが記した『西学凡』には西洋の教育制度が系統的に紹介され、ヨーロッパの大学の文、理、医、法などのカリキュラム、教育と試験について書かれており、西洋の教育が中国に伝えられた最初となった。

　しかし、西洋の宣教師が紹介した西洋の科学技術は全てではなく、制限があった。また限界もあった。彼らが中国に持ち込んだ科学技術は16世紀当時の西洋文明の全てではなく、また信仰する宗教と対立する内容は秘密にされるか、良くないものとされた[1]。例えば、地動説は中国に紹介されず、『幾何原本』も前半の6巻しか翻訳されなかった。

訳1　中国の古代朝廷の官職の1つ。天文を観察し、暦法を定めていた。

西洋の学問が中国の伝統的な思想に与えた衝撃

　西洋の宣教師がもちこんだ科学技術は単に中国人の視野を広げただけでなく、中国の伝統的な思想に与えた衝撃もとても大きいものであり、特に宇宙観と思考方式への影響が大きかった。

　まず、中国中心主義という思想を打ち破った。中国の皇帝は代々、中国は天朝であり、世界の中心にあると認識しており、他の民族を蛮夷の民と見ていた。宣教師のマテオ・リッチは、「彼ら（中国人）は地球の大きさを知らずに自らを誇っており、世界の全ての国の中で中国だけが賞賛に値すると思っている。国家の偉大さ、政治制度と学術の評判は無論のこと、彼らは全ての他の民族を野蛮人とみなすだけでなく、理性のない動物だと思っている。彼らは世界の他の地域には賞賛に値する国王、朝廷と文化はないと思っている」[2]と記述している。つまり、中国人はマテオ・リッチの『坤輿萬國全圖』を見て、はじめて世界には五つの大きな大陸があり、中国は世界の中の小さなひとかたまりにすぎないことを知ったのである。『坤輿萬國全圖』に西洋の精密な経緯度を使った図法を用いており、中国の伝統的な「計里画方」[訳2]という作図の手法を超えていた。このことは中国人の「天圓地方」の観念[3]を壊しただけでなく、同時に中国人が自らの力量をわきまえず幅を利かす心理も打ち砕いた。

　また、中国の知識人の視野を広げた。中国は古くから倫理のみを重視しており、科学を軽視していた。西洋の学問の東漸は中国の知識人に、西洋の科学技術の緻密さを知らしめ、彼らの耳目を一新した。西洋の学問が中国に伝わったのち、一部の有識者は中国の科学技術の衰退と、西洋の学問を学ぶ必要性を認識したが、多くの官僚は依然として西洋の文明に対する反抗心を抱いていた。明末の崇禎年間に発生した中国と西洋の暦法に関する争いは、わかりやすい例である。歴代王朝の皇帝はみな、天道と人道は一致しており、天子は天に代わって政治を遂行すると認識していた。そのため天文暦法と国

訳2　晋代の著名な製図理論家で河東聞喜（現在の山西省聞喜県）の出身の裴秀（224〜271年、字は季彦）が確立した製図法。裴秀は18葉にわたる詳細で正確な中国全土の地図『禹貢地域図』を著し、広域地図に関わる6つの要素として「分率（縮尺）」「準望（方位）」「道里（距離）」「高下（地形の起伏）」「方邪（傾斜角度）」「迂直（河川、道の形状）」に留意した方眼図法の原理を示した。

家、朝廷の盛衰は密接に関連しており、暦法の制定は朝廷の専権事項であり、一般人が参与することを禁じていた。従って暦法における誤りも簡単に改められるものではなく、国家の命運に深く影響した。崇禎2 (1629) 年、欽天監は日食の予測を間違えたが、徐光啓が西洋の天文学を用いて予測した日食はまったく正確なものであった。しかし、思宗は暦法を改めることは朝廷の交代や代替わりを意味すると考えており、軽々しく変更することを望まなかった。幾多の紆余曲折を経て、思宗はついに徐光啓が宣教師ニコラス・ロンゴバルディ（龍華民 Nicolo Longobardi）、ジョアン・テレンス、アダム・シャール、ジャコモ・リョー（羅雅谷 Giacomo Rho）らと共同で暦局を開設することを許した。崇禎7 (1634) 年、『崇禎暦法』が完成したが、守旧派からのあらん限りの妨害をうけ、明朝の滅亡に接してもまだ公布されぬままであった[4]。新しい暦法は正式に公布されることはなかったが、その影響は深遠なものであった。西洋の科学技術は一部の知識人の心の中に一定の地歩を占めた。

第三に、西洋の科学は、中国の知識人に新しい思考方法を提供した。中国の伝統的な思考方法は直感を重視し、理性的思考を軽視するものであり、帰納を重視し、演繹を軽視し、「四書」「五経」の道理が何であるかをただ論じるだけで、なぜなのかは論じなかった。西洋から伝わった『幾何原本』は演繹推理の思考方式を重視しており、中国の伝統的な思考方式と大きく異なっていた。徐光啓は、西洋の学問の精髄は、事物の認識の際に、それが何であるかを知るだけでなく、それがなぜであるかも知ろうとする、斬新な思考方式にあると考えていた。彼は『幾何原本』から、その先進的な思想方式を入手し、把握し、中華文化に不足している部分を補うことを主張した[5]。

第四に、実学の発展を促進した。16世紀末、宋明理学の中国の思想界における統一的な地位が揺らぎ始めており、実学思想が起こり始めていた。西洋の学問が東洋にやって来て、こうした思想の発展を促進した。徐光啓と、清初の方以智、黄宗羲、顧炎武、王夫之、顔元らは、西洋の科学文化を積極的に吸収し、非現実的な性質の道徳的理学を批判し、実際の場面に応用できる実学を主張した。決まりきった形式で人材を選抜する科挙制度に反対し、実質的な事柄についてみる試験制度を主張した。彼らは自然科学の学習を提

唱し、人間性の解放を主張し、批判の矛先を専制君主に向け、中国で最も早い啓蒙教育思潮をつくりあげた。

西洋の学問の東漸は中国に科学技術を伝えただけではなく、さらに重要なのはそれが中国の伝統的な文化に最初の重大な衝撃を与えたことである。残念ながら、中国の封建専制の保守性と中国の伝統的な文化の重々しさにより、西洋の学問は強い抵抗にあった。清の雍正年間に至って、宣教師は国を追い出され、「西洋の学問の東漸」はしばらく中断し、アヘン戦争になって中国の門戸は強制的に開かれたのである。しかし、いずれにしても「西洋の学問の東漸」が中国の文化と教育に与えた影響は巨大で深いものであった。

第2節　教会学校の出現と近代教育の中国での発生

「西洋の学問の東漸」は何度か中断したが、外国人の中国における布教活動が途絶えることはなく、とくにそれは中国南部の沿海一帯で行われていた。彼らは布教の便宜をはかるために、現地に学校を開いた。これが中国に出現した最初の教会学校である。それは中国の近代教育の始まりであった。

教会学校の急増

史料の記載によれば、最も早い西洋式の学校は、1807年に最も早く中国に来たイギリスのキリスト教宣教師モリソン（瑪利遜 Robert Morrison）が、1818年にマラッカに開いた「英華学校」である。1835年のモリソンの死後、香港などの宣教師が「モリソン教育協会」を設立して彼を記念している。1839年、アメリカの宣教師サミュエル・R・ブラウン（布朗 S.R. B-own）が広州に小学を開いたが、すぐに現地の人に追い出され、マカオに移ってモリソン学校を開いた。その後、アヘン戦争に敗れて、「南京条約」訳3が締結されると、外国人宣教師が中国に大量に入ってくるようになり、中国で教育を行い、教育を

訳3　南京条約は1842年に清朝とイギリスとの間で締結された、アヘン戦争の講和条約。敗れた清朝側に不利な内容となっており、そこには広州、福州、アモイ、寧波、上海の5港を開港することが含まれていた。

通じて布教を行った。最も早く教育を行った学校には、1844年にイギリスの「東方女子教育協進社 (Society for Promoting Female Education in the East)」が派遣したメアリー・アルダーシー (愛爾德賽 Marry Ann Aldersey) が寧波に開いた女子学校、1845年にアメリカ長老会 (American Presbyterian Mission) が寧波に設立した学塾 (1867年に杭州に移り、育英書院と名付けられ、後に之江大学へと発展) がある。19世紀後半、アメリカの植民主義が拡大するにつれて、アメリカの教会では外国で教育を行うブームが巻き起こり、次々と中国に来て教育を行った。この時期にアメリカの教会が創設した学校には、1864年にアメリカ長老会のカルヴィン・マティア (狄考文 Calvin Wilson Matteer) が山東の登州に開いた文会館 (それまでの教会学校はみな小学レベルであったが、この学校は中国に出現した最初の中学ということができる)、1866年にイギリスの浸礼会 (Baptist Churches) が青州に設立した広徳書院 (後に文会館と合併して広文書院となり濰県に設立され、1917年に斉魯大学へと発展)、1864年にアメリカの公理会 (Congregational Church、会衆派教会) の宣教師ヘンリー (柏亨利 Henry Blodqet) が設立した育英学堂 (1912年に中学に変更)、これと同時にアメリカの聖公会[訳4]の宣教師ブリッジマン (稗治文 Elijah Coleman Bridgman) の夫人ジレット (格蘭徳 Eliza Jane Gillett) が開いた貝満女学堂 (1895年に中学課程を設置) などがある。教会学校の数は急激に増加し、1877年と1890年に上海で開かれた2度の「在華キリスト教宣教師大会」の報告によると、1876年は男子全日制学校177校、児童・生徒2,991人、男子寄宿学校31校、647人、女子全日制学校82校、1,307人、女子寄宿学校39校、794人、伝道学校21校、236人、学校総数350校、5,975人であった。これが1889年には児童・生徒総数が16,836人に達しており[6]、13年間で教会学校の児童・生徒は2.5倍に増加したことになる。

　教会学校の登場は明末清初の西洋の学問の東漸より少し遅れているが、それは宣教師が中国に来て布教したことによって起こったものであった。当初

訳4　原著ではアメリカ聖公会 (Episcopal Church in the United States of America) の宣教師となっているが、ブリッジマンは同じプロテスタント教会でもアメリカ公理会 (American Board of Commissioners for Foreign Missions) に所属していた。夫人となるジレットはアメリカ監督教会 (American Episcopalian) の宣教師として中国に来ていた。

第6章　西洋の学問の東漸と中国教育の現代化　163

徐匯公学

　宣教師の布教は主に家庭、教会や街頭で行われたものであり、効果はあまりなかった。これはキリスト教文化と中国の伝統的な文化が全く異なり、中国人には受け入れがたいものであったからである。モリソンが中国に入ったのは1807年であるが、最初の中国人信徒に洗礼を行うことができたのは1814年のことであった[7]。そこで彼らは作戦を変更し、幼くて純粋な少年児童を布教の対象とし、教育を行うことを通じて彼らをひきつけようとした。最初に入学した者の多くは貧困な家庭の子どもや街頭の孤児であった。その後学校が成果をあげるようになって、社会の注目を浴びるようになり、入学者数が増え、徐々に高額の学費を得て、「貴族」学校となっていった。教会学校の中国における出現は、何曉夏・史静寰『教会学校と中国教育の近代化』の中に述べられているように「まったく中国人の自主選択ではなかった」が、中国に近代教育制度をもたらし、中国の伝統的な教育という枯れ草をなぎ倒す役割を果たしたのである。『教会学校と中国教育の近代化』は教会学校の中国での創建と発展についての詳細な紹介と評価を行っている。ここでは彼らの資料を借りて、教会学校が中国の教育にどのような新しいものをもたらしたのかについて説明しておこう。

教会学校は西洋の学校制度をもたらした

　中国の伝統的な教育はただ小学と大学に分かれており、中学はなかった。小学はほとんどが家庭や家塾でおこなわれており、識字と簡単な掃除・応対の知識を学んでいた。衣冠束帯を身につける年齢になると、通常は15歳で大学に入り、正式に「四書」「五経」を学び、その後科挙試験を受験した。厳

格に言うと、中国には完成された統一的な学校教育体系は存在していなかった。教会学校は西洋の就学前教育から高等教育までの一通りの学校制度をすべて持ち込んだのである。最初に開かれたのは小学であり、1839年のモリソン小学から始まって、教育専門雑誌『聖教雑誌』第6期の統計によれば、1926年に全国の教会小学の男子校は2,048校あり、信者である児童57,877人、信者でない児童10,356人、女子小学校は568校あり、信者である児童22,111人、信者でない児童5,288人であった。

　1840年代、外国の宣教師は育嬰堂、孤児院、慈幼院などと呼ばれたものをつくり、孤児を収容して養った。これらは教育機関に属しない慈善事業であるが、中国においてはこれも新しい教育システムであった。1880年代に外国の教会は中国の沿海地区において就学前教育機関をつくり、最初の就学前教育機関は「小孩察物学堂」と呼ばれていた。宣教師のジョン・アレン（林楽知 Young John Allen）は「西洋諸国の児童のための塾は幼稚園から始まり、これは察物学堂とも呼ばれる。子どもが本を読めるようになる前に、物を観察させ、目に見えるもの、手に触れるもの、耳に聞こえるものすべての名前、作り方、使い方を覚えさせる。これにより本を読んで字を覚える時には、すでに慣れ親しんだものとなっている」[8]と解説している。ここには就学前教育の主旨と方法が紹介されている。これが中国の就学前教育機関の始まりであった。

　第2次アヘン戦争以後、宣教師は不平等条約の保護のもと中国内部へと活動地域を拡大した。彼らはすでに足もとをしっかりと固めたと認識し、もはや小学教育を行うことでは彼らを満足させることができなくなっており、徐々に中学堂を開いていった。彼らが教育を行う目的はただ単純にキリスト教の教えを伝え、信者を育成することだけではなく、中国社会において西洋に親しんだ知識人とリーダーを育成することを含んでいた。最初の中華教育会会長であるアメリカの宣教師カルヴィン・マティアは、「教会学校設立の本当の目的と役割は、ただ布教し、子どもに洗礼を受けさせることではない。彼らはもっと将来のことを考えており、信者となった子どもに智恵と道徳の訓練をして、彼らを社会と教会における有力者にし、一般の人々の教師やそ

の他のリーダーにしようとしている」[9]と述べている。大多数の教会中学は、登州文会館の前身が登州蒙学堂であったように、教会小学校にクラスを増やして創ったものであった。育英学堂、貝満女学堂、潞河書院などはみな中国で最初の中学である。

　教会学校の登場は、洋務派の教育への情熱をかきたてた。洋務運動はもともと西洋の列強の大砲によって引き起こされたものである。中国人が最初に西洋の学問を知ったのはアヘン戦争において西洋の列強が使用した堅牢な艦船と大砲であった。西洋の列強の中国侵略がエスカレートし続けたことと、中国の西洋に学ぼうという呼び声の高まりに直面して、清朝の洋務派官僚は「中国の学問を"体"とし、西洋の学問を"用"とする（中体西用）」というスローガンを提示した。洋務運動の展開により、朝廷は外交交渉に長けた人材を多数必要としたため、清政府は新しい学堂を開いた。1862年に創設された京師同文館から始まって、洋務学堂は22校つくられた。これらの学堂と中国の伝統的な学校はまったく異なっており、採用したのは西洋の近代教育制度であった。従って、こうした洋務学堂が中国近代教育の始まりということもできる。

教会学校は西洋近代学校の斬新な教育課程、組織形態、方法をもたらした

　早期の教会学校は小学を主とし、人数がとても少なかった。しかし新しい教育組織形態を採用し、クラスによる授業制度を実行しており、中国の伝統的な学塾の個別教育とはまったく異なっていた。開設された科目には、「四書」「五経」のほか、外国語、算術、代数、幾何、生理学、地理、歴史、化学などがあった。1900年に、教会が調査した華南、華中、華東、華北の5校のアメリカの教会小学校で開設していた科目には、体操、音楽、地理、生理、天文、物理、化学、動物学、植物学、生物学、人文地理、歴史－世界史、算術、代数幾何三角、英文、国文、道学、衛生があった。もちろんすべての小学校がこれらの科目すべてを開設していたわけではない。5校の小学のうち4校が開設していたのは体操、音楽、生理、天文であり、3校の小学が開設していたのは英語、化学、物理であった。開設していたところが最も少ない

のは代数・幾何・三角関数、人文地理であった[10]。これらの科目はみな中国の子どもにとってまったく新しいもので、聞いたことも見たこともないものであった。教育活動は子どもの興味関心を惹くことを強調し、「教師が児童を教育するには、穏和で慈愛を必要とし、父母が子どもに接するように児童に接し、学校は家庭的な雰囲気で満たし、家庭式の教育を実行しなければならない。頻繁に児童と触れあい、教師と児童の関係を密接にし、お互いに関心をもち、お互いに理解しなければならない。児童の発問を歓迎し、質問に喜んで答えなければならず、児童に接する時は根気と真心をもち、怒った表情を出さず、児童の発問を奨励しなければならず、児童の学識を強め、彼らの自信を高めることがきわめて重要である」[11]と述べている。

女子学校教育の先駆けとなった

中国の伝統的な文化は男性を重視し、女性を軽視する文化であった。よって中国の伝統的な教育は女子教育を重視しておらず、いわゆる「女子は才能がない方がよい」という封建思想がすべての民族の頭の中を支配していた。

中国の伝統文化は女子が「三従四徳」であるべきで、ただ家の中のことを守り、夫を助け、子女を教育すべきであると提唱したのであり、女子には基本的に学校へ通う権利がなかった。西洋の学問の東漸により、西洋の男女平等の思想がもたらされた。かくして中国に女子学堂、女子師範学堂といった学校が出現しはじた。写真は当時のある女子学堂の外観である。

宦官の家庭に家塾がある場合もあったが、男女の教育の区別はあった。女子は主に家庭の寝室で識字、女性の仕事を学び、「女児経」を主な教材としていた。彼らを家で教育するのは父母のためであり、嫁にいった後は義理の母親のためであり、亭主へ従うためであった。女子は学校に入る権利がなかった。清の光緒29年(1904年1月)に公布された癸卯学制の『奏定蒙養院章程および家庭教育法章程』の第10節には女子教育についての規定があり、「三代[訳5]以来女子も皆教育

訳5 三代とは夏・商(殷)・周の3王朝のこと。

第6章　西洋の学問の東漸と中国教育の現代化　167

があったことは、経典につぶさに見られる。いわゆる教える者は、少女として、女性として、母としての道を教えなければならない。中国の男女の区別は厳格であり、若い女子は学校に入ること、街を歩くことをすべきでなく、西洋の書物を多く読み、外国の習慣を誤って学ぶこともすべきでない。……よって、女子はただ家庭で教育し、……日常に使用する文字を知り、家庭で用いる読み書き物理、女性の果たすべき役割、女工がすべきことを理解していれば、家庭の維持と子育てには十分である」[12]と書かれている。ここには女性への甚だしい差別感をみてとることができる。教会学校はこうした差別感を打破し、女児の入学をできるだけ進めた。最初の教会女子学校は1844年にイギリス人のメアリー・アルダーシーが寧波に開いた女塾である。当初中国人は、このような西洋人が開いた西洋式学堂にひどく疑いの目を向けており、入学しようとしなかった。メアリー・アルダーシーは貧困家庭に衣服を与え、食事を与え、診察して薬を与える方法をとって、徐々に中国人の見方を変え、最初に貧困家庭の女児を入学させた。2年目には15人に増えた。7年後、つまり1851年には40人に増えた。これが中国の女子学校教育の始まりである。

　第2次アヘン戦争の後、中国は五つの港で通商を強いられていた。教会女学校はこれらの通商港において発展し、1844年から1860年の間に11校増えた。その中には1850年にアメリカの美以美会（The Methodist Episcopal Church、メソジスト監督教会）の宣教師のマーレイ（麦利 R.S. Maclay）と夫人スペリー（斯佩里 Spery）が福州[訳6]に開いた女塾、同年にアメリカ聖公会の宣教師ブリッジマンの夫人ジレットが上海西門白雲観に開いた裨文女塾、1851年に米国の聖公会の宣教師ジョーンズ女史（琼司 Emma Jones）が上海虹口に開いた文紀女塾、1854年に米国の公理会の宣教師ドゥーリトル（盧公明 Justus Doolittle）が開いた福州女書院、1864年に米国の聖公会の宣教師ブリッジマンの夫人ジレットが、ブリッジマンを記念して北京に開いた貝満女学堂などがある。1877年には教会女学校で学ぶ者は2,064人に達した[13]。

訳6　福州は福建省の省都である港湾都市。

中国の伝統的な女子教育では主に「女児経」を学び、「三従四徳」[訳7]などの封建的な礼儀と道徳を学んでいた。教会女学校では男子校と基本的に同じ内容を学んでいた。その科目は聖書、算術、地理、歴史、天文などを含んでおり、刺繍、家政などもあった。

19世紀末の中国の女学生。

20世紀初め、中国の近代高等教育の発展に伴って、教会女子高等教育機関が創設された。1904年に開かれた華北協和女子大学、1908年に福州に成立した華南女子文理学院、1915年に開かれた金陵女子文理学院などがそれである。

外国の教会の宣教師が開いた教会女学校の目的は布教であり、中国で信者を増やし、キリスト教文化を伝えるという、一種の文化侵略であった。但し、客観的には中国の封建文化の伝統に衝撃を与え、中国の教育の近代化を促進する役割を果たした。とくに女学校の創設は、中国社会に大きな衝撃をもたらした、重大な社会変革となった。数千年の間、中国の女子はみな寝室に閉じこめられて、教育を受ける権利を得られず、社会活動に参加する権利さえもなかった。現在の女性は女子学校に入って学習できるだけでなく、「三従四徳」だけを学ぶこともなく、自然科学、社会歴史を学び、国を出て留学する者もいる。これは中国の女性にとっての大きな変化ということができよう！

教会学校が中国に出現したのは、中国人の自主的な選択ではなく、西洋の列強が堅牢な艦船と大砲を通じて中国を侵略した結果であり、文化植民地主義の一形態である。しかし中国の近代教育の発展からみると、清末に科挙を廃止し、学堂を興すという改革の手本となったのである。

訳7 三従四徳は中国古代封建社会からある女子の行為規範。三従は、結婚前は父に、結婚後は夫に、夫の死後は子どもに従うこと、四徳は、婦徳（女性としての道徳）、婦容（女性らしい容姿）、婦言（女性らしい言葉遣い）、婦功（料理・裁縫など女性としての仕事）を身につけることを指す。

第3節　西洋の学問の東漸が中国の教育の近代化に与えた影響

　近代化と現代化は西洋ではもともと一つの言葉であり（英語では Modernization）、それが含む意味はそれぞれの人の解釈によって異なる。基本的な認識としては、それは農業社会から工業社会へ向けて発展していく歴史的過程ということができ、工業化と同義になる時もある。私はここで近代化という言葉を採用し、一方で、中国の教育史学界の習慣的な用法に則って、アヘン戦争以後から五四運動の前までの教育史を中国近代教育史と呼び、五四運動以後の教育史を中国現代教育史と呼ぶ。他方、私がここで述べる中国教育の近代化は主として中国の新しい学制が生まれた時の教育史を指し、それと教育の現代化との間には、明確な時間的境界が存在する。

　中国の教育の近代化はいつ始まったのか？「新学制」、つまり壬寅（1902年）－癸卯（1904年）の学制から始まったと考える学者もいれば、五四運動から始まったと考える者もいる。例えば岳龍は『中国の教育の伝統構造とその現代性』の中で、「壬寅－癸卯学制を中国の新教育の起点とし、それを『新学制』と称し、それが近代教育の基本精神を反映していると考える者がいるが、私たちの詳細な分析から分かったことは、この学制は根本的に言えば依然として『中体西用』の古い型から脱することができておらず、実質的にはまだ伝統が主導的な地位にあり、本当の新しい時代観と時代精神を体現していない」[14]と述べている。この意見の考え方は正しいもので、「新学制」は基本精神からいうと決して新しいものではない。但し、中国教育史学界の習慣から近代と現代を区別してみると、「新学制」が中国の教育の近代化の成果といえるかどうかの判断は、それが科挙制度と大きく異なっているということを根拠とする。本節はこの意味から西洋の学問の東漸が中国の教育の近代化へ与えた影響について論じる。

　中国の教育の近代化は自発的なものではなく、外的な力が影響した結果である。明朝最後の年には中国にすでに資本主義の萌芽がみられたが、中国の封建専制の強さと中国の伝統的な文化の重々しさにより、中国はまだ自発的に近代化の思想を生み出すところまではいっておらず、ただ西洋の学問の東

漸の影響下でやっと早期の啓蒙思想が出現し始めたところであった。すでに論じたように、西洋の学問の東漸はいくつかの段階に分けることができ、それぞれの段階でその影響は異なる。

　最も早い段階、明末清初の時期の西洋の学問の東漸は、主に西洋の宣教師が持ち込んだ西洋の先進的な科学技術によるものであった。この時期の西洋の学問の東漸の特長は、一つは西洋の宣教師が中国に来た目的は布教であり、彼らはキリスト教を用いて東洋人の魂を救いたいと考えており、科学技術は布教のための手段であったことである。もう一つは、中国の支配階級は抵抗し拒絶する態度をとり、西洋の文化の先進性を認めようとせず、西洋の科学技術をただ一種の技芸とみなし、気にもかけなかったことである。西洋の宣教師の活動はついに清の雍正年間に停止させられ、西洋の学問の東漸は中断しそうになった。このように、この時期の西洋の学問の東漸が中国の教育の近代化に大きな影響を与えたということはできない。但し、言えることはそれが中国の伝統的な文化という平静な湖面にひとつの石を投げ入れ、その平静を打ち破っただけでなく、波を起こしたことである。それが啓蒙教育思想である。西洋の宣教師たちは宋明理学を非難し、科挙制度に反対し、人間性の解放を提唱し、封建伝統文化に矛先を向けた。彼らはまだ科挙を廃止し、新しい学問を立てるという主張を出してはいなかったが、彼らの思想が後の中国の近代教育の到来にまったく影響を与えなかったということはできない。

布教と教育

　アヘン戦争以後、西洋の学問の東漸には重大な変化が起きた。西洋の宣教師は堅牢な艦船と大砲を従えて再び中国にやってきた。この時は明末清初の時のように中国の皇帝に接見を求めることはなく、征服者の姿をしてやってきた。彼らは堂々と中国で布教をした。但し彼らが考えていなかったのは、キリスト教文化と中国の伝統的な文化がまったく異なる文化体系にあり、中国人には受け入れ難いものであったことだった。そこで彼らは教育を行うという方法で子どもの信教を誘った。これにより、教育を行うことが彼らの布

教の手段となった。

　教育を行うことと布教の関係について、教会内部ではかつて激烈な論争があった。宣教師の本来の活動は布教し、伝道することであり、学校を運営し、教師となることではない。よって宣教師が教育に従事することはまじめに働いているとはいえず、制限し取り締まるべきであるという意見があった。一方で、宣教師が中国に来たのはキリスト教を伝え、中国をキリスト教化するためである。この目標を実現するためには、宣教師はすべての有効な方法と手段をとることができるという意見もあった。学校を運営することが有効な方法だと証明されてからは、制限をしないばかりか、広大と強化がはかられた。こうした論争は1877年の第一回全国キリスト教宣教師大会上で頂点に達した。アメリカ長老会の宣教師で、登州文会館の創始者であるカルヴィン・マティアを筆頭に、彼らはすでに教育を行うことが布教へ及ぼす効果を十分に知っており、教育を行うことは布教における重要な活動であることを強く主張した。カルヴィン・マティアは彼が発表した有名な演説「キリスト教会と教育の関係」の中で、教育を行うことと布教の関係を詳細に述べている。彼は、「教育は教会のとても重要な機能の1つとなっているが、それは最も重要なものではなく、布教に代えることはできない。布教が教会の最も重要な活動であることは言うまでもない」と述べている。彼はまた、「軍隊の作戦の目的はただできるだけ多くの敵を殺傷し、捕虜とするだけではなく、敵に勝たなくてはならない。……教会もこのように、その目的はできるだけ多くの人を信者にすることだけではなく、同時にすべての国をキリストに帰順させ、異教の砦を壊し、異教を支持する異端の邪説を破壊し、異教徒を救世主に服従させることで解放しなければならない」と述べている。この目的に到達するために、彼は牧師と教会学校教師を育成し、教会学校の主要な任務につかせた[15]。1890年に上海でおこなわれた第二回全国宣教師代表大会において、再び布教と教育を行うこととの関係についての討論がおこなわれた。上海聖約翰書院の院長ポット（卜舫済 F.L. Hawks Pott）はアメリカの陸軍士官学校と比較しながら、教会学校は、教会の布教、つまり敵への戦勝のためのとても重要な戦略機構であるとした。彼は、「もし教会活動が私たちの教育活

動を基礎としないならば、それはまるで砂上の楼閣と同様であり、堅牢とはいえない」と述べている。また彼は、教会学校を通じて牧師と教師を育成し、中国の未来をコントロールしようとしていた。彼は少しも隠そうとせず、「私たちの学校では、私たちが中国の未来の教師と宣教師を訓練し、……彼らを中国の未来のリーダーと指導者にし、未来の中国に最も強力な影響を与える」[16]と述べている。つまりこの時期は、明末清初と大きく異なり、彼らは軍隊のように、キリスト教文化を用いて中国を征服しようとしていたのである。そして教会学校の運営は彼らの重要な武器であった。彼らは教会学校を開くと同時に、西洋の科学と技術をもたらした。教会と科学は本来決して同じものではなく、歴史上は対立するものである。しかし科学の真理は拒否しがたかったため、近代科学がヨーロッパで生まれ発展して以降、教会も妥協をしないわけにはいかず、科学と宗教の融合を図ってきた。カルヴィン・マティアは、「もし科学が宗教の盟友とならなかったら、それは宗教にとって最も危険な敵となる」[17]と述べている。

洋務運動と教育

　この時期の中国人の意識は、一方で中国の伝統的な文化道徳が喪失の危機にあることを感じ、西洋の学問に対して強烈な拒否感をもっていた。しかしもう一方で、列強によって欺かれた残酷な現実に接して、改革しなければ出口はなく、改革するには西洋の学問を採り入れなければならいと感じていた。つまり西洋の大砲艦船は中国の青龍刀や木造船に比べてとんでもなく物凄いものだと感じていたのである。同時に、清朝廷支配階級内部の一部の官僚は、外国人を相手にするうちに、中国の経済、軍事、文化、教育はみな西洋の資本主義列強よりひどく遅れていることを次第に認識した。ここで登場した「洋務派」は、「自強求富(自らを強め富裕を求めること)」を主張し、洋務を興し、「外国の優れた技術を学んで外国を制すこと」を企てた。中国の伝統を喪失させないために、特に中国の封建的支配をおびやかさないために、彼らは「中国の学問を"体"とし、西洋の学問を"用"とする(中体西用)」という主張を提案した。彼らはただ西洋の学問の物質的な側面、技術的な側面のものだけを

見て、西洋の学問の実質を見なかった。洋務派がおこした洋務には主に二つの方面があり、一つは洋学堂を開いたことであり、もう一つは留学生を西洋の国家に派遣して学ばせたことである。

洋務派が開いた学校は3種類ある。一つは外国語学堂であり、京師同文館、上海同文館、広東同文館、新疆ロシア文館などがあり、主に翻訳者を育成した。一つは軍事学堂であり、天津水師学堂、天津武備学堂、湖北武備学堂などがあり、軍事面の人材を育成した。もう一つは船舶、機会、電気通信学堂、つまり技術学校であり、福州船政学堂、上海電報学堂などがあり、実用技術方面の人材を育成した。これらの学堂では相変わらず儒家経書を学んだほかは、主に西洋の言語と科学技術を学んだ。これらの学校は中国の近代教育の始めということができよう。その目的は洋務人材を育成し、清王朝の封建的支配を強固にするためで、本来の教育の近代化とはいえないが、結局中国の伝統的な教育体系を破壊し、中国の教育の近代化への前提条件を提供した。

留学教育は洋務教育の主要な内容であった。洋務派は、西洋の学問を学ぶには国内で開いた学堂に頼るのは不十分であり、外国で見聞し、実地観察しはじめて多くの効果が得られると考えていた。彼らは「趣味が多様で、性格がまじめで、家庭生活の負担で引っ張られることなく、華やかな仕事に関わらない者」の子弟を選抜して留学させることを決め、そのため「選派幼童赴美肄業辦理章程」を議定し、毎年子どもを30人選抜してアメリカの各校に就学させ、4年で合計120名、15年後には毎年30人が帰国することを計画した。第1期留学生は1872年にアメリカに行き、陳蘭彬、容閎為が監督した。しかし1881年に監督である呉子登の保守的な思想により、留学生

アヘン戦争後に維新派の人々は積極的に「洋務学堂」を創設した。写真は1862年創立の京師同文館である。

留学運動。近代史上の留学生は実際のところ洋務運動の産物である。李鴻章、左宗棠、曾国藩ら洋務派のリーダー達は鉱山を開き、企業を興して、実業によって国を救う過程において、中国には西洋の科学技術や人材が欠けていることを悟った。そこで、西洋書籍の組織的翻訳を行うと同時に、1871年に年少者の出国留学を皇帝に奏上したのが、実質的に中国の近代対外教育交流の嚆矢となった。

が西洋の雰囲気にかぶれたという理由でほとんどすべてが先に帰国させられ、10人前後のみが残ることになった。これが中国の近代史上最初の留学生である。彼らの人数は多くはなかったが、西洋の政治思想と学術思想を持ち帰り、中国の教育の近代化に少なからぬ役割を果たした。なお1876年には李鴻章が再び留学生をヨーロッパに派遣することを求めている。

　日清戦争（甲午之役）において、中国の新式水軍は全軍壊滅し、日本の侵略の砲火によって、洋務派の「自強求富」という幻想は終わった。残酷な歴史は中国人民に、ただ単に西洋の技術を学んでも、中国の独立と富強には役に立たないことを告げた。根本的な問題は政治制度であった。そこで一部の資本主義思想をもった官吏と上流知識人が社会改革の主張を提案し、最後はこれが政治運動にまで発展した。これが変法維新運動である。康有為、梁啓超、厳復、譚嗣同などがその代表的人物であり、西洋に真理を求めた知識人の代表ということになる。彼らは救国のためには維新が必要で、維新のため

には西洋について学ぶ必要があると考え、「旧学」を捨て、「新学」を提唱した。そこで彼らは新聞をつくり、会社を立ち上げ、学校を開き、民権を提唱し、変法維新を宣伝した。維新運動の指導者は教育をとても重視した。なぜなら中国の衰退の根本的な原因は教育が悪く、学術が遅れたことにあると考えていたからである。梁啓超は、「亡か存か、廃か挙か、愚か智か、弱か強か、筋道はさまざまだが、すべて元は学校にある」[18]と述べている。康有為は1891年から1895年に広州に万木草堂を開き、梁啓起、譚嗣同らは1897年から1898年に長沙に時務学堂を開いた。維新運動の間、光緒帝は維新派の計画を受け入れ、京師大学堂を準備し開校した。これと同時に、維新運動の影響下で、清政府の洋海関道である盛宣懐が1895年に天津に中西学堂を開き、1897年には上海に南洋公学などを開いた。維新派のリーダーは資本主義を発展させることから始めて、封建専制体制を改変し、西洋の資本主義に学ぶことを求めた。彼らは西洋の資産階級の倫理道徳観念を輸入しようとし、西洋の民主思想によって封建専制思想に反対した。この運動はすぐに失敗したが、彼らの闘争を経て、中国の封建倫理綱常はゆらぎ始め、封建主義教育思想は批判を受けて、封建教育制度は崩壊し始めた。

　洋務運動と変法維新運動は中国の伝統的な教育に重大な衝撃をもたらした。この２度の運動の背景、目的、内容はみな異なっている。前者は封建支配階級内部の洋務派が「中国の学問を"体"とし、西洋の学問を"用"とする(中体西用)」という教育主張を提示し、彼らは専制体制の改変を求めなかった。後者は資産階級改良派がいわゆる「新学」の主張を提示した。しかし客観的にいえば、どちらも封建主義教育の伝統に大きな衝撃を与えた。科挙を廃止し、学堂を興したのはこの２度の運動の成果である。これにより西洋の教育制度と先進的科学文化教育の内容がやっと中国に立てられ、伝播した。

　1902年8月15日(光緒28年)、清政府は壬寅学制を公布したが施行には至らず、1904年１月(光緒29年11月26日)、癸卯学制を公布した。1905年(光緒31年)、清政府は詔書を出し、「丙午(1906年)から、すべての歳科試験、郷試、会試を一律に停止する」とした。ここに中国の封建社会が1300年の長きに渡って実施していた科挙制度が正式に廃止された。中国は完全に西洋の学校教育制

度を受け入れたのである。

原注

1 『中華文明伝真』上海辞書出版社、商務印書館(香港)、2001年。
2 何高済など訳、何兆武校正『利瑪竇中国札記』上冊、中華書局、1983年、181頁。
3 前掲『中華文明伝真』。
4 同上書。
5 白利民編著『西学東漸與明清之間的教育思潮』教育科学出版社、1989年。
6 陳景磐『中国近代教育史』人民教育出版社、1980年、73〜74頁。
7 何暁夏・史静寰『教会学校與中国教育近代化』広東教育出版社、1996年、31頁。
8 林楽知「重視教育説」『万国公報』1903年6月、137頁。『教会学校與中国教育近代化』より引用。
9 「基督教在華伝教士大会記録、1890年」『中国近代教育史教学参考資料』下冊、人民教育出版社、1987年、14頁。
10 『中国近代学制史料』第4輯、華東師範大学出版社、1993年、266頁。
11 何暁夏・史静寰、前掲書、109〜111頁。
12 舒新城『中国近代教育史資料』中冊、人民教育出版社、1961年、387〜388頁。
13 何暁夏・史静寰、前掲書、222〜223頁。
14 丁鋼主編『歴史與現実之間:中国教育伝統的理論探索』教育科学出版社、2002年、36頁。
15 『在華基督教伝教士1877年大会記録』、1878年上海英文本、171〜180頁。陳景磐編『中国近代教育史』人民教育出版社、1979年、61〜62頁より引用。
16 同上記録、496〜497頁。陳景磐編、同上書、61〜62頁より引用。
17 同上記録、496〜497頁。陳景磐編、同上書、61〜62頁より引用。
18 梁啓超「学校総論」舒新城編『中国近代教育史資料』下冊、人民教育出版社、1961年。

第7章　西洋教育制度と教育思想の中国教育に対する影響

　前章ですでに述べたとおり、西洋式の学校教育は西洋の宣教師が中国で運営する教会学校、および洋務派が運営する洋務学校において、19世紀末の中国ですでに出現しており、西洋の教育思想も伝え始められていた。しかし、これらは始まって間もなく、一種の局部的な現象であった。当時、中国のすべての学校教育制度は、依然として改変されてはいなかったのである。中国において西洋的学校教育制度が確立し、西洋教育理論が大量に導入されるのは、やはり戊戌の変法以後のことである。本章ではこの点を重点的に検討する。

第1節　中国の新学制の誕生

新学制誕生の準備期

　西洋の宣教師が中国において学校を運営する目的は、布教を容易にするためである。洋務派が洋学堂を運営しはじめた目的は、洋務を行う多くの人材を養成するためであり、決して新たな学校制度を確立する必要性を感じたからではない。それどころか洋務派たちは、西洋文明が中国の封建文化を打ち壊すことによって、封建専制統治が揺るがされることを恐れていた。そのため、「中国の学問を"体"とし、西洋の学問を"用"とする(中学為体、西学為用)」というスローガンを掲げた。いわゆる中国の学問を"体"とするとは、中国の儒教文化である「三綱五常」を基礎として成り立つ政治体制を変えてはならないということである。西洋の学問を"用"とするとは、すなわち西洋の科学技術を自らのために役立て、洋務派が望む「自強と富国」の手段としようというものである。彼らは西洋文化の物質面だけをみて、中国が西洋に及

ばない主な原因は、頑丈な艦船と高性能の大砲が不足していることだと考えた。しかし、日清戦争が彼らの幻想を打ち砕いた。覚醒し始めた一部の知識人たちは、日清戦争での敗北の主な原因が物質面ではないことを認識するようになったのである。当時、中国の北洋海軍は装備に関して、また軍艦の総トン数においても日本海軍に勝っていた。しかし、どうして戦いに敗れたのか。肝心なのはやはり制度である。腐敗した封建専制制度こそが敗北の本当の原因だったのである。そこで、法律や制度を変え、革新を図る運動が起こった。

維新変法運動は、一群のブルジョア的改良思想をもつ官吏や知識人たちによって起こされた。彼らは西洋の科学技術、頑丈な艦船と高性能の大砲だけでは中国を救うことはできないと考えた。維新派の主なリーダーである梁啓超は「政学（政治学）が根本であり、芸学（西洋の技術学）はその付属である（以政学為主義、以芸学為附庸）」訳1という主張を打ち出した。「政学」とは西洋のブルジョア階級の政治学説を指し、西洋の政治を学ぶ目的とは、西洋のブルジョア階級の民主政体を確立することであった。維新派は光緒帝の力添えの下、上から下まで全ての政治体制の改革を進め、資本主義の立憲君主制を確立しようとした。

変法の需要のために、彼らは中国の伝統文化について省察し批判し、封建政治体制を擁護する倫理道徳に対して激しく批判し、封建主義教育を批判した。宋、明代の性理学の「天然自然の条理を究め、人の欲を消す（窮天理、滅人欲）」という封建主義教育の原則に対し、康有為は、そもそも如何なる天の条理などというものもなく、人の自然な欲望や気質や感性は天から授かったものであり、つまり「天の欲すること、それがすなわち人の道理である（天欲而人理）」と指摘した[1]。しかし、同時に維新変法の思想のすべてが孔子の「古のやり方に沿って改革する（託古改制）」思想の継承と発展に帰するものだと

訳1　維新派のリーダーの一人である張之洞は「勧学篇」の中で、「政と芸をあわせて学ぶ」ことを主張し、学制、地理、財政、税制、軍事、法律、工業政策、商業政策を「政」とし、数学、製図、鉱業、医術、音響学、光学、化学、電気学を「芸」の例として挙げている。「政」は各種の制度、政策を意味し、政治より広い概念である。

した（康有為の「孔子改制考」参照）。彼は孔子が春秋を修訂し、周の時代の礼を復活させることで政体を改革したと捉えた。それゆえ、政体の改革は古くからあるもので、今日の制度改革は古い教えに背かないばかりか、まさに聖人の遺志に添ったものであり、体制を刷新して国家の富強を図っているのであるとした。

　維新派は教育事業を非常に重視し、教育は政治維新を推進し、中国を振興させる重要な手段であるとした。康有為は「天下の事を任せ、中国に新たな世を開こうと思えば、教育より速いものはない」と捉えていた[2]。一方、梁啓超としては「変法の根本は人材を育てることにあり、人材を盛んにするには学校を開くことであり、学校を創設することは科挙制度を変えることである」と指摘した。彼らは教育改革の主張を提示したのである。1895年に清朝政府は国威を失い、国を辱められる「下関条約」に調印することを日本に迫られ、清朝政府の無力を徹底して露呈することになった。康有為や梁啓超らは北京で会試[訳2]を受ける1,300名余りの挙人と連名して、光緒帝に対し変法改革の要求を上書した。これが有名ないわゆる「公車上書」である。奏上書の中で、「八股文」と呼ばれ形式ばった科挙の弊害と、新たに学校を開設することの必要性を強く訴えた。「法律では後世の書籍を用いることを禁じ、空疎な学問が習慣となり、科挙はすべて定員が決まっていて、優れた者の多くは年取ってから地位を得る。……問題が難しいが故に合格する者が少なく、書き方は知っているが内容が乏しい。門戸が狭いため老いてはじめて地位を手に入れ、富を求めることに力を注ぎ、学業を駄目にする」、また、「西洋諸国の富強の原因を探ると、その強さは大砲や機械ではなく、道徳を極めて、知識を習得することを勧めたことにある」とも述べている[3]。康有為は自ら広州に万木学堂を開設し、維新の人材を養成し、黄遵憲や譚嗣同は長沙で時

訳2　科挙は一般的に学校試と科挙試との二段階に大別される。学校試（県試・府試・院試）の試験に合格した者のうち、さらに科試のなかでも科試・郷試・挙人覆試の各試験段階を経た合格者のみが会試の受験資格をもつ。挙人覆試に合格した者が集められ、丑の年、辰の年、未の年、戌の年の春三月に、北京の貢院で行われた。宮崎布定『科挙　中国の試験地獄』中央公論新社、2006年（改版2刷）を参照。

務学堂を設立して、梁啓超を総教習（校長）として招聘した。惜しいことに維新運動はまもなく頑固派[訳3]によって打ち負かされた。しかし、中国の伝統文化に与えた衝撃の影響は根深く、新式の学校制度の誕生を準備する条件となった。

維新運動は失敗したが、当時の清朝政府は既に瀕死の状態に陥っていた。外からは列強による侵略があり、国内の階級矛盾も一段と激化していた。清朝の統治者たちは、既に古いやり方で自らの統治を維持することは不可能だと感じていた。そこで、いわゆる「新政」を実施せざるをえなかった。主な内容は以下のとおりである。

① 八股文の排除、科挙制度の廃止

科挙の廃止　科挙制度は我が国の隋・唐の時代から実施され始めた文武官吏予備軍の選抜制度であり、その歴史は1300年にわたる。1000年余りの歴史の発展過程において、中国社会の安定と発展に対し、また伝統文化の継承と発揚に対し、一定の積極的作用をもたらした。しかし、明代以降、次々と腐敗していき、とくに明朝の成熟期に八股文が導入されて以降、官位や俸禄に誘われて知識人は専ら八股文を学んだのであり、その害は比べものにないほど大きい。近代社会の洗練された学校の出現につれて、科挙は歴史の必然から排除され、1905年（清の光緒31年）に光緒帝が科挙を廃止する勅令を発布した。

訳3　西太后をはじめ、文華殿大学士の倭仁、礼部尚書・吏部尚書などを務めた李鴻藻や徐桐、軍機大臣礼部侍郎の剛毅、直隷総督兼北洋大臣の栄禄、山東巡撫の李秉衡など清朝の保守的官僚を指す。

科挙制度は隋代に創られて以来、統治階級のために人材を選抜する手段となり、封建教育の中心であった学校教育は科挙の付属品となった。このため、八股文を廃止し、科挙の改革がなされなければ、新たな教育制度の誕生は困難であった。維新派の主張の下、清朝の光緒24（1898）年に勅令が発布され、八股文による試験方法が廃止され、時事・政治問題に関して献策する試験方法に変更された。光緒31（1905）年8月に勅令が発布され、「直ちに科挙を廃止し、学校を広める」、「丙年の科挙を初めとして、すべての郷での会試を一律に停止し、各省で歳試も直ちに停止する」と明記された[4]。これによって、中国で1300年にわたり連綿と続いてきた科挙制度はようやく廃除された。

② 書院の改造、学堂の設立

清朝の光緒24（1898）年、光緒帝が勅令を発布し、各省の府・庁・州・県にある大小の書院が、中国の学問と西洋の学問をともに学ぶための学堂へと一律に改造されることになった。そのうち、省都にある大規模な書院は高等学堂に、府・城の書院は中等学堂に、州・県の書院は小学堂に改造されることになった。地方が自ら資金を投じて運営していた社学、義学[訳4]などでも一律に中国の学問と西洋の学問をともに学ぶことになった。その他、各種専門学堂も建設され、農務学堂、蚕桑学堂、鉄道、鉱山、医学、言語の各学堂も設立された。

新たな形式の学堂の創設は、近代中国のために科学技術、軍事、翻訳および外交の人材を養成した。また、西洋からきた大量の自然科学の知識を中国において広汎に伝えると同時に、新たな学校制度の誕生のためにも条件を整えた。

師範教育もこの時期に始まった。維新派は師範教育を重視し、学堂を創るにはまず教員を有していなければならないと考えた。梁啓超は洋務派が開設していた学堂の効果がとても僅かだと分析した際に、「その弊害の要因は三つある。一つ目は科挙の制度を改革しないと、学堂に学ぶ人材が乏しくなる。

訳4　皇帝の勅命により、一部あるいはすべての経費を地域社会や地域の実力者による公的な資金を用いることから公的教育機関と定義される。

二つ目は師範学校を設立しないと、教師に適任の人を得ることができない。三つ目は専門を分けないと、精進することができない」[5]と指摘した。清朝の光緒23（1897）年に、大理寺少卿[訳5]である盛宣懐が上奏し許可を得て、上海に南洋公学を創設してその中に師範院を設け、その他の各院のための教員を養成した。これが中国における師範教育の始まりである[訳6]。

③ 京師大学堂の創設

早くも清朝の光緒22（1896）年に、刑部左侍郎[訳7]である李端棻が京師大学堂を創設することを提案した。光緒24（1898）年に、光緒皇帝が勅令を発布し[訳8]、軍機処と総理事務衙門[訳9]が手続きに着手し、「広く人材を育て、時事を講究する」との趣旨をもって、京師大学堂を全国最高学府および最高教育行政機関として規定した。「各省の学堂はすべて大学堂の統括に帰する」のである。しかし、教育方針は依然として「中国の学問を"体"とし、西洋の学問を"用"とする」、「中国の学問は"体"でもあり、西洋の学問は"用"であり、二者は互いに必要とするものであり、一つが欠けても成り立たない」[6]とされたのである。カリキュラムも「中国の学問と西洋の学問のどちらにも比重をおき、双方に通じていることを見るべきであり、いずれかに偏ったり、取り止めてはならない」。学生は入学後、まずは基礎学を学び、卒業後に再び専門学を学ぶ。1898年11月の開校当時、学生は百人に満たなかった。1900年に義和団運動が起こり、学堂は運営を停止した。1902年に学堂が再開され、また、張百熙が官学大臣に再任されて、「欽定京師大学堂章程」を発布した。まず、予備科（政科・芸科の二つの科）と速成科（仕学館[訳10]と師範館の二つから

訳5　司法を担当する行政機関において、検察・裁判などを司る職。
訳6　南洋公学は現在の上海交通大学の前身にあたる。
訳7　中国の清朝中後期（1732～1911年）における軍機処に従事する官吏の役職名であり、常時6～7名ほどが任命されていた。
訳8　光緒帝の勅書である「上諭開京師大学堂」をいう。
訳9　清朝後期（1861年1月20日～1901年9月7日）に、恭親王奕訢が外交や洋務を管轄するために新設した官庁。組織体制のうち、構成要員は親王や郡王、貝勒といった満州貴族層と、数人の大臣、組織機構はイギリス課、フランス課、ロシア課、アメリカ課、海防課である。
訳10　官吏の再教育機関を指す。

第7章　西洋教育制度と教育思想の中国教育に対する影響　183

北京大学（京師大学堂）

京師大学の扁額　京師大学堂は中国近代の最も早期の大学の一つであり、1898年に創設された。

なる）を設置した。1903年に進士館、訳学館および医学実業館、1907年に更に博物品実習科が増設された。1910年に分科大学が正式に開校し、続いて経済、文学、法政、格致、農、工、商の七つの科が開設された。1912年に民国が成立し、北京大学と改名された。京師大学堂の成立は、それ以降の新たな学校制度の成立の基盤を打ち立てた。

④　留学生の派遣

　洋務運動期に派遣された留学生は、主にヨーロッパ、アメリカ諸国に赴いたが、人数は多くはなかった。"新政"時期は主として日本留学に赴き、人数も毎年増加していった。公費派遣という単一形式から、官費、自費など、多様な形式に変わった。1896年には清朝政府が13名を日本留学に派遣し、1902年に日本への留学生は500名余りになり、1903年には1,300名余り、1905年から1906年には1万人近くにまで増えた[7]。留学生が学んだ内容も次第に拡大し、ある者は自然科学、ある者は社会科学、ある者は軍事や師範を学んだ。とくに、国内に学堂が開設されたことに伴う需要に鑑み、師範を学ぶ留学生が相当な比重を占めるようになった。これらの留学生は帰国後、そ

の多くが教育事業に従事し、中国の教育の近代化にとって重要な役割を果たした。

壬寅―癸卯学制

清朝が実施した上述の「新政」は、学堂を開設する基礎であり、光緒28年7月12日（1902年8月15日）に「欽定学堂章程」が公布され、正式に近代的な学校制度が推し広められることになったが、種々の原因から施行には至らなかった。光緒29年11月26日（1904年1月13日）に、今度は「奏定学堂章程」が発布された。この2年は農歴でいうと壬寅年と癸卯年であるため、教育史上、2度にわたって発布された学制を壬寅―癸卯学制と称する。

壬寅学制は発布以降、頑固派の痛烈な反対を受け、更にそれ自体に足らざるところがあったため、実施までに至らなかった。張之洞が中心となって更に修正が行われた後、次の年に癸卯学制が発布された。同学制は「学務綱要」、「大学堂章程」、「通儒院章程」、「高等学堂章程」、「中学堂章程」、「高等小学堂章程」、「初等小学堂章程」、「蒙養院家庭教育法章程」、「優級師範学堂章程」、「初級師範学堂章程」、「実業教員講習所章程」、「初等農、工、商実業学堂章程」、「中等農、工、商実業学堂章程」、「高等農、工、商実業学堂章程」、「実業学堂通則」、「訳学館章程」、「進士館章程」、「各学堂管理通則」、「各学堂奨励章程」の19項からなり、主に日本の明治維新以後の新たな学制に学んだものである。日本の学制は縦方向に正系各機関が3段階・6種に分かれ、小学校から大学へとつながるものが正系で、横方向では普通学校と、実業学校、師範学校および各種専門学校に分かれ、後者が傍系である。癸卯学制は基本的に日本の学制と同じで、縦方向は3段階6種の機関に分かれ、横方向は、普通、師範、実業の3系統に分かれていた。両者が異なっていたのは癸卯学制がとくに経学（経書を研究する

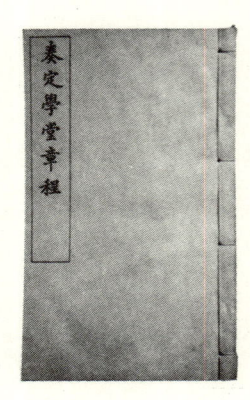

「奏定学堂章程」は癸卯学制とも呼ばれる。1904年（光緒29年）に清朝政府が学制系統に関する文書を公布した。その中には「高等学堂章程」「中学堂章程」「高等小学堂章程」「学堂管理通則」「教員任用章程」が含まれ、就業年限に関して、小学校9年、中学5年、高等学堂および大学6ないし7年と規定された。

学問)を重視し、小学校から中学卒業まで、『孝経』、「四書」、「易」、「書」、「詩」、『左伝』、および『礼記』、『周礼』、『儀礼』などの書物を必ず読まねばならず、ゆえに小学校の修業年限は9年の長きにわたり、毎週学習する授業時間は、日本の小学校に比べてずっと多くしなければならなかった点である。

　なぜ、癸卯学制は日本の学制を参考にしたのだろうか。これは当時の中国の全般的な情勢や輿論に関連している。周谷平は『西洋近代教育理論の中国における伝播』という書物の中で、五つの解釈をしており、私も基本的には彼女の観点に同意している。私自身の理解を含めて、それをまとめると以下のようになる。

　第一に、日本はかつて明治維新の前に、中国と同じような命運に遭遇していた。1853年にアメリカ海軍は日本の浦賀湾に侵入し、日本幕府に開港を迫り、以後、西洋列強の侵略を受けた。ただし、彼らは明治維新を通じて幕府を倒し、天皇制のブルジョア階級政権を確立し、併せて教育発展に力を入れ、西洋の学問を取り入れて、民衆の知を啓発し、わずか数十年の間に東アジアを占拠し、列強の側にその身をおいた。このため、清朝政府の中の洋務派であれ、あるいは維新改良派の人士であれ、誰もが日本に倣いたいと考え、教育を通じて人材を育成し、新法を実施して革新を計ることによって、対内的には王朝を救い、対外的には強敵に対抗することを求めた。康有為は「公車上書」の中で、「日本は小さな島の一蛮族にすぎませんが、よく旧法を改めることによって、ついにはわが琉球を滅ぼし、わが大国を侵略しました。こうした前車の轍は参考に値するものです」と述べている[8]。

　第二に、日本の学制も初めは西洋のものを倣い、フランスおよびドイツの教育制度を参考にした。しかし、20年以上の絶え間ない模索を通して、日本独自の道を歩み始めた。とくに1890年に天皇の「教育勅語」が発布され、忠君愛国と「大和魂」という民族精神を発揚することを根本理念とし、「和魂洋才」を培った。こうした教育理念は、中国の洋務派が主張する「中体西用」思想と期せずして一致したことから、日本は東洋が西洋を学ぶ上での手本と考えられたのである。

　第三に、日本の教育は西洋化から日本化に転換する過程を経た後、西洋の

教育に対し粗い部分を削り、真価とすべきすぐれたところを取り入れ、選択・吸収・消化・融合のプロセスを経た。中国と日本の文化背景は似通っており、過去においてはどちらも儒教文化が主体となっている。このため中国の教育が日本に学ぶことは、模索を減少させ、回り道を短縮させ、半分の労力で倍の成果を収めることができる。

第四に、日本と中国は近隣にあり、文化に大差がなく、文字や言語にも大差がないため、時間や経費を節約することができる。清朝政府は1898年8月2日の勅令において「出国して遊学するに、西洋は東洋に及ばない。東洋への路は近いため費用を節約でき、文字が似通っており、通じやすく、すべての西洋の学問は日本を経由して要点を翻訳できる」と述べている[9]。

第五に、中国が西洋の学問に接したのは、最も早くは宣教師を通じてであり、19世紀末には、主に日本が翻訳したものが伝わり、ちょうど勅令において「すべての西洋の学問は日本を経由して要点を翻訳できる」と述べているとおりであった。従って、日本の教育を学んでいても、根本的には西洋の教育を学ぶことになっている。日本はただ西洋の教育の仲介役に過ぎない。

ただし、中国の新しい学制は、決して日本の学制改革の精神を学び得なかった。中国と日本は西洋を倣うという上において、方向が全く違う二つの道を歩んでいた。日本の明治維新が西洋に倣ったのは、徹底した資本主義の道である。西洋の学問は日本で改造され、日本的特色を持つようになったにもかかわらず、その発展方向は西洋の近代化と一致していた。中国の場合はそうではなかった。中国が西洋に倣う理念はやはり「中体西用」であり、西洋の学問を利用して揺らぎ始めた清王朝の統治を救いたかったためである。壬寅学制にせよ、癸卯学制にせよ、日本の新学制と比べれば、ただ形式的に似通っているだけであり、それらの指導思想と具体的な教育内容には大きな隔たりがある。

「奏定学堂章程」では、「如何なる学堂であろうと、すべて忠・孝を基本とし、中国の経史の学を基盤とし、学生の心がけを清く正しいものにさせ、しかる後、西洋の学問を以って彼らの知識を改造し、その技芸や能力を鍛錬し、いつの日か有能な人材になり、それぞれにふさわしく役立つことを期する」と

述べている[10]。この教育の理念の核心は、忠孝思想であり、あわせてこれを教育政策や教育内容を策定する根拠とした。光緒31（1905）年に「学部が教育理念の宣示を奏請する上奏文」(「学部奏請宣示教育宗旨摺」) において、教育の理念を「忠君、尊孔、尚公、尚武、尚実」と整理して規定し、この理念は民国初期まで踏襲された。

　癸卯学制の中では科挙試験については触れられていないが、科挙制度の封建的色彩は十分色濃く残っていた。各レベルの学堂の卒業生にはすべて科挙合格者の称号を与えた。このため、学生が学ぶことには、依然として資格と功名を求める封建的な心情が根強く働いていた。

　癸卯学制の中に規定された教育内容は、経学に対して最も重要な位置づけを与えた。小学校では毎週12時間にわたって経学を学び、これは全授業時数の3分の1以上を占めた。中学校では7時間で、小学校から中学校卒業までのうちに、十経を学び終えなければならなかった。「学務綱要」はとくに経学を学ぶことを立国の基本とすることを強調しており、「もし学堂で経学を学んでいなければ、尭帝・舜帝・禹帝・周文王・周武王・孔子の教え、いわゆる三綱五常という常識は完全に途絶え、中国は決して立ち行かない。学びだその基本を失って、学ばれなければ、政治はその基本を失って、政治が行われなくなる。基本が失われるばかりでなく、国を愛し人類を愛する心もそれとともに変わりやすくなる。これではどうして国の富強を望みうるであろう」[11]と指摘している。

　最後に、癸卯学制の中では女子教育について触れられていない。

　以上の諸点はいずれも、新しい学制がただ形式的に新しいのみであり、その基本精神や主な内容はすべて旧来のものであることを説明している。当然、カリキュラムの内容には自然科学知識も盛り込まれていたが、「学務綱要」では、中国の文辞は廃棄してはならず、外国の語彙を踏襲して使うことに反対すると規定されていた。これによって自然科学の学習が大きな制限を受けたのである。

壬子―癸丑学制

　1911年10月、武昌蜂起が成功し、中国を200年余りにわたって統一していた清王朝が崩壊し、同時に2000年以上にわたる封建専制制度が終わった。1912年1月に中華民国が成立し、孫文を筆頭とする臨時政府が樹立された。壬子―癸丑学制は、民国政府が教育改革に対して行った重要な措置であり、中国ではじめてブルジョア階級の性質を帯びた学校教育制度である。

　1912年1月5日、臨時大総統の孫文は、蔡元培を教育総長に任命した。蔡元培は中国および西洋の学問を学んでおり、以前は翰林訳11の出身であり、旧学の造詣が深く、後にドイツ、フランスにも留学し、心理学、美学、哲学等を学んで、西洋の資本主義的文化・教育の影響を強く受けている。彼は教育総長として就任した後、ただちに教育制度の改革に着手した。「教育方針に関する意見」を発表し、全国臨時教育会議を開催し、壬子―癸丑学制の制定を中心となって行った。なぜ壬子―癸丑学制と呼ばれたのか。1912年9月3日に学校系統が公布されたが、この年は旧暦の壬子年であったがゆえに壬子学制と称した。壬子学制の公布以降、1913年8月に教育部は「小学校令」、「中学校令」、「師範教育令」、「専門学校令」、「大学令」、「実業学校令」および各種の学校規定を次々と公布した。1913年が旧暦の癸丑年であったため、これに合わせて癸丑学制と称されたのである。

　この学制と癸卯学制とを比較すると、以下のいくつかの変化が見られる。

　第一に、学制全体の就業年数が短縮された。癸丑学制は初等小学堂から大学堂までに22年を要するものであった。新しい学制は、7歳の児童が入学してから大学を卒業するまで18年である。新しい学制は普通教育、師範教育、実業教育の三つの系統を設けていた。その中で普通教育は3段階4種、つまり初等教育7年（初等小学校4年で男女共学、高等小学校3年で男女別学）、中等教育4年で男女別学、高等教育6～7年（大学予科3年、本科3～4年、専門学校予科1年、本科3年、医科4年）である。大学卒業後は大学院に進学することが可能であったが、修業年限は定まっていなかった。師範教育は師範学校と

訳11　唐時代以後に設けられた皇帝の文書作成を司った官職

高等師範学校の二つのレベルに分かれていた。実業教育は乙種、甲種実業学校に分けて設置され、どちらも3年で卒業し、レベルはそれぞれ高等小学校、中学に相当するもので、農・工・商・商船の4種に分類されていた。

　第二に、壬子―癸丑学制は清末の教育理念を変えた。蔡元培が発表した「教育方針に関する意見」の中で、新たな教育方針は国民教育、実利主義教育、公民道徳教育、世界観教育、美感教育の「五育」を並行して行うべきであり、これらを以って清末の「忠君、尊孔、尚公、尚武、尚実」の教育理念に取って代わらなければならないと提議されている。彼は「忠君と民主共和政体は相容れず、尊孔と信教の自由は相反する」と明確に指摘している[12]。議論を経て、1912年9月2日に教育部が公布した「教育宗旨」では、「道徳教育に重点をおき、実利教育と国民公民教育を以ってこれを補い、更に美感教育を以ってその道徳を完成させる」とされている。この教育理念は、人間の徳・智・体・美の調和的発展というブルジョア階級の教育の思想を体現したものである。

　第三に、壬子―癸丑学制には、小中学校において経書を読むことを止め、大学における経学科を廃止し、実業科目や職業教育を強化し、清朝学部が発行した教科書の使用を禁じるなど、ブルジョア階級の反封建精神が反映している。

　第四に、壬子―癸丑学制は基本的にブルジョア階級の平等思想を体現していた。まず、教育権の面で女性軽視を取り除いた。初等小学校は男女共学を可能とし、大学に女子大学を設けず、女子学生を受け入れないことを除いて、それ以外の普通中学、師範学校、高等師範学校や実業学校には、いずれも女子校を設置することが可能であると規定して、ブルジョア階級の男女平等思想を反映した。次に、清朝政府が貴族のために設立した貴族子女の学堂を廃止し、卒業生に科挙合格者の称号を与える規定を廃止し、封建的な特権と階級上の制限を取り除いた。

　壬子―癸丑学制は基本的にはブルジョア革命の要求を反映していたが、革命は徹底しておらず、依然として旧学制の多くの痕跡を残していた。とくに辛亥革命以降、頑迷な封建勢力と帝国主義は互いに結託し、みだりに共和国を覆すことを謀り、封建帝制の復活を企てた。このことは教育においては、

復古教育が一向になくならなかったことに反映していた。中国の旧来の封建主義教育制度は形式的には消滅したが、その思想は依然として根強く存在していた。徹底した革命がなければ、取り除き難いものだったのである。

壬戌学制

壬子—癸丑学制は10年間施行された。1922年11月2日に今度は北洋軍閥政府が「学校系統改革案」を発布し、この年が旧暦で壬戌(みずのえいぬ)年であったことから壬戌(じんじゅつ)学制と称された。民国初年の壬子—癸丑学制と区別するため、「新学制」とも称された。壬戌学制は学制改革の原則として、「1. 社会進歩の需要に適応すること、2. 平民教育精神を発揮すること、3. 個性の発展を図ること、4. 国民の経済力に注意すること、5. 生活教育に注意すること、6. 教育を普及し易くすること、7. 各地方による裁量の余地を多く残すこと」を提示した。新学制には次のように規定された。初等教育を6年として初級、高級の二つに分け、初級小学4年、高級小学2年とする。中等教育を6年として、初級、高級の二つに分け、それぞれ3年とする。初級中学には職業科を設置する事も可能である。高級中学には普通、農業、工業、商業、師範、家事の各科を設置する。旧学制における甲種、乙種の実業学校は職業学校や中学の職業科に改める。高等教育は4～6年とし、そのうち大学本科は4～6年、専門学校は3年とする。大学院は研究の場であり、年限を定めない。児童は6歳で入学し、大学卒業まであわせて16～18学年とする。

ここに一つの問題が生じる。なぜ民国以降に発布した新学制が10年間実施されて、再び改革が必要とされたのか。各界の研究をまとめると、おおよそ合致しているのは以下のいくつかの面の原因である。

第一に、第一次世界大戦以降、中国の民族資本による工業は比較的大きな発展を遂げた。商工業の発展には、一定の科学・文化知識を有する工場労働者、職業教育を受けたエンジニア、経営管理の人材を必要とした。しかし、壬子—癸丑学制は多くの欠点を抱えており、民族資本による工業の発展という新たな情勢に適応しえなかった。例えば、天津の南開学校の喩鑑はかつて著書において、「天津は商工業の発達した地区として、実業人材の供給が需要に

応じきれていない。今の中学の学科や科目の分け方はとても簡単すぎたり、あるいは設備が整っていなかったりする。科を分ける名目はあるが、科を分ける実質がないといったことが皆それにあたる。南開もまたこの弊害を脱することができずにいる。……今、南開は実業人材を多く養成する見地から、新しい制度を取り入れ、多くの科を設けた」[13]と指摘している。顧樹森は「現行の学制を改革することに対する意見」の中でも、現行の学制には、正系の学校が多く、傍系の学校が少ない。すなわち普通学校が多く、職業学校は少ないと批判している。

第二に、学制自体に依然として多くの欠陥があった。例えば、学習年限が長過ぎ、修業年限は全体で18年の長さに達し、短期間で人材を育成する上で不利であった。学校段階の間が互いに接続しておらず、高級小学校3年次の課程と中学とが重複していた。小中学校の準備機関としての性格を強調しすぎる余り、その独自性が失われていた等である。そのため早くも1915年には、多くの地方学会や学者が現行の学制に対して鋭い批評を提起している。実際のところ、壬子―癸丑学制の発布は、民国が成立して2年目であり、時間が余りにも切迫しており、多方面にわたる議論をするに至っておらず、日本の学制をまねた痕跡がとても甚しい。数年の実践を経て、欠点がしだいに露わになり、改革せざるを得なくなったのである。

第三に、五四新文化運動がこの時の改革を促進した。新文化運動は中国の伝統文化の根幹を揺るがし、教育の近代化のための道筋を切り開いた。この問題については、改めて次章において詳細な議論を行うことにしたい。

第四に、欧米の教育思想が大量に中国に輸入され、中国からの留学生はもはや日本に限定されることがなくなった。従って、日本の学制を参照した壬子―癸丑学制が批判を受けたとしても不思議ではない。

周知の通り、この時の学制改革で手本とされ、採用されたのはアメリカの学制であり、つまり通常いわれる小学校6年、中学3年、高校3年の「六三三」制である。この学制は1951年の学制改革以前までずっと用いられていた。実際のところ、普通教育系統について見れば、「六三三」制は今日まで依然としてその影響を与えている。私がここで、新学制はアメリカの学制を手本

として採用したと言うのは、「壬戌学制がアメリカの学制を踏襲したものか否か」という論争から逃れたいがためである。銭曼倩および金林祥編の『中国の近代学制の比較研究』では、まるまる一節を用いて「盲目的にアメリカの学制を踏襲した」との見方を反駁し、1915年から各地で学制改革の問題について既に議論が始まり、各種の案が提出されていたことが詳細に紹介された。「広東省学制系統研究会は、ドイツ、イギリス、アメリカ、フランス、日本の五か国の主要な資本主義国家の学制についても真剣に検討し、また各国の学制に関して、組織原理、沿革、動向、社会、科学の五つの分野に分けて分析研究を進めており、それぞれの長所、短所を提起している」[14]。彼らの分析には一定の道理があり、盲目的に踏襲したとするのは間違いである。なぜなら、当時は多くの学者が学制改革の討論に参加し、各地が多くの案を提起したからである。そのうえ、新学制にはわが国の多くの学者の知恵が内包されており、中国的特徴が体現されている。しかし、事実に即して真理を求めるならば、各国の学制の比較を経たのち、アメリカの学制を採用したことを我々は否定することもできない。壬戌学制の学校系統は、アメリカの学制の学校系統と基本的には同じであり、ドイツ、イギリス、フランス、日本の学校系統とは著しく異なっている。実際に、20世紀初頭、アメリカの学制もちょうど改革中であった。アメリカは地方分権制の国家であるため、各州の学制が同一ではなく、九四制、七四制、九三制、八四制があったが、多くの州は八四制、すなわち小学校8年、中学4年であった。1908年にアメリカ教育協会は、小学校の修業年限は6年、中学の修業年限は6年とし、中学では更に初級と高級それぞれ3年に分けることを提案した。翌年、カリフォルニア州のバークレー市は、真っ先に六三三制を実施した。第一次世界大戦後、六三三制は遂に八四制とともにアメリカで広範に採用される学校制度となった[15]。従って、1920年代初頭に、わが国の学制改革がアメリカの経験を借用し、彼らの学制を採用したとしても不思議ではないのである。

わが国の学校制度の充実は日本の学制の模倣から始まり、アメリカの学制を借用し採用するに至ったが、この種の変遷は偶然ではなく、深遠な社会的、歴史的背景を有している。周谷平は彼女が執筆した『西洋近代教育理論の中

国における伝播』の中で、「中国の教育は直接アメリカを手本とした。この時期はおよそ1915年から1949年まで続き、なかでも1920年代に高潮期を迎えた」と述べている。彼女は中国の教育が日本を捨て、アメリカに学ぶことへ転じた原因は、以下のいくつかの面にあることを詳細に分析している。第一に、中国人の対日観の転換。日清戦争以後、日本の軍国主義的野心が日増しに露わになり、中国に種々の不平等条約を締結するよう迫り、中国人の間に日本に対する警戒と敵視の心理状態を生じさせた。第二に、中国人のアメリカに対する認識。辛亥革命が帝制を打倒して共和国が樹立された後、中国人は日本の立憲君主制は中国の国情には既に合わなくなったと考えたのである。また、第一次世界大戦以降、アメリカはあたかも世界平和と正義の象徴のようであり、中国人の間には崇米思想が生じ始めていた。第三に、中国に対するアメリカの全面的勢力拡張。アメリカは教会学校を利用して引き続き中国の教育に浸透していったほか、中国の学務万般に対しても更に多くの関心を示した。とくに重大な意義をもつこととして、アメリカは真っ先に義和団の賠償金を返還し、中国の知識人の好感を博したのみならず、多くの中国人留学生を受け入れた。第四に、五四運動は民主、科学という二つの旗印を掲げ、封建主義の古い思想、古い道徳に対して猛烈な攻撃を展開した。当時、アメリカ教育界の実用主義教育理論は、まさに民主と反伝統を標榜する形で現れており、しかもこの時期に中国に伝わってきたのである[16]。

　壬戌学制の発布と実施は、中国の教育が近代化に向かって進んだ一つの転換点である。ここから、中国の国情に比較的ふさわしい近代教育制度が確立し、中国の教育を近代世界の教育に目を向けさせ、併せて世界の教育の発展情況に追いつかせるための努力が始まったのである。

第2節　中国における西洋教育理論の伝播

　西洋の教育理論が中国に輸入されたことについては二つの段階、3種の理論に分けることができる。二つの段階とは、清朝末期・民国初期を第一段階とし、この段階には主に日本からドイツの伝統教育理論が輸入されたことを

指しており、次に五四運動前後から1949年の全国解放以前までが第二段階であり、二種の異なる理論が同時に中国に紹介された。一つは、アメリカを主とする実用主義教育思想であり、一つはマルクス主義教育理論である。マルクス主義教育理論の中国への伝播に関しては、次章で専門的に議論しよう。本節では主に西洋の資本主義国家の教育理論の中国への伝播について議論する。

ヘルバルト教育理論の伝播と中国の教育に対する影響

　前述したように、わが国が最初に教育の革新を学習したのは日本からであった。しかるに、日本の明治維新の教育改革も西洋から学んだものである。そのため、西洋の教育理論が中国に伝播した最初も、日本を経由して伝わったものである。日本は西洋の教育理論の中継ぎ者といえよう。わが国が日本から輸入した西洋の教育理論の主なものは、日本語の著作を翻訳したものを通じてであった。たとえば、当時、京師大学堂の師範館には日本人教習の立花銑三郎が招聘され、「教育学」を講義したが、これが王国維によって翻訳され『教育世界』第9、10、11号（1901年）に連載された。江口辰太郎が湖南師範学校で講義した「教育学概論」は、翻訳された後、『新民叢報』第58号〜60号（1904年12月〜1905年1月）に掲載された。波多野貞之助が行った「教育学講義」は、翻訳された後、『直隷教育雑誌』第一年第1期〜4期（1905年）に発表された。周谷平の『中国語に翻訳された日本書籍総合目録』の統計によると、1896年から1911年までに、中国は合わせて日本の教育関係の書籍76種を翻訳している[17]。

　これら日本の教育学の著作の翻訳は、主にドイツのヘルバルト学派の理論を紹介しているが、この種の一辺倒の現象が出現したのは偶然ではない。19世紀末、ヘルバルトの教育理論はまさに全世界に広まっており、日本の明治維新の教育改革もドイツを手本としていた。ドイツに留学した多くの日本人留学生が、帰国後、積極的にヘルバルト教育理論を広めた。影響は広範に及び、中国も大量にヘルバルト学派の教育理論を翻訳して紹介したのである。

　日本の著作を除き、訪中した日本人教師や、中国から日本への留学生も一

定の役割を果たした。訪中した日本人教師が講義したものは、すべてヘルバルト教育理論であり、最初に翻訳された教育学も彼らの講義資料である。中国から日本への留学生の中には師範を学んだ者もいたが、帰国後、その多くが学校あるいは教育行政部門に従事し、彼らも日本で学んだヘルバルト教育理論を中国に持ち帰ったのである。そのため、清末民初に、ヘルバルト教育理論は中国において巨大な旋風を巻き起こし一世を風靡した。

　ヘルバルト教育理論が中国で広まり得たのは、その理論がちょうど全世界で流行していたことと関連があっただけでなく、同時に、ヘルバルト教育理論そのものが当時の中国の知識界に受け入れられ易かったことも重要な要因である。

　ヘルバルト教育学は倫理学と心理学を基礎とし、教育のプロセスを管理、教授、訓練が相互につながった三つに分けている。(1)管理自体は教育ではなく、児童の自発的な「野性」や盲目的な衝動を制限し、規律を遵守させ、教授や訓練のために条件を提供することである。管理方法には威嚇、監視、作業、権威そして愛が含まれ、命令、禁止、懲罰、甚しきは体罰にまで及ぶ。(2)教授は教育目的を実現する基本手段である。主知主義の心理学から出発し、教育的教授という主張を行って、知識の基本を把握してはじめて学生の道徳意識や行為が形成されることを強調し、教授の主要な任務は学生の関心を引き起こすことと考える。この基本をふまえてカリキュラムの体系を作り上げる。(3)訓練は道徳教育を指す。「完全なる徳性」を養うことが教育の最高の目的と考える。訓練は管理と同等ではなく、それは陶冶性をそなえていなければならず、道徳的品格の形成を重んじる。ヘルバルトのこれら教育理論が、中国の伝統教育の徳育を重んじること、管理を重んじることと非常に一致していて、清末民初の教育の理念と合致したため、中国の教育界に容易に受け入れられて広まったのである。

　ヘルバルト教育理論は心理学を基礎として、教授の形式段階理論を提起し、教育のプロセスは学生の観念の体系を形成するプロセスと認識しており、また教育のプロセスを明瞭、連合、系統、方法の四つの段階に分けて、単純な提示、分析、そして総合という教授方法を採用することを提起している。そ

の後、彼の学生であるツィラー (T. Ziller) は第一段階である「明瞭」を「分析」と「総合」の二つの段階に分け、「五段階教授法」をつくった。ツィラーの学生であるライン (W. Rein) は、五段階を更に「予備、提示、比較、総括、応用」と命名した。この形式段階の教授法はかつて全世界で広く実施され、各国の教育に影響を及ぼした。

　五段階教授法は、教室での授業という組織形式に伴ってわが国に導入されたものである。わが国の伝統的な教授は、個別教授を主とするものであり、学級を設けていなかった。新式の学校制度の成立以後、学年と学級が設けられ、学年ごとの授業のやり方が採用された。五段階教授法はそれに伴って広く用いられた。師範教育の発展は教授法の研究を強化した。師範学校の附属学校は五段教授法の研究と普及の拠点となり、師範学校の卒業生は各地へそれぞれ赴いて五段教授法を全国各地に広めた。

　中国の教育に対するヘルバルト教育理論の影響は巨大かつ深遠なものとなった。わが国は解放以後、ソ連の教育経験を学んだが、いとも簡単に受け入れられたのは、ソ連の教育理論とヘルバルト教育理論は同じ流れをくむものであったからである。今日の中国の教育も、依然としてヘルバルトの影響から抜けきってはいないと言ってよい。

デューイの実用主義教育理論の導入と中国の教育に対する影響

　ヘルバルト教育理論が伝わった時期も一度ではなく、西洋のその他の教育家の教育著作も次々と翻訳されて中国に伝わってきた。王国維編の『教育世界』という雑誌は多くの西洋教育の名著を紹介しており、例えばコメニウスの『大教授学』、ルソーの『エミール』、ペスタロッチの『リーンハルトとゲルトルート』などである。しかし、ヘルバルトの教育理論が主要な地位を占めていた。

　1915年以降、状況は大きく変化した。中国教育界の目が次第に欧米各国、とりわけアメリカに向くようになっていた。その原因は、アメリカがすでに世界で最も発達した民主と自由の国家であると広く認識されていたからである。第一次世界大戦以後、アメリカの国際的威信は高まり、とくにアメリカ

は1909年から率先して「義和団賠償金」の一部返還を開始し、留学準備学校を設立し、学生を選抜してアメリカへ留学させる費用に変えた。1909年からの最初の4年間に、中国は毎年およそ100名の学生をアメリカ留学へ派遣し、5年目から毎年少なくとも50名を派遣した。1911年に清華学堂が設立され、アメリカ留学の準備学校となった。蔡元培は1917年に清華学校を参観し、講演を行った際に、「アメリカは天下に正義を唱え、とくに賠償金を返還して、人材を教育するために用いるという。余はその誠意とともに益のあるところを感じ取り、人道主義は必ず実現できると信じるものである」[18]と述べ、アメリカのことを大いに賞賛した。この時から、アメリカへの留学生が大幅に増加した。以後の歴史が証明するように、これらの留学生は帰国後に中国の政治、経済、文化生活において大半が重要な役割を演じることとなった。

J. デューイ（1859〜1952年）、アメリカの哲学者、社会学者、教育者、実用主義（或いは実験主義、道具主義とも称する）哲学の創始者である。著作は『私の教育学的信条』、『学校と社会』、『児童とカリキュラム』、『デューイの五大講演』等があり、1920〜1930年代の中国の教育に巨大な影響を与えた。

　アメリカのデューイの実用主義教育理論が中国の方式に導入されたことと、ヘルバルト教育理論の導入とは大きく異なっている。それは単に教育著作の翻訳のみに依存したものではなく、また、日本人からの間接的伝達でもなく、デューイ自身が直接にもたらしたものであり、且つ彼の中国人の弟子たちによる手助けと支援があった。

　デューイの実用主義教育理論は19世紀末、20世紀初めの欧米各国の教育革新運動において生み出され、アメリカにおいて教育運動を進歩させたと称されている。それは欧米の工業発展が求める人材の需要に適したものであり、学校が学生に知識を注入することに反対し、学生の知力の発達と身体の健康の間のバランスを重視していた。伝統的な学校カリキュラムに反対して、カリキュラムは現代社会の需要を考慮すべきであり、学生の関心を教育の出発点とし、民主に対する学生の認識を促して、彼らの社会的責任感を培うことを強調した。また固定的で変化のない学校生活や型にはまった組織管理形式

に反対し、社会の変化に適応すべきであると強調した。さらに、活動を重視する教学法を採用し、学校が現実の生活に役立つものとなるように努めた。

　デューイの実用主義教育理論は以下の諸点に焦点を絞っている。(1)教育とはすなわち成長である。教育は子どもの生まれもった能力に基づいて、それが子ども自身の本能、興味、能力の成長過程に変わるようにしなければならないと主張する。子どもは実際の生活の中で成長すべきであり、単純な外からの教え込みは真の教育ではないと捉える。(2)教育とはすなわち再構築である。教育とは経験の継続的で絶え間ない再構築であり、活動の中で新たな経験を獲得することは、それまで持っていた経験を組み変え、再構築し、経験の意義を増すはずであると捉える。子どもの成長とは、一連の活動、つまり経験の不断なる再構築のプロセスを通じて実現するものである。(3)学校とはすなわち社会である。子どもの成長および経験の再構築は、社会性をもった活動すなわち生活として表現されると捉える。教育とは子どもが現在生活している過程であり、決して生活するための準備ではない。(4)行動の中で学ぶことを原則とする。子どもが自身の活動の中で学習を行わなければならないと強調する。教授は学習者がすでに持っている経験から始めなければならない[19]。

　デューイの実用主義教育理論とヘルバルト教育理論は、二つの完全に異なる理論体系である。通常、後者を伝統的教育と称し、前者を現代的教育と称する。1920〜1930年代の中国の教育は、主としてデューイの実用主義教育理論に依拠していた。デューイの著作のほぼすべてが中国語に翻訳されている。デューイが訪中して講演を行ったことにより、中国の教育界が実用主義教育理論を学ぶ気運は最高潮に達した。

　1919年5月1日にデューイは北京大学、江蘇教育会など五つの学術団体が共同で招聘したのに応え、訪中して講演を行うことになり、1921年7月11日に中国を離れるまで2年2か月と10日間滞在し、奉天、直隷、山西、江蘇、浙江、江西、

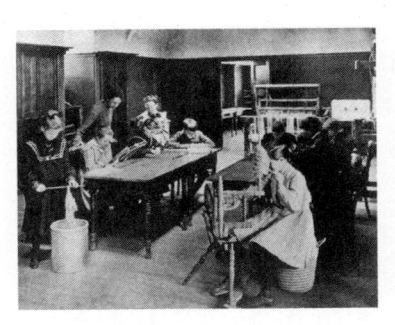

アメリカの著名な教育家デューイが創設したシカゴ大学附属の実験学校

湖南、福建、広東など11の省[訳12]に足跡を残した。デューイは中国に滞在していた期間に多数の講演を行い、彼の実用主義哲学や教育思想を宣揚した。これらの講演はすぐさま整理され、各種の雑誌に発表され、あるものは編集され単行本として出版されている。例えば、著名なものとして『デューイの五大講演』(北京での講演)、『デューイの三大講演』[訳13](南京での講演)、『民主主義と教育』、『教育哲学』[訳14]などがある。

中国人でアメリカに留学したデューイの学生たちも、実用主義教育理論を伝えた主力軍であった。例えば、胡適、陶行知、陳鶴琴はアメリカのコロンビア大学ティーチャーズ・カレッジの卒業生であり、デューイの直弟子である。彼らは恩師を中国に招聘することを発起したのみならず、デューイが各地に赴き講演するのについて行き、自ら通訳を担当した。彼らはさらに団体を組織して刊行物の発行を始め、実用主義教育理論を広めた。例えば1919年、江蘇教育会、北京大学、南京高等師範学校、中華職業教育社など五つの組織が共同で新教育共進社を組織し、月刊『新教育』を出版した。同誌の編集長の蒋夢麟もデューイの学生であり、胡適、陶行知、郭秉文、姜琦が編集代表となっている。1921年12月、彼らはさらに実際教育調査社と合併し、中華教育改進社を組織した。主任幹事は陶行知であり、デューイを名誉理事としている。また、北京高等師範の教職員と学生連合が平民教育社を組織するとともに、『平民教育』などの出版物を刊行し、デューイとその実用主義教育理論の宣伝に力を尽した[20]。

デューイが中国で講演をしていた頃、欧米のその他の学者も次々と中国を訪れ、彼らの教育思想を紹介し広めた。例えば、イギリスの著名な哲学者、教育者であるバートランド・ラッセル(B. Russell)は、1920年10月に江蘇教育会、中華職業教育社、新教育共進社の招聘に応じて訪中し講演した。1921年9月

訳12 デューイは奉天(現在の遼寧)、直隷(現在の河北)、山西、山東、江蘇、浙江、湖南、湖北、江西、福建、広東の11省、および北京、上海、天津の3市において200回以上の講演を行った(單中恵・王鳳玉『杜威在華教育講演』教育科学出版社、2007年)。
訳13 『杜威三大演講』上海泰東図書公司、1921年9月。
訳14 『教育哲学』上海大新書局、1935年9月。

に、アメリカのコロンビア大学ティーチャーズ・カレッジの教務主任であり、教育史の専門家であるポール・モンロー（P. Monroe）が実際教育調査社の招聘を受けて訪中し、教育の実情を調査した。

デューイの実用主義教育理論の中国への伝播と、その前のヘルバルト教育理論の伝播とは同じではない。少し前の中国の教育理論界は、未だ成熟しておらず、主として受身的に受け入れ、模倣したのであり、自ら創造することはきわめて少なかった。この後半の段階には、中国の教育界は既に徐々に成熟に向かっており、自らの教育家を有していた。彼らは簡単にデューイ理論をそのまま取り込んだのではなく、デューイの教育理論に啓発され、中国の国情と結びつけて理論の創造を行ったのである。例えば、陶行知が唱導した「生活教育」、陳鶴琴が唱導した「活教育」および「平民教育」などである。

陶行知は彼の恩師の教育原則を逆転させた。デューイが提起したのは「教育とはすなわち生活であり、学校とはすなわち社会であり、為すことによって学ぶ」であった。陶行知が提起したのは「生活がすなわち教育（「生活即教育」）であり、社会がすなわち学校（「社会即学校」）であり、教えること・学ぶこと・為すことを結びつける」であった。陶行知は言う。「教育即生活」とは、教育をもって生活することであり、良い教育はもとより良い生活であるが、八股の（科挙時代の型にはまった）教育は八股の生活をもたらす。「生活即教育」は、根本的にこの種の弊害を免れることが可能である。

「生活即教育」という場合、教育は極めて自由闊達であり、まるで鳥が林に放たれたようなものである。「教育即生活」という場合、教育と生活を閉めきった学校の門の中におくことであり、まるで一羽の鳥が籠の中に閉じこめられているのと同じである。

「生活即教育」とは、あらゆるインフォーマルなものも教育の範疇内におくことを認めることであり、これは極めて力があることになる。例えば農民と友人になること、これはきわめて良い教育であるが、通常、カリキュラムの外側に退け捨てられているものである。その他の効力ある事柄もこのとおりである。

「生活即教育」とは、教育を書物の中から取り出して人生の中に置くこと

であり、狭隘なところから広大なところへ、文字上だけのものから手と脳がともに成長するものへ、耳や目だけ使うのではなく全身全霊で注意することなのである。

彼は「社会即学校」を解釈して、次のように述べている。

われわれが「社会即学校」を主張するのは、「学校即社会」という主張の下では、学校の中のものが少なすぎるからであり、それは逆転の主張である「社会即学校」に及ばない。教育の材料、教育の方法、教育の道具、教育の環境はいずれも大幅に増やすことが可能であり、学生や教師ももっと多くすることが可能である。なぜなら、このような主張の下では、学校内の者であるか学校外の者であるかを問わず、誰でも教師や学生になりうるからである。「学校即社会」では、すべてのものが減少するのである。学校外の経験のある農夫に対しては誰も教えを請いに行きたいと思わないし、学校内の価値のある活動については、学校外の人は益を得ることはできないのである[21]。

陶行知の解釈から見出せることは、陶行知は中国の国情から出発して、平民大衆の教育に関心を寄せたのみならず、平民大衆を師とすべきであるとし、生活の中において教育を受けること、つまり伝統的な学校教育、書物による教育に反対するという遠大な教育観を主張しているということである。われわれはここから、陶行知の教育思想がデューイの実用主義教育理論を吸収しているものの、さらに中国の実情と結びつけて、デューイの理論を超越したものになっていることを見出すことができる。

プロジェクト・メソッドとドルトン・プランの中国への伝播

1920年代前後、子どもの活動を中心とする西洋の各種の教育方法が中国に導入された。例えば、プロジェクト・メソッド、ドルトン (Dalton) プラン、ウィネトカ (Winnetka) プラン、ゲーリー (Gary) システム[訳15]、ドクロリー (O.

[訳15] ゲーリー・プランともいう。1908年、シカゴ大学でのデューイの弟子であり、その影響を受けた米国インディアナ州ゲーリー市の教育長ウィリアム・ワートによって考案された。教室の他に、実験室、図書館、商店、ジム、博物館などの施設を学校内に設け、知的学習、労働、遊戯の3者を結びつけることを目指した。

Docroly)の教育法等々である。そのうちのプロジェクト・メソッドおよびドルトン・プランは中国の小学校の教育に対して比較的影響を与えた。

① プロジェクト・メソッド

　アメリカの教育者であるキルパトリック（William Heard Kilpatrick, 1871～1965年）が1918年に打ち立てた教育方法の1種であり、あるいは1種の教育モデルと呼ばれている。その特徴は、子どもの主体性を重視し、子どもと生活を関連させることである。このため、学級を単位として授業を受ける体制を取り止め、教科の境界を取り払い、伝統的な教科書を捨て去り、子どもが教師の指導の下、自ら定めたプロジェクト活動に基づいて知識や経験を習得するのである。その順序は、目的を定め、計画を立て、実施して完成し、検査して評価する、である。

　中国の小学校教育の専門家である兪子夷は、かつて1913年から1914年にアメリカの教育を視察した際、プロジェクト・メソッドを参観し、帰国後に彼が主宰していた南京高等師範附属小学校において試験的に実施し、1919年に正式に実験を開始した。1921年には、全国教育会連合会が「小学校でプロジェクト・メソッドを推進する案」を採択し、この方法は江蘇省など一部の小学校において採用された。1927年に中華教育改進社がキルパトリックを中国に招聘し、南京、上海などで講演が行われ、大いに紹介され広められた。プロジェクト・メソッドは当時の中国において一時に盛んに行われたが、1930年代以後は、採用する者が徐々に減少していった。

② ドルトン・プラン

　「ドルトン実験案」とも称される。アメリカの教育学者であるパーカースト女史（H. Parkhurst）が、1920年にマサチューセッシュ州ドルトンの中学校で創り上げた1種の個別化された教育制度である。それは学年や学級ごとの教育を取り止め、教室を実験室（もしくは作業室と称する）に改め、教科ごとに各種の参考書や実験器材を陳列した。生徒と教師は「学習契約」を結び、自らの興味や能力に基づき、自由に時間を配分する。教室での授業は取り止め

たものの、各実験室には各教科の教師1名を配置して顧問とした。生徒は教師の指導の下、それぞれ自主的に実験室内で予め取り決めた「学習契約」に基づき、さまざまな教材、さまざまな速度や時間で学習を進めていく。進み具合の早い生徒は繰り上げて契約を更新することができ、卒業を繰り上げることすらできる。

　ドルトン・プランが最初に中国に伝わったのは、『教育雑誌』での紹介を通じてであり、この雑誌には、1921年第13巻8号、1922年第14巻6号の各号に、ドルトン・プランについて詳細に解説した専門的な論文が掲載されている。中国の教育学者である舒新城は、彼が主宰した呉松中学において1922年の秋季から実験を開始した。1925年7月に、パーカースト女史は、中華教育改進社の招聘を受けて訪中し講演を行っている。その影響を受けて、1925年に上海、北京、南京に開設された実験的な学校が57校に達し、1929年までにこの方法は全国八つの省に普及したが、1930年代後半には徐々に減少していった[22]。

　本章は、西洋の学校制度や西洋の教育理論が如何にして中国に導入されたのか、中国の教育にとってどのような影響をもたらしたのかについて主として論じた。この時期と維新変法以前とは異なっていた。中国の知識界は西洋の文化を理解することを渇望していたとともに、西洋機器の摂取のレベルから制度のレベルへと転換し、さらに思想のレベルへと深く入り込んでいったことが容易に見出せる。とくに民国の建国以降、西洋文化が中国に入ることについては、既に制度上の障害はなかった。しかし、この時期にも、中国と西洋の文化の衝突は依然として激烈であった。中国の古い文化は、なお徹底して排除されておらず、中国の新たな文化も未だ確立されていなかった。教育の領域での反映として、中国の古い教育の伝統は依然として存在しており、新たな教育の伝統は未だ確立していなかった。中国の教育は、まさに中国と西洋の教育の伝統との衝突の最中にあり、教育の近代化に向けてよろめきながら前進していた。ただし、総じて言えば、封建的な教育の伝統は消滅し解体しつつあり、民主的で科学的な教育の伝統がまさしく成長しつつあった。マルクス主義思想が中国に伝わって、中国はようやく中国の国情に見合った

近代化の方向を探しあて、中国の教育もようやく新たな教育の伝統を打ち立てる方向と基盤を手に入れたのである。このことはわれわれが以下の各章において論ずべき問題である。

原注

1 『康有為全集』上海古籍出版社、1987年。『歴史与現実之間：中国教育伝統的理論探索』教育科学出版社、2002年。
2 梁啓超『南海康先生伝』および『飲氷室合集』文集之六、62頁。
3 舒新城『中国近代教育史資料』下冊、人民教育出版社、1961年、917〜918頁。
4 同上書、66頁。
5 梁啓超「論師範」陳学恂主編『中国近代教育文選』人民教育出版社、1980年、143頁。
6 朱有明主編『中国近代学制史料』上冊、華東師範大学出版社、1983年、602頁。
7 銭曼倩・金林祥主編『中国近代学制比較研究』広東教育出版社、1996年、60頁。
8 康有為「上清帝第二書」、「戊戌変法」（二）『中国近代学制比較研究』上海人民出版社、153頁。
9 舒新城『中国近代教育史資料』第二輯上冊、人民教育出版社、1961年、17頁。
10 顧明遠主編『教育大辞典』第10巻、上海教育出版社、1991年、6頁。
11 陳景磐『中国近代教育史』人民教育出版社、1979年、197頁。
12 舒新城、前掲『中国近代教育史資料』下冊、1038頁。
13 喩鑑「南開学校之三三課程」『新教育』第4巻第5期、『中国近代学制比較研究』219頁。
14 銭曼倩・金林祥主編、前掲書、230〜277頁。
15 滕大春『美国教育史』人民教育出版社、1994年、383頁。
16 周谷平『近代西方教育理論在中国的伝播』広東教育出版社、1996年、130〜135頁。
17 同上書、1996年、17頁。
18 高平叔『蔡元培教育論著選』人民教育出版社、1991年、80頁。
19 顧明遠主編『教育大辞典』上海教育出版社、1998年。
20 周谷平、前掲書、1996年、149〜154頁。
21 『陶行知全集』第2巻、湖南教育出版社、1985年、199〜201頁。
22 顧明遠主編、前掲書。周谷平、前掲書。

第8章　中国におけるマルクス主義の伝播と
　　　　マルクス主義教育思想の誕生

　マルクス主義は、その本質から言えば西洋文化の一部に属し、西洋の政治、経済の発展における必然的な産物である。西洋では、資本主義の生産様式がすでに形成され、プロレタリア階級とブルジョア階級の間の闘争が日増しに先鋭化していた時期に、マルクスとエンゲルスは革命という実践を通じてヨーロッパの労働者運動の経験を総括し、ドイツの古典哲学、イギリスの古典政治経済学、フランスの空想社会主義を批判的に吸収して、マルクス主義理論とその学説を構築した。しかしそれは、一般の西洋文化とは異なり、人類の先進的な文化の方向性を代表するものであり、全世界のプロレタリア階級の文化に属するものであった。1919年の五四運動から今日に至る80年余りの中国の歴史は、マルクス主義と無関係ではない。中国共産党員は、マルクス主義を受け入れた後、それを中国の革命の実際と結びつけ、マルクス主義を中国の土壌に根付かせ、開花させた。マルクス主義は、中国の新民主主義革命を勝利に導いた。現在の中国の社会主義現代化建設も、マルクス主義によって導かれている。中国にマルクス主義が移入されたことによって、中国の旧来の文化的基礎が初めて徹底的に破壊され、中国で新しい文化を創造するための条件がつくりだされた。中国の伝統文化が全面否定されたとは決して言えないが、この時期に初めて中国で文化変革が強く意識され、その中で中国人は一つの方法をやっと見つけ出したと言える。つまり、中国の伝統文化に対して歴史的かつ科学的に批判、選択、改造を行い、不要なものは捨て、優れているものは取り入れ、それを大いに発展させるとともに、世界のあらゆる先進的な文化を吸収することによって、中国において新しい文化を創造するという方法である。

第1節　マルクス主義の中国における伝播と新しい文化の基礎

五四運動以前のマルクス主義

　マルクス主義教育思想の中国における伝播を論じるにあたって、まずマルクス主義の中国における伝播について簡単に説明しておこう。早くも清朝末期・民国初期には、科学的社会主義思想がすでに中国へ移入され始めていた。それは、主として日本から移入された。史料によると、初めてマルクスおよびその学説を取り上げたのは、1899年2月に上海広学会編の雑誌『万国公報』に発表されたティモシー・リチャード抄訳、蔡爾康筆述の「大同学」であった。そこでは、何度もマルクス、エンゲルスの名前や、彼らの資本に関する研究が取り上げられていた。1901年1月、留日中国人学生が編纂した『訳書彙編』に日本の有賀長雄著『近世政治史』が連載され、マルクスと社会主義学説を結びつけることになった。だが、マルクスの生涯とその学説を体系的に紹介した初めての翻訳書は、1902年4月に上海広智書局から出版された、日本の社会主義研究会会長の村井知至著、羅大維訳の『社会主義』であった。中国人自らの論文や著作の中でマルクスおよびその学説を最も早期に紹介した人物としては、梁啓超の名が上げられる。彼は1902年10月16日に『新民叢報』第18号に論文「進化論革命者キッドの学説」を発表し、マルクスについても簡潔に紹介した。1904年2月、彼はさらに『新民叢報』第46号から第48号に「中国社会主義」を発表し、マルクスの社会主義学説についての簡単な紹介を行った[1]。以後、マルクス主義を紹介した論文や著作はしだいに増えていった。しかしながら、マルクス主義が真に中国革命を指導する思想として紹介され、

マルクス（1818～1883年）は、ドイツの思想家・哲学者。マルクス主義学説の創始者。

エンゲルス（1820～1895年）は、ドイツの思想家・哲学者。マルクスの親密な戦友かつ同志であり、マルクスとともにマルクス主義を築いた。

それが急速に広まっていったのは、他でもなく、ロシアの十月革命以後であった。

五四運動以後のマルクス主義

毛沢東は、「十月革命の砲声が響き、我々のもとにマルクス・レーニン主義が送りとどけられた」[2]と述べている。中国の新文化運動の先駆者で、五四運動の指導者であった李大釗と陳独秀、および彼らの手による雑誌『新青年』は、マルクス主義の普及に大きく貢献した。1918年7月、李大釗は『新青年』に「庶民の勝利」と「ボリシェヴィキ主義の勝利」の文章を発表し、一月革命の勝利に歓呼の声を上げた。翌1919年5月の『新青年』は、「マルクス研究」特集号として刊行された。同年9月から11月にかけ、李大釗は再び『新青年』に論文「私のマルクス主義観」を連載し、マルクス主義を系統立てて紹介した。陳独秀も1920年9月、『新青年』に論文「政治を論じる」を発表し、そこで、マルクス主義に対する態度を表し、プロレタリア階級独裁の理論を詳細に論じた。さらに1922年には『新青年』第9巻第2号に論文「マルクス学説」を発表し、マルクス主義を宣伝した。五四運動から中国共産党成立前夜まで、『新青年』で発表された十月革命を紹介した文章やマルクス主義を宣伝した文章は、130篇を数えるほどの多さであった。李大釗と陳独秀によって創刊されたが、五四運動後すぐに差し押さえられた雑誌『毎周評論』においても、ソビエト・ロシアの憲法、土地法、婚姻法といった内容を紹介した文章が数多く掲載された。『共産党宣言』、『資本論』(第1

五四運動は、1919年5月4日に北京で起こった学生デモ隊と軍隊・警察の衝突事件に端を発した、民衆の反帝国・反封建の新文化運動である。五四運動は、教育を含む中国の社会全体に非常に大きな影響を与えた。

版序文)、『空想から科学への社会主義の発展』訳1などマルクス主義の著作が、五四運動後に相次いで翻訳、出版された[3]。

　五四運動は、ロシア十月革命の影響下で生じたものである。毛沢東は、「五四運動は、当時の世界的な革命の呼びかけの下、すなわち、ロシア革命の呼びかけの下、レーニンの呼びかけの下で起こった」[4]と述べている。彼は中国の文化革命の歴史の特徴を語る際、「中国の文化戦線または思想戦線においては、『五四』以前と『五四』以後とが、二つの異なった歴史的時期をなしている」[5]と論じている訳2。すなわち、五四運動以前は、中国の文化戦線の闘争とは、ブルジョア階級の新文化と封建階級の旧文化との闘争であった。当時のいわゆる学校、新学、洋学は、基本的にはいずれもブルジョア階級の代表者たちが必要とした自然科学とブルジョア階級の社会政治学説であったが、その中にはなお多くの中国の封建的余毒が入り混じっていた。だが、五四運動後に変化が生じた。五四運動以後、「中国にはまったく新しい文化の新鋭軍が生まれた。それが、中国共産党員の指導する共産主義の文化思想、すなわち共産主義の世界観と社会革命論である」[6]。本書の第2章ですでに言及したが、五四運動における中国の封建文化に対する批判はかなり徹底的に行われた。しかし、封建文化は中国で数千年来存続していたために、また、当時の中国は半封建半植民地の国家であったために、封建的な旧い文化による社会的基盤はいまだ完全には崩壊しておらず、中国における新しい文化はまだ構築されていなかった。マルクス主義が中国で伝播したことによって、中国における新しい文化の基礎が築かれたのである。中国のプロレタリア階級による新しい文化は、五四運動以後、マルクス・レーニン主義の指導の下で、また中国共産党の指導の下でしだいに築き上げられていったものである。中国における新しい文化とは、徹底した反帝国主義・反封建的文化であり、民族的、科学的、大衆的な文化であった。

訳1　同書の邦訳には、エンゲルス著、水田洋訳『空想から科学へ：社会主義の発展』講談社、1974年などがある。

訳2　毛沢東著、斉藤秋男・新島淳良編訳『毛沢東教育論』青木書店、1957年、116頁を参照して訳出した。

第2節　中国におけるマルクス主義教育思想の伝播

マルクス主義が中国に伝えられるとともに、マルクス主義教育思想の中国における伝播が始まった。マルクス主義教育思想は、最初はやはりソビエト・ロシアの教育の紹介を通じて伝えられた。1921年の雑誌『新青年』第8巻2号、第4号および第5号では、「ロシア研究」のコラムに「ソビエトの平民教育」「ソビエトの教育」「ロシアの教育状況」「革命ロシアの学校と学生」「ロシアの社会教育」の文章が掲載され、十月革命後のロシアの教育改革が紹介された。このことは、中国の早期のマルクス主義者がロシア革命から新しい社会の煌きを見いだし、中国革命はロシアの進んだ道を歩まなければならない、ということをすでに意識していたことの表れであった。またそれは、ソビエト・ロシアの教育改革をマルクス主義教育思想の実践と見なし、中国の教育もロシアの進んだ道を歩まなければならない、ということをすでに意識していたことの表れでもあった。中国の早期のマルクス主義者は、マルクス主義の世界観と革命論を用いて中国の教育の問題を分析することを開始したのである。

マルクス主義教育理論が解決しなければならない根本問題とは、すなわち、教育の性質の問題であった。マルクス主義教育理論が中国に移入される前、人々は教育の本質と作用について正しく認識していなかった。中国の最も早期のマルクス主義者である李大釗と陳独秀が、教育と政治、教育と経済の関係を初めて正確に分かりやすく示し、教育の性質について正確に論じた。彼らは歴史唯物史観に立って、経済の基礎と上部構造の関係から教育の性質を説明し、教育は政治や経済の発展と不可分であること、教育は歴史性と階級性を有するという特徴を持っていることを指摘した。李大釗は、マルクス主義のような主義を余り論じないで、具体的な問題を多く研究すべきであるとする胡適[訳3]の考え方に対し、論文「問題と主義を再論する」の中で、次のよ

[訳3] 胡適（1891～1962年）は、中国民国期の哲学者、文学者。1910年に渡米、コロンビア大学でデューイに師事した。白話（口語）による新文学の建設を提唱し、これが文学革命の起点となった。1917年に帰国して北京大学の教授となり、雑誌『新青年』の編集に参加し、五四運動の指導者として活躍した。1919年に社会主義思想を過激な空論と批判し、李大釗らマルクス主義者と論争を展開、これを機に『新青年』を退いた。胡適は、中国にプラグマティズムを紹介したことでも有名である。

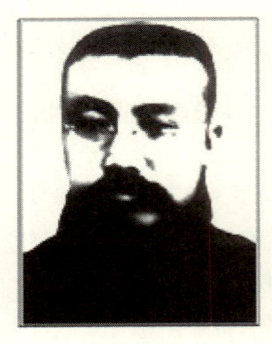

李大釗（1889〜1927年）は、中国において最も早期のマルクス主義者で、中国共産党創始者の一人。中国プロレタリア階級の教育家である。

陳独秀（1879〜1942年）は、五四運動期の新文化運動の唱導者であり、中国共産党の創始者の一人である。

うに批判した。「マルクスの唯物史観に依拠すれば、社会における法律、政治、倫理などの精神的な構造は、すべて表面的な構造である。その下部には、それらすべてを形づくる基礎となる経済構造が存在する。経済組織が変化すれば、それにつれてすべてが変化するのである」[7]。

陳独秀もまた、歴史唯物主義の視点から教育の性質を分析した。1921年、彼はアナーキストたちと教育の作用に関して論争を展開した。その論争において彼は、「私有財産制度の下での教育では、政府に依拠しても依拠しなくても、全体の少なくとも99％がブルジョア階級の勢力および習慣を意識的にあるいは無意識的に維持している。こうした社会制度の下で良い教育が行われ、しかもそれが普遍的に行われるなどということを誰も信じることはできない、と私は思う」[8]と論じた。1923年1月には雑誌『響導』の第18期に「教育は政治を問わないでよいのか？」と題する文章を発表し、教育が独立したもので、政治を問わないとする主張をもっぱら批判した。

マルクス主義教育理論では、教育は一定の社会の政治・経済の制約を受けると同時に、逆に一定の社会の政治・経済に作用を与えると考えられている。李大釗は、この基本原則に基づいて、次のように述べている。「我々は、人道主義によって人類の精神を改造し、同時に、社会主義によって経済組織を改造する。経済組織を改造しなければ、ひたすら人類の精神の改造を求めてみても結果を得られないのは必然である。人類の精神を改造しなければ、ひたすら経済組織の改造を求めてみてもおそらく成功しないだろう。我々は物質面と精神面の両面の改造、魂と肉体の改造を主張する」[9]。五四運動以後、彼は教育を一層重視し、民衆に呼びかけ、民衆を組

織し、反動政府を覆して人民政権を樹立するという目的を達成した。

　李大釗も陳独秀も、人間の心身の発達における教育の作用を重視した。陳独秀は1915年の論文「今日の教育方針」の中で次のように論じていた。「おそらく教育の道はこのことをおいて他にない。すなわち、人間の心身の長所を伸ばし、短所を取り除くことである。長所と短所とは、すなわち、人間の心身の発達に適しているか、適していないかである」[10]。さらに、「教育を受けていない人は原材料と同じである。教育を受けた人は完成した器具のようである。人間の優れている点は、教育によって完全に発達させることができる。人間の悪い点は、教育によっていくらか減らすこともできる」[11]。

楊賢江の教育理論

　中国において最も早期のマルクス主義教育理論家は、楊賢江、銭亦石[訳4]といった人物である。

　楊賢江（1895～1931）、字は英父（あるいは英夫）、ペンネームは李浩吾である。1917年に浙江省立第一師範学校を卒業後、1919年に少年中国学会に入会した。1921年には上海商務印書館編訳所で『学生雑誌』の編纂を担当し、1923年には中国共産党に入党した。相前後して、上海大学、上海景賢女中、上海大学附属中学で教鞭を執り、浙江省春暉中学の教務主任を兼任した。1923年夏から1925年夏にかけては、復旦大学の心理学科で学んだ。その後、惲代英[訳5]とともに雑誌『中国青年』を編集した。1927年の大革命失敗後、日本に亡命した。1929年に帰国した後、社会科学者連盟を組織し、『新興社会科学叢書』を編纂した。楊賢江は彼の短い生涯の中で、革命の実践に積極的に参加しただけでなく、教育理論研究に熱心に取り組んだ。そして、多くのマルクス主

訳4　銭亦石（1889～1938年）は湖北省出身の学者、政治家。1927年の上海クーデター後に日本へ亡命し、『資本論』の研究を行った。

訳5　惲代英（1895～1931年）は中国共産党初期の活動家。青年・学生運動の指導家。学生時代にクロポトキンのアナキズムに深く傾倒し、クロポトキンの「相互扶助」の実践による救国を志し、1917年に学友と結成した「互助社」は、五四運動時期に簇生した社団（青年・学生の自発的小結社）の嚆矢として有名。また、1919年9月に加入した少年中国学会にも積極的に関与し、中国の青年運動の先頭に立って活躍した。

義教育の著作を翻訳し、中国で初めてと称するに足るマルクス主義教育学についての書を著した。

楊賢江は、日本に亡命した際、ソビエトの新しい教育制度と理論に関心を持った。彼は、雑誌『教育雑誌』上に相次いで「ソビエト新興教育の一般理論」「ソ連の最近の教育制度の改革と批評」「ピンケヴィッチの教育心理観」を発表し、雑誌『婦女雑誌』上には「ソビエトの就学前児童に対する教育」など多数の論文を発表した。1930年には、李浩吾のペンネームで『ソビエト共和国の新教育』を翻訳、出版した。また、1931年には祝康の名で日本語訳から中国語に翻訳した『新興ロシアの教育』を出版した[12、訳6]。

楊賢江の教育に関する主要な著書には、1929年5月刊行の『教育史ABC』と1930年刊行の『新教育大綱』がある。この2冊は、中国で最も初期のマルクス主義教育に関する著作である。この著作は、当時大きな反響を呼んだだけでなく、中国のその後のマルクス主義教育理論の発展に多大な影響を与えた。

『教育史ABC』では、有史以前の氏族時代の教育、古代奴隷社会の東洋および西洋の教育、中世封建時代の教育、近代資本主義時代の教育を分かりやすい言葉で紹介した。同書の中で彼は、社会形態の生産様式と統治階級の利益によって教育は決定づけられると考えていた。そして、教育史の役割を、たんに以前の教育の事実を記述したり、また、教育における諸々の英雄や偉人の業績を遡ったり、各種の教育思想の流派を記録したりすることではない、と指摘した。「(甲)教育の意義と目的はどのように変遷したか？(乙)教育思想の変遷の真の意義と教育制度の変遷の根拠はどこにあるのか？(丙)支配階級と被支配階級との教育における関係はどうなっているのか？」[13]について明らかにしなければならない、と論じた。同書の最後の部分では、人類の未来において「政治においては民主、社会においては博愛、権利の平等、教育の普及」[14]が実現した社会が必ず到来することを、作者は心から信じている、と述べている。これが、中国で初めてマルクス主義唯物史観を用いて教

訳6　同書は、山下徳治『新興ロシアの教育』鉄塔書院、1929年の翻訳である。

育の発展の歴史を明確に論じた著作であった。

『新教育大綱』は3章16節からなる。第1章は「教育の本質」で、歴史唯物主義の視点から教育の起源、作用、役割および変遷について詳しく説明し、当時流行していた教育神聖説、教育孤高説、教育中正説、教育独立説を否定した。また、階級理論を用いて教育の本質を分析し、「教育は社会の上部構造の一部であり、また、観念形態の労働領域の一つであり、社会の経済構造が基礎となっている」、「社会に階級が存在しなかった時代、すなわち原始時代においては、教育は全人類的で、統一的であった。社会が階級に分かれてから、すなわち、いわゆる文明の時代においては、教育も階級的になり、対立的になった」[15]と指摘した。そして、階級社会（資本主義社会）における階級教育の五つの状態を分析した。その五つの状態とは、教育と労働の分離、教育権の所有権への従属、支配階級の利益への奉仕、二重の教育権の存在と対立、男女の教育の不平等、である[訳7]。第2章は「教育の進化」で、有史以来の教育制度の変遷とその要因について説明した。第3章は「教育の概観」で、教育と経済、教育と政治の関係を分析し、教育は政治・経済の支配を受けると同時に、政治・経済にも影響を与えるとし、教育の作用を軽視したり、過大視したりするのは誤りであることを指摘した。同書は1930年2月に初版が、同年9月には再版が出版されたが、後に国民党政府によって発禁処分を受けた。同書が進歩的な青少年に与えた影響は非常に大きく、一部の進歩的な学校では同書を参考書としていた。中国共産党の指導下の革命根拠地でも同書を師範学校の教科書として用いていた。

この2冊の著作に見られる楊賢江の理論は、今日から見れば、当然だが単純すぎるものである。しかし、もし我々が歴史唯物主義の視点から分析すれば、彼の著作は非常に優れており、マルクス主義教育理論の中国における発展に重大な貢献をしたというべきだろう。少し考えてみれば、当時は国民党による白色テロ統治の時代であり、西洋の様々な教育思想が中国に溢れてい

[訳7] 斉藤秋男・市川博『世界教育史大系4　中国教育史』講談社、1975年、303〜307頁に、楊賢江の教育論が紹介されている。「二重の教育権の存在と対立」とは、教育制度が教育の実際に合っていないことを指す。

た時代であって、人々はマルクス主義をあまり理解していなかった。だが、突然一匹の野生の馬が飛び出してきたかのごとく、彼は唯物史観、階級の観点から教育の本質を分析し、曖昧な観念を明らかにし、教育界に非常に大きな衝撃をもたらしたのである。それは誰の耳にも聞こえるほどの大きな主張として働き、革命的知識人に進むべき方向を指し示した。著作の中の彼の理論は、今日に至っても依然として重大な意義を持ち続けている。

マクロな問題の解決

このように早期のマルクス主義教育理論が中国に伝播し、教育理論の中のいくつかの主要な問題について比較的深く議論されたことにより、中国革命の中で教育の問題にいかに対応すべきかという点について、次のような方向が示された。

第1に、教育の本質の問題に対する認識である。教育の本質とは何か。教育にはどのような機能と作用があるのか。マルクス主義が中国に移入される以前の理論は教育の本質的属性を説明することができず、教育を政治と切り離して考え、あるいは教育の作用を誇張するなど、教育を中国の立ち後れた貧困状況を解決する妙薬と考えていた。だが、マルクス主義が中国に移入された後は、李大釗、陳独秀、楊賢江などが歴史唯物主義の視点から教育の本質を分析し、教育は経済構造を基礎とした上の観念形態にほかならず、教育は社会の変遷とともに変化し、教育は歴史性と階級性を持つと説明した。まさに楊賢江が指摘しているように、「階級的で対立的な教育は、人類が文明を持ち始めて以来の教育の特質である。この特質は、教育の本質から言えば、変質なのである」[16]。もし教育の本質や教育の統一の実現を追求するなら、階級をなくし、階級社会を消滅させなければならない、と指摘した。彼らは教育の機能と作用を正しく評価し、教育は経済発展の制約を受けると同時に、経済発展に影響を与えるとした。銭亦石は著作『現代教育原理』の中で、「教育原理はイデオロギーの一つであり、それは政治、法律、哲学、宗教その他様々なイデオロギーと同様に、社会によって決定され、社会の経済構造の変化につれて変化する」と強調した。さらに彼は、教育の本質から言えば、教育は

「人類が社会生活を営むことを助ける一種の道具である」[17]と論じた。総じて言えば、マルクス主義教育理論が中国に伝播したことで、人々の教育の本質に対する認識が研ぎ澄まされたのである。すなわち、教育は政治や経済から分離・独立して存在することはできず、教育は社会発展のための道具として認識されるようになり、教育独立説と教育万能説は批判されることになった。

　第2に、教育は社会改造のために奉仕しなければならない。早期マルクス主義者はすべて新文化運動の司令官であり、彼らは封建文化や孔孟の教えを猛烈に批判した。さらに、中国の国民性を研究し、国民性の中の劣った性質を批判した。しかし、当時の彼らは進化論者にすぎず、思考様式は形而上学的で、国民性が生じる根本的理由や国民性改造の手だてを正しく理解していなかった。五四運動後、彼らはマルクス主義の史的唯物論を受け入れ、国民性の改造の問題は、実質上、思想革命の問題であることをしだいに認識するに至った。中国の国民性の中に劣った国民性が引き起こされた根本的な原因は数千年の封建的専制統治であり、国民性の改造にはまず社会を改造しなければならず、教育は社会改造のために奉仕しなければならない、と認識するようになった。楊賢江は1923年に『教育雑誌』上の論文で、「これまで孤高を標榜してきた中国の教育者は、政治を問わない見解をしばしば持っていた。実のところ、それは大きな間違いである」、「正直言って、教育の究極の目的がどのようなものであれ、目下言えることは、ただ革命のための教育だけが、中国にとって必要な教育である。革命的教育者こそ、中国に必要な教育者である。教育者となる人は学生を革命に導くだけでなく、民衆を革命に導かなければならない」[18]と論じていた。銭亦石も、「我々が未だ半植民地を抜け出ていないという運命以前に、帝国主義と封建勢力に対して力を結集して戦わなければならない。反帝国主義、反封建主義こそ、新しい教育の原理の2つの大きな『礎石』である」、「中国の現段階の目的は、民族独立と民主政治のために奮闘する公民を育成することである」[19]と指摘した。マルクス主義教育理論では、教育は現実の生活や社会から離れて人間の発達を論じることはできず、現実の社会の改造とともに人間の発達を追求しなければならないと考えられていた。こうしたマルクス主義の教育の原理は、今日に至るまでそ

の光を放っている。現在、一部の人々はいつまでも現実の社会と切り離して抽象的に人間の発達を論じている。もし書斎に座ったままでの空想にとどまるものでなければ、一つの好ましい希望にもなりうる。当然ながら、我々はこうした好ましい希望を追求しなければならない。楊賢江が述べた「教育の変質」を消滅させ、「教育の本質」を回復しなければならないが、それにはまず社会を改造することによって初めて可能になるのである。

　第3に、教育は労働者や農民といった大衆およびその子女に門戸が開かれなければならず、また、教育は生産労働と結びつかなければならない。楊賢江は、一方で階級社会の教育は教育権が私有権に従属しており、労働者や農民およびその子女は教育を受ける権利を持っていないと批判した。また一方で、『共産党宣言』とマルクスの『ゴータ綱領批判』の中の教育論を紹介し、マルクス主義の教育思想は、「実のところ、『教育と労働の結合』『すべての児童に対して公共かつ無償の教育を与える』『国民小学のほか、技能訓練を行う専科学校（理論的なものと実習的なもの）がある』などの根本的な問題に他ならない」と論じ、マルクスのこうした教育思想は、まさにソビエトで実現されていると指摘した。楊は同時に、以下のように論じていた。資本主義から社会主義への移行は、一朝一夕に実現するものではなく、「一つの過渡期を経なければならない。この時期はプロレタリア独裁の時期と呼ばれる」。この時期の教育も階級的ではあるが、資本主義社会のそれとは同じものではない。「資本主義社会の教育は資本家の忠実な部下を育成することを目的とする。だが、プロレタリア独裁の下では、プロレタリア階級の忠実な闘士を育成し、それによって将来のプロレタリア階級の社会に備えることを目的とする」[20]。

　以上の三つ点から見いだせるように、マルクス主義教育理論は西洋のブルジョア階級の教育理論とは異なるものである。当時中国に移入されたものがヘルバルトの教育理論であれ、デューイの教育理論であれ、いずれも、教育におけるミクロな問題、すなわち、教育をいかに行うべきかといった問題を解決するものであったとすれば、マルクス主義の教育理論は、主にマクロな教育の問題、すなわち、教育とは何か、何のための教育かという問題を解決

しなければならなかった。教育に対する見方というマクロな問題を先に解決してこそ、初めて効果的に教育を行い、人材を育成できるのである。

第3節　革命根拠地における革命教育の実践と形成の伝統

　マルクス主義教育理論は中国へ伝えられて以後、中国革命がしだいに深まるにつれ、革命根拠地において実践されるようになった。五四運動以降、中国革命は新民主主義革命に向かって進んでいた。1927年の蒋介石による反共クーデター後、中国共産党は土地革命を指導し、革命根拠地に斬新な労働者と農民による政権を樹立した。革命根拠地の時期は、次の二つの段階に分けられる。一つはソビエト区の時期、もう一つは、抗日民主根拠地の時期である。二つの時期は革命の性質が異なるために区別されている。

　ソビエト区の時期は、土地革命と国内戦争の状況にあった。土地革命に成功し、国民党軍による「包囲討伐」に対して勝利するために、共産党とソビエト政府は、「いっさいのソビエトの活動は革命戦争の要求に従うこと」を提起し、それは教育も例外ではなかった。1934年1月に毛沢東は第2回全国ソビエト代表大会で行った報告の中で、ソビエト区における文化教育の方針を、「共産主義の精神で広範な勤労大衆を教育することであり、文化教育を革命戦争と階級闘争に奉仕させることであり、教育と労働を結びつけることであり、広範な中国の大衆を、文化を享受する幸福な人間にすることである」[21]とした。この方針は、マルクス主義教育理論の中国革命の実践における運用の方法を具体的に表していた。

革命根拠地の幹部教育

　当時の戦時下においては、革命根拠地に体系的な学校制度を築くことは不可能であった。革命根拠地では主に幹部教育が行われ、共産党、政府、軍の幹部が育成された。ソビエト区の幹部学校には、主に次のようなものがあった。中国労働者農民紅軍大学(1933年11月設立)、ソビエト大学(1933年8月設立)、中央農業学校(1933年設立)、ゴーリキー演劇学校(1934年)などである。ソビ

エト区の幹部教育は、幹部学校以外での在職幹部教育も非常に重視していた。中央から各省、県、区に至る地域で各種の研修クラスを常に開設し、そこで革命戦争と各種事業のために多くの優秀な人材を育成していた。幹部教育のほか、ソビエト区では、労働者や農民を対象とした教育および児童の教育も非常に重視された。労働者と農民の文化水準と階級意識の向上のために、非識字者の解消を主たる目的とした大衆的な文化革命運動が各地で普遍的に展開された。そこでは、様々な形式が採用され、様々な学習組織が創られていた。例えば、夜間学校、半日学校、青空学校、日曜学校、夏休み・冬休み学校、識字クラス、識字グループ、新聞を読むグループ、クラブ、レーニン室、巡回図書館、研究会などがあった。ソビエト区の児童の教育は、無償、義務、普及の教育が実施された。修業年限については、レーニン小学校は5年制で、初級小学校3年と高級小学校2年に分かれていた。農村の実際状況に応じるために、レーニン小学校は半日制と全日制の両方を採用し、年齢が高く生産労働に参加しうる児童は半日制のクラスに編入した。授業時間は農業の季節に応じて農繁期を休みとし、1学年を30日間とした。レーニン小学校の学習と生産労働の結びつきは非常に密接で、労働実習は授業計画の中の主要な構成要素となっていた。

　1937年に盧溝橋事件が起こり、日中戦争が始まった。中国共産党は敵の後方に深く入り込み、陝甘寧（陝西・甘粛・寧夏）、晋察冀（山西・チャハル・河北）、晋冀魯豫（山西・河北・山東・河南）、華中、東江（広東）地区に抗日民主根拠地[訳8]を建設した。この根拠地では「抗日戦教育」が行われた。毛沢東は、「すべての力を動員して抗日戦の勝利を目指して戦う」と題する文書の中で次のように論じている。「今後の任務は、『すべての力を動員して抗日戦の勝利を勝ち取ることである』」、「教育の旧い制度、旧い課程を改め、抗日救国を目的とした新しい制度、新しい課程を実施する」[22]。これにより、教育の長期にわたる抗日戦への奉仕、教育と生産労働の結合が、中国共産党の日中戦争期の、抗日民主根拠地の教育方針となった。これは、中国共産党が新たな情勢の

訳8　抗日民主根拠地は、第二次国共合作以前および抗日戦争中、中国共産党の指導する革命政権によっていくつかの省に跨る周辺地帯に建設された。

下でマルクス主義教育理論に基づきながら、日中戦争の実際に結びつけて、1934年にソビエト区の文化教育方針として提出された内容を継承し発展させたものであった。

当時、教育の旧い制度、旧い課程の改善が提起されたのは、主としてそれが抗日根拠地の戦時体制下の需要に適していなかったからである。当時早急に必要とされたものは大衆教育と幹部教育だったが、児童の基礎教育も重視されていた。「陝甘寧辺区抗戦時期施政綱領」では、次のように定められている。

　　　普及、無償の教育を行い、民族精神と生活知識を児童に教え、中華民族の優秀な後継者を育成する。
　　　民衆教育を発展させ、非識字者を無くし、辺区の成年の民族意識と政治文化水準を高める。
　　　幹部教育を行い、抗日戦の人材を育成する[23]。

抗日民主根拠地の幹部教育では高水準の専門教育が行われ、抗日戦争のために、軍事、政治、経済、文化など各方面にわたる人材の育成が行われた。戦時体制という当時の特殊な状況下では、新しい学校制度、新しい課程が実施されたものの、それは短期の養成訓練が主であって、いわゆる正規の大学を開設することは許されなかった。当時設置された大学には次のようなものがある。中国人民抗日軍事政治大学は、1936年6月に陝西省北部の瓦窯堡に建てられ、相次いで、山東、晋察冀(山西・チャハル・河北)、安徽北部、江蘇北部、江蘇中部、鄂豫皖(湖北・河南・安徽)、太行、太岳といっ

延安の中国人民抗日軍事政治大学 (抗日軍政大学、略称は抗大)

た解放区[訳9]に12の分校が建てられた。1945年までに20万人あまりの幹部が育成された。1937年7月に建てられた陝北公学は、各地から延安に駆けつけた青年のために建てられた幹部学校で、1941年に延安大学に合併された。1938年4月に延安に建てられた魯迅芸術文学院は、設立当初、戯劇、音楽、美術の3学科が設けられ、その後に文学科が増設され、1943年4月には延安大学に合併された。1939年7月に延安に建てられた中国女子大学は、1941年に延安大学に合併された。華北連合大学は1939年夏に陝北公学、魯迅芸術文学院、青年訓練クラス、延安労働者学校を合併して設置された大学であり、初めは社会科学、文学芸術、労働者、青年の4領域に分かれていたが、後に社会科学、文学芸術、教育の3学科に改組され、1948年8月には北方大学と合併して華北大学となった。延安自然科学院は1940年9月に創設され、物理学、化学、生物学、地学の4学科が設けられた3年制の大学であり、抗日根拠地に初めて建てられた理工系の大学だった。同大学は1943年に延安大学に合併された。延安大学は、1941年に陝北公学、中国女子大学、青年幹部学校を合併して設立された大学で、社会科学、教育、法学の3学科を、また、英文学専修、ロシア文学専修の2専修科を設けていた。1943年4月には、魯迅芸術文学院、延安自然科学院、民族学院、新文学幹部学校を合併した。このほか延安には、医科大学、軍事政治学院、ロシア文学院、民族学院などの高等教育機関があった。

　中国人民抗日軍事政治大学を中心とする抗日根拠地の高等教育機関の教員と学生は戦いながら学んでいた。抗日戦争と解放戦争で勝利するために、革命幹部が大量に育成された。毛沢東が中国人民抗日軍事政治大学のために制定した「確固たる政治的方向、艱難辛苦に耐え質素な態度、柔軟で融通のある戦略と戦術」という教育方針と「団結、緊張、活発、厳粛」といった校訓は、抗日根拠地の高等教育の伝統となった。

訳9 「解放区」は中国共産党の支配する地区の総称。当初「ソビエト区」とよばれていたが、1937年第二次国共合作以後に「辺区」と改称された。行政上の名称。なお「辺区」は、もともと複数の省（もしくは県）境にまたがる地域を指すことばである。

革命根拠地の大衆教育

抗日根拠地は西北の荒涼とした砂漠や荒野の地にあり、もともと文化教育の未開拓の地であった。辺区（根拠地の別称）の成立以後、文化教育事業が大いに発展し、学校が建てられ、多くの人々に提供され、農民の子女に開放された。これにより、教育がブルジョア階級のみに提供されていた数千年来の伝統が打破されることになった。林伯渠は「陝甘寧辺区政府の辺区第一回参議会における活動報告」の中で、次のように論じていた。「辺区は、財政的困難や各種の物的条件の貧しさから制限を受けていたにもかかわらず、全国で最初に国防教育を考え出して実施した。教育を少数の専有品であったものから解放し、教育と実際の生活を一つにし、教育を抗日戦の一つの有力な武器にした」[24]。
1938年3月に辺区政府が公布した「陝甘寧辺区小学校法」では、小学校の修学年限を5年とし、前3年を初級小学、後2年を高級小学とし、二つを合わせたものを完全小学と呼び、初級小学校を独立して設置することを定めた。1939年8月公布の「陝甘寧辺区小学校規程」では、教育課程について、初級小学では中国語、算数、常識、美術、労働、体育、音楽の7教科とし、高級小学校では常識を自然に改め、さらに政治、歴史、地理を加えて10教科とした。社会活動や生産労働も教育課程の中に位置づけられた。

中等教育については、辺区での小学校教員の養成が急務であったために、中等教育の重点は師範学校の発展に置かれた。1937年3月に魯迅師範学校が設置された。1938年には国民党統治区や敵占領区から延安へやって来る（インテリ）知識人の青年の就学問題を解決するために、辺区に辺区中学が設立された。1939年7月には魯迅師範学校と辺区中学が合併されて陝甘寧辺区第一師範学校となり、翌年には、関中と定辺にそれぞれ第二師範学校、第三師範学校が設立された。主に当該地域の高級小学校卒業生を受け入れ、修業年限は2年あるいは2年以上とされた。同学校は、辺区での小学校教員と末端

1938年に毛沢東は延安の抗日軍政大学で演説を行った。

組織で文化事業に携わる幹部の養成を目的としていた。さらに同年慶陽に隴東中学が、1941年に辺区医薬専門学校が、1942年に辺区職業学校が設けられた。中学開設当初は、当時の社会情勢から、主に各種の短期の訓練クラスが設けられていた。民主政権が強固なものになるにつれ、小学校教育が回復、発展し、師範学校と中学が創設された。しかし、中学の主要な役割は卒業生を高等教育機関に送ることではなく、根拠地の建設と抗日戦に必要な幹部を育成することにあり、また既存の現職地方幹部の研修訓練を行うことにあった。

辺区の成人大衆に対する教育は、土地革命時期のソビエト区の伝統を継承して発展させたものであった。抗日戦争という状況と辺区の条件に合わせ、多種多様な成人大衆向けの文化教育活動が展開された。その中でも、冬学(冬季学習)運動が最も規模が大きかった。冬の季節は寒冷な北方は農閑期であり、この時期を利用して識字学習やその他の教育活動が行われた。短期間で比較的集中して行われたため、効果は非常に高かった。1937年に辺区中央教育部は「冬学に関する通知」を出した。そこでは、次のように定められていた。冬学は通常の学校制度の一つであり、一種の成人に対する補習教育である。そしてそれは、教育を普及させ、非識字者を無くす重要な手段である。冬学の目的は、冬の農閑期を利用して、男女を問わず、教育を受けられなかった成人や青年に抗戦教育を行うことである。学習期間は80日間で、毎年11月末に開始し、翌2月初めに終了する。教育課程は、軍事、政治、文化からなる。教員は、党や政府機関と大衆団体の従事者が兼任する。この通知に基づき、各抗日根拠地では冬学運動が組織された。党や政府の各部門と大衆団体は共同で冬学運動委員会を設け、小学校教員あるいは識字者を教員として招聘した。大衆の需要に基づき、学習時間を早朝、午後、夜間に分け、人々が自由に選んで参加しやすいようにした。冬学の参加者には、家庭の中にずっと閉じこもっていた農村の婦女が多かった。一部の冬学は、継続運営されて通年の民営学校となった。冬学あるいは民営学校は、参加者の人数からも、また、学習者の性別からも、中国教育史において空前の平民教育運動であったといえる。冬学のほかにも、辺区には各種の識字クラスや新聞を読むサー

クルが存在した[25]。

建国後の教育実践への影響

　当時の革命根拠地における教育は、一種のまったく新しい型の教育であった。それはマルクス・レーニン主義、毛沢東思想を指導理念としたものであり、民族的、科学的、大衆的な新民主主義教育（新民主主義教育については次節で取り上げる）であった。革命根拠地の教育方針、教育制度、教育内容、教育方法は、伝統的な教育と異なるものであった。それは、多くの新しい経験を作り出し、多くの新しい教育の伝統を形成し、建国後の中国の教育の発展に影響を与えている。この伝統の中でも、重要なものを以下に挙げておく。

　第1に、教育は現実の闘争のために奉仕するといった考え方と伝統を築いた。マルクス主義教育理論では、教育は現実生活と乖離せずに存在し、つねに社会の需要に伴って生じ、発展するものとして考えられている。階級社会では、統治階級が種々様々に教育を用いて統治する側の人材を育成し、彼らの統治体制を維持した。統治される側の階級もまた、つねに教育を用いて革命戦士を育成することで革命の成功を獲得した。中国の革命根拠地の教育にこの原則を遵守し、土地革命期の反「包囲討伐」闘争の中にあっても、抗日戦争の中にあっても、当時の戦闘情勢とそこでの課題に対応した柔軟な教育制度、教育内容、教育方法を採用し、革命闘争の勝利のために奉仕したのである。

　第2に、教育と生産労働の結合という教育の伝統を築いた。革命根拠地は敵の封鎖を受け、物資が非常に不足していた。生産による自力救済によって、やっと革命戦争の勝利を勝ち取った。勝利のために、各段階各種の学校の教員と児童生徒、学生は生産労働に参加し、働きながら学んだ。これが、教育と生産労働の結びつきを緊密なものにした。

　第3に、理論と実際を結びつけるという教育の優れた伝統を築いた。革命根拠地は戦争状態にあり、学校が実際から乖離することは許されなかった。座して空論を戦わせるのではなく、学んだものを応用して、中国革命の実際に結びつけ、中国革命の問題の解決を考えなければならなかった。特に、毛

沢東が1930年に発表した「書物主義に反対する」、1941年に発表した「我々の学習を改造せよ」などの文章や、延安の整風運動^{訳10}以後に教条主義と現実遊離の傾向が克服されたことで、根拠地の教育はいっそう密接に現実に結びつき、根拠地の建設と抗日戦争の勝利のために実際に即した奉仕をすることになった。

　第4に、頑強に闘争し、辛抱強くまじめに行う思想や態度を形成した。いきいきと活発で、自覚的かつ主体的に学習する態度を形成し、人々を民主的に団結させる方法を築いた。

　第5に、革命根拠地の高等教育では主に幹部教育が行われ、学生についてはすべて請け負い統一的に割り当てる制度が実施され、幹部待遇が与えられた。この制度は建国以後の高等教育に大きな影響を与えた。建国後も高等教育機関の学生は幹部としての政治的待遇を受け、経済的な修学支援を獲得し、卒業すれば職場への配置も保障された。1990年代までこの制度は続いた。

　このように、革命根拠地の教育の経験は非常に豊富であった。そこで形成された優れた伝統は、新中国の教育の建設に貴重な経験を提供するとともに、継承され、発展させられることになったのである。

第4節　新民主主義教育思想の形成

　新民主主義教育思想は、マルクス主義教育理論が中国で伝播し、中国革命と結びつくことによって生まれた思想である。また、中国共産党員が長期にわたる探求を通じて、革命根拠地の教育実践の中で創り上げた教育理論である。そしてそれは、中国の新民主主義革命の性質と一致し、新民主主義革命に奉仕する教育の指導理念であった。

民族的、科学的、大衆的教育
　五四運動と中国共産党の誕生は、中国革命の性質に根本的な変化をもたら

訳10　整風運動とは、1942年に毛沢東が中国共産党内における思想方法上の主観主義、党活動上のセクト主義、文筆活動上の空言主義の克服を呼びかけた運動のこと。

した。毛沢東は、「新民主主義論」の中で次のように論じている。「中国革命の歴史的特徴は、民主主義と社会主義の二つの段取りに分かれ、しかも、その第一歩がいまではもはや、一般の民主主義ではなく、中国的な、特殊な、新しい型の民主主義であり、新民主主義ということにある」。彼はこの歴史的特徴の形成を、次のように解釈した。「第1次帝国主義世界大戦と最初に勝利した十月社会主義革命が、世界の歴史全体の方向を変え、世界の歴史全体を画したからである」、「このような革命は帝国主義に徹底的な攻撃を加えるものあり、したがって、それは帝国主義からは受け入れられず、反対される。だが一方、社会主義国家からは受け入れられ、社会主義や社会主義を目指す国際プロレタリア階級からは援助されるものであった」[26]。新民主主義教育思想は、こうした歴史的背景のもとで形成された。1940年3月に中国共産党中央書記処は、「確立すべき国民教育の基本的内容は、新民主主義教育である。これはすなわち、マルクス・レーニン主義の理論と方滄を出発点とした民族民主革命の教育と科学に関する教育のことである」[27]とはっきりと提示している。総じて言えば、新民主主義教育とは、民族的、科学的、大衆的教育であった。

新民主主義教育は民族的であった。「それは帝国主義の抑圧に反対し、中華民族の尊厳と独立を主張する。それはわれわれの民族のものであり、われわれの民族の特性を備えている」[28]。新民主主義教育が民族的であるということは、すなわち、帝国主義の文化侵略に反対し、民族の独立と自強を堅持し、民族の文化遺産を重視し、中華の優秀な文化伝統を高揚するということであった。しかし、それは決して外国の教育の経験を排斥するものではなく、「外国のものを中国のために用いる」のであって、世界にあるすべての優れた教育成果を吸収し、民族的文化様式と先進的な内容を結合させ、新民主主義の革命のために役立てることであった。

また、新民主主義教育は科学的であった。「それはいっさいの封建的思想と迷信的思想を反対し、事実に基づいて法則性を求めることを主張し、客観的真理を主張し、理論と実践の一致を主張する」[29]。これは、マルクス主義唯物弁証法の立場から、科学的な態度を用いて古今内外の教育経験を見極め

ることであった。また、科学的知識を用いて学生を教育することであった。
　さらに、新民主主義教育は大衆的であった。「したがって、それは民主主義的である。それは全民族の90％以上の労農民勤労大衆に奉仕し、また、しだいに彼らの文化となるべきものである」[30]。新民主主義教育は大衆が享受するためのものであり、そして大衆革命の有力な武器となりうるものであった。

新しい教育の伝統
　新民主主義教育は一種のまったく新しい教育の伝統であり、旧い伝統的な教育とは性質において完全に異なっていた。これは、中国の文化の変遷と相通じている。中国の伝統文化はアヘン戦争後に猛烈な衝撃を受けたが、五四運動後、そして中国共産党が成立し、中国革命が新民主主義革命の段階に入った後、中国の伝統文化の基礎はようやく徹底的に打ち壊されたのである。毛沢東の論文「新民主主義論」の中の一文は、この転換について明確に触れている。彼は、次のように論じている。

　　五四以前における中国の文化戦線での闘争は、ブルジョア階級の新文化と封建階級の旧文化との闘争であった。五四以前の学校と科挙の争い、新学と旧学の争い、洋学と漢学の争いは、いずれもこのような性質を持っていた。……（中略）……当時、このようないわゆる新学の思想は、中国の封建思想と戦う革命的な役割を果たし、旧い時期のブルジョア民主主義革命に奉仕するものであった。ところが、中国のブルジョア階級が無力であったことと、世界がすでに帝国主義の時代に入っていたことにより、このようなブルジョア思想は出陣して数回打ちあいをみただけで、外国帝国主義の奴隷化思想と中国封建主義の復古思想の反動同盟によって撃退されてしまい、いわゆる新学がこの思想上の反動同盟軍のちょっとした反撃にたちまち旗をまき、なりをしずめ、退却を宣言し、わずかにその形骸を残すのみとなった。旧いブルジョア民主主義文化は、帝国主義時代にあっては、すでに腐敗し、無力化しており、その敗北は必然

的である[31]。

　新民主主義革命は、中国の旧い文化の基礎を打ち崩すと同時に、旧い教育の基礎を打ち崩して新たな教育の伝統を築くことになった。革命根拠地の教育は、中国の新しい教育の伝統を築く上での基礎固めの役割を果たした。1949年9月21日から30日の中国人民政治協商会議第1回全体会議で採択された「共同綱領」第5章の「文化教育政策」では、「中華人民共和国の文化教育は、新民主主義の文化教育であり、すなわち、民族的、科学的、大衆的な文化教育である」と定められている。新中国の教育は、旧解放区[訳11]の教育を基礎に、教育の新しい伝統を築きはじめた。新民主主義の教育が旧い教育の基礎を打ち壊したといえる。だが、中国の新しい教育は中国の伝統的な教育を完全に捨て去るべきだなどというのではない。教育の性質について言えば、根本的な違いが生まれたのである。例えば、中国の伝統的な教育の文化的基礎が儒家思想を核とした中国の伝統文化であるとすれば、新民主主義教育はマルクス主義に基づいたものであり、中国の伝統文化に対して改めて整理を行わせた。封建的で価値のないものは批判し、民族的民主的な精神を備えた優れたものは吸収した。このように、中国の伝統的な教育に対して選択と改造を行う過程の中で新しい教育の伝統が創り出されたのである。

原注
1　以上の資料はすべて、周谷平『近代西方教育理論在中国的伝播』広東教育出版社、1996年による。
2　毛沢東「論人民民主専政」『毛沢東選集』第4巻、人民出版社、1991年、1471頁。
3　王炳照・閻国華主編『中国教育思想通史』第6巻、湖南教育出版社、1994年、365～366頁。
4　『毛沢東選集』第2巻、人民教育出版社、1991年、699頁。
5　同上書、696頁。

訳11　「解放区」は中国共産党の支配する地区の総称だが、第二次世界大戦後の国共内戦以前（1946年）の中国共産党の支配した地区を「旧解放区」（ソビエト区および辺区を含む）、国共内戦（人民解放戦争。1947年に「紅軍」から人民解放軍に改称）の過程でかつての日本軍の占領地区および国民党支配地区から解放軍の管理下に入った地域を「新解放区」と呼んで区別される。

6 同上書、697頁。
7 『李大釗文集』、37頁 (童富勇・張天楽『陳独秀李大釗教育思想研究』遼寧教育出版社、1997年、88頁からの引用)。
8 『陳独秀文章選編』(中) 人民出版社、1998年、145頁。
9 『李大釗文集』人民出版社、1992年、68頁。
10 『新青年』中州古籍出版社、1999年、58頁。
11 前掲『陳独秀文章選編』(中)、218頁。
12 周谷平、前掲書、291頁。
13 『楊賢江教育文集』教育科学出版社、1982年、321頁。
14 同上書、402頁。
15 同上書、417および419頁。
16 同上書、393頁。
17 銭亦石『現代教育原理』中華書局、1934年 (周谷平、前掲書からの引用)。
18 『楊賢江教育文集』教育科学出版社、1983年、79〜80頁。
19 銭亦石、前掲書 (周谷平、前掲書からの引用)。
20 以上はすべて、『楊賢江教育文集』教育科学出版社、1982年、532頁による。
21 『毛沢東同志論教育工作』人民教育出版社、1958年、15頁。
22 前掲『毛沢東選集』第2巻、353および356頁。
23 『老解放区教育資料』(二) 上冊、教育科学出版社、1986年、7頁。
24 同上書、4頁。
25 毛礼鋭・沈灌群主編『中国教育通史』第5巻、山東教育出版社、1985年。
26 前掲『毛沢東選集』第2巻、666〜668頁。
27 「関於開展抗日民主地区国民教育的指示」前掲『老解放区教育資料』(二) 上冊、82頁。
28 同上書。
29 前掲『毛沢東選集』第2巻、707頁。
30 同上書、708頁。
31 同上書、696〜697頁。

第9章　中国の教育におけるソ連の教育の影響

　中華人民共和国の成立以後、中国の教育は紆余曲折の道を歩んできた。文化的・思想的基盤から言えば、次の三つの段階に分けられる。ソ連の教育を学んだ時期(1949～1958年)、「革命」思想に偏向していた時期(1958～1978年)、改革開放の時期 (1978～現在) である。1958年から1978年までの改革開放以前の時期は、さらに異なる三つの時期区分を内包している。まずは1958年から「文化大革命」までの時期で、教育大革命^{訳1}、三年調整^{訳2}、「階級闘争を要とする」といった出来事を経た時期である。続いて1966年から1976年の「文化大革命」の時期である。最後は1976年から1978年の文化大革命による混乱を鎮めて正常を取り戻した時期である。なぜこれら異なる三つの時期がすべて第二段階の左傾の思想の時期に属するのか。文化的・思想的の基盤からすれば、この三つの時期にそれほど大きな区別はない。1958年から革命思想への偏向はすでに始まっており、その後発展して「文化大革命」で頂点に達した。「文化大革命」終結後から改革開放が始まる前の2年間は、前二つの時期とは当然異なるが、混乱を鎮めて正常を取り戻す過程の中にあり、「革命」思想から完全に抜け出たとはいえない。改革開放後になって、やっと思想路線の転換を成し遂げることができたのである。

訳1　1958年、59年は国民経済全体の発展を目指すという意味で「大躍進」と呼ばれる時期であった。教育の分野でも、同時期に「教育大革命」の名の下で著しい量的拡張が行われた。しかし、「大躍進」は必ずしも所期の構想どおりには進まず、とくに質的な充実が量的拡大についていけなかった。

訳2　「三年調整」とは、1958年の「大躍進」による量的拡大後、旧ソ連との政治的な分立や自然災害によって経済が底打ち状態に陥ったために、経済力の回復に向けて1963～65年の間に取られた、量の拡大を抑える経済調整の政策のことを指す。

本書は教育の発展の歴史についての論述ではないため、建国以来の三つの教育の発展段階を持つ教育の歴史を系統的に論じることはしない。ここでは、第1の時期と第3の時期の二つの段階における教育の文化的基礎について論じることに重点を置いている。第1の段階の時期は、主としてソ連の教育の影響を受けた時期である。第3の段階の時期は、西洋の教育思想が再び中国に勢いよく入ってきた時期である。この二つの時期の異なる教育思想が中国の教育の伝統に非常に大きな影響をもたらしたことは、まったく疑いの余地はない。もちろん、第2の段階の時期の「革命」思想も、文化学の視点から見れば一種の文化現象である。この文化現象の出現は偶然的なものではなく、中国の伝統文化とも密接な関係があり、その基礎となっているのは、民主的な精神の欠如と個人崇拝などの中国の封建的な伝統文化である。「革命」思想によって引き起こされた結果は悲惨なもので、教育への影響も非常に大きかった。それは、一世代の青年の成長を誤らせただけでなく、思想や考え方を誤らせ、現在に至っても影響を及ぼしている。

第1節　中国におけるソ連の教育理論の伝播

ソ連から全面的に学ぶ方針の確立

　ソ連の教育思想が中国に移入された時期は、五四運動以前に遡ることができる。ロシアの十月革命の勝利が、中国の先進的な知識人に希望をもたらした。早期マルクス主義者は、ロシア革命を紹介する中で、ソ連の教育思想と教育経験も中国に伝えた。しかし、アメリカのプラグマティズムの教育思想によってすぐに埋没させられてしまった。とくに1919年のデューイ訪中以後、中国の教育界ではプラグマティズムの教育しか聞かれなくなった。ソ連の教育思想が広く中国に伝播したのは解放戦争の後半であって、それは中国東北の新解放区で始まった。

　1948年秋、中国共産党は中国の東北と華北の大部分の地区で解放を獲得し、全国解放が実現間近に迫っていた。この新情勢は、解放区での教育を必要とした。それは、解放戦争が長期化する中で各種の幹部要員が必要とされただ

第9章　中国の教育におけるソ連の教育の影響　231

けでなく、全国解放後の経済の復興と建設にとって大量の幹部要員が必要になると考えられたためであった。東北行政委員会と華北解放区は相次いで教育会議を開催し、中等教育の正規化と東北解放区の高等教育改革の問題を重点的に議論した。東北解放区は、最も早くにソ連から学ぶことを始めた。

　歴史的な理由から、遼寧省の旅順、大連の地域には、多くのロシア人が居住していた。彼らはそこでソビエト中学を設立していた。1948年10月、中国の旅順中学はソビエト中学と連絡を取りはじめ、ソ連の教育経験を学ぶようになった。当時は主として、ソ連の教育方法と五段階で成績を評価する方法を取り入れ、過去の詰め込み式の教育方法の改善を行った。その後も双方の協力関係は続き、ソ連の教育内容、思想教育、学校管理および教育理論も学んだ。ソ連の教育を学ぶために、旅順中学には専門のソ連教育研究グループが設けられていた。

　1948年9月、東北行政委員会は第4回教育会議を開催し、同会議上でソ連の教育経験を学ぶというスローガンを明確に掲げた。1949年12月5日、当時東北人民政府教育部の副部長であった董純才[訳3]は雑誌『東北教育』上に「ソ連に学び、我々の教育を改造せよ」という文章を発表した。彼の直接的な指導により、1949年から1951年にかけて『東北教育』上にはソ連の教育経験に関する文章が89篇発表され、新しい教材研究に関する文章が53篇紹介された。東北教育社はソ連の教育理論に関する書籍を翻訳、出版していたが、その中には、ゴンチャロフ[訳4]の『教育原理』や、カイーロフ[訳5]の『教育学』および『五点評価制（五段階評価制）とその用い方』[訳6]が含まれていた。東北人民政府教育部は、さらに、ソビエト十年制中学の自然科学の各教科の教科書を手本と

[訳3] 董純才（1905～1990年）は教育家で、中国の科学普及事業に貢献した人物である。
[訳4] ゴンチャロフ（1902～1978年）はソ連の教育学者で、1955年以降、ロシア共和国教育科学アカデミー正会員となった人物。編著書に、「教育学の基礎」（1947年）や「教育学」（1939年）がある。
[訳5] カイーロフ（1893～1978年）はソ連の教育学者。1917年モスクワ大学物理・数学学部卒業後、社会主義思想や政治教育などの関連で多くの業績を残し、1946年以降、ロシア共和国教育科学アカデミー総裁、ロシア共和国教育大臣などを歴任した。
[訳6] ロシアでは、1944年頃、生徒の成績と操行のより分かりやすい正確な評価と生徒の知識の質に対する要求を高める目的で五点評価制が導入された。1が落第点で、5は甲・優にあたる（梅根悟監修『ロシア・ソビエト教育史Ⅱ』講談社、1977年、249頁参照）。

して中学用の教科書の編纂に熱心に取り組み、初級中学1、2年生から試用を開始した。これと平行して、ソ連の教育経験を学んだ先進的なモデル校を育て、そのモデルを各地に普及させることを行った[1]。

中華人民共和国の成立後、ソ連学習「一辺倒」の方針が確立した。1949年10月5日、劉少奇[訳7]は中ソ友好協会の設立大会の演説で、次のように論じた。「我々が建国を欲するなら、同様に『ソ連を模範』とし、ソ連の人民の建国の経験を学ばなければならない」、「ソ連はこれまで世界に存在しなかったまったく新しい科学の知識をたくさん持っており、我々はソ連からのみ、そうした科学の知識を学ぶことができる。例えば、経済学、金融学、財政学、商業学、教育学などである」[2]。1949年12月23日から31日まで、第1回全国教育工作会議が北京で開催された。同会議では、「新しい教育の構築には、旧解放区での新しい教育の経験を基礎としつつ、旧い教育に含まれている有用な経験を吸収しなければならない。特に、先進ソ連の教育建設の経験を参考としなければならない」[3]との発言がなされた。以後、先進ソ連の教育経験に学ぼうという気運が高まりをみせることになった。

では、なぜ新中国の教育の建設に当たって「ソ連を模範」としたのか。これにも、歴史的な理由がある。

第1に、中国の新民主主義革命は中国のプロレタリア階級が指導した世界プロレタリア革命の一部であり、またそれは革命の第一歩でもあり、将来的には社会主義革命へと向かうものであった。ソ連は、世界の中でも社会主義革命に勝利した唯一の国家であった。中国の新民主主義革命はロシアの十月革命の影響のもとで展開し、勝利を獲得した。ソ連の進んだ道を歩むことについては、明らかに中国が選択したことであった。また、二つの国家はマルクス・レーニン主義を指導思想としており、イデオロギーも一致していた。教育は社会の上部構造の一部であり、ソ連の教育はマルクス主義教育理論によって導かれた、社会主義の性質を持った教育であった。新中国の教育は新

訳7　劉少奇（1898～1969年）は中国の政治家。1958年より毛沢東のかけ声で始まった大躍進政策が失敗に終わったことで、毛沢東に代わって国家主席、中央軍事委員会主席となった。そのため、毛沢東からの標的となり、文化大革命の中で失脚し、非業の死をとげた。

民主主義教育であったが、その思想体系から言えば、それは社会主義の範疇に属するものであり、新中国の教育とソ連の教育は、イデオロギーの面でも、発展の方向性の面でも一致していた。こうしたことから、新中国の教育は自然に「ソ連を模範」とすることになったのである。

第2に、ソ連の社会主義建設はすでに30年以上の歴史を持っていたこと、またそれが大きな成果を上げ、豊かな経験の蓄積があったことがある。特にソ連は、建国後まもなくして強大なドイツのファシストと戦い、国防戦争に勝利した。この勝利によって世界から注目されるようになり、中国の知識人からも慕われるようになった。ソ連の歩んできた社会主義の道のりとそのモデルは、当然のごとく中国の新民主主義建設の手本となった。ソ連の教育は旧い教育を改造することに対して豊かな経験を持ち、社会主義教育を建設することに対してもすでに成熟した理論と制度を持っていた。ソ連の教育経験を参考にすることは、おのずと中国における旧い教育の改造と新しい教育の建設への近道になると考えられたのである。

第3に、当時アメリカなど欧米の帝国主義国家は中華人民共和国を承認していなかった。中国に対して封鎖を行っており、中国が「ソ連一辺倒」にならざるを得ないよう仕向けていた。政治上ソ連と連盟を結成した中国は、経済建設や文化建設の面において、当然ながらソ連からの支援に依存することが多かったのである。

ソ連の教育を学ぶ主要なルートと方法

ソ連の教育の学習は、次のようなルートを通じて行われた。

① ソ連教育理論の紹介

第1のルートとして、ソ連の教育理論の著作や教材の翻訳がある。先に述べたとおり、中国東北の解放区では、早くは建国前後から、多くのソ連の教育理論の書籍や教科書が翻訳されていた。建国後、その数はさらに増した。1949年11月14日付けの『人民日報』上にカイーロフ編の『教育学』(1948年版)の第21章「国民教育制度」の抄訳が発表された。続いて、第12章「労働教育」、

第1章5節「教育学は科学である」などが発表された。1950年12月と1951年2月には、沈穎や南致善などが翻訳したカイーロフ編の『教育学』(1948年版)上・下冊が新華書店から出版された。同書は1951年12月には南致善や陳俠によって改訂され、人民教育出版社から再版された。改訂版の最後の部分には、ロシア語と中国語の名詞対照表が追加された。その発行量の多さは、歴史上、例を見ないものであった。筆者の手元にあるものは、「1953年4月上海、16版」と明記されており、ここからも、全国で多量に発行されていたことを容易に想像できる。同書以外に、中国語に翻訳され、比較的重要でかつ影響力のあった教育理論書には、次のようなものがある[訳8]。

ゴンチャロフ著、郭従周ほか訳『教育学原理』人民教育出版社、1951年。

エシーポフ・ゴンチャロフ編、丁卓・王継麟ほか訳『教育学』人民教育出版社、1952〜1953年。

スミルノフ著、陳俠・丁酉成訳『教育学初級読本』人民教育出版社、1953年。

シンビリョフ・オゴロドニコフ著、陳俠・熊承滌ほか訳『教育学』人民教育出版社、1955年[訳9]。

カイーロフ監修、ゴンチャロフ・エシーポフ・ザンコフ主編、陳俠・朱智賢ほか訳『教育学』人民教育出版社、1957年[訳10]。

ダニロフ・エシーポフ編著、北京師範大学外国語学部(1955年度生)訳『教授論』人民教育出版社、1961年[訳11]。

マカレンコ[訳12]著『共産主義の教育を論じる』、『親のための本』。

このほか、人民教育出版社は『教育訳報』を刊行し、ソ連の教育理論や教

訳8 ロシアの教育家や教育学関係図書については、川野辺敏『ソビエト教育制度概説』新読書社、1971年、を参照した。

訳9 同書の邦訳には、シンビリョフ・オゴロドニコフ著、福井研介・勝田昌二・清水邦生訳『ソヴェト教育学』青銅社、1953年、がある。

訳10 同書の邦訳には、カイーロフ監修、ゴンチャロフ・エシーポフ・ザンコフ主編、矢川徳光訳『ソヴェトの教科書 教育学』(1・2巻)明治図書、1957年(1974年新訂版)、がある。

訳11 同書の邦訳には、ダニロフ・イェシポフ著、矢川徳光訳『教授学』明治図書、1974年、がある。

訳12 マカレンコ(1888〜1939年)はソ連の教育家。彼は、個人の人格形成における「集団」の役割の重要性を唱えた。その教育論は「集団主義教育論」として有名。マカレンコ著、南信四郎・西郷竹彦ほか訳『マカレンコ全集』が明治図書から出版されている。

育経験を翻訳によって紹介した。

② ソ連人専門家

　第2のルートとしては、ソ連の専門家を招聘し、中国教育部や学校の顧問に就任させ、講演を行わせたことがある。中華人民共和国成立後まもなくの1949年10月、ファジェーエフを団長とするソビエト文化使節団が訪中した。使節団の一員でロシア連邦共和国人民教育部の副部長であったドゥボローヴィナは北京、上海などの各地でソ連の経験を中国の教育関係者に紹介した。以後多くの大学が、ソ連の専門家を招いては講演を行ってもらうようになった。1950年から1952年末まで、中国教育部はアルシンジェフ、フーミン、ダラバーチン、クシミン、ガリンナのソ連人の専門家5名を相次いで顧問として招聘した。そのほか、北京師範大学に赴任していた2人のソ連人学者に、教育部の普通教育と幼児教育の顧問を兼任してもらった。彼らの仕事は主として、教育部の責任者による会議、同部の活動内容に関する会議、専門的な内容に関する会議に参加し、ソ連の状況を紹介し、意見を述べ、問題の解決に協力することであった。また、各種の講座を開設したり、教育訓練クラスで講義したり、各地の視察を通じて教育関係の幹部や教員の業務水準の向上のために支援することであった[4]。全国の主要な高等教育機関もソ連人の専門家を招いて講義を担当させた。北京師範大学を例に挙げると、同大学では1950年にソ連人の専門家を招き、長期にわたって講義を行ってもらっていた。1958年までに十数名のソ連人の専門家を各学系に招聘しており、うち教育学と心理学の専門家は8人を数えた。彼らは基本的にソ連のカリキュラムを講義に用いた。講義では、教科書だけでなく、後に教員が編集した教材も用いた。大学は、ソ連人の専門家の講義を学ばせるために、専門家一人一人に若手の中堅教員を助手として配置した。また、教学研究室の教員は彼らの講義を聴講しなければならなかった。さらに、より多くの教員にソ連人の専門家の講義を学習させるために、専門家が講義に来ている間、大学教員向けの研修クラスや研究クラスを開設した。50年代および60年代の中国人教育研究者のほとんどがこうした研修クラスや研究クラスで学んだ経験を持っている。ソ連

の教育理論の学習とソ連の専門家の著作の翻訳を行うために、北京師範大学の教育学系には翻訳室が設けられ、ソ連の教育関連の著作が数多く翻訳された。1949年から1960年代半ばまで、すなわち、中ソの関係悪化によってソ連人の専門家が帰国するまでの間に、教育部と高等教育機関は861人の専門家を顧問として招聘し、また、教育や科学研究に対する指導を依頼していた[5]。

③　ソ連モデルの学校

第3のルートとして、ソ連の教育モデルに基づいて新しいタイプの学校を設置したことである。1949年12月16日、政務院の第11回政務会議において、国家建設の需要に照らして一つの新しいタイプの大学、すなわち中国人民大学を設置することが決定された[訳13]。中国人民大学は、「ソ連の先進的な国家建設の経験を取り入れるとともに、ソ連の教授を招聘し、計画的かつ段階的に新たな国家を作り上げるための各種幹部を育成する」大学であった。同大学の教育方針は、「教育を実際と結びつけ、ソ連の経験を中国の状況に結びつける」であった[6]。この決定に基づき、旧解放区の華北大学を基礎として中国人民大学の建設が計画され、呉玉章が初代学長となった。呉学長は開校式の挨拶で、「中央政府が中国人民大学に与えた任務は、一つは国家のために幹部を育成すること、いま一つは旧い高等教育を改革し、新しいタイプの大学のモデルを築くことである」と述べた。同大学は36人のソ連人の専門家を招聘した。彼らの主な役割は、教員の育成に対する指導であった。先にソ連人の専門家が教員に講義をし、その後で教員が学生に授業を行った。大学院生を育成するために、専門家が大学院生に講義をした。また、教員に講義録や教材の作成について指導した。1950年から1957年までにソ連人の専門家が直接作成した講義録や教材と、彼らの指導によって作成された講義録や教材は合わせて101を数えた。これらは高等教育制度と教授法の確立を助けることになった[7]。

1950年4月29日、教育部は中華人民共和国の劉少奇副主席の指示により、「ハルビン工業大学改善計画」を提出した。この計画では、ハルビン工業大

訳13　政務院「中国人民大学の設立に関する決定」、1949年。

学はソ連の工業大学に倣って重工業部門のエンジニアと国内の大学の理工系教員を育成することで、大勢の学生をソ連に留学させることの代替とするとされていた。また、毎年各大学の理工学部の講師、助教授、教授150人をハルビン工業大学の教育研究クラスで学ばせ、ソ連人教授の指導下で研究を行わせることによって国内の大学の理工系教員の水準の向上が目指されていた[8]。ハルビン工業大学の前身はハルビン中露工業学校で、中国とロシアの両国が所管していたが、1950年に中国の所管となった。もともと規模が非常に小さく、設備も粗末なもので、管理職員と学生は基本的に中国のロシア人居留者であった。1950年の中央政府の「ハルビン工業大学改善計画」により、同大学はソ連の多専攻・多学科の工科学校をモデルとして多くの専攻・学科を増設した。これと相前後してソ連の26の高等教育機関から67人の専門家を招いて授業を担当させるとともに、ソ連の高等工業学校の制度、授業計画、シラバス、教材を取り入れ、5年制の学部課程と2年制の大学院課程を設けた。

1950年代、ソ連は多くの中国の青年学生の理想の留学の地となった。写真はソ連のモスクワ大学。

中国人民大学とハルビン工業大学は、中国でソ連の教育経験を学んだ大学のモデルとなり、他の大学の建設に影響を与えた。

④ ソ連への留学

第4のルートとして、ソ連への留学がある。1951年8月19日にソ連への留学生の第1陣375人が派遣された。彼らの学習領域は、理、工、農、医、財政、経済、外交、教員養成の各方面にわたっていた。主に、モスクワ、レーニングラード、キエフなどの大都市の有名大学や学院に派遣された。以後毎年少なくとも200人の留学生をソ連に派遣しており、多いときは200人を超えることもあった。留学生以外にも、国内の多くの企業が大量の実習生を派遣し、ソ連の企業で実習させていた。こうした留学生は、帰国後に中国の社会主義

建設の中核的人材となった。彼らは専門的知識だけでなく、ソ連の文化も持ち帰った。

第2節　ソ連の教育理論の特徴および中国の教育界に対する影響

　「ソ連に学ぶ」、これは建国初期の国家建設の方針であった。またそれは教育活動の方針でもあり、上から下への運動であった。この方針により、ソ連の教育理論と教育経験の学習は全国で大規模に展開された。しかし、この学習は一方向的なものであり、忠実に学ぶことが許されていただけで、懐疑や批判は少しも認められていなかった。学習開始当初、一部の知識人は理解を示さず、ソ連の教育理論に懐疑の目を向け、態度を保留していた。中には、専門家が講義しているときに疑問を唱える者さえいた。だが、こうした知識人は思想改造運動の中で批判され、自己批判をした。これ以後、異議を提出する者は見られなくなった。「ソ連に学ぶ」という行為は、無自覚的行為からしだいに自覚的行為となり、いわゆる「全精力を傾けてソ連に学ぶ」という雰囲気が形成されていった。

カイーロフ教育理論

　ソ連の教育理論は多くの著作に反映されているが、中国の教育界が学んだソ連の教育理論は、カイーロフ編の1948年版の『教育学』であった。師範学校の学生を含む中国の教育者のほとんどが一人一冊持っており、一章ごと一節ごと学んだ。これにより、中国において「カイーロフ教育理論体系」が作り上げられた。この理論体系は、中国の教育理論の半世紀にわたって影響を与え、今日に至ってもその影を残している。このため本節でも、カイーロフ教育理論について検討する必要がある。

　カイーロフ教育理論は、マルクス・レーニン主義の観点から、人間の教育の本質、その機能と作用を分析しようとしたものである。その中でもよく引用される部分については、次の7点に要約することができる。

1. 教育は上部構造であり、それは経済の基礎を反映している。階級社会の教育は歴史性を持ち、階級性を持つ。ソ連の教育はプロレタリア階級のための事業であり、ソ連の建設のために奉仕しなければならない。カイーロフの『教育学』第1章第1節では、それぞれの社会形態の教育を論じた後に、以下のように指摘している。「教育はつねに政治と結びついている。プロレタリア階級による社会主義革命は、必然として社会の発展の障害となっているブルジョア階級のための階級教育を消滅させ、共産主義的教育をその代わりとする」[9]。

2. 教育学の「党派性」の原則を強調した。カイーロフは、教育学は社会科学であり、ソビエト教育学は最も先進的な哲学理論、つまりマルクス・レーニン主義理論の基礎の上に構築されている、と考えていた。彼は次のように論じている。「ソビエト教育学は、共産主義的教育を論じる科学である。共産主義世界観は、マルクス・レーニン主義の政党の世界観である。それは、現在社会における最も先進的な階級、すなわちプロレタリア階級の政党の世界観である。ソビエト教育学はこの先進的な階級の政策を、その政党の政策を実行している」[10]。中国の教育者も、教育学は中国共産党の路線と政策に奉仕するものでなければならない、と固く信じていた。これが後に、教育学は階級闘争に奉仕するもの、プロレタリア独裁に奉仕するもの、といった考え方に発展した。

3. 「教育」「教授」「教養」の三つの概念を導入した。カイーロフの『教育学』の中では、教育は全体概念であり、「すべてを網羅する」概念として説明されている。彼は共産主義的教育について、次のように定義している[訳14]。

　共産主義的教育は、以下の内容を含む。

(1) 将来いかなる職業にも就くことができる基礎的知識、技能、熟練技術で子どもに武装させることである。子どもの知力を全面発達させるこ

訳14　以下のカイーロフ『教育学』の引用については、同書の邦訳であるカイーロフ監修、ゴンチャロフ・エシーポフ・ザンコフ主編、矢川徳光訳『ソヴェトの教科書　教育学』(1巻)、明治図書、1957年を参照した。なお、中国語訳の「教育」「教授」「教養」の概念は、邦訳では「教育」「教授」「陶冶」として訳出されている。

とである。考え方と世界観を育成することである。科学的な世界観を築き、共産主義的道徳精神を身につけさせることである。
(2)子どもの嗜好、興味関心を尊重し、才能や資質を伸ばすことである。レーニンのような未来の活動家としての人格を備えた性質を養うことである。
(3)社会主義的共同生活において求められ、決定づけられる高尚な行為習慣を形成することである。
(4)子どもの健康とそれに結びついている強靱な体格に配慮することである。これは、健康で逞しく、そして楽しい生活を送れるような人間に育てること、将来、強壮な体力や精神力を必要とする仕事に就く者と自己の祖国を守ることができる者にすることを目的としている。

　教養は、知識、技能、熟練技術の体系の習得を指すが、それは同時に、その習得の基礎の上に子どもの認識能力を発達させ、彼らの科学的な世界観を形成し、自己の行為において共産主義社会の福祉のために身につけた知識を用いようとする崇高な感情と意欲を養うことである。

　教授は、学校における計画的な活動である。この活動は教員が系統的に秩序立てて知識を子どもに伝達し指導する活動であり、子どもに一定の知識、技能、熟練技術を、自覚的に、積極的に、確実に身につけさせ、同時に、積極的な教授を通じて子ども一人一人に共産主義的な教養を身につけるのに相応しい人格を養うことである[11]。

　なお、これら三つの概念を正しく分類し理解するために、北京師範大学の教育学教学研究室主任であった王煥勛教授は、以前に日刊紙『光明日報』上で詳細な分析を行ったことがある。

4. 教育は主として教授の基礎の上で実現されるものとした。カイーロフは「科学的原理を把握してのみ、共産主義的な世界観を築くことができる。教授の過程の中でのみ、共産主義的教育を身につけた人となることができ、同時に高度な教養を備えた人となることができる」[12]と論じた。また、「教授は、教育の基本的な過程である」[13]とも論じた。この一文が後に「文化大革命」において「知育を第一に重んじている（知育第一）」と

して批判され、カイーロフ教育学修正主義の動かぬ証拠となった。
5. 系統的な知識の伝授を強調した。カイーロフ教育学およびソ連の教育全体は、系統的な知識を子どもに伝授することをとりわけ強調した。彼らはデューイのプラグマティズム教育を批判した。プラグマティズム教育は、子どもに系統的な知識を伝授することができないと考えていた。十月革命以後のソ連は1920年代の教育改革の中で、一方で、学校において生産活動を基礎とすることを強調した。もう一方で、盲目的に西洋の教育経験を学び、合科的なテーマ学習による統合的な教育課程、プロジェクト・メソッドなどの方法を採用した。そしてそれが、子どもの文化の学習に非常に大きな影響を与えた訳15。子どもは科学的で文化的な知識を系統的に学ぶことができなかった。卒業生の知識水準も高等教育機関での幹部育成の要求を満たすものではなかった。

そこで、1920年代から30年代にかけて全面的な改革と調整が行われた。ソ連共産党（ボリシェビキ）中央は、20年代の誤りを正すために一連の「決定」を出した。中でも最も有名で、中国の教育理論研究でもたびたび引用されるものに、次の「決定」がある。1931年9月15日付けの「初等学校および中等学校に関する決定」、1932年8月25日付けの「初等学校および中等学校の教授要目と学校生活基準に関する決定」、1936年7月4日付けの「教育人民委員部系統における児童学の曲解に関する決定」である訳16。

1931年の「決定」は、ソ連の学校は子どもに普通教育において知識の伝達を十分に実施しておらず、また識字教育を行っておらず、科学の基礎となる技能を身につけさせていないと厳しく批判するとともに、「学

訳15 ロシアの1920年代の教育改革における統合的な教育課程については、国家学術審議会（グース）の教育科学研究部門が1923年に作成した教授要目（グース・プログラム）による教育課程編成が有名。「プロジェクト・メソッド」は教育学者キルパトリック（1871〜1965年）が作成した教育課程編成の方法論で、1928年頃にアメリカからロシアに移入され、上記の教授項目を実践する方法として普及した（梅根悟監修『ロシア・ソビエト教育史Ⅱ』講談社、1977年、145〜153頁を参照）。
訳16 これら「決定」の内容の詳細については、同上書、193〜203頁を参照。

校死滅論」と「プロジェクト・メソッド」を批判した^{訳17}。1932年の「決定」は、教育人民委員部が改訂した初等学校および中等学校の教授要目の問題点を指摘したものであり、子どもに系統的な各種の教科の基本的知識、事実に関する知識、正確な話し言葉、作文、算数や数学の練習問題の演算の技能をしっかりと身につけさせることができるよう保証すべきとした。同時に、初等中等学校での教育活動は学級による授業を基本的形態とし、厳格に定められた日程表に従って、教員は教える教科に責任を持ち、系統的かつ一貫した授業を行わなければならないとした。1936年の「決定」は、児童学における子どもの運命論を批判したものである。当時の児童学者たちは、子どもの生まれつきの素質を生理上と社会上(家庭)の要素に帰結させ、多くの労働者や農民の子女を「劣っている」「欠陥のある」児童として特殊学校に入れ、彼らに正常な教育を受けさせていなかった。

　以上三つの「決定」は、異なる角度から子どもに系統的な知識を身につけさせることの重要性を強調した。その教育実践では、子どもにできるだけ早く各教科の知識を学ばせることを主張した。ソ連の初等学校の修業年限はわずか4年で、5年生になると前期中等教育段階に入り、教科ごとの学習を始める。この考え方が中国の教育に与えた影響は非常に大きい。建国以来中国では、子どもに対する系統的な知識の伝達が強調されており、また基礎的な知識と技能の習得も強調されている。

6. 教員の主導的な役割を強調した。カイーロフは、「教員自身が、教授の効果を決定づける最も重要で、その役割を決定づける要素を持っている」と論じた。彼は、「学習は子どもの自覚的で積極的な知識の習得の過程である」と言うけれども、「授業の内容、方法、計画の実施は、教員を通じて以外にはなされない」[14]と考えていた。これにより、授業におけ

訳17　1920年代のロシアでは、工場や農場の生活そのものが教育する」とする主張するシュールギン、クルーペニナといった人々が、将来「学校は死滅するだろう」と予言していた。学校死滅論とは、こうした論調を指す(梅根悟監修、前掲書、151頁を参照)。

る教員の権威性や主導性が確立された。この一文に中国の伝統的な教育における師を尊敬するという考え方と一致していたため、中国の教育者に正しく理解された。
7. カイーロフ教育学の理論体系を用いた。カイーロフ教育学は、四つの部分から構成されている。
   (1)総論：教育の本質、学校の目的と役割、子どもの成長と発達の基本的段階およびその教育、国民教育体系を説明。
   (2)教授論：教授過程、教授内容、教授原則、教授方法など。
   (3)教育理論：徳育、体育、情操教育の役割、内容、方法および実践や、子どもの集団活動、課外活動、学校外活動、学校と家庭の連携の問題など。
   (4)学校の管理と指導の方法
   　中国では数十年の間に作成された大部分の『教育学』が、この四つの理論体系に沿うものであった。

旧教育理論の批判的継承

　全体から言えば、カイーロフの教育学に代表されるソビエト教育学は、マルクス主義の唯物弁証法を教育学の哲学的基礎としつつ、歴史上の哲学者、思想家、教育者の教育思想を批判的に吸収し、自己の「ソビエト教育学」の理論体系を構築しようとした。しかし、根本から言えば、この理論体系は、実のところ、ヘルバルト理論の影響から自由ではなかった。ヘルバルト理論が強調したものは、教科中心、授業中心、教師中心であり、デューイのプラグマティズム教育思想と相対立していた。ソビエト教育学も、1930年代のプラグマティズム教育思想を批判することによって発展した。中国も、ソビエト教育学の影響の下、デューイのプラグマティズム教育学を批判した。1950年10月の『人民教育』第1巻第6期に、中国の教育史家の曹孚[訳18]

訳18　曹孚（1911～1968年）は中国の教育史家。建国前、アメリカのコロラド大学に留学し博士号を取得。コロンビア大学でもアメリカ教育史の教鞭を執った。建国後帰国し、復旦大学や華東師範大学で教務部長や学部主任となる。1950年代にデューイ批判を行ってアメリカの教育制度の欠点を指摘し、ソ連のカイーロフ教育学を教員に向けて講義した。のちに、中央教育科学研究所の研究員となった。

の論文「デューイ批判導入論」が掲載された（第2巻第1期まで）。彼は、旧教育思想を批判するには、まずデューイを批判しなければならないと指摘した。デューイを十分に批判するには、彼の教育思想の基盤——哲学の大系を批判しなければならないとし、デューイの成長論、進歩論、不確定論、認識論、知識論、経験論など一連の哲学や教育思想を分析し批判した。この論文は、1951年に論文集として人民教育出版社から出版された。続く1956年には、陳元暉[訳19]の『プラグマティズム教育学批判』が同出版社から出版された。この動きはその後、陶行知の「生活教育」、陳鶴琴の「活教育」に対する批判に発展した。

第3節　中国の教育実践におけるソ連の教育の影響

　中国は建国以後から改革開放以前まで、ソ連のカイーロフ教育理論が中国の教育界を統治していたが、それとともに、ソ連人の専門家の実地指導によって、ソ連の教育経験が広範囲にわたって伝播した。そのため、中国の教育の状況は、教育者の教育観、教育制度、教育内容、教育方法を含むすべてが、ソ連の教育をモデルとして作り替えられた。この行為は、ソ連から学ぶためだけでなく、中国の当時の計画経済における集中的統一にとっても必要なことであった。以下、要点をいつくか取り上げ分析することにする。

ソ連を模倣した教育制度

　1951年10月1日、政務院は「学制改革に関する決定」を公布した。新学制は、小学校を5年一貫制とし、入学年齢の基準を7歳としていた。これはソ連の学校制度の影響を受けたものであった。解放前の中国の小学校は6年制で、初級小学と高級小学の2つの段階に分かれており、入学年齢は6歳であった。小学校を2段階に分けることは労働者や農民の子弟に完全な初等教育を受け

訳19　陳元暉（1913～）は、中国の心理学者。中国心理学会の副事長などを歴任。心理学の方法論の向上に尽力した。

第9章　中国の教育におけるソ連の教育の影響　245

させるうえで不利であるとして、5年一貫制に改められた。しかし、農村では条件が整備されていなかったために、5年一貫制は実施されなかった。その後、国家経済、文化建設の発展に伴い、小学校では6年一貫制が実施された。新学制では、学校体系における労働者および農民のための学校、各種補習学校、訓練クラスの地位が強調された。これは旧解放区の教育の伝統を継承しただけでなく、ソ連の経験に学んだものであった。ソ連は、労働者や農民に対して働きながら余暇の時間や農閑期に学習を行わせる教育（業余教育）を非常に重視した。とくに革命初期は、彼らに対する教育が必要であった。中国では、学制改革以前の1950年4月3日、国内で初めて労働者や農民のための速成中学を北京で開校し訳20、6月初めまでには全国で12か所の速成中学を開設した。こうしたタイプの学校はソ連の高等教育機関に附設されていた労働者学部、農民学部に学んで設けられたもので、その設置目的は労働者や農民を国家建設のための基幹要員として育成することであった。解放以前、労

毛沢東はモスクワで中国人留学生と接見した。毛沢東の有名な言葉「世界はあなたたちのものであり、我々のものである。……あなたたち青年は、生気に溢れ、まるで朝八時・九時の太陽のようである。希望はあなたたちの肩にかかっている。」は、この接見の会場での講演である。

訳20　北京で開設された学校は北京実験工農速成中学で、第1期生は117人であった。速成中学は、労働者や農民を国家建設のための人材として短期間で育成することを目指して建設された（梅根悟監修『世界教育史大系4　中国教育史』講談社、1975年、223〜225頁を参照）。

働者や農民は教育を受ける機会がなった。革命根拠地では革命戦争に忙しく、科学的な文化知識を学ぶ時間がなかった。全国解放後、各戦線では労働者や農民の中で核となる人材が必要とされた。彼らを国家建設のための基幹要員として高等教育機関で学ばせるためには、まず彼らに科学的な文化知識の補習を行わなければならなかった。このため、速成中学は、事実上、高等教育機関の準備学校となった。速成中学では、初級中学および高級中学の6年間の課程を4年間で終えなければならなかった。解放後の中等学校への労働者および農民の子弟の入学者数増加に従い、1958年に速成中学は撤廃された。

　高等教育機関の再編成[訳21]は中国の高等教育制度の大改革であり、ソ連の高等教育体制の影響下で行われた。当然のことだが、この高等教育機関の再編成は、ソ連に学ぶためだけでなく、高等教育が新中国の建設の需要に適していない状況を改善するためでもあった。しかし、再編成の結果、ソ連の高等教育モデルが中国で形成されることになった。この高等教育機関の再編成は1952年に北京・天津で始まり、続いて華東、西南、中南、東北および西北の各大行政区[訳22]で展開され、1953年に一応の収束をみた。再編成では、総合大学の再編統合および強化、工業学校と師範学校を始めとする専科学校・単科大学の発展、高等教育機関の地域分布の調整に重点が置かれた。高等教育機関の分類は基本的にソ連のそれを模倣して行われ、総合大学（文科・理科のみ設置）と単科大学・専科学校（工業、農業、医学、師範、財政、政治および法律、芸術、言語文学、体育の学科ごとに設置）の二つに類別された。1953年には第2次の再編成が、主に中南地方を重点に行われた。

　高等教育機関の再編成の主たる目的は、高等教育機関が新中国の経済建設

訳21　高等教育機関の再編成は、中国では「院系調整」と呼ばれる。中国の旧来の大学は、学部（中国語では「院」）を基本単位とし、その下に学科（中国語では「系」）を置くのが通例であった。それを、ソ連の高等教育制度に学んで専攻課程（中国語では「専業」）を導入、専攻を基礎としてその上に学科を置き、学部を廃止した。この再編成は、学校内部の改編だけにとどまらない、各高等教育機関にまたがる調整であった。また、国家の工業化に向けてなされた改革であった。専攻は計画経済に基づいて設置され、学生は一定の専攻を修了後、社会主義建設の需要にしたがって特定の職務に就くことになっていた。

訳22　大行政区とは、全国を華北以下六つの大行政区に分け、それぞれいくつかの省を統轄させたもので、1949年から54年まで存在した。

の需要に対応していない状況を改めることにあった。再編成前の中国の高等教育機関の現状は、高等教育機関数211校、うち総合大学（少なくとも3学科を設けている機関）49校、単科大学91校、専科学校71校であった。そこには、三つの問題が存在していた。

　一つ目の問題は、機関の類型に偏りがあり、内部の学科の設置も合理的でなかったことである。文科重視、理工科軽視の傾向、および師範不足の状況が見られた。全国の高等教育機関数211校中、高等工業学校と高等工業専科学校は計33校で、全体の15％にすぎなかった。また、高等農林学校および高等農林専科学校は計17校で、全体の8％を占めるのみであった。高等師範学校も建国当初はわずか12校であったが、1952年には32校に増えた[15]。

　二つ目の問題は、学校の規模が非常に小さく、養成する学生数が非常に少なく、経済建設のための人材の需要に対応できていなかったことである。1951年の高等教育機関の在学生数は15万3,402人で、1校あたり平均745人しか在学していなかった。2,000人以上の規模を持つ学校は極めて少数で、各学部の入学定員は多くても数十人で、10人に満たないことさえあった。こうした状況は、国家建設の人材の需要に対応できていなかっただけでなく、教育資源も浪費していた。

　三つ目の問題は、高等教育機関の地域分布が合理的でなく、その多くが沿海地域や大都市に分布しており、西部地域に学校が非常に少なかったことである。

　第2次の再編成の結果、全国の高等教育機関は182校に削減され、うち総合大学14校となり、以下、分野別の単科大学と専科学校が、工業39校、師範31校、農林29校、医薬29校、政治4校、財政6校、芸術15校、言語文学8校、体育5校、少数民族2校となった。だが、地域間で非合理的な分布の問題は依然として解決されなかった。

　高等教育機関の管理指導体制もソ連のモデルを参照して行われた。まず、中央の高等教育部が全国の高等教育機関（軍事学校を除く）を統一的に指導するようになった。およそ中央の高等教育部が公表した全国の高等教育に関する建設計画、財務計画、財務制度、授業計画、シラバス、生産実習の規程お

よびその他の重要な法規、指示あるいは命令は、全国の高等教育機関で実施されるべきものとなった。次に、高等教育機関の直接的な管理は、中央の高等教育部と中央の関係行政部門に分かれて行われることになった。総合大学や多くの学科を有する工業学校については、高等教育部が直接管理することになった。単科の高等教育機関については、中央の関係行政部門が管理することになった。いくつかの機関については、大行政区の行政委員会あるいは省、直轄市、自治区の人民政府が管理することになった[16]。

高等教育機関の再編成とソ連の教育モデルの模倣による改革で、中国は旧教育を短期間で改造し、まったく新しい教育制度を築くことができた。高等教育の質を向上させ、新中国の社会主義建設のために専門的能力を備えた大量の人材を育成することができた。とりわけ、専門的な高等工業学校、例えば、地質学院、石油学院、鉱業学院、航空学院、郵電学院などの設置は、中国の高等工業教育の空白を埋め、中国の工業化のために大量の専門家を育成することになった。高等師範学校は独立して設置され、中国の基礎教育の発展を保証することになった。その歴史上の功績を消し去ることはできない。しかし、この改革は、以下に示すとおり、多くの後遺症をもたらした。

1. 高等教育の目的において、ソ連の高等教育機関は高水準の専門家の育成に重点を置き、高等教育は専門教育であることを強調した。中国の高等教育もソ連のモデルに倣って専門的な人材の育成を強調したが、そのために教養教育が批判された。教養教育をブルジョア階級的なもの、理論と実際が乖離している教育とみなした。高等教育の専攻設置において専門化と細分化を追求したことで、中国の高等教育機関の卒業生は非常に狭い知識しか持たなくなり、新しい科学技術の発展の趨勢に適応できなくなった。

2. 高等教育機関の分業を過度に細かく行いすぎたために、理と工を分ける状況が生じた。総合大学は文理大学となってしまい、総合大学のメリットを失った。単科大学の学科は非常に単一的で、とくに一部の工科学校では基礎的な理科すら教えられておらず、新しい学科や複合的な学科を作り上げていく上で不利となったばかりか、人文学の基本的な知識さえ

も教えられていなかった。こうした欠点は、1980年代以降しだいに明らかとなった。
3. 高度に集中した統一を強調した。人材育成は一つのモデルしかなく、非常に融通の効かない、画一的なものになっていた。全国において、統一的な専攻設置、統一的な授業計画、統一的なシラバス、統一的な教材、統一的な授業管理が行われた。地方の特色は考慮されず、大学に裁量権はなかった。このような「万事が統一的」な育成モデルは、学術研究を硬直化させ、教員が自らの専門性を発揮する上での障害となった。また、学生の自主性や創造性の伸長を妨げ、優秀な人材の育成にも不利となった。
4. 高等教育機関の再編成により、いくつかの有名大学が解体し、学術研究体制と教授陣が分散した。その結果、中国で世界一流の大学を創設することが困難となり、時間を無駄にした。
5. 全国の高等教育機関に対して統一的な管理が行われなかった。高等教育部は少数の同部が所管する高等教育機関を管理するだけで、大多数の高等教育機関については業種ごとに中央政府の各部・委員会が管理しており、管理体制が分割されていた。このような状況は、1999年の高等教育体制改革まで続いた。

ソ連の授業モデルと教授方法の採用

建国初期の中国の教育は、ソ連の教育制度を模倣しただけでなく、ソ連の教材、授業モデル、教授方法を学んで取り入れた。1952年11月12日に教育部は、各高等教育機関に対してソ連の教材を翻訳する計画を策定するよう指示した。この指示では、まず、ソ連の高等教育機関の1年次、2年次の基礎教育課程の教材、およびいくつかの必要かつ条件の整っている専門課程の教材を翻訳し、その後しだいに他の学科課程の教材を翻訳するよう要請した。教育部は、全国の各高等教育機関および関係者が段階的かつ計画的にこの任務を遂行するために、同年11月27日に「ソ連の高等教育機関の教材を翻訳することに関する暫定規定」を発表し、学校ごとの翻訳計画を定めた。翻訳稿は、教材編纂審査委員会の審査に合格した後、「教育部推薦高等教育機関

教材試用本」と記されて出版された[17]。そのため、建国初期、中国の高等教育機関が使用していた教材は、概ねソ連のものであったということができる。

　高等教育機関の教学研究室（原語は「教研室」）と、初等中等学校の教学研究グループ（原語は「教研組」）制度も、ソ連から取り入れたものである。これらは、学校での教育の末端組織である。高等教育機関の教学研究室は専攻を単位として設けられ、すべての教員は自らの専門に基づいて専攻ごとに分けられた教学研究室に配属された。彼らは共同で講義準備を行い、教材を作成し、専攻における学術的な問題について議論した。初等中等学校の教学研究グループは教科を単位として設けられ、教員は担当教科に基づいて教科ごとに分けられた教学研究グループに配属された。そこで共同で授業準備をし、授業研究を相互に行い、学校の各種活動にグループ単位で参加した。こうした組織は、教員の集団活動による効果を引き出し、授業の質を保証する上で有益であった。とくに、年長の教員による若手教員への指導・支援において効果を発揮した。しかし、マイナスの影響もいくつか存在した。一部の教員の中に他人に頼る心理を助長し、また時として、教員の創造性を抑制することにもなった。こうした学校内での教育研究組織の形態は、今日に至っても国内の各段階各種の学校で採用されている。

　教室での授業形式は、教員による講義のほか、「ゼミナール」の制度を取り入れた。ゼミナールは、中国語では教室での討論を意味する「課堂討論」とも訳され、小グループによる討論の方式を指す。これは実はソ連の高等教育機関に独特の授業形式では決してなく、西洋の大学で早くから取り入れられ、今日に至っても西洋の大学で広く行われている。だが、建国当初の中国では、ソ連の教育経験として高等教育機関で取り入れられた。ゼミナールは、教員と学生の相互活動、学生同士の交流、共同討論、相互啓発による授業形式の一つである。西洋の大学の授業では、ゼミナールの形式を非常に重視している。例えばドイツの大学では、学生は講義には出席しなくてもよいが、ゼミナールへの出席は必須であり、欠席が非常に多い場合には試験を受けさせないことになっている。筆者はかつてフランスのパリ第8大学で特別講義をしたことがあり、その際、同大学の多くの講義を見学した。講義は1コマ

150分だったが、教員は一般に30分しか話をせず、残りの時間はすべて討論の時間に充てられていた。ソ連で学んだ時も、すべての科目にゼミナールがあった。最高学年の1学期は最も多く、週6コマのゼミナールがあった。学生は、ゼミナールの前に教員が出した課題に基づいて参考文献を熱心に読み、発言内容の要点を書きとめて討論に備えておかなければならない。原著と関連文献を読むことを通じて、また討論を通じて、授業内容を十分に理解することができる。同時に、同じゼミナールの学生の発言や教員の指摘から、個人の読書では得ることができなかった知識を学ぶことができる。だが残念なことに、中国でこの授業方式が導入された際、その本質や優れている点が理解されず、持続しなかった。筆者はソ連から帰国後に教えていたとき、中国人学生がゼミナールを恐れていることを知った。毎週1～2回のゼミナールが設けられていたが、学生は負担が大きすぎると悲鳴を上げていた。ゼミナールによる授業形式は、中国の高等教育機関ではすぐに消滅してしまった。その原因を分析してみると、中国の伝統的な教育と関係があるといえる。中国の伝統的な教育は、教員が「聖賢の道を伝え、学業の教えを受け、惑いを解決する」といったものであり、教員が中心であった。授業は主に教員による講義であり、授業の過程で学生の地位は存在しなかった。学習とは現存する書物や知識に触れることであり、討論は必要とされなかった。結局、全身全霊をかけてソ連から学んだとしても、中国の伝統的な教育に抵触するものは排除された。このことは、中国の伝統の力の強さを証明している。

　学年制、「三階建て」の課程構成、卒業論文、卒業制作もまた、ソ連から取り入れた教育の形式である。ソ連では、高等教育は高水準の専門的人材の育成と位置づけられ、そこで教養教育を行うことは反対された。このため、高等教育制度は比較的長く、修業年限は一般に5年で、工学系教育機関は5年半～6年となっていた。教育課程は、基礎科目、専門基礎科目、専門科目の三つの段階に分けて構成され、中国ではこれを通称「三階建て」（原語は「三層楼」）と呼んでいる。基礎科目では政治理論科目が強調され、ソ連共産党（ボルシェビキ）史、政治経済学、弁証唯物主義、歴史唯物主義などの科目を学ばなければならなかった。すべての科目が必修であり、選択科目はなく、学

年制がとられていた。卒業要件も厳しく、文・理科では卒業論文が、工科では卒業制作が必須となっているだけでなく、国家試験に合格しなければ卒業することができなかった。通常は、文・理科では学年論文を書かねばならず、工科でも制作が必須であり、教員の学生に対する要求も極めて厳格であった。学士課程の卒業生には学位は与えられず、専門職人員としての称号が与えられた。こうした制度は、中国において学位制度が確立するまで踏襲された。

　初等中等学校では、ソ連の教育経験の学習がいっそう徹底して行われた。ソ連の経験に基づき、初等中等学校では、全国統一的な授業計画や学習指導要領が実施され、統一的な教材が用いられた。これらはすべて国の政策文書と見なされ、学校と教員はそれを改良する権利を持たなかった。こうした統一的かつ集中的な指導により、各地の教育の発展水準の不均衡が無視されることになった。学校は画一的なものとなり、運営上の特色も出せず、児童生徒の個性を伸ばすこともできなかった。

　教授方法においては、カイーロフ編『教育学』から5段階教授法を取り入れただけでなく、ソ連人の専門家から教授法について直接指導を受けた。その中でも最も有名なものとして、「赤いネッカチーフ」教授法[訳23]がある。1953年、北京師範大学中国語文学部の学生が北京女子第六中学で教育実習をした際に、「赤いネッカチーフ」という課の授業を行った。ソ連人の専門家プーシキンは、この授業を聞いた後に評議会を開いて検討を重ね、よりよい授業の行うための方法を示した。これについては『人民教育』7月号に短い論評が掲載された。その論評では、プーシキンの評議会での結論を「我々に言語・文学の教育を改善する方向性を提示した」と説明した。紙面に論評が掲載されたことで、「赤いネッカチーフ」教学法は全国に普及し、言語・文

訳23　「赤いネッカチーフ」教授法は、授業の進め方について一つの法則化を示したものである。その教授法では、①教員が教材（作品）を紹介し、内容を概説する、②児童生徒に登場人物を分析させる、③段落に分け、段落の大意をまとめさせる、④作品の主題を考えさせ、その特徴をまとめさせる、などの過程を経ることが求められている。この教授法考案のもとになった「赤いネッカチーフ」という教科書の題材は、赤いネッカチーフを首に巻いた少年先鋒隊を扱ったものである。少年先鋒隊は、中国共産党の少年組織で、学校・学級単位で組織され、現在は7歳から14歳の児童生徒全員が加入する組織となっている。

学の授業の教授法としてだけでなく、中国の初等中等教育全体の教授法として大きな影響を与えた。この教授法は授業の進め方を法則化したものであったため、生徒に基礎的な知識と基本的な技能を系統的に理解させる上では有益であった。しかし、負の影響もいくらか生じた。授業が定式化、固定化され、教員の創造性や生徒の主体性が発揮されにくくなった。

第4節　ソ連の教育に対する批判とソ連の教育経験の土着化

　ソ連の教育の影響は、中国において非常に大きなものであった。1950年代末から60年代初めの中ソの関係の悪化により、中国国内でソ連の修正主義に対する批判が始まった。それは、教育界も例外ではなかった。1958年にカイーロフ教育学に対する内部批判が起こった。カイーロフ教育学は、教育と生産労働の結合を必要とせず、プロレタリア階級の政治のために奉仕する教育も必要とせず、また党の指導も必要としないと論じている、と批判された。さらに、カイーロフ教育学は、知識中心、授業中心、教師中心であるとして批判された。1960年3月7日～20日、および5月16日～21日にかけ、共産党中央の文教グループは各省・市の党委員会の文教担当書記会議を開催した。中国共産党中央宣伝部の陸定一[訳24]は同会議上で、哲学、社会科学、文学・芸術における修正主義を批判し、18、19世紀のブルジョア学術思想という古い「祖先の墓」を掘り返し、教育戦線において教育革命を進めなければならないと論じた。教育界もソ連の修正主義教育思想に対する批判を展開し、その矛先は当然ながらカイーロフ編の『教育学』に真っ先に集中した。1960年代中頃になると、半ば公然と批判された。例えば、『人民教育』1954年第6期上には、「社会主義教育学における一つの重要な問題」、「ブルジョア階級の教育の観点は必ず批判しなければならない」などの文章が発表された。また同誌1965年第2期上には「偽りのマルクス主義教育論」、同第3期上

訳24　陸定一（1906～1996年）は、中国共産党のイデオローグ、政治家。1954年に中国共産党中央の宣伝部部長となり、党の宣伝、文化、出版活動などを主管した。1959年に国務院副総理になったが、文化大革命の中で批判された。

には「『知育第一』思想は必ず批判されなければならない」などの文章が掲載された。そこでは、カイーロフ教育学はマルクス・レーニン主義の悪しき修正主義であり、カイーロフは「知育第一」を主張し、政治思想教育も授業を通じて行っているという点に批判が集中して向けられた。また同時に、カイーロフ教育学を、万人の教育、万人の党を提唱したフルシチョフ首相[訳25]の論調と関連づけ、ソ連の教育は教育の階級性を否定しており、ゆえに徹底した修正主義教育である、と考えられるようになった。17、18世紀の「祖先の墓」を掘り返すために、ヒューマニズム、母性愛教育、点数化や系統性などの教授における原理・原則が批判された。こうした批判は「文化大革命」が終わるまで続いた。

　ソ連の教育に対する批判は猛烈なものであったが、冷静に分析すれば、それは決して急所をついたものではなかった。そのため、この批判は無力であった。ソ連の教育の基本的な観念や制度、授業モデル、教授方法に至るまで、すでに中国で全面的に受け入れられており、ある程度の発展を遂げていたのである。こうした事柄は、ソ連の教育に対する批判によって変わるものでは決してなかった。それどころか、全面的に受け入れたものを中国の伝統と捉え、ソ連の教育経験の土着化を完成させた。これは、非常に矛盾した、奇怪な現象に思えるかもしれない。だが、詳細に分析してみると、この現象は決して不思議なことではない。

　第1に、両国のイデオロギーが一致していた。中国は、ソ連を修正主義国家と認識していたが、イデオロギーから言えば、ソ連の行っていることもマルクス・レーニン主義であり、社会主義であった。高等教育機関の政治理論の授業について言えば、中国であれソ連であれ、その授業を重要な位置に置いていた。両国とも、学校に対する党の絶対的指導が強調されていた。ソ連崩壊前、ソ連政府は高等教育機関の中立、いわゆる「非政治化、非政党化、

訳25　フルシチョフ (1894〜1971年) は、ソ連の政治家。1953年にスターリンの死後 (1953年) に党第一書記となり、1958年には首相を兼任した。彼は1956年の第20回党大会において、レーニンの後継者であるスターリンが行ってきた独裁、個人崇拝などを批判し (スターリン批判)、国内の民主化と資本主義国との平和共存外交をすすめた (フルシチョフ路線)。このスターリン批判によって、中国とソ連の間でイデオロギー論争が生じた (中ソ対立)。1964年に党書記を解任された。

非イデオロギー化」を提出したが、その後すぐにソ連の社会主義体制は崩壊した。両国のイデオロギーが一致していたために、ソ連の教育経験は中国で受け入れられやすかったのである。

　第2に、両国はともに中央集権的な国家であった。国が教育事業を統一的に指導し、至る所で統一を強調した。教育施策の決定は行政に任され、科学的で民主的な諮問機関や政策決定機関がなかった。全国の高等教育機関は統一的な専攻を設け、一揃いの授業計画やシラバス、教材を用いていたが、このことは当然のこととして認識されていた。大学の教学研究室の組織も教員を組織するためのものであり、「党支部を中隊の中に置く」といった原則に符合しており、管理と指導がしやすい体制となっていた。

　第3に、両国とも計画経済体制を実施してきた。中国の教育体制は、長期の計画経済体制の下、ソ連の教育を学んだ経験から作り上げられた。1950年代の高等教育機関の再編成における狭隘な専攻設置、各校や各人員がどこでも同じといった画一性は、計画経済の産物であった。そのため、ソ連の計画経済と連動している教育体制を、中国では速やかに受け入れ、適応することができた。

　第4に、ソ連の教育理論はソ連の独創では決してなかった。上述したように、カイーロフ教育理論体系は、実のところヘルバルト教育理論の翻訳版であった。中国は、解放以前に自ら西洋教育思想を移入して以来、ヘルバルトの教育思想の影響を受けていた。そのため、ソ連の教育理論の学習に対して一部の知識階級は当初抵抗感を持っていたが、その後、カイーロフ教育理論とヘルバルト教育理論はもともと同じもので、異なるものではないと考えうるようになった。こうしたことからも、ソ連の教育理論は容易に受け入れられた。

　第5に、ソ連の教育の経験は中国の伝統文化と類似する部分があった。例えば、中国の伝統的な儒教文化と科挙制度は中央集権による統一を重視し、書物の知識や基礎教育を重視して学習させた。これは、ソ連の教育が強調した系統的な知識や基本的な知識や技能と極めて酷似していた。また、ソ連が強調した教師主導という考え方は、中国の教師尊重の考え方と同じ起源から

生まれているといえる。そのため、ソ連の教育の経験は中国の教育の伝統の中に融合しやすかった。こうしたことから、およそ中国の伝統文化と類似しているものは吸収し、融合しやすく、その差異が大きければ大きいほど吸収が難しかったと説明することができる。例えば、ゼミナールの制度は、西洋の大学では慣習となっており、学生の独立した思考を啓発する、教師と学生の相互討論による授業形式ではあるが、中国では行われなかった。

　改革開放以降、何度も教育改革が進められてきた。しかし、今日の中国の教育の中にはソ連の教育の影響がいまでも随所に見られる。これは不思議なことではない。中国の現在の教育における伝統は、中国の伝統文化に内在する核を継承しているだけでなく、ソ連の教育の伝統をも融合しているためであるといえよう。

原注

1　「董老対東北人民教育事業的卓越貢献」『董純才紀年集』教育科学出版社、1992年、170頁。
2　『中華人民共和国教育大事記 1949〜1982』教育科学出版社、1984年、4頁。
3　同上書、8頁。
4　同上書、71頁。
5　同上書、279頁。
6　同上書、7頁。
7　郝維謙・龍正中主編『高等教育史』海南出版社、2000年。
8　前掲『中華人民共和国教育大事記 1949〜1982』、16頁。
9　カイーロフ著、沈穎・南致善ほか訳『教育学』上冊、人民教育出版社、1953年、上海16版、10頁。
10　同上書、29頁。
11　同上書、14〜15頁。
12　同上書、15頁。
13　同上書、56頁。
14　同上書、58〜60頁。
15　郝維謙・龍正中主編、前掲書。ただし、『中国教育年鑑』(1949〜1982)と『中国教育成就』(統計資料、1949〜1983)の統計によれば、中国の1951年の高等教育機関数は206校、うち総合大学47校、工業学校36校、農業学校15校、師範学校30校である。
16　郝維謙・龍正中主編、前掲書。
17　前掲『中華人民共和国教育大事記 1949〜1982』、68頁。

第10章　改革開放と教育思想の多元化

　改革開放により中国の教育発展は新しい段階に入った。「思想を解放し、事実に基づいて真実を追究する（実事求是）」[1]という思想と原則の指導の下、中国の教育理論界は建国以来の教育理論の構築を真剣に見直し、同時に世界各国における教育改革の新しい理論、新しい経験を吸収し、中国の特色ある社会主義教育理論体系を確立し、中国教育の新しい伝統を創造することに努めてきた。1978年の改革開放実施から現在までの中国における教育発展は二つの段階に分けられる。第1段階は20世紀の80年代であり、主として教育戦線全体が見直され、世界各国における第二次世界大戦後の各種教育思想や教育改革の経験が紹介されて、中国教育の再建および発展のために借用しうる経験が提供されたのである。第2段階は20世紀の90年代であり、中国の経済体制が計画経済から市場経済へと移行する情勢の下、中国の教育界に社会主義市場経済に適応した新たな現代教育体制および理論体系の確立を模索したのである。

第1節　教育の見直しと各国教育思想の導入

　改革開放は、目覚めて窓を開けると外の世界が色とりどりで華やかであったことに気づいたかのようであった。中国は経済、科学技術、教育など各方面において世界の先進国から立ち遅れており、追いつくことが急務であり、唯一の解決策は経済建設を中心に「四つの現代化」を実現し続けることであった。1978年3月18日、鄧小平は「全国科学大会開幕式での講話」の中で次のように指摘している。すなわち、「20世紀中に農業、工業、国防および科学

技術の現代化を全面的に実現し、われわれの国家を社会主義の現代化強国に建設することは中国の人民が担う偉大な歴史的使命である」とし、さらに「四つの現代化については、その鍵は科学技術の現代化にある」と述べている。「講話」では科学技術が生産力の問題であることが提起され、深く掘り下げて詳述された[訳1]。四つの現代化の実現には科学技術が鍵であり、教育は基盤となる。1977年5月24日、鄧小平は「知識尊重、人材尊重の談話」の中で次のように指摘している。「われわれは現代化を実現しなければならず、その鍵は科学技術の向上にある。科学技術の発展は教育を重視しなければ叶えられない」[2]。こうして社会の中で再び教育が重視され始めたのである。特に1977年に全国の高等教育機関の統一入試が再開されると、一陣の春風の如く「読書無用論」の黒雲がすっかり吹き消されたのである。教育は正常な秩序を回復しなければならず、教育はさらに改革しなければならない。教育を改革するには、まずは見直さなければならなかったのである。

教育の本質に関する討論、教育価値観の転換

1978年、当時中国社会科学院副院長を務めていた于光遠はある教育座談会において教育という現象の中には上部構造のものが含まれるが、教育がそのまま上部構造であるとはいえないと提起している。その後「人材育成重視の研究」という論文を執筆し、『学術研究』誌（1978年第3期）に発表した。一つの石が大波を巻き起こすように「教育の本質」に関する討論が全国の教育界において非常な速さで展開されるようになったのである。この討論に参加した人々の幅広さ、継続期間の長さはかつてないほどであった。瞿葆奎が「中国教育学百年」という論文の中で示した統計によれば、「教育研究」を主たるテーマとして論じ、1978年から1996年まで全国の各種新聞・雑誌に発表された論文が約300篇の多数にのぼるという。

「教育の本質」と題する討論については、実際のところ大多数の論文が論

訳1　鄧小平は1978年12月13日に中国共産党中央工作会議の閉幕式で談話を発表し、「思想を解放し、事実に基づいて真実を追究し、一致団結して、前に向かって進もう」という重要な命題を提起した（『人民網日本語版』2001年11月16日）。

じているのは教育の本質的属性に関する問題であり、多様な観点が示された。「生産力説」と「上部構造説」の弁別、「二重属性説」と「多重属性説」の弁別、「社会実践活動説」と「特殊範疇説」の弁別、「生産実践説」と「精神的生産説」の弁別、「社会化説」と「個性化説」の弁別、「人材育成説」と「伝達説」の弁別、「産業説」と「非産業説」の弁別などである[3]。

「教育の本質」に関する討論とは、実際には教育の機能に対する見直しである。建国から「文化大革命」の終結まで一貫して、中国では指導者幹部から一般の教師まで誰もが教育は「プロレタリア独裁の道具」であると見なしてきた。換言すれば、教育の機能は主として政治に奉仕することであったのである。今日、経済建設を推進するために科学技術は生産力であり、教育は人材育成の基盤となる。では、教育は経済発展に奉仕する機能を有するのか。またその他の機能を有するのか。1985年に中共中央により公布された「教育体制改革に関する決定」は次のように明確に指摘している。「教育は社会主義建設に奉仕し、社会主義建設は教育に依拠しなければならない」。このようにして中国の教育は正しい軌道に乗ったのである。これは思想解放の偉大な成果であり、教育に関する価値観の大転換であった。

その後の討論は次第に深化した。教育は政治的機能、経済的機能を有するだけでなく文化的機能も有する。教育は社会の物質的文明に奉仕し、また社会の精神的文明に奉仕しなければならない。教育は人材育成活動であり、教育は人材の発展と超越を重視しなければならない。個人の全面的発達があってはじめて大衆の全面的発展があり、社会全体の進歩と発展が促されるのである。こうして「科教興国」、つまり科学と教育を通じた国家の振興が中国発展の国策となったのである。

比較教育の再建、外国の教育改革経験の紹介

教育の改革には世界中のあらゆる先進的文化の成果を吸収しなければならない。20世紀の60年代は世界の教育の大発展、大改革の時代であり、世界の教育が現代化に入った重要な歴史的時期である。残念ながら同時期に中国では「文化大革命」が勃発し、世界中で発生した重大な変化に無知であった。

改革開放後、われわれの視野は拡大し、外国の先進的な教育思想、教育内容・方法が積極的に導入されるようになったのである。

最初に導入された書物は華東師範大学外国教育研究所により翻訳され、ユネスコが1972年に発表した教育報告書『未来の学習—教育世界の今日と明日』訳2 である。同書は1976年に翻訳されたが思想は未だ解放されておらず、1979年になってようやく上海訳文出版社により出版された。同書の中で20世紀の60年代に生じた最も重要な教育思想である生涯教育が紹介されたのである。同書は科学技術の急速な発展により社会変革が引き起こされ、人類は学習化社会に入り、生涯教育は人類の生存に不可欠なものとなったと指摘している。実際のところ「生涯教育」は一つの重要な教育思想であるだけでなく、人類の教育発展にとって避けられない趨勢である。残念ながらわれわれはこの点について認識が不十分であった。『未来の学習』の出版後、中国の教育界での反応は非常に鈍く、ごく少数の論文の中で同書に言及されただけであった。生涯教育の思想が提起されると先進国家では即座に反響があり、多くの国は20世紀の70年代初頭に生涯教育に関する法律を制定し始めたのである。中国に導入された後、反応がこれほど冷淡であったのはなぜか、今振り返ってみると決して不思議なことではない。なぜなら70年代に、中国は依然として小農経済期にあり、加えて計画経済体制であったため、大工業生産の変革を経過しておらず、現代化した社会における生涯教育の重要性を理解できなかったのである。90年代中期に入り、中国の工業の現代化レベルは比較的大きく発展し、計画経済から社会主義市場経済へと移行し、生産技術が絶えず変革されるようになってはじめて、教育界は生涯教育の思想を重視し始め、1995年に採択された「中華人民共和国教育法」の中に盛り込まれたのである。

外国の先進的教育内容を導入した最も注目に値する重要な出来事は、1977年に鄧小平が「外国の教材を導入し、外国の教材の中で有益なものを吸収し

訳2　同報告書 (*Learning to Be: The World of Education Today and Tomorrow*) は委員会の長であったエドガー・フォール氏の名を冠して「フォール報告書」とも呼ばれ、邦訳は国立教育研究所内フォール報告書検討委員会により『未来の学習』(第一法規、昭和50年刊) として出版された。

なければならない」と指示したことである。外貨が非常に不足していた状況の中で、鄧小平同志の指示の下、中央政府は10万米ドルを拠出して米国、イギリス、西ドイツ、フランス、日本などの国々から大量の教材を購入し、中国のカリキュラムおよび教材の現代化改革が促進されたのである[4]。

外国の教育経験を紹介する中で比較教育学関係者に重要な役割を演じた。比較教育学はもともと師範系高等教育機関の旧来からの学問分野であった。しかしながら解放後はソ連に学んだため、比較教育はブルジョア階級の偽学問分野と見なされ、師範系高等教育機関では廃止されたのである。20世紀の60年代初期に入ってようやくソ連以外のその他の国家の教育に対する研究が行われるようになった。1964年5月12日、中国共産党中央国際問題研究指導グループおよび国務院外事弁公室は高等教育部による「高等教育機関における外国問題機関の設立に関する報告」を承認し、北京師範大学、華東師範大学、東北師範大学にそれぞれ外国教育研究室が設置された。また、北京師範大学は中央宣伝部の委託を受けて雑誌『外国教育動態』を創刊した。当時の指導的思想は「反帝国主義・反修正主義」のためであり、己を知り相手を知ることが求められた。しかしながらこのように位置づけにもかかわらず、「文化大革命」が開始するとやはり資本主義や修正主義を撒き散らす拠点と批判され、一切廃止されたのである。1973年に至って北京師範大学外国教育研究室は「反帝国主義・反修正主義」のスローガンの下、外国教育に関する研究を次第に再開し、『外国教育動態』を不定期に限定出版し、1979年までに22巻を刊行した。1980年に『外国教育動態』の正式出版が認可され、国内外で公開発行され、1993年には『比較教育研究』と改名したのである。80年代初頭、華東師範大学は『外国教育資料』を創刊し、東北師範大学は『外国教育研究』を創刊し、中央教育科学研究所は『外国教育』誌を創刊した。

「四人組」の失脚後、学校の各学問分野では諸外国の教育経験を理解することが切実に求められるようになり、1977年8月に教育部は北戴河で理科基礎科目教材座談会を開き、同時に外国教育座談会を開いた。会議では外国教育に関する研究活動を展開することが討論され、第一段階の計画が打ち出されたのである。1978年7月5日から15日までの間、第1回全国外国教育学術

討論会が北京師範大学で開かれた。会議参加者は北京師範大学、華東師範大学、吉林（東北）師範大学、河北大学、華南師範大学という5大学の外国教育研究機関の研究スタッフ40名余りであった。第2回全国外国教育討論会は1979年10月末に上海で開かれ、会議に参加した機関は十数校に増加し、参加者は90名余りに達した。同会議で外国教育研究会が正式に成立したのである。

当時の教育部高等教育司による推進および支持の下、外国の教育経験を紹介する書物が大量に出版された。比較的重要な書物としては、人民教育出版社により出版された『外国教育叢書』(35冊)、『六か国教育概況』、『二十か国教育概況』、『今日の米国教育』、『米国教育学の基礎』などがある。

1980年3月から6月まで北京師範大学教育系により米国コロンビア大学比較教育学者胡昌度教授が特別講師として招聘され、学士課程の学生に対する比較教育学の講義が系統的に行われた。同時期、教育部高等教育司は比較教育担当教員の研修クラスを組織し、研修者は全国の高等教育機関10校の教員十数名から構成された。彼らは一方では学士課程の学生と一緒に授業を聴講し、同時に胡昌度教授により外国における比較教育学の発展状況および趨勢が紹介されたのである。この経験を踏まえて、これら十数名の教員は先輩格の比較教育学者である王承緒教授、朱勃教授、檀仁梅教授の指導の下、中国において建国後最初となる大学学士課程学生が使用する『比較教育学』の教科書を編纂し[5]、中国の高等教育機関におけるマルクス・レーニン主義教育の中での比較教育学の地位を基本的に回復させ、なおかつ外国における教育の改革および経験を計画的かつ大規模に紹介し始めたのである。

各種教育思想の導入

外国の教育経験を学ぶために、まず先進国に焦点が当てられた。当時ソ連は未だ崩壊していなかったため、先進国として選出されたのは米国、イギリス、フランス、西ドイツ、日本およびソ連であった。上述した外国教育に関する雑誌でこれらの国々の教育について翻訳され、紹介されただけでなく、各種の新聞・雑誌には外国教育に関するコラムが設けられ、一時期には非常に賑やかになった。比較的影響を与えた書物として、人民教育出版社により

出版された『外国教育叢書』、『六か国教育概況』以外にも、全国哲学社会科学分野の「第6期5か年」計画国家重点課題『戦後の各国教育の研究』(江西教育出版社、1991年刊)、ザンコフ編、杜殿坤等訳『教授と発達』(文化教育出版社、1980年出版)、スホムリンスキー著、周蕖等訳『教師に与える100の助言』(天津人民出版社、1981年刊)、ブルーナー著、上海師範大学〔3〕外国教育研究室訳『教育の過程』(上海人民出版社、1978年刊)などがある。当時新聞や雑誌に最も頻繁に紹介され、中国の教育実践に最も大きな影響を与えたのは、以下のような教育思想であった。

① ザンコフの発達教授理論

　ザンコフ(1901～1977年)はソ連の心理学者および教育者、ソ連教育科学アカデミー会員である。1957～1977年には教育、教授と発達の関係問題に関する実験的研究に専念した。20年間の実験過程の中で心理実験の研究方法を直接導入し、体系性のある発達教授理論を確立し、「児童・生徒の全体的発達に最良の結果を保障する」ことを提唱したのである。ザンコフは児童・生徒の独自性および創造性を育成するために児童・生徒の全体的発達の水準を向上させ、教授理論の上で伝統的観念を打破しなければならないと考えた。「全体的発達」の含意および内容に関して、ザンコフは相次いでさまざまな角度から論述している。彼は1963年に執筆した『小学校教育を論ず』の中で「われわれが理解する全体的発達とは児童・生徒の個性の発達であり、彼のあらゆる面での発達である。」と述べ、児童・生徒の特殊な発達とは区別したのである。その後『教師たちとの対話』の中でさらに明確に説明している。「全体的発達とは知力の発達だけを指すのではなく、児童・生徒の情感、意思、資質、性格および集団主義的思想の発達を指す」。1975年に『教授と発達』という書物の中でも「全体的発達」とは身体的発達と心理的発達を含むと重ねて述べている。

　「全体的発達」という主たる思想の下、ザンコフは5条の教授原則を提起した。すなわち、(1)高い難度で教授する原則、(2)高速で教授する原則、(3)理論的知識が主導的作用を起こす原則、(4)児童・生徒に教授過程を理解させる原

則、(5)全クラスの児童・生徒（劣等生を含む）をみな発展させる原則、である。中国教育界の教師はこれらの原則を理解する時にソ連の早期の心理学者 L.S. ヴィゴツキーによる大脳の最近接発達領域に関する理論と関連づけた。分かりやすい言葉で言えば「ちょっとだけ飛び上がって林檎を摘む」という原則、すなわち教授は一定の難度を有さねばならず、児童・生徒が一定の努力を行ってそれを習得してはじめて発展が促されるのである。

② スホムリンスキー「調和教育」思想

スホムリンスキー（1918～1970年）はウクライナ人でソ連の著名な教育家であり、ウクライナ共和国の功労教師、ロシア連邦教育科学アカデミー準会員である。1948年からウクライナ農村部パブルイシ中学校の校長に就任し、1970年に逝去するまでずっとその職にあった。彼は長年にわたって教育実践の中で理論を探求し続け、大量の人材を育てた。彼は「個性の調和的発達」を主たるテーマとして森羅万象の教育現象を研究し、学校、家庭、社会が総合的に教育を施す統一的体系を確立し論証した。児童・生徒に対する「調和教育」の実施を主張し、児童・生徒が世界を認識する活動（学習）と世界を改造する自己表現（実践）とを調和的に結びつけ、徳、智、体、美、労などの教育を調和的に結びつけ、なおかつ徳育の主導的役割を強調した。学校において豊富多彩な精神生活を形成して児童・生徒一人一人の内的ニーズを満たし、その天賦の才と創造性が十分に表現されるよう保証しなければならないと主張した[7]。スホ

スホムリンスキー（1918～1970年）はソ連の教育家。教育と生産労働の結合を唱えた。写真はスホムリンスキーが学生を連れて一緒に実習を行っている様子である。

ムリンスキーはすべての子供を信じ、彼らの自尊心、自信および誇りを育成しなければならないと強調した。

スホムリンスキーは教育理論家であっただけでなく教育実践家であり、彼の教育実践の業績と経験は中国の小中学校教員の間で広範に言い伝えられている。中国の比較教育学界は彼の教育全集を翻訳し、それには『パブルイシ中学校』[訳3]、『まごころを子どもたちに捧げる』[訳4]、『教師に与える100の助言』などの単行本の著作が含まれた。20世紀の90年代、ウクライナ教育科学アカデミー会員の地位にあったスホムリンスキーの娘は、これまでに幾度も北京師範大学の招聘を受けて中国で講義を行い、スホムリンスキーの教育思想をたびたび伝えている。従って、スホムリンスキーに中国の小中学校教師が最も尊敬する外国の教育学者の一人であると言うことができ、その影響力は計り知れないのである。

③ ブルーナーの構造主義教育理論と発見法

ブルーナー（1915～）は米国の著名な発達心理学者である。1958年、米国では「国防教育法」の公布後、1959年9月、科学者、学者および教育者35名がマサチューセッツ州のウッズホールに召集され、米国における小中学校の科学教育の問題をどのように改善すべきかについて討議した。10日間が経過して最後にブルーナーにより最終報告が行われ、これがまさしくブルーナーの著名な書物『教育の過程』の起源となったのである。同書はカリキュラム改革における四つの中心的思想を明確に述べた。第一に、どの教科の学習も主として児童・生徒にその教科の基本的構造を習得させなければならない。いわゆる基本的構造とは基本的原理と基本的概念を指す。同時に教科を探求する基本的態度と方略を身につけさせなければならない。第二に、どの教科の基礎的知識もなんらかの形でどの年齢の子どもにも教えることができる。第三に、従来は教授の中で児童・生徒の分析的思考能力を発展させることに注意するだけであったが、今後は直観的思考能力の発展を重視しなけれ

[訳3] 1969年刊（邦訳は笹尾道子訳『教育の力を信じて』新読書社、1971年）。
[訳4] 1969年刊（邦訳は笹尾道子訳『教育の仕事』新読書社、1971年）。

ばならない。問題を発見、詳述、解決する過程の中で常に直観的思考により正しい答えを「推測」し、その上で分析的思考によりそれが検証的に証明されるのである。第四に、学習の最も良い動機づけは学習材料そのものに興味を示させることであり、奨励、競争の類の外的インセンティブを過度に重視してはならない[8]。

　ブルーナーは教科の基本的構造を学習する際に発見法を広範に用いることを提唱した。彼は発見とは必ずしも人類が未知のものを探求することを求める行為に限らないと考える。正確に言えば、発見とは自身の頭脳を用いて自ら知識を獲得する一切の形式が含まれるのである。発見学習の目的は想像的思考能力の育成にある。その基本的プロセスは一般的に次のとおりである。一つないしいくつかの問題を選定する→問題発見の条件を創造する→問題解決の仮説を設定する→仮説に対する検証を行う→科学に合致した結論を出す→能力に転換する。

　ブルーナーの構造主義的教育思想に基づいて、米国では20世紀の60年代に大規模な小中学校の新カリキュラム運動が実施され、各教科の専門委員会はいわゆる『UICSM 数学』、『PSSC 物理』、『CHEMS 化学』、『BSCS 生物』などの新しい教材を編纂し、教科の理論的知識が強化され、難度が深化されたのである。しかしながら指導的思想はエリート人材を育成することであり、教材があまりに深くてあまりに難しすぎたため、大部分の教師および児童・生徒には受け入れられず、これらの教材は広範に普及しなかったのである。しかしながらその影響力は世界各国の教育改革に及んだ。中国においても改革開放後、これらの教材が導入され、中国における80年代のカリキュラム改革に一定の影響を与えたのである。

④　範例教授理論

　範例方式教授ないし範例的教授とも称される。西ドイツで出現し20世紀の50〜60年代に流行し、教育理論界においてザンコフの「発達性教授」およびブルーナーの「構造主義教授理論」と並んで三大教授学派の一つと見なされる。範例教授理論は西ドイツで始まった。第二次世界大戦後、ドイツ連邦

共和国の再建に伴って、科学技術発展の歩調に追いつくために教育行政部門は教授の質を向上しなければならないと提起した。学校セクターは教授内容の拡大、授業時間数の増加を通してこの要求を実現することを計画した。その結果、カリキュラムは非常に雑然とし児童・生徒の負担が過重になり、児童・生徒の主体性が発揮されず知的活動が抑圧され教育の質が低下したのである。このような状況に対して1951年9月、ドイツ連邦共和国の大学、教員養成大学およびギムナジウムの代表はチュービンゲンで会議を開いた。会議の代表は、教育は「教材の詰め込みにより知的活動が窒息させられて危険な状態にある」と指摘した。会議では情勢が分析され、改革の主張が提起され、「チュービンゲン決議」が採択されたのである。会議では歴史学者H.ハインペルが「範例教授」の構想を提起し、会議出席者により普遍的に重視された。会議後、M.ワーゲンシャイン、J.デルボラフ、W.クラフキ、H.ショイアールなどの教育関係者は多くの論著を発表し、「範例教授」が次第に教授理論の一つの流派として形成されたのである。

範例教授の基本的思想とは、精選された教材の中から典型性を示す教材を使って児童・生徒に個々別々のものから一般化させ、法則性を備えた知識や能力を習得させることである。範例教授は主体と客体の統一、問題解決学習と系統学習の統一、知識習得と能力育成の統一、内容上の基本性（当該教科の基本要素）、基礎性（児童・生徒のレベルに適し、なおかつ彼らがさらに一歩発達しうる基礎）と範例性（精選した模範的知識により児童・生徒が一つの事から類推して多くのことを知ること）を重視する。

範例教授理論は20世紀の80年代に中国に紹介された。しかしながら中国ではザンコフの発達性教授理論やブルーナーの発見法のような強烈な反響はなく、教授実践の中での影響も比較的小さかったのである。

⑤　ブルームの完全習得学習理論

　伝統教育の中には学習到達状況の分類に関する一つの理論があり、およそ3分の1の児童・生徒は学習した知識を十分に習得でき、3分の1の児童・生徒は知識を十分に習得できず、成績は不合格ないしかろうじて合格する程度

である。その他に3分の1の児童・生徒は学んだ知識を身につけられるが中位のレベルに属するという。ブルームはこの種の伝統的理論を厳しく批判し、このような「予想」が多くの児童・生徒を犠牲にし、教師と児童・生徒の想像力を抑制し、児童・生徒の学習意欲を低下させたと考えた。彼は大多数の児童・生徒（おおむね90％以上）はわれわれが教授する物事を習得でき、教授の役割は児童・生徒に学習教科を習得させる方法を見つけることであると考えた。彼は「習得のために教授」し、「習得のために学習」しなければならないと提起した。

ブルームの教授理論の中で教育目標は教授、カリキュラム編成および教育評価を実施する基盤となる。教育目標の分類は学習理論を習得する重要な要素である。彼は『教育目標の分類学』という書物の中で教育目標を三つの異なる領域、つまり認知領域、情意領域、精神運動（技能）領域に大別した。すべての領域はさらに六つの類型、つまり知識、理解、応用、分析、統合、評価に分類される。

ブルームはさらに完全習得学習は教師、教材、教授実施形式、教授方法などの方面における策略であると提起する。

1986年、華東師範大学はブルームを特別講師として招聘し、彼の『教育目標の分類学』を翻訳した。こうして習得学習理論は中国教育界の知るところとなり、なおかつ彼の教育目標の分類法が中国の教授実践の中に導入されたのである。

20世紀の80年代に中国ではさらに暗示教授法、協同学習法、教授過程の最適化理論などの教育思想が導入され、実に色とりどりで華やかであり、ここで一つ一つ紹介するわけにはいかない。以上のように中国に取り入れられたこれらの教育思想の中には一つの共通した特徴がある。それは系統的知識の伝達を強調するのではなく、児童・生徒の学力を発展させなければならないということをより一層強調していることである。瞬く間に「能力の育成」は中国における教授改革のスローガンとなった。しかしながら中国の伝統的教育は知識教育を重視していたため、やがて「基礎知識＋基本技能」という表現に変更された。実際には基本技能と能力の発達は完全に同じ事柄ではな

い。基本技能とは小中学校では主として読み、書き、計算などの能力ないし活動方法を指し、「能力の発達」に言う能力とは一連の任務をスムーズに完成させるために必要な総合的心的資質であり、主として知力を指す。従って「二つの基礎」は能力を発達させる教育の要求に取って代わることはできないのである。

教育理論界の新動向

同時期に中国の教育理論界では新たな動向が出現し、中国教育の伝統の発展に直接影響を与えた。

第一に、思想は基本的に解放され、教育の価値に対する新しい認識が形成された。「教育の本質」の討論から見られるように、教育界の思想がかつてないほど活発化したのは、建国以来最初のことであった。思想の解放は「教育の本質」の討論そのものに比べてさらに有意義である。なぜなら「教育の本質」に関する討論は教育理論の中の一つの問題、当然ながら極めて重要な問題に触れているだけである。一方で思想の解放後に教育界が考えた教育理論の中の一連の問題は、教育の価値観の問題、教育方針の問題、教育体制の改革問題、学制を「六・三・三」制に回復する問題、カリキュラム改革といった諸問題を含み、いずれも20世紀の80年代中期に提起されたものである。

第二に、教育理論界はマクロな問題の研究を重視し始めた。これまで長い間、中国の教育理論界はミクロな学校内部の教育・教授活動を研究するだけで教育と社会的発展のマクロな関係をほとんど研究してこなかった。改革開放以降、教育の価値と機能に対して新しい認識が形成されたことにより、教育と中国の近代化建設との関係に関する研究が重視され始めたのである。20世紀の80年代、教育経済学は一つの新興学問分野として機運に応じて現れ、同時に教育の発展戦略、高等教育の理論もそれに応じて重視されるようになり、次第に一つの重要な学問分野へと発展したのである。

第三に、外国の教育思想および教育改革の経験を主体的に導入し、吸収した。百年余りの間にわれわれが西洋に学んだのは強制から自覚へ移ることであると言えるならば、改革開放以降の学習はさらに自覚的、開放的となり、

あらゆるものを取り入れたのである。20世紀の80年代にソ連は未だ解体しておらず、われわれは依然としてソ連教育を社会主義教育の経験として学んでいたが、当然建国初期のように一心不乱に学ぶのではなく、選択しながら学び、批判的観点から学んだのである。しかしながらこの時期われわれは依然として多くのソ連教育の経験を紹介し、これと同時に西洋の先進国の教育思想および教育改革の経験を紹介したのである。西洋国家との交流が多くなり、各種の国際会議への出席、人々の相互訪問、留学生の急増に伴って、西洋の文化や西洋の教育伝統が持ち帰えられ、教育思想に多元化の傾向が現れ、そこから中国における教育界の思想解放はさらに一歩進んで、研究領域が拡大し、学際的な学問分野が導入され、中国の教育科学は百家斉放の局面を呈するようになったのである。

第2節　教育の大改革、大発展および教育観念の大転換

教育の改革および発展

　20世紀の90年代に入り、世界情勢は急激に変化した。東欧は激変し、ソ連は崩壊し、人類は冷戦後の新しい世界に入ったのである。科学技術の急速な発展に伴って国際競争は日増しに激化した。国家間の競争は総合的な国力の競争であり、極言すれば人材の競争である。従って、80年代以降、各国では新たな教育改革が醸成され、90年代に教育改革は最高潮に達し、21世紀の新たな挑戦を迎えたのである。

　中国の国内では、経済の建設に二つの転換が生じた。第一に計画経済体制から社会主義市場経済体制へと転換し、第二に生産方式は労働集約型から知識集約型へと転換したのである。これら2種類の転換は、知識の重要性、人材の重要性を浮き彫りにし、教育は中国が社会主義の現代化建設をより一層実現するための重要な基盤となった。

　教育は社会主義の現代化建設に奉仕しなければならないし、教育自体が改革され、発展しなければならない。鄧小平は1983年の国慶節前夜、北京の景山学校に対する題辞に「教育は現代化に目を向け、世界に目を向け、未

第10章　改革開放と教育思想の多元化　271

来に目を向けなければならない」と書き記し、中国の教育改革の方向性を明示した。1985年5月15日から20日まで中国共産党中央、国務院は北京で第1回全国教育工作会議を開催し「教育体制改革に関する決定」を公布し、中国において9年制の義務教育を実施し、基礎教育は地方が責任を分担し、レベルごとに管

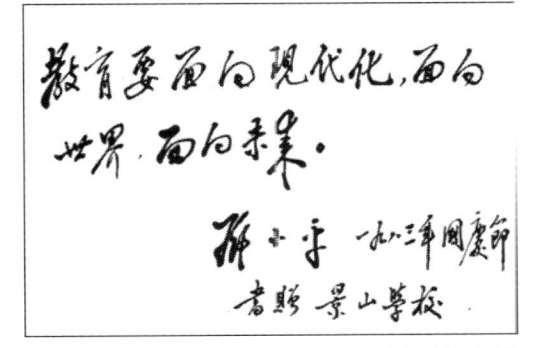

「教育は現代化に目を向け、世界に目を向け、未来に目を向けなければならない」。
　　　鄧小平　1983年　国慶節　景山学校に贈る　訳5

理する原則の実施を提起し、地方が教育を推進する積極性を大いに引き出した。1993年、中共中央、国務院は「中国教育改革・発展要綱」を公布し、次のことを声高に提唱した。「21世紀に目を向けた教育を習得した者が21世紀の国際競争の中で戦略的主導的地位に立つことができる。従って、遠大な見通しもって、中国の教育事業計画を早急に打ち立て、21世紀の挑戦を迎えなければならない」。1997年中国共産党により第15期全国代表大会(以下「十五大」と略記)が開かれ、会議では世紀を超えた社会主義現代化建設の目標と任務が提起され、「科教興国」の発展戦略が提起された。党が「十五大」で定めた目標や任務を実現し、「科教興国」戦略を実施し、教育の改革および発展を推進するために、教育部は1998年12月24日に「21世紀に向けた教育振興行動計画」を制定したのである。中央による一連の方策および措置は中国における教育の改革および発展を大幅に促した。2000年までに中国では9年制義務教育が基本的に普及し、青年・壮年層の非識字は基本的に解消された。1999年、高等教育は募集定員の拡大を開始し、2002年までに高等教育の入学率は既に15％に達し、高等教育大衆化の数量目標を基本的に達成した。

　教育の大発展は改革を踏まえて進行するものである。わずか15年間で9年

訳5　1983年秋に鄧小平が北京景山学校に寄贈した題辞。この題辞は中国教育の改革の方向性を明示するものであった。

制義務教育の基本的な普及を実現できたのは、学校運営に対する地方の積極性、郷・鎮、村全体が学校運営の主体となったことによるものである。現在見るところ、基礎教育の責任を地方に委譲する際、この地方とは省、市、県レベルの政府を指すことを明確にしなければならない。郷・鎮や村に責任を委譲するのは不適当である。ここ数年間、農村の税制改正以降、郷・鎮、とくに村はもはや基礎教育の任務を分担する能力を有していない。基礎教育、とくに義務教育はやはり国家が責任を負うべきである。

　高等教育の大発展は高等教育改革を踏まえて進行するものである。20世紀の90年代末の体制改革は中国における高等教育機関の指導体制が垂直的にも水平的にも分割された状況[訳6]を解決し、3段階の学校運営、2段階の管理を実施した。中央各行政機関により運営される高等教育機関はごく少数を除いて中央教育部ないし省・市・自治区政府による管理へと一律に委譲され、中央教育部所属の高等教育機関もできる限り地方とともに共同建設されることになったのである。高等教育機関の内部でも各種の改革が推進され、学校の運営自主権が拡大した。これらの改革は地方による運営および高等教育機関の自主的運営に対する積極性を引き出し、高等教育の大規模な発展を促したのである。

　教育の発展および改革は既存の教育の伝統にインパクトを与え、いくつかの新しい伝統が形成されたのである。

全面的に素質教育を推進

　20世紀の90年代、教育の観念の面で最大の衝撃を与えたのは素質教育の推進である。早くも1985年の全国教育工作会議において万里は「社会主義現代化建設に適応しない教育思想、教育方法は改革しなければならない」と提起している。彼は「教育体制改革の根本的な目的は民族の素質を向上させ、より多くの人材を輩出し、優秀な人材を輩出することである。"優秀な人材"とは何か。一言で言えば、新しい時代に求められる人材である」と述べた。

訳6　中央と地方という垂直的にも、教育行政部門とその他の行政部門という水平的にも、高等教育の設置運営主体が分割された状態を中国語では「条塊分割」と表現する。

第10章　改革開放と教育思想の多元化　273

彼は中国における伝統的教育思想および教授方法を具体的に分析し、次のように述べている。「中国における陳腐な伝統的教育思想および教授方法は一種の閉鎖的な教育思想および教授方法であると言える。教育内容は固定的で硬直したものであり、教育の役割はこれらの内容を教え込むことであり、少し展開を加えたり、何故かを問うたりできず、まして疑うことはできないのである。試験は固定した内容や書式に照らして答えを出せばよく、児童・生徒が高い点数を追求するよう導くものである。この種の教育思想および教授方法により育成された人材は"書物を学ぶだけ"、"学校に通うだけ"であり、当然創造性や進取の精神が欠乏している」[9]。学習要求に対する人民大衆の積極性は空前の高まりを見せたが、高等教育が提供しうる学生定員には限りがあり、加えて教育観念が時代遅れで職業技術教育を軽視していたため、高等教育機関の入試試験は「千軍万馬が丸木橋を渡る」局面を迎えたのである。学校は入学率を追及するために児童・生徒に対する道徳思想教育を軽視し、児童・生徒の身体的健康を無視した。このため、国は「素質教育」を推進する主張を提起したのである。1993年に公布された「中国教育改革・発展要綱」の中で次のように明確に提起されている。「小中学校では"受験準備教育"から全面的に国民の素質を高める方向へと転換し、児童・生徒全体に目を向けて、全面的に児童・生徒の道徳思想、文化科学、労働技術および身体、心理的素質を高め、児童・生徒生活の活発な発展を促し、独自の特色を見出さなければならない」。こうして「素質教育」は教育界で最も流行りの話題となったのである。

「素質教育」に関して教育界ではいくつかの論争がある。教育理論界のある学者は「素質教育」の提起の仕方は理論的根拠を欠いていると指摘する。ある人は素質とは人の生理的、心理的遺伝的資質であり、後天的に育成することは困難であるという。またある人は素質とは中性的なものであり、良い素質もあれば、悪い素質もあり、素質教育について大雑把に述べても理解するのが困難であるという。さらに素質教育と全面的発達はどのような関係があるのか。教育方針とどのような関係があるのか。素質教育をもって教育方針に代替させるのではないか。学校で働く校長や教員がさらに懸念したのは

素質教育を提唱すれば、また試験しなければならないのではないか。試験能力も一種の素質ではないのか。また、「転換」という2文字にとくに反感を抱き、われわれの過去の仕事がみんな間違っていたとでもいうのかと主張する者もいる。1999年6月12日、第3回全国教育工作会議の前日、中国共産党、国務院は「教育改革を深化させ、素質教育を全面的に推進することに関する決定」を制定した。「決定」は素質教育に関して全面的に詳述している。

　素質教育の実施は党の教育方針を全面的に貫徹し、国民の素質を向上させることを根本的な主旨とし、児童・生徒の創造精神や実践能力の育成に重点に置き、"理想、道徳、教養、規律を有し"、徳・智・体・美の全面的に発達した社会主義事業の建設者および後継者を育成することである。
　素質教育を全面的に推進するために現代化に目を向け、世界に目を向け、未来に目を向けて、教育を受ける者に科学・文化の学習と思想修養の強化との統一を堅持させ、書物による知識の学習と社会実践に身を投じることとの統一を堅持させ、自身の価値実現と祖国の人民奉仕の統一を堅持させ、遠大な理想と刻苦奮闘の推進との統一を堅持させなければならない。
　素質教育を全面的に推進するために、引き続き児童・生徒全体に目を向けて、児童・生徒の全面的発達に適した条件を創造し、法に則って学齢児童および青少年が学習する基本的権利を保障し、児童・生徒の心身の発達の特徴や教育の法則を尊重し、児童・生徒が生き生きと活気に満ちて、積極的主体的に発達しうるようにしなければならない[10]。

　第3回全国教育工作会議以降、各地で教育工作会議が開かれ、全国教育工作会議の精神を着実に貫徹したのである。児童・生徒の創造精神および実践能力の育成が人々の関心を集めた。しかし、素質教育の推進は決してたやすいものではなく、これは教育制度の問題や教育観念の問題と関わっているのである。
　まず、教育資源の不足と教育ニーズとの矛盾が素質教育の推進を制限している。教育資源の不足は数量面に現れるだけでなく、質的側面にも現れる。

中国は教育重視の伝統を有し、すべての父母は自身の子女がより多くの書物を読み、学校でより良く勉強することを願っている。しかしながら中国の後期中等教育は未だに普及しておらず、高等教育の教育費は不足し、数年間の大規模な学生募集の拡大を経て入学率は15％の水準に達したものの、大多数の青年は高等教育機関に入学する機会がない。そして進学するために試験の競争、学校選択の競争が出現したのである。このような激しい競争の中で素質教育を推進するのは非常に困難である。

　次に、試験制度が素質教育の推進を制限している。前期中等学校から後期中等学校へと進学するためには俗に「中考」（中等教育入試）と称される試験を受けなければならず、後期中等学校から高等教育機関へと進学するためには俗に「高考」（高等教育入試）と称される試験を受けなければならない。「中考」、「高考」は青年の運命を決定し、試験対策はどの学校でも、どの生徒・児童・生徒でも回避することはできず、すべての児童・生徒に入学後すぐに激しい競争の中に追いやられるのである。従って、試験制度を改革しなければ素質教育をスムーズに推進することは困難である。しかも試験制度の改革は最も困難であり、なおかつそれと教育資源の不足は密接に関連しているのである。まさに教育資源が不足しているからこそ試験を活用して優秀な人材を選抜する必要があるのである。

　さらに、評価制度が素質教育の推進を制限している。社会では、特に地方政府が学校を評価する基準は依然として一つだけであり、それは進学率である。進学率はハードな指標であり、素質教育はソフトな任務である。学校の進学率が低ければ、地方の行政部門による批判を受けるだけでなく、社会から差別され、保護者の唾棄を受けなければならないのである。

　最後に、時代遅れの教育観念が素質教育の推進を制限している。素質教育は教育の価値観、人材観、品質観、教授観など一連の観念問題と関係がある。教育の観念が正確でなければ、素質教育を推進することは困難である。例えば人材観、品質観、教授観から言えば大学に入学した者が人材なのだろうか。単純に試験の成績で品質を測れるのか。児童・生徒に学び方を教えるのか、あるいは既存の知識を児童・生徒に伝達するのか。これらの教育に関する観

念は伝統的教育を含む中国の伝統文化と関わっているのである。まさに万里が第1回全国教育工作会議で述べたように、中国の陳腐な伝統的教育思想および教授方法により育成された人材は「書物を読むだけ」「学校に通うだけ」であり、創造性や進取の精神が欠乏し、素質の高い人材とは言えなかったのである。

児童・生徒の主体性教育の討論

　教育に関する観念の転換のもう一つの比較的大きな議論は、教育の中での児童・生徒の地位に関する問題であり、これは教育史上長きにわたって論争されてきた問題である。しかしながら20世紀の60年代以降、教授は児童・生徒に知識を伝授するだけでなく、さらに重要なことは児童・生徒の能力を育成することであると強調されたが、この命題がまたもや提起されたのである。中国において児童・生徒を「教育の主体」と称する表現が用いられたのは李子卓、越瑋などが翻訳したソ連のバラノフ、ウォリコーワ、スラスジィエニン等により編纂された『教育学』の書物の中である。同書は1976年に出版され、中国では1979年に翻訳出版された。同書第6章の表題は「子どもは教育の客体および主体である」というものである。筆者および黄済教授は中等師範学校で使用する『教育学』を編纂する中で彼らの観点を取り入れ、第4章「教育の対象——子ども」の中でとくに次のような1節を記述している。「児童・生徒は教育の客体であり、また教育の主体である」。同書が出版される以前、この観点を明確に述べるために筆者は『江蘇教育』1981年第10期の中で同様の表題を用いて論文を発表し、教育の中での児童・生徒の主体的地位についてとくに明確に述べ、学術界の討論を引き起こし、賛同者もいれば反対者もいた。反対者はどんな事物にも主体は一つだけであり、教育過程の中では教師が主導的役割を果たすため、教師が教育の主体であると考える。この種の意見に対して私は「教育の伝統と変革を論ず」[11]という文章の中で「児童・生徒は教育の主体である」という観点を再度詳述し、なおかつ「教師が主導的役割」という言葉はロシア語から翻訳されたものであり、その意味は先導的、指導的役割であり、主体的という含意はないことを説明した。このことがさらに大きな討論を引き起こしたのである。そこで私は1991年に

『華東師範大学学報』(教育科学版)の編集者であった瞿葆奎教授の誘いに応じて「教師の主導的役割および児童・生徒の主体的役割の弁証法的関係について再び論ず」[12]という論文を執筆したのである。同論文は児童・生徒が教育の主体であることを単純に論じただけでなく、教育過程における三つの要素、すなわち教師、児童・生徒、教材(教育的影響)について、それぞれの関係を分析したものである。20世紀の90年代、この問題の論争は静まってきたようであり、現場の学校の教員も「教員の主導的役割、児童・生徒の主体的役割」の観点を受け入れたのである。北京師範大学の裴娣娜教授はさらに主体的教育に関する実験的研究を行い、優れた業績を挙げたのである。

　これは実際のところ教育の観念の転換に関する問題である。中国の伝統的教育は一貫して「師道の尊厳」を重視し、教育過程の中で教員は絶対的権威を有し、教員の役割は固定的で硬直した知識を教え込み、教授方法はスコラ的で児童・生徒の思考の啓発を重視せず、児童・生徒は受動的に知識を受け入れるだけであり、討論する必要はなく、まして疑問を抱くことはありえなかったのである。この種の教育は思想が硬直した「書物を読むだけ」「学校に通うだけ」の人物を育成することしかできない。今日、創造的精神および実践的能力を備えた人材を育成しなければならず、児童・生徒を教育の主体的位置に置き、児童・生徒により積極的に、主導的に、自主的に学習させなければならない。教員の主導的役割とは主として児童・生徒の自主学習を啓発し、指導し、援助することに体現されるのである。

教育の産業化に関する討論

　20世紀の90年代以降、計画経済から社会主義市場経済へと移行したことに伴って教育は市場へと推し進められ、教育産業化を進行する思想が出現するようになり、社会各界に大きな論議が巻き起こった。討論に参加したのは教育界の学者だけでなく経済学者や企業家もいた。討論の過程においていくつかの異なる観点が出現した。それらは以下のようにまとめられよう。

　第一の観点は、教育は一種の産業であり、知識を生産し、科学技術を生産し、人材(人的資本)を生産する産業であり、教育を市場へと推し進めなけれ

ばならないと考える。特に義務教育以外の段階では高等教育を含めて教育産業を積極的に打ち立てなければならない。こうして政府は教育財政不足の困難を解決し、学校運営の規模を拡大し、広範な大衆の進学要求を満たすことができる。この種の観点を支持する人々は、現在銀行に預けられた個人の貯蓄は非常に多く、人々が最も重視する消費願望は教育であり、教育市場を形成すれば内需が拡大し、そこから中国における経済発展を推進することができると考える。この種の観点を支持する者はもう一つの理論を有し、教育サービスは一種の労務であり、特殊な使用価値のある商品を提供すれば市場の上で交換できると考える。児童・生徒ないし保護者は消費者であり、従って就学すれば学費を支払わなければならない。教育を市場へと推し進めれば市場の競争メカニズムを取り入れ、教育改革および学校運営の効率性を促すことができるのである。

　第二の観点は、上述した観点と真っ向から対立するものであり「教育の産業化」という表現は非科学的であると考える。教育は人材を育成する社会公益事業であり、産業化できず、まして市場化できないのである。教育の本質は人材の育成であり、労働力を生産するだけでなく人材を育成しなければならない。教育は国家の事業であり、国家が資金を投じなければならず、教育を市場の中に放り出して調整させるものではない。また、彼らは教育には段階があり、異なる段階、異なる種類の教育と経済との関係は全部が全部同じではなく、あるものはわりと直接的に、あるものは間接的にだけ経済との関係が生じていると考える。従って、教育が市場経済に適応する面にも区別がなくてはならず、教育の産業化を大雑把に提起してはならないのである。その他にも、中国は依然として社会主義の初期段階にあり、経済は未発達で各地域の経済発展レベルは極めて不均衡であり、住民の収入格差は非常に大きく、多くの住民はただ衣食が足りているだけのレベルにある。仮に教育を市場へと推し進めれば一部の家庭における子女の入学に悪影響を及ぼすことは必至であり、教育の不平等を拡大し、平等を促進するわけではないのである。

　第三の観点は、教育の産業化を大雑把に提起することはできず、教育の本質的な属性を分析することから着手し、教育と市場との関係を理解しようと

考える。彼らは教育とはある種の産業的属性を有するものと考える。なぜなら教育は経済資源を支配し、一定の投入と産出の関係が存在し、一定の就業規模を有し、一定の経済活動に関わるためである。また教育サービスは一種の報酬を伴う労務であり、市場の調整に応じて流動できるためである。教育は国民経済発展の「第三次産業」に属するが、その他の第三次産業とは本質的に区別される。それは主として次の点に表れる。第一に、厳密に言えば、教育が創出するのは「人材」ないし「人的資源」ではなく各種各様の教育サービスである。第二に、教育産品は「公共財」ないし「準公共財」の属性を有するため、教育は公益性を有するものである。第三に、学校教育の教育活動と市場との間には直接的な交換関係はないのである。第四に、義務教育後の教育について言えば収入創出面では産業的特性を有するが、人材育成面について言えばなおさら公益性を有するものである。つまり、教育はある種の産業的属性を有するからには、ある方面、特に義務教育以外の段階においては市場メカニズムを取り入れることができるのである。その他にも学校の福利厚生活動の社会化、学校における科学技術成果の譲渡については、いっそう市場的運用を実施するべきである。

現在、基本的に共通認識に達したことは、教育は一種の産業であり、しかもその他の産業とは異なり、それは一種の特殊な産業であるということである。大多数の人は産業化を提起することに賛成しない。なぜなら教育の最も大きな属性は公益事業であるためである。しかし多種類のルートから投資を取り入れれば、市場的運用メカニズムを導入して教育資源を拡大し、学校運営の効率性を高めることができるのである。

教育の近代化[訳7]に関する討論

訳7 西洋的概念では、近代化とは封建制社会から資本主義社会への移行過程において生起した歴史的・社会的現象であり、近代化=資本主義社会化と考えられる。この意味では、社会主義を標榜する中国にとって、近代化とはすでに過ぎ去った歴史的過程であり、「現代化」問題はあっても、「近代化」問題はないということになる。従って、今日の中国国内では「現代化」という言葉が使われており、ここでは歴史的概念および社会科学一般の概念としては「近代化」と訳し、とくに改革開放政策下で提起された目標としては「現代化」と訳している。

教育の近代化に対する中国の探求は早くも洋務運動期に開始した。百年余りにわたり、西洋の教育思想と教育制度を導入すると同時に東洋と西洋の教育思想は絶えず衝突しながら融合し、中国の教育はまさしく次第に近代化へと向かっている。しかし、中国では改革開放が実施されるまで中国の文化教育は依然として立ち遅れ、中国教育の近代化はまだ一種の理想にすぎず現実的意義が不足していたのである。20世紀の90年代以降、沿海の先進地域では既に9年制の義務教育がおおむね普及し、教育の近代化の実現が議事日程に乗せられていた。江蘇省では最初に9年制の義務教育普及後の江蘇教育をどのようにさらに一歩発展させるか。すなわち教育の近代化を実現しなければならないと提起されたのである。こうして教育の近代化論に関する議論が最高潮に達したのである。1993年、中国共産党中央、国務院は「中国教育改革・発展要綱」の中で次のように提起した。「本世紀末までの中国における教育発展の総目標は、大衆の教育を受けるレベルを明確に向上させること。都市の労働者の就業前、就業後教育を大いに発展させること。各種の専門的人材の保有量が現代化建設のニーズを基本的に満たすようにすること。中国の特色を有し、21世紀の社会主義教育システムに目を向けた基本枠組みを形成することである。さらに数十年の努力を経て比較的成熟した完全な社会主義教育システムを確立し、教育の現代化を実現することである」。「要綱」の公布後、江蘇、上海、北京、珠海3角洲は相次いで教育現代化専門家諮問会、研究討論会を開き、教育現代化の特徴、内包および実施の方策や措置について検討したのである。

教育の近代化は社会の近代化の一部分である。近代化は最初に西洋で開始したものであり、それゆえ人々は往々にして近代化と西洋化を同一視する。20世紀の50年代末、西洋で出現した「近代化論」は西洋の社会制度の優越性および合理性を論証し、なおかつ戦後の発展途上国における社会発展に対して理論的指導および政策的根拠を提供することを意図するものであった。20世紀の60年代末、この種の理論は多くの学者の批判を受けた。この種の理論は西洋中心主義の観点を代表するものであり、実際のところ世界文明は必ずしも西洋文明を中心としたものではなく、西洋文明は人類の多様な文明の

一つの類型にすぎないのであり、なおかつ20世紀の60年代にいくつかの発展途上国においてこの種の理論が提起する「成長第一」の発展戦略および政策が採用されたものの、依然として真の近代化に突入していないのである。近代化論は疑問視されるようになった。

　中国の現代化はまして西洋の路線を進むことはできず、むしろ中国の国情に基づいて自身の路線を歩まなければならない。鄧小平理論はこの路線を明示するものであり、すなわち鄧小平理論の指導の下、国家を中国の特色を有する豊かで強く、民主的で、洗練された社会主義国家へと建設するものである。言い換えれば、中国の現代化とは政治面で社会主義民主制を実現し、経済面では3段階に分けて発展し、21世紀半ばまでに中位の先進国家のレベルに達することである。また、文化教育面で中等・高等段階の教育を普及させ、観念の面で改革開放思想を確立することである。

　現代化は一つの歴史的過程であり、動態的に絶えず発展する過程である。筆者はこの討論の中でかつて現代化の新しい概念を提起したことがある。すなわちいわゆる現代化とは人類が自然を認識し、自然を利用し、および自然（人類自身を含む）をコントロールする能力がかつてないほど向上する歴史的過程を指し、これにより政治、経済、文化などの社会の各領域における広範かつ深刻な変革が引き起こされ、その目標が高度な物質文明および精神文明の創造となるのである[13]。教育の現代化とは現代化に対する社会のニーズに適応するために現代科学技術の新しい成果を十分に利用して教育制度、教育内容および方法を改善し、人類の現代化過程を促進することである。現代社会とは工業社会と情報社会という二つの段階を含む。現代教育はこの二つの段階の中で異なる特徴を有する。工業社会の教育は以下のいくつかの特徴がある。第一に、教育を受ける平等性であり、少なくとも理論の上、法律の上でこのようであること。第二に、学校教育の制度化、システム化であり、各レベル各種の教育システムを確立し、学校内部も規範化、制度化すること。第三に、教育の生産性であり、教育および生産労働の結びつきは現代教育の普遍的法則となる。第四に教育内容の科学性であり、科学教育は学校教育の重要な内容である。情報化社会に入り、現代教育は工業社会の教育のいくつ

かの基本的特徴を残している他に、多くの新しい特徴が付け加わった。
1. 教育の民主性。工業社会において大工業機械生産は労働者に一定の科学的基礎知識を要求するため、義務教育の普及という考え方が国家の法律および制度に盛り込まれるようになった。義務教育の最も重要な意義は社会全体の構成員を民族、種族、性別、家庭状況、財産および教育経歴、宗教信仰により差別せず、誰にも教育を受ける権利を与え、しかも一定レベルで教育の民主性を実現することである。しかし民主性のレベルは現代社会の発展に即して次第に拡大するものであり、義務教育年限の延長、高等教育の大衆化、普遍化などが含まれる。教育の近代化を実現するために、まず広大な人民大衆の学習ニーズを満たす教育システムを確立し、教育の平等および公平を達成しなければならないのである。
2. 教育の生産性。教育と生産労働との結合は現代教育の普遍的法則である。現代教育は壁を越えて社会の経済発展のために奉仕し、社会発展のために奉仕してこそはじめて現代社会のニーズに応えることができ、同時に教育そのものも発展するのである。20世紀の80年代以降、教育と生産労働との結合が各国において普遍的に重視されてきた。1981年にユネスコがジュネーブで開いた第38回教育大会は教育と生産労働との結合を主たるテーマとした。教育と生産労働との結合の形式、教授・科学研究・生産の一体化、産学協同型教育 (cooperative education) などが各国で大いに発展したのである。
3. 教育の生涯性。生涯教育の思想は20世紀の60年代に流行し始めた。科学技術の急速な発展は社会の劇的変革をもたらし、社会は工業社会から次第に情報社会へと移行したのである。情報社会は学習化社会であり、人間は絶えず学習してこそはじめて科学技術の迅速な発展によりもたらされる生産変革および社会変革のニーズに応えることができるのである。教育の生涯性は学校の境界線を打破し、学校教育、家庭教育、社会教育を結びつけ、フォーマルな教育とノンフォーマル教育を結びつけることを要求する。同時に社会の進歩に伴い、学習はすでにある種の目的に達するための手段ではなく目的そのものとなり、人間生活の一部分と

なる。その時に社会全体が全国民を挙げての学習、生涯学習の学習型社会へと変化するのである。
4. 教育の個別性。教育の本質とは人材育成であり一人一人の個人が十分に発達できるものでなければならない。人の発達は共通性を有するだけでなく個別性も有するものであり、それらは社会における各種の要素の制約を受けるものである。共通性は社会の要求をより多く体現し、個別性はむしろ個人の要求を比較的多く体現する。工業社会を農業封建社会と比較して言えば、人身の上で自由や解放を得られたとしても社会的分業の束縛を受けているのである。しかも工業社会が強調するのは標準化、統一化であり、個別性は必ずしも十分に発展できないのである。情報社会が強調する特殊化、多様化、ネットワーク技術の広範な応用も個別学習に可能性を与え、個別性の発展のための条件を提供したのである。個別性の発展の中で最も重要なのは創造性の発展である。現代教育は人の個体としての発達のニーズに応えるために、そのパイオニア精神や創造能力を育成しなければならないのである。
5. 教育の多様性。教育の特殊化は必然的に教育の多様性を要求する。教育の多様性とは教育目標の複雑性および多様性に表現される。農業社会の教育目標は非常に単純なものであり、経典を伝授し支配階級の官吏を育成するだけであった。工業社会の学校教育は支配的人材を育成するだけでなく生産を発展させる科学技術人材および教養を有し技術を備えた労働者を育成しなければならない。情報社会は学校が情報の発信地となり、高等教育機関は科学研究を展開し、新しい知識および科学研究の成果を創造するだけでなく、新しい価値観と思考方式を創造しなければならないのである。

　　教育の多様性はまた教育構造の多様化に表現される。学校教育は従来の単一な普通教育から普通教育、職業教育、技術教育など多種類の教育の結びついたものへと発展した。高等教育は単一の長期的な学術性教育から多レベル、多類型の教育へと発展したのである。同時に、教育は学校教育の枠組みを突破し、フォーマルな教育とノンフォーマルの教育と

いう多種類の形式が共存するのである。

　　教育の多様性はまた教育内容および教育方法の多様化に表現される。教育内容は人によって異なるものである。教室での一斉授業はすでに唯一の教授方法ではなく、個別学習、児童・生徒の広範な参与が現代教育の重要な特徴なのである。

6. 教育の開放性。現代教育はまさしく開放的システムである。教育の社会化、社会の教育化である。学校はもはや閉鎖的組織ではなく社会全体に向けて開放され、しかも家庭、社会と融合し一体化するものである。社会の各種組織はまさに学習型組織となり、全国民を挙げての学習、生涯学習の学習型社会が形成されたのである。
7. 教育の国際性。現代教育そのものは一種の世界的現象であり、さまざまな国家の教育の間での相互学習、相互交流が極めて重要かつ差し迫ったものへと変化した。科学技術の発展、経済のグローバル化に伴い、国と国との往来はより一層便利になり、情報交換はより一層迅速になり、世界はより一層狭くなり、ある国家のある教育改革が速やかに全世界に知れ渡るようになってきた。海外で学習する多くの留学生、外国で働く専門家や顧問、世界各地で開催される国際会議、学者間で行き交うメール、資料の交換などが教育の国際化を促したのである。
8. 教育の創造性。現代社会の一つの基本的特徴は絶えざる変革である。これに応じて教育も絶えず革新されるのである。ここ数十年来、世界各国の教育改革が頻繁なのはまさしく現代社会の変革に対するニーズを反映したものである。

　教育の情報化も現代教育の重要な指標であり、教育の情報化とは情報技術を教育領域の中で全面的に深く掘り下げて応用し、教育の改革と発展を促す一つの過程である。情報技術はすでに人類の生産、生活の各領域の中に浸透し、教育に対しても多大な影響を与え、まさしく革命的変革を引き起こしているのである。以下の文章でさらに具体的に討論してみよう。

　教育は将来的事業であり現代教育は将来に目を向けなければならない。伝統的教育観念は常に後ろに目を向け、過去の経験に未練を持つ。現代の教育

観念は常に前に目を向け、新しい状況および発展趨勢に直面したら新しい問題を研究する。伝統的教育観念は受動的に変革を待つ傾向があるが、現代の教育観念は常に能動的に社会変革に適応し、教育に対して先駆的意識を有するものである[14]。従って、教育も科学性を有するものであり、すなわち教育行為は教育の科学研究に依拠するものである。現代教育は経験に基づくものではなく、むしろより多くは科学的方策によるものであり、教育行為の理性的な側面が強まったのである。科学的方策の誤りは往々にして教育全体の発展、ひいては社会経済の発展に悪影響を与えうる。大は教育の発展戦略、小は教室での授業の改革が、ともに調査研究、科学実験を踏まえて推進されなければならないのである。

　教育の科学性には教育の法制性も含まれる。法律は科学と同等ではない。しかしながら現代社会の法制は科学的基盤のもとで確立しなければならず、一旦教育の規範が科学的論証を経て法律として成立すれば、それは法的拘束力を有し、現代教育は法制に基づく教育であり、教育行為も国家の立法により規範化されるのである。こうして法律化された教育は高度に理性化したものであり、科学的なものである。

　現代教育は教育思想、教育制度、教育内容および方法、教育の物質的条件など各方面で表現されるが、さらに重要なことは教育思想の観念の上で表現されることである。観念が革新されてはじめて教育制度、教育内容および方法の革新が促されるのである。しかも教育の思想や観念の革新は中国の文化や伝統と密接な関連がある。20世紀の90年代に行われた教育領域での多くの議論は、新旧文化の衝突、新旧の教育観念の衝突および融合であった。

　実践は常に豊富であり、理論の総括は常に貧弱である。これまで、われわれは影響力が最も大きい議論をいくつか列挙したに過ぎない。実際のところこの種の議論は日々、至るところで展開されているのである。20世紀の80～90年代に中国全土で教育改革実験のブームが巻き起こった。この種の改革実験の本質も一種の新たな教育理念および人材育成の新しいモデルを探求するものであったのである。全国で比較的影響を及ぼした実験として次のようなものがある。著名な教育者である呂型偉教授により指導された教育の

総体に関する改革実験研究（原語は「教育整体改革実験研究」）、この実験は第8次5か年科学研究計画期（1991～1995年）に開始され、今でもなお進行中であり、期間はすでに十数年に及び、地域は十数の省・自治区・直轄市にまたがり、参加校は数十校に上り、影響力の大きさは全国に及んでいる。葉瀾教授により指導された新基礎教育実験、裴娣娜教授により指導された主体教育実験もいくつかの省・自治区・直轄市にまたがり、数十校の学校が参加している。その他にも李吉林による情景教育実験計画、愉快教育実験研究、成功教育実験教育などがあり、まさに百花斉放、万木争春であると言えよう。これらの実験研究はいずれも現代教育の新しい伝統を確立する基盤を打ち立てたのである。

　改革開放から20年来の教育科学研究の成果はこの他にも次々と現れて尽きなかった。改革開放以前、教育科学は「一つの枝からだけ穂が出る」状態であり、一冊の『教育学』教材が独唱独演していた状態と言えよう。『教育学』と題する多種類の書物が出ていたが、いずれも大同小異であった。改革開放後、思想は解放され、教育科学は百花斉放の局面を呈するようになってきた。四度の「五か年計画」を経て大量の科学研究の成果が出現した。教育科学は一つの学問領域集団となり、多くの新しい学問分野および学際的学問領域が出現したのである。例えば教育哲学、教育経済学、教育社会学、教育管理学、教育人類学、教育生態学などである。さらに喜ばしいことは高等教育機関が数百名の教育学博士および数千名の教育学修士を輩出し、彼らの論文の中には多くの新しい理論、新しい思想が含まれることである。これらはいずれも中国における新しい教育伝統の建設のために理論的基盤を打ち立てたのである。

第3節　伝統教育に対するネットワーク文化のインパクト

情報技術・ネットワーク文化

　20世紀の90年代、情報技術の発展に伴って世界は情報化時代に突入した。世界的インターネットに示される情報革命は世界各国を席巻し、人類社会の生産、生活および思考方式を大幅に改変したのである。中国も例外ではない。

1993年9月に米国のクリントン大統領が「全米情報基盤」(俗称は「情報スーパーハイウェイ構想」)の建設を提起した際に、中国の学者は中国では情報スーパーハイウェイを建設する必要があるか、あるいは十分な財力があるかについてすでに討論していたのである。しかしその声がまだ消えぬうちに情報スーパーハイウェイは早くもわれわれの目の前に現れた。その発展速度の速さは予想をはるかに超えている。不完全な統計によれば2000年1月の時点で中国は890万人のネット人口を有し、2000年7月には1,690万人、2003年7月には6,800万人に達し、2003年12月6日に中央テレビ局の報道した統計によれば全国のネット人口は7,800万人に達するという。

　情報技術、特にインターネットの急速な発展は人類の思考方式の変革を引き起こした。桑新民教授はこれを「人類の知恵の"ネットワーク"」と称する。彼は次のように述べている。「かつてわれわれはよく言っていた。コンピューターは思考の道具であり、人間の脳の延長である。しかも一台のコンピューターの容量や機能は結局のところ有限であり、巨大な潜在的能力を潜んだ人間の脳と比べる余地はないのである。しかしながら国際的インターネットはグローバルなコンピューターを通じたネットワークであり、古今東西における全人類の知恵が全世界を網羅する巨大かつ複雑なネットワークシステムの中に結集されるのである。これは個人の大脳および思考活動を拡大しただけでなく、外に向かっていつでも刻刻と急速に発達する全人類の大脳を創造したのである」[15]。

　情報技術とインターネットの発展は教育に多大な影響を及ぼし、教育の観念、内容、方法、構造に革命的な変化が生じた。多くの国家は教育の情報化を非常に重視した。例えば1993年に米国は教育の広範な枠組みをインターネット上に置き、情報のスーパーハイウェイをすべての学校、教室および図書館に開通させ、米国のすべての8歳児童が単独でネット上の情報を閲読でき、12歳でインターネットの助けを借りて学習できるようにさせることを提唱している。英国、フランス、オランダ、日本、韓国、シンガポールなども相次いで計画を制定し、教育情報化の活動が急速に発展したのである。中国において教育情報化プロジェクトが開始されたのは20世紀の90年代末で

ある。1999年1月13日に国務院により承認された「21世紀に向けた教育振興行動計画」の中で「現代遠隔教育プロジェクトの実施」、開放型教育ネットワークの形成、生涯学習システムの構築が重要項目となった。2001年、国家計画委員会の「国民経済と社会発展第10期5か年計画科学技術教育発展重点専門項目計画(教育発展計画)」や教育部の「全国教育事業第10期5か年計画」でも国家の重点建設項目に照らして「教育情報化プロジェクト」を建設することが提起され、こうして教育の情報化は中国の学校において急速に発展したのである。経済の発達した地域では地域ネットワーク、学校ネットワークを設置し、すべての学校がネットワークでつながることが実現した。経済が発達していない地域の重点学校でも校内ネットワークが設置された。コンピューターはすでに小中学校で基本的に普及したのである。不完全な統計によれば、2002年末までに全国の小中学校ではコンピューター584万台が設置され、平均35名の児童・生徒ごとに1台のコンピューターが割り当てられたという。

インターネット教育は学校教育の中に普及しただけでなく青少年の課外活動の中にまで普及した。ネット・サーフィン、ネットカフェで時間を潰すことがすでに一部の青少年の生活の重要な要素となったのである。統計によれば、全国の6,800万のネット人口の中で年齢が18歳以下の者は17.1％、18～24歳までの者は39.1％を占めているという。両者を合わせると、すなわち就学年齢段階にある青少年がネット人口全体の56.2％を占め、過半数を超えているのである。ネットカフェの利用者は青少年が主流である。インターネットはその特殊性のため、すでに一種の独特な文化形態として青少年の中に流行しているのである。インターネット文化は伝統的な教育に対する重大なインパクトであり、われわれはインターネット文化に関する研究を重視せざるを得ないのである。

インターネット文化の特徴

① **仮想性**

インターネットは仮想の世界を創造することができる。インターネット上

には仮想の学校、仮想の図書館、仮想の銀行などが存在しうる。インターネット上で他人と交流しても相手が男性か女性か、老人か子どもか分からず、あらゆる活動は仮想の状態の中で進行するのである。人々は共通の興味関心、共通の信仰および価値観に基づいて各種各様の社会集団を結成することができる。しかしながら仮想性は必ずしも幻想ではなく、それは現実に存在するものである。人々はインターネット上で学習し、友達を作り、買い物することができる。インターネット上で情報を交流し、互いに関心のある社会問題、学術問題、生活問題について討論することができる。インターネット上の交流は仮想性を有するため活動そのものは匿名性を有する。従って、一方でそれは開放、平等、かつ自由な交流の場を提供する。また、もう一方では不逞の輩に機会を提供し人が騙されやすくなる。従って、インターネット上の活動は誠意が求められるのである。

② 超文化性

　伝統文化は特定の民族、国家、地域のグループの中で出現し発展するものである。従って、伝統文化は常に民族的、地域的特徴を有するものである。伝統文化の交流は空間の制約、特に民族間、国家間の障害を克服しなければならない。一方、インターネット文化の交流はネットワーク空間で進行し、コンピューターネットワークは今日すでに全世界を網羅し、インターネット上に異なる民族、異なる文化の情報を表示できるだけでなく、なおかつインターネット上で全世界を周遊し、各種の民族文化の情報に接触できるのである。それは空間、地域、国家の制限を突破し、人と人との距離を短縮した。当然、現在インターネット上の情報の90％は西洋国家に由来するものであり、一種の文化覇権が形成されたのである。従って、われわれはインターネット上の交流の中で世界の一切の優秀な文化を吸収し、一切の堕落した文化を排除することに注意を払わなければならない。同時に中華民族の優れた文化的精神の発揚に注意を払わなければならないのである。

③ 開放性

インターネット文化はかつてないほど広大で歴史上前例がないほど開放的な時空を形成した。インターネット上の交流は完全に開放的な状態の下で進行し、時間、空間の制限を受けるものではない。インターネット上ではインターネット利用者は自由に新しい世界に入ることができ、種族、経済力、教育経歴、宗教信仰によりいかなる特権も与えられず、いかなる差別も受けない。インターネット上では人々は自由に自身の観点を表現することができ、批判を受けないのである。しかしながら、まさしくインターネット文化のこの種の開放性により、いくらかの無責任な人が悪質な、悪戯な情報をばら撒き、人の心を惑わせ、社会を混乱させる可能性が高まるのである。従って、インターネット文化ではインターネット利用者がさらに高度な責任感および道徳的品格を有すること、同時にさらに高度な警戒心を有することが求められるのである。

④　相互性

インターネットの最も本質的な特徴は交流と伝達である。情報技術の高度な発展は人々が情報交流の中で適時立場を交替することを可能にした。伝統的メディア（電話を除く）の伝達は一方的なものであり、インターネットによる伝達は双方向、多方面の広範囲にわたる適時交流を可能とする。インターネット上ではネット利用者は情報資源の消費者であるだけでなく、また情報資源の生産者および提供者なのである。ネット利用者はインターネット上で新聞を閲覧し作品を閲読すると同時に新聞を発行し作品を発表し、時事に対して、他人の作品に対して論評し、教師、クラスメート、友人との間で学習ないしその他の問題について討論することができるのである。

⑤　個別性

インターネット文化は個性を発展させるための場を提供した。個人は自身の興味関心に基づいて学習の内容や過程を選択し交流相手を選択することができる。インターネットは広範な海洋のようであり、人を情報の海洋の中で自由に泳がせて大胆にサーフィンさせるのである。しかしながら注意しなけ

ればならないのは台風や荒波に遭遇する機会もありうることであり、激しい勢いで湧き上がる情報の潮流の中で特別な注意を払って方向を把握し、正確な路線および策略を選択することが求められるのである。

伝統教育に対するインターネット文化の影響

　マスメディアおよびインターネットに代表されるような情報技術が教育分野に応用されて教育の情報化が促され、同時にまさに新しい教育改革が起こっている。それは教育の効率性と質を大幅に向上させただけでなく、なおかつ教育に関する観念および教育モデルを含む深刻な変革を引き起こしたのである。

　教育の情報化は極めて複雑な社会システムの工程であり、マクロな教育計画、管理の情報化、ミクロな学習環境、学習モデル、評価モデルの情報化など教育システムのあらゆる部分が含まれる。伝統教育に対するインパクトは主として教育に関する観念および教育モデルの上に表現されるのである。

　第一に、インターネットは児童・生徒の学習に全く新しい学習環境、豊富多彩な学習の場を提供した。児童・生徒は受動的な知識の受け手から能動的な知識の探求者へと転換し始め、児童・生徒の学習に対する関心、能力および効率が大幅に向上したのである。

　第二に、教師の役割・地位が変化し伝統的な師弟関係および付き合い方が根本的に変化した。教師はすでに知識の唯一の保有者ではなく、教師は自身が熟知した知識を児童・生徒に伝授するだけでなく、児童・生徒の学習仲間となり、児童・生徒と共同で学習する中で児童・生徒の自主的学習を指導しなければならない。教師の主導的役割は児童・生徒に正しい学習の道筋および学習の方法を選択させ、児童・生徒が情報の海洋の中で方向を見失わないよう指導することである。

　第三に、教育資源の共同利用を促した。教育の情報化は各地各校における良質の資源を結びつけ、良質の資源が欠乏する地域へと伝達し、資源の共同利用を可能とする。遠隔教育はまさしくこの種の作用を発揮したものであり、時間や空間的制限を受けず、教師の継続教育および各種専門業務の研修に重

要な役割を果たしたのである。
　第四に、教育の領域を拡大し、国民全体の生涯学習のために教育環境を提供した。インターネットは学校の壁を突破し、学校の授業時間や地域の制限を克服し、教育の範囲を大幅に拡大し、人々の学習ニーズを大いに満たし、学習型社会を建設する条件を創造したのである。
　第五に、情報技術が教育モデルの変革を促したことは、主に以下のいくつかの側面に現れている。

1. 教授過程の中で児童・生徒が物事を認識する過程を変化させた。伝統的な教授過程は教材の感知、教材の理解、知識の強化および知識の運用といういくつかの部分が順次に連続して構成される。情報技術は感知、理解、強化、運用を融合して一体化する。マスメディアおよびネット教育は形を有し音を有するものであり、比較的強度な直観性を有するだけでなく、児童・生徒に対して物事の本質と内在との関係が直接明らかになるように指導できるのである。肉眼では見えない多くのミクロな世界やマクロな世界およびいくつかの事物の運動法則も情報技術を応用して観察することができるのであり、児童・生徒は事物の本質を理解し習得しやすく、児童・生徒の思考能力の育成および発展に有利である。
2. いくつかの教授原則を変化させた。伝統的な教授過程において教授は近いところから遠いところへ、簡単なことから困難なことへ、具体から抽象へと変化しなければならないと強調する。情報技術はこの順序を変化させ、遠いところのものを児童・生徒の目の前に置き、複雑なものを単純化し、抽象的なものを具体化できる。それは時間と空間を拡大でき、しかも時間と空間を縮小できる。児童・生徒の認識に有利なように運用できるのである。
3. 教材内容および教材形式を変化させた。情報技術を通じて従来は理解が困難であった新しい科学技術の内容を教育内容の中に付け加え、教育内容を現代化できる。情報技術により編成された教材教具により音声、映像および文字を結びつけ、教材の芸術的影響力が拡大したのである。
4. 評価方法を変化させた。情報社会の人材に対する要求が知識型から知識・

能力複合型へと変わり、人格の発達へと変化したことに伴って、評価スキルに一連の変化と発展をもたらしたのである。その典型的な表れは、古典的な参考基準に照らした測定から知識、能力を基礎とした項目評価スキルの方向へ発展し、適応評価スキル、達成度評価スキルが新しい評価方法となったのである。

5. 師弟関係を変化させた。この点については前に述べたので繰り返さない。

これらの変化に適応するために、人々がまず教育に関する観念の上で刷新をはかるよう要求しなければならないし、教育に関する大きな観念を確立しなければならない。教師、保護者の視線は学校の校内に限らず、授業に限らず、社会に目が向けられなければならない。今日、児童・生徒の情報収集はもはや学校や授業に限られるものではなく家庭、社会も情報源であり、インターネットはさらに豊富な情報源なのである。児童・生徒が家庭、社会、インターネット上で収集した情報は必然的に教室での学習にも影響を及ぼしうる。仮に教師、保護者の視野が学校や授業だけに限られるのであれば、21世紀の高度科学技術、高度競争時代に求められる人材を輩出することはできないのである。教師はインターネットの特徴や優位性を大いに活用し、情報技術と教室での授業を結びつけ、学習の発展をより一層促さなければならないのである。

同時に、われわれはいかなる事物も二面性を有しており、インターネット文化も例外ではないことを認識しなければならない。インターネットは全人類の知識と知恵を結集し、人々に色とりどりで華やかな人類の文化の精華を与えたが、同時に人々に多くの文化の糟をも与えたのである。

第一に、インターネット上のいくつかの好色、暴力的表現、堕落した生活方式の氾濫などは青少年の児童・生徒の人生観、価値観の形成に消極的な影響を及ぼしうる。近年来の青少年による犯罪率の増加は、多くはネット上の堕落した文化の影響を受けたものである。

第二に、長時間ネットゲームに没頭することは児童・生徒に学業を疎かにさせ、ひいては誤った道へと踏み入れさせてしまう。近年多くの少女がインターネット上のチャットにより男性に騙されたケースが発生している。ある

児童・生徒はネットカフェの中で徹夜し健康を害している。最近のニュースはさらに心が痛むものであり、二人の児童・生徒がネットカフェで徹夜したために疲労が極限に達し、こともあろうに帰宅途中に鉄道の上で寝てしまい悲惨な事態を引き起こしたのである。

　第三に、長時間の人と機械との対話は青少年児童・生徒の心身の健全な発展に悪影響を与えうる。長時間ネット上の仮想世界の中で生活することは現代社会に対する青少年の児童・生徒の理解および適応性に影響を与え、彼らの社会化への発展に不利を被るのである。

　第四に、学習の中で長時間コンピューターを使用することは、児童・生徒の言語能力および計算能力を低下させうる。現在多くのネット言語が出現し、中国語の標準化に深刻な打撃を与え、中国の新しい文化の建設に悪影響を与えたのである。

　総じて言えば、インターネット文化は一種の新しい文化の形態であり、発展の途上にあり、本質的には積極的で健全なものであるが、マイナスの影響をもった表面に表れない流れも存在し教育関係者は重視せざるを得ないのである。

原注

1　『鄧小平文選』(1975～1982年)、人民出版社1983年版、82～97頁。
2　同上書、37頁。
3　瞿葆奎「中国教育学百年」『元教育学研究』浙江教育出版社、1999年版、401～402頁。
4　呂達「永遠銘記鄧小平対中小学課程教材改革的豊功偉績」『課程教材改革之路』人民教育出版社、2000年版。
5　『比較教育』人民教育出版者1982年版、1985年二版、第二、第三版は王承緒・朱勃・顧明遠編。1999年に第三版が王承緒および顧明遠により編纂され、大々的な改訂が行われた。
6　1972年、華東師範大学、上海師範学院、上海体育学院、上海半工半読師範学院、上海教育学院の5校は強制的に合併されて「上海師範大学」と改名された。1978年に相次いで分離され、1980年に華東師範大学は旧名を回復した。こうして上海師範大学外国教育研究室が実際のところ華東師範大学外国教育研究室となったのである。
7　顧明遠主編『教育大辞典』第12巻、上海出版社、1992年版、193頁。
8　布魯納『教育的過程』上海人民出版社、1973年版(「訳者説明」) 1頁(邦訳はJ.S.ブルー

ナー著、鈴木祥蔵・佐藤三郎訳『教育の過程』岩波書店、1963年)。
9 『教育改革重要文献選編』人民教育出版社、1986年版、42〜43頁。
10 『光明日報』1999年6月17日。
11 『中国社会科学』1987年、第4期参照。
12 『華東師範大学学報』(教育科学版) 1991年、第2期。
13 顧明遠・薛理銀『比較教育導論』人民教育出版社、1996年版、208頁。
14 『私的教育探索』教育科学出版社、1998年版、第195〜207頁参照。
15 桑新民編『歩入情報時代的学習理論與実践』中央広播電視大学出版社、2000年、9頁。

第11章　結論：中国教育の現代化の道を探る

　これまでの各章で、われわれは中国や外国の様々な文化的要素が中国教育の伝統に影響してきていることを分析してきた。これらの要素から、中国教育の文化的基盤が複雑で多元的であることがわかる。中国教育において最も基本的で中核にある文化的基盤は当然のことながら中国の民族文化の伝統である。しかしながら、中国の現代教育制度は、西洋にも起源があるため、西洋文化の烙印がないとは言えない。中国と西洋の文化は異質なものであるが、中国における西洋文化の浸透の始まりはとりわけ強制的であり、その衝突と融合は長期間にわたる苦痛の過程であった。陳独秀は『我が最後の自覚』の中で、中国人の生活状態を変化させ、日増しにそれを自覚させるのは「西洋化の輸入」であると述べている。ただし、中国固有の文化と西洋文化は根本的に異なっているため、数百年間の歴史のなかで生じた混乱や社会不安現象は、そのほとんどが中国と西洋文化との衝突によるものであったと言う。陳によれば、そうした衝突のたびに、中国人は自覚を深めてきたことになる。彼が文章を著した五四運動の前夜までに、中国はすでの六つの時期を経験してきていた。第一期は、明代の中葉で「西洋の宗教と事物が初めて中国に入ってきた」時期であったが、そのことを理解している人はごく少数であった。第二期は、清代の初期であり、「火器や暦法が清の皇帝に献納されたものの、朝野の旧い儒者たちは一斉に立ち上がって、これに反対し、このことは中国における新旧闘争の始まりとなった」。第三期は、清代の中葉である。アヘン戦争以後、「西洋の武力が中国を震撼させ」、そこで「洋務西学」(外交事務と西洋学問) なる単語が登場した。当時の論争点は「鉄道を敷くか否かの問題」、「地球が球体で回転しているか否かの問題」であった。第四期は、清

代末期である。「日清戦争により、清軍が破れ、国が疲弊した」時期であり、ついに戊戌の変法[訳1]が実行され、新思想が展開し、やがて行政制度の問題が政治の根本問題になっていった。第五期は、民国の初年であり、「辛亥革命により、共和制が樹立した」。そして第六期は「この度の戦役」、つまり民国初期の復辟の企てとそれへの反対闘争を指す。陳独秀は、「国中の賢者に、共和制を愛おしむ心が沸き起こり、専制制度を厭う心が明確になった」と言う。ただし、彼は疑念も抱きながら「今後、共和国体制は果たして強固となり心配無用となるのだろうか。立憲政治は、果たして支障なく施行されるのだろうか。私が見るところ、これらの政治面の根本問題の解決に関して、我が最後の自覚を待っているかのようだ。ここに謂う第七期とは、民国憲法が実施される時代である」[1]と述べている。彼によれば、最後の自覚は「実現はなお困難を伴う」。なぜか。当時の共和制や立憲体制については少数の人々のみが自覚しているだけで、多数は「何等の身近な利害感もわからない」からである。彼は最後の自覚の希望を青年に託し、彼らに向かって次の三つの点を唱えた。(1)政治的自覚。認識すべきは、第一歩として「国家は人民の公共財産であり、人類は政治的動物である」こと、そして第二歩として「わが国が世界の生存を考慮するなら、数千年来続いてきた官僚による専制独裁的な個人政治を破棄し、自由で自治的な国民政治に変えねばならない」ということである。第三歩として彼は「共和立憲体制が、多数の国民の自覚と自発性に基づかないなら、みな偽共和であり、偽立憲であり、政治の装飾品である」と述べた。(2)倫理的自覚。彼は、儒家の三綱五常の階級制と西洋の自由・平等・独立は両立できず、三綱五常の階級制を破棄してのみ倫理的自覚が可能であると考えていた。彼は倫理的自覚を「我が最後の自覚の中の最後の自覚」と見なしていた。(3)「西洋民族は法治と実利を重視し、東洋民族は感情と虚礼を重視する」[2]。これは彼の初期の文であり、マルクス主義的唯物史観で東西文化の関係を分析してはいないけれども、欧化、すなわち西洋化を主張し

訳1 十干十二支の「戊戌」の年に当たる清末の光緒24年(1898年)の陰暦4月23日(陽暦6月11日)から8月6日(9月21日)にかけて、光緒帝の支持の下、康有為、梁啓超、譚嗣同らの維新派が実施した政治改革運動。

ており、西洋の自由・平等・独立に基づく共和政体をもって中国の専制独裁体制に取って代わる必要があることを主張している。しかしながら、中国と西洋文化の衝突を分析する論理は明晰である。中国が西洋から学ぶ際、その学ぶ姿勢から言えば、それは強制から自覚への過程であった。そのプロセスは、まず西洋の物質文化、つまり銃や暦法を知り、その後で西洋の制度文化を知り、そして共和制・立憲制を知り、最後に西洋の観念文化、つまり自由、平等、独立を認識することになる。彼によれば、観念文化が最も重要なもので、いわゆる「最後の自覚の中の最後の自覚」なのである。ただし、観念文化の習得は最も難しく、かつ制度文化のようにある制度を別の制度に取り替えるということもできないので、衝突しながら融合していくしかない。その融合は中国文化の基礎の上に新しい文化要素を吸収し、そのことによって土着的特色をもった新文化を創造することになる。中国の現代の新文化が歩んできたのはまさにこの道であり、中国の現代教育もまたこの道を歩んでいるのである。

　前の数章の分析から明らかなとおり、中国の現在の教育思想、制度、内容や方法は、中国の現代教育の伝統でもあり、孤立して生まれたものではなく、建国以来の政治経済の発展条件の下、歴史上の教育の伝統を継承し改造して、外国教育の伝統の基礎を吸収しながら徐々に形成してきたものである。それはおおよそ以下の要素を含んでいる。⑴何千年にもわたる中国の伝統文化や伝統教育の影響、そのなかにある優れた教育指導と封建的で陳腐な教育思想。⑵五四運動以後の科学と民主の優れた教育思想。⑶教育指導と制度を含む旧解放区の教育の伝統、特にわが国の建国以後の教育に大きな影響を与えている幹部教育の思想と制度。⑷ここ100年来、特に最近の数十年の西洋の教育思想、制度、方法の影響。⑸新中国建国後に旧ソ連の教育から学んだ影響。当然これらの要素はそれぞれが孤立しているわけではなく、お互いに無関係なわけでもない。むしろそれらは関連し合っており、影響しあっている。そしてそれらは衝突するときもあれば融合するときもある。また、これらの要素のなかには優れた教育思想や制度もあれば、そうでない時代遅れのものもある。建国以来、われわれはマルクス主義、毛沢東思想、鄧小平理論を導き

手としてきたのであり、教育思想の主たる方向性においては先進的であり、優秀であった。しかしながら、われわれの教育の伝統のなかには立ち遅れた部分がなお残っていることは言うまでもない。中国の現代教育の新しい伝統がすでに確立したとは言えず、科学的、民主的、民族的な社会主義現代教育の新しい伝統を構築する必要があり、教育に携わるすべての者のたゆまぬ努力をなお必要としている。

教育の現代化と中国の伝統文化の関係に正しく対処する

中国教育は中国の文化的背景のなかで発展してきており、中国文化が教育の核心となる基盤を構成している。したがって中国教育が現代化を達成する過程では、中国の伝統文化に正しく向き合わなければならないし、中国文化の優れた伝統を継承・発展させ、陳腐で立ち遅れた思想や観念は批判し破棄しなければならない。われわれは民族的虚無主義、つまり中国文化が立ち遅れ、西洋の文化ほど進んでいないと考えることに反対する。中国の伝統文化は遅れた側面が確かにあり、特に近代以降の中国は遅れをとってしまったが、その一方、中国文化には根本において優れた面もある。それは960万km²の広大な国土で暮らす中華民族が、凶暴なものを恐れず、たゆまず努力して向上し、天災・人災を克服し、勝利に向かって歩む精神を凝集したものである。今日、この民族精神は新しい時代や世界に向って歩む13億の人民を鼓舞している。われわれは同時にエスノセントリズム、すなわち中国文化が最も優秀であり、他から学ぶものはない、新しいもの全てが「もともと中国にあった」などと考え、新しい観念や経験の受け入れを拒絶する態度にも反対する。一つの民族は一人の人間同様、自分の欠点がみえないときに立ち遅れが始まるものである。中国は近代以来、世界に遅れをとったが、それは身の程をわきまえず外国との関係を絶ったからである。この重要な教訓はわれわれの心の中に絶えず留めて置く必要がある。

本書の第4章第2節で中国の伝統文化の基本的な精神について述べ、第5章第3節では中国の伝統教育の貴重な財産について述べてきた。これらの優れた伝統は、中国教育を現代化させる過程において貴重な教育資源となるも

のであり、大いに発揚し、「古今融合」を成し遂げなければならない。しかし、言うまでもなく、中国の伝統教育の中にも遅れたところ、現代化と適合しないところもある。特に時代遅れの教育的価値観・人材観は、教育の現代化の進展を阻害し、素質教育の推進を阻害している。人にも文化にも古いものを捨て去り、新しいものを取り入れる精神が必要である。したがって今日われわれは、教育の現代化を実現するために、教育を革新していかなければならない。それにはまず教育観念上の革新を図り、教育の現代化の進展を阻害する古い観念を除去する必要がある。

① 狭隘な教育価値観を変え、正しい全面的な教育価値観を樹立する

　学校教育は統治階級に奉仕し、統治する側の人材を養成するというのが古代教育の共通した特徴である。中国の封建社会の政治体制と儒家の倫理道徳（「三綱五常」）を核とする思想体系は、教育をそれらに従属させ、奉仕させてきたのであり、そのために狭隘な教育価値観が形成されてきた。それは、階級、専制、集権への奉仕であり、一言で言えば、政治への奉仕、あるいは「学びて優なれば即ち仕う（学而優則仕）」（学問して余力があれば官につく）である。長期間にわたり人々は教育を一種の道具と単純に考えてきた。政治家は教育を統治階級と政治闘争の道具であると考え、経済学者は教育を経済発展の道具とみなしている。そして多くの親は教育を子どもが実入りの良い職につくための手段とみている。したがってある学者は「中国教育の伝統（伝統教育というべきであろう）の中には民主と人権という価値観が欠けている」[3]と指摘している。当然、どの社会であっても、どの国家であっても、教育は政治から乖離できず、それは社会主義の教育についても例外ではない。教育は社会主義制度を強固なものにするために奉仕する必要があることは言うまでもない。しかしながら、これは教育の社会的機能の一つにすぎず、教育にはその他の役割も当然のことながら存在する。例えば、教育は社会の物質生産のために奉仕する必要があり、社会の精神文明建設へ奉仕する必要もある。つまり、教育には経済的機能や文化的役割もあるのである。ただし、教育のより重要な本質的特徴は人間自身の発達にあると言える。言い換えれば、教育の本質

は人を育て、その人の資質を高めることである。したがって、そうした教育の本質を重視し、教育の道具性を克服すべきである。教育には確かに道具性があるが、この種の道具性は、人を育てることを通して実現するものである。すなわち、教育の道具性は教育の本質を通して実現するとも言える。人の資質が向上することによってのみ社会へよりよく奉仕できるのである。同時に人は社会に奉仕する過程で、また客観世界を改造する中で自らも発達し、向上することができるのである。

② 旧習に固執する人材観を改め、現代社会の人材観を樹立する

封建社会では、自然経済が支配的地位を占めていた。この種の閉鎖的経済活動では、教育を受ける者が伝統的知識や技能を厳格に守り、先祖伝来の家業をしっかり守ることを要求するのみであって、教育を受ける者を啓発して新しい知識領域を開拓させ、彼らの創造精神を鼓舞することを重視しなかった。こうした人材観と狭隘な教育価値観は相互に関連している。幾千年にわたる封建社会の統治階級養成に必要とされたものは、イエスマンの下僕であり、主人に対しては絶対服従が求められ、独自の見解など必要ではなかった。労働人民は、封建統治と自然経済という条件のもとで、自分の子どもを教育して家を守り家業を成り立たせることに関心を示すのみで、彼らは土地に縛られているだけで、新天地を求めようとする要求はなかったのである。

封建社会はわれわれとはかけ離れた存在であるが、こうした伝統的観念の残滓はまだ消滅しておらず、今日の教育にもしばしば影響を与えている。それは、一つの型に生徒を当てはめ、書物の中の死んだ知識を経典のように崇めること、また教師の説明を絶対的権威として崇めることを求めるばかりで、生徒の個性や独立思考能力を育てようとしない、まさに旧習に固執した人材観の反映なのである。こうした人材観は当然のことながら現代社会とは適合しない。知識経済の到来した今日では、科学技術の進歩はめざましく、教育によって開拓精神と創造能力の備わった人材を養成することが求められる。また新しい知識を不断に創造し、新しい領域を開拓することによって、国家や民族を繁栄させることができ、国際競争のなかで相手に打ち勝つことがで

きるのである。
　古い人材観の別の面は、頭角を現した者のみが人材であると考えることである。これもまた伝統観念の「学びて優なれば即ち仕う」の影響である。しかし、今日のように社会の人材構成が多様化し、職業も多様に発展している時代にあっては、社会的責任感があり、懸命に努力し、社会のために一定の貢献をする人こそが人材なのである。1985年に公布された「教育体制改革に関する中共中央の決定」では、「数億の工業、農業、商業等さまざまな文化をもち、技術や業務に習熟した労働者を育成する必要がある。また数千万の現代的な科学技術と経営管理の知識を備えた人材、開発能力をもった工場長、社長、エンジニア、農芸師、経済士、会計士、統計士やその他の経済、技術人員、さらに数百万の現代科学技術文化と新しい技術革命の要請に応えうる教育、科学、医療、理論、文化、新聞・編集・出版、法律、渉外、軍事など各分野の働き手と、党と政府の各分野の活動家を養成しなければならない」と記されている。これらはまだ大まかな分類であり、国際労働組織（ISCO）の国際標準分類によれば、職業は8つの大分類、83の小分類、284の細分類、1,506の職業項目に類別され、さらにそれぞれの職業項目が多くの具体的な職業名に分類されているので、それらは合計で1万以上となる。どの職業が欠けても社会はうまく機能しない。当然、どの親も自分の子どもには優れた、収入の高い、いわゆる聞こえの良い職業を希望しているが、個々人の素質や能力には差があり、興味や志向、特徴にも差があり、運もあるので、将来の職業には自然と違いが出てくる。どの職業も勤勉と努力があれば、人々から尊敬を受けるはずである。そして、今日は変革の時代であるため、一人が生涯にわたって一つの職業に留まっていることが難しく、どの学校もこの点を保証することはできない。学校教育の重要性はしっかりと基礎を固め、生徒に高い素質を持たせ、彼らが社会に出ても絶えず学ぶようにすることである。一人の青年がすすんで学びさえすれば、転職の機会は多いのである。
　現代教育の人材観には以下のいくつかの特徴が必要である。
　(1)人材の広汎性。少数の者だけが教育を享受できた時代では、社会には少数の人材だけが存在した。現代社会は、中等教育が普及し、高等教育は

すでに大衆化、ユニバーサル化した段階に入っており、教育や訓練を受ける人材は日増しに増加している。

(2) 人材の多様性。現代社会は多種多様な人材を求めている。したがって一つのモデルで人材を養成しようとする伝統的なやり方を改める必要がある。個々人の能力に応じた教育を重視し、各人が自分の才能を十分発揮することを重視する。社会は一般的な人材を要するときもあれば、突出した人材を要するときもある。現代の教育は異なる個性がそれぞれ創造発展できる条件を必要とし、それを伸ばす必要がある。

(3) 人材の調和性。現代社会は徳育、知育、体育、美育、労働の諸方面で調和を伴って発達した人材を求めている。彼らは豊富な知識だけでなく、表現能力、コミュニケーション能力、組織する能力など、各種の能力を要し、さらに高尚な道徳的品性と情操を必要としている。

(4) 人材の先見性。人材養成のための時間は長期化し、人材が社会のために奉仕する年限も長くなっている。この二つの長期化は、われわれが未来に目を向け、発展に目を向ける眼差しで人材養成の問題に取り組むことを求めている。社会の現段階での人材需要や規格要求を見るだけでは不十分であり、未来の発展した段階での人材要求を考慮し、人間の潜在能力と将来の発達度を考慮する必要がある。

③ 学術を重視し技術を軽視する考え方を克服する

中国の長期にわたる封建社会のなかで、学校教育制度と人材選抜制度は密接に関係してきた。勉強とは官吏になるためであり、官吏になるためには科挙を受験する必要があった。生徒は貧しさ辛さに耐えて勉学を続け、社会や生産活動との接触を断ち、技術を必要とするあらゆる職業や労働を軽視してきた。こうした考え方は現在でも広範に影響を与えている。中国の職業技術教育が発達していないのは、種々の原因があるにしても、こうした伝統的な観念と無関係であるとは言えない。昔からの「学びて優なれば即ち仕う」という考え方は、決して勉学に優れた人が労働者や農民、商人になることを述べたものではない。つまり、勉学の優れた生徒は普通高級中学に進み、有名

大学に入学することを目指し、職業技術学校に入学することを希望しない。こうした観念は変わることがないため、職業技術教育は人々の気持ちの中で重要な地位を占めにくく、発展が困難であった。その結果、労働者の文化的、技術的な資質が向上することなく、必然的に中国の労働生産効率の向上を阻害してきた。

　科挙制度の思想的影響を過小評価することは絶対にできない。科挙の人材選抜方法は、世襲制に比べて進歩した制度であると言えるが、それでも学校教育は学術を重視し技術を軽視してきたのであり、試験を中心に教育が回ってきたことが、中国の教育の伝統になってしまった。このことが人材養成パターンの硬直化につながり、教育改革や発展をゆゆしく阻害する力になっている。こうした状況を変えるには、入試制度を改革する一方で、伝統的な教育観念も変える必要がある。人材をより広い視野に立って養成することによって、「学びて優なれば即ち仕う」という狭い考え方から抜け出さなければならないのである。

　学術を重視し技術を軽視する、つまり高学歴や有名大学を志向するということは東洋文化の特徴であるかも知れない。日本や韓国の大学進学率はすでに高く、ユニバーサル・アクセス段階に到達している。それでも入学試験競争が激しいのは、有名大学への入学を望むためである。もし名望家の子どもが有名大学に合格しなかったとすれば、父母は面子を失ったと感じることになる。西洋社会ではこのような考え方はない。子どもが将来どんな大学に入学し、どんな仕事に就くのかは子ども自身の事柄であり、子ども自身が選択することであって、父母とは無関係である。たとえ父母が何らかの忠告を与えるにしても、最終的に決定するのは子ども本人である。この点は東西文化の違いである。こうした問題では、西洋の父母の考え方のほうが科学的であり、民主的であり、先進的であり、われわれの参考に値する。もしわれわれの考え方が変わらないのであれば、いかに教育資源を充足させ、高等教育を発展させたとしても、受験競争やそれがもたらす創造的精神の欠如、技術軽視、技術人材の欠乏といった問題は依然として解決できないであろう。

④ 正しい授業観と授業の質に関する観点を樹立する

　授業は教師と生徒の双方が関わり合う過程である。ただし、古い習慣を守って改めない伝統教育は授業の過程を教師からの一方通行的活動と考えていた。それは「教師が滔滔と話し、生徒は黙黙と聞く」、つまり生徒は受動的な地位に甘んじていることになる。授業は生徒からみれば学習の過程であり、学習は大脳の積極的活動によっている。孔子は、「学んで思わざれば則ち罔し（学而不思則罔）」(学ぶだけでその訳を考えなければ道理に暗い) と言っている。もし学習するとき頭を働かせて考えないとしたら、知識は容易には理解できず、記憶しにくいうえ、また知識の活用もできない。授業における啓発式と注入式の根本的な違いは、教師が生徒の積極的な思考を促すことができるかどうかである。注入式の授業は教えた結果を重視し、今ある知識を生徒に教えるのである。授業の過程を重視せず、生徒に思索するよう要求せず、生徒自身が問題を提起するのを好まない。こうした授業方式では、生徒の創造性や実践能力を養うことができないことは明らかである。

　生徒の能力を養うには、生徒を授業の過程で主体的地位におくことが必要である。授業中は生徒の積極的な主体性を十分に引き出し、生徒が自主的に学習する場を残しておく必要がある。現在、中国の新しい教育課程改革では生徒の学習における主体性が強調され、探求的学習が重視されている。しかし、教師の授業観が変わらなければ、教育課程改革も成功を収めるのは難しい。

　また何が質の高い授業であるのかという問題もある。知識は多ければ多いほどよいのか、試験の点数は高ければ高いほどよく授業の質も高いと言えるのか。現代の教育は、生徒の能力の向上ということをより重視している。こうした能力には問題を発見し、提起し、分析し、解決する能力が含まれ、さらに継続して学習する能力、表現する能力、人と交わる能力、組織する能力も含まれている。1960年代にアメリカの教育学者のブルーナーが『教育の過程』で述べているように、「教育の最も一般的な目的は優秀性（エクセレンス）を育てることではないかと思われる。だが、この言葉がどんな意味で使われているかを明らかにしなければならない。ここでいっているのは、優れた生徒に学校教育を与えるだけではなく、一人一人の生徒が、各自にもっとも適

した知的発達をとげるように助けてやることである」[4]。現在、科学技術は急速に発展してきており、知識は日進月歩の勢いで変化してきている。学校教育のわずか数年間では、人類が蓄えてきたあらゆる知識を生徒に十分に伝えることはできず、またその必要もない。それより重要なのは生徒にどのように学習するのかを教えることである。授業の質の高さは、生徒の知力の発達に基づいて評価されるべきなのである。

　全面的な教育の質に関する観点とは、教育方針を貫徹し、生徒の徳育、知育、体育、美育の諸方面のいずれをも生き生きと活発かつ主体的に発達させることである。全面的な発達とは生徒が全ての科目で優秀であることを求めることではない。これは生徒の成長の法則に合致していない。というのも、人にはそれぞれ差異があるからである。生徒にあらゆる教科で優秀であることを要求すれば、必然的にその生徒の他の特別な興味や才能を押さえ込むことになる。こうした基準を生徒に当てはめようとすれば卓越した人材を養成することはできないのである。

⑤　**閉鎖的な学校教育観を克服し、生涯学習という大きな教育観を打ち立てる**

　過去には、我々の教育に対する理解は学校教育に限定され、教育はある年齢段階（6、7歳から24、5歳）の人に学習機会を提供することであると認識されてきた。彼らは学校で十分な知識を獲得し、それを一生使い果たすことはないと考えられてきたが、現代科学技術の急激な発展は、知識量を幾何級数的に増加させ、こうした美しい夢は打ち砕かれてしまった。人々は絶えず学習し続けることによって時代の進歩についていくことが可能になるのである。学校教育は、すでに就職前の教育だけではなく、継続教育、転職のための教育、余暇のための教育の役割も担っている。つまり、現代教育はすでに学校教育を生涯教育の体系に組み入れていて、あらゆる年齢段階の人に学習機会を提供しているのである。

　教育活動の範囲から言えば、教育はすでに学校の範囲をはるかに超えている。昔は教育を受けるためには学校に入学する必要があった。しかしながら、現在では多様な媒体を通して知識を獲得できる。特にインターネットは各人

に迅速に情報を提供し、そのことによって教育の場が格段に広がってきた。

　教育の役割から言えば、教育は人々に職業訓練の機会を与え、社会の物質文明建設のための条件を創り上げるだけでなく、全民族の科学・文化と思想道徳の資質を向上させ、社会主義精神文明の建設に貢献する必要がある。したがって教育事業は学校教師だけの仕事と言うわけではなく、社会全体の共同事業とならなければならない。

　こうした生涯にわたる教育、万人が学習し、あらゆる時と場所で教育が行われるという新しい観念を構築することではじめて、小生産思想から抜け出し、教育を社会発展のシステム全体のなかで考察し、教育に基礎的、全面的な戦略的地位を与えることができる。

外国の教育思想や経験に正しく対処する

　中国の現代教育制度は、西洋の教育制度を導入することによって発展してきたので、自然に多くの西洋の文化や思想が染み込んでいる。100年以上前からわれわれは多くの西洋国家の教育思想の学派を受け入れ、吸収してきた。ここ20年間、さらにさまざまな教育思想がどんどん押し寄せてきている。それらをどのように借用、吸収し、中国化、内在化して中国教育の伝統とするかは、真摯に検討するに値する課題である。我々は西洋中心主義、すなわち西洋の全てが良く、現代化とは西洋化であり、中国は全て西洋化することによって活路が見いだせるという考え方に反対する。歴史が証明しているように、そうした道には活路はない。中国の国情を考慮した自分の道を歩むことによってのみ、中華民族の利益に合った現代化を真に実現することができるのである。教育も同様であり、外国の先進的な教育制度や経験を学ぶには、それを中国教育の伝統と結合することによってのみ、実際の効果を得ることができるのである。それと同時に、われわれは東洋主義にも賛成しない。今の時代、西洋の文化覇権主義の猖獗は、一部の東洋諸国の学者の間に極端な反感を引き起こし、狭隘な東洋主義の思潮を生んでいる。実際、西洋中心主義と東洋主義はどちらも植民地文化の影響を受けていて、東洋主義は西洋植民地文化に対する消極的な抵抗であり、自民族文化に対する自信のなさを表

している。人類文明のあらゆる優秀な成果を積極的に吸収し、世界の先進的な学校運営や管理の経験を借用し、中国自身の経験と結びつけて、教育伝統の土着化を実現することが正確な態度であると言うべきである。

　国際化と土着化の問題に関しては、教育研究ないし人文社会科学の研究において長期間にわたり検討されてきた問題である。文化の伝幡と学術交流は必然的に異なる文化間の衝突と融合をもたらすが、こうした衝突と融合は、もともとお互いに影響し合うものである。しかしながら、ここ200年の間に中国の科学技術は立ち遅れてしまったために、列強は軍艦や大砲を利用して中国を開国させ、先進的な科学技術をもって入り込み、一方的な影響を与えた。これらの西洋文化と土着の文化は質的に異なっていた。そこでこうした文化を受け入れるべきかどうか、どのように受け入れるのかが、中国で絶え間のない論争となった。こうした文化は西洋人が大砲の力で持ち込んだものであったので、中国人の心理としては快いものではなかったが、拒絶することもできず、ともあれ法を変えることで受け入れようと考えた。そこで「中国の学問を"体"として西洋の学問を"用"とする（中学為体、西学為用）」とか、「夷の優れた技術にならい夷を制する（師夷之長技以制夷）」というような論調が現れた。あるいはきっぱりと西洋から来たことを認めずに、中国には「古代からこれらはすでにあった（古已有之）」と発言することになった。したがって、東洋主義もまた植民地文化の影響から生まれたものである。実際、人類の出現以来、常に交流することによって発展してきた。そうした交流には、移動、貿易、戦争が含まれる。当然、植民地主義時代の文化交流は一方通行的なものであり、植民者が強権的に彼らの文化を押し広め、土着の文化の消滅を企てたので、植民地国家とその民族の抵抗を受けることになった。感情的にはこの点は理解できることである。しかし理性的に考えれば、植民地となったからといって一切の外国文化を拒絶することは愚かであるだけでなく、有害でもある。ちょうど魯迅が「持って来る主義（拿来主義）」訳2の中で批判した

訳2　「拿来主義」は魯迅の造語（『魯迅全集』第6巻、人民文学出版社、1981年、40頁）。曰く「持って来たものがなければ、文芸は自ら新文芸となることはできなかった。」すなわち、外国の優れたものを取り入れて、自国のために役立てるという意味で使われている。

とおりである。魯迅は「拿来主義」を主張したが、それにはいくつかの特徴がある。一つは主体的に取りに行くもので、人が持ってきてくれることを待つのではないため、それは「送来主義」とは異なっている。当然、持って来てくれたのだから、遠慮する必要はない。二番目は、選んで取ることで、我々にとって有用なものなら取り、腐り朽ちた遅れたものは取らないのであって、それは持って来てもらったものについても同様である。三点目は、取って来たものは有益なものに改造する必要があるということである。いわゆる国際化は、他国のものを持って来ることである。そして土着化とは持って来た後でわれわれにとって有用なものに変えることである。現在の経済がグローバル化した状況の下で、文化・教育の国際化は不可避であり、国際化と土着化を結びつけてはじめて、中華民族の新しい文化を創造できるのである。教育も同様であり、対外開放の程度を強め、世界の教育発展の趨勢に密接に関心を持ち、積極的に人類文明の優秀な成果を吸収し、世界の先進的な学校運営や管理の経験を借用すれば、中国教育の現代化を促進することができるのである。

　世界各国の教育理論と制度を吸収することは、借用と改造、また本土化に必要である。近年我々は、構築主義、ポストモダニズム、マルチ知能理論、新制度経済学派、各種の企業管理論など多くの新しい理論を受容してきた。これらのうちのいくつかは教育領域で直接生まれたものであり、他のものは別の学問領域から借用してきたものである。これらの理論は疑いなく中国の教育理論の宝庫を豊かにした。ただしそうした理論のなかには受容するにあたって、その分析が欠けていたり、新しい名詞をたくさん作り上げたりして多くの教員が理解できないものもある。どんな理論であっても、多くの教員に理解され身につけられてはじめて教育力となり中国教育の新しい伝統を形成していくことができるのである。

制度を刷新し、現代の国民教育体系を構築する

　江沢民主席は北京師範大学100周年記念式典において、「教育革新を推し進めていくうえで、その鍵となるのは、改革を深化させることにより、絶え

ず社会主義現代化建設の要求にふさわしく教育体制を健全化し改善していくことである」と発言し、教育の発展を制約する体制上の障害を取り除き、教育資源の利用効率を高めるよう努力し、教育構造を最適化し、教育資源を拡大し、学習化した社会の人々の生涯学習の需要を十分満たすことを求めた。

今日、どんな制度が教育の発展を阻害しているのか、どのようにしてその障害を取り除くのか、いかにして学習社会を前提とした生涯教育制度を構築するのか、という問題を真剣に調査研究をし、実際にこの領域に関わっている実践者や専門家の意見を聴取し、政策的な提言を打ち出す必要がある。以下、私は個人的な意見を述べ、考える材料となるいくつかの問題を提起したい。

1. 教育への財政投資の面で刷新を図るべきである

現在、中国の教育事業の発展における主な矛盾点は、教育資源の不足にも関わらず教育需要が非常に強いことである。教育資源の不足は量的には高等教育において定員が不足し、多くの青年の就学ニーズに応えられていないことに表れている。また質的には、質の高い教育が非常に不足しているので、小学校段階から質の高い教育資源を求めて激しい競争が始まり、素質教育の推進に深刻な障害になっていることに表れている。こうした状況を改めるには、まず国家が継続して教育に投資していくことを強調しなければならない。近年、中国政府の教育への投資額はかなり増加してきているが、それでも世界の平均にも至っておらず、先進国との差は甚だ大きく、しかも1993年に「中国教育改革・発展要綱」で提起された20世紀末の段階で国民総生産の4％を教育に投資するという目標も未だに達成していない。また義務教育が必ずしも無償である必要はないという誤った考えを克服する必要がある。1990年代初めにこうした論が起こったが、これは誤っている。世界各国を見渡せば、義務教育の実施を宣言している国で無償でない国はない。いわゆる義務教育（強迫義務教育と称する国もある）は、親が子どもを学校に行かせる義務を負い、国家が学校を運営する義務を負って、すべての児童に法律で定めた教育を受けさせることである。国家のなかには義務教育を普及させるために、無料のスクールバスによる送り迎えや無料の昼食を提供しているところもある。も

し有償だとすると、全ての親に自分の子どもを学校に行かせることを強制できるのであろうか。1990年代初め、中国では「人民の教育は人民が行う」というスローガンの下、広範な大衆を動員して、特に農民大衆の学校を創る意欲を呼び起こしたことがある。それによって中国の義務教育は経済的に発展している地区では比較的早く普及したが、これはやむを得ないやり方であった。事実が証明しているように、このやり方は長く続かず、発展していない地区では採用できないものである。2000年に農村の税費改革が実行されて以後、農村の教育は窮状に陥った。国は改めて、義務教育の投資や国家の責任であることを言明すると同時に、教育経費交付金の支給を実行してはいるが、経費は依然として不足している。それでは、国家は教育への投資をさらに増加することができるのだろうか。可能性はある。われわれの計算によれば、1996年中央財政支出はGDPの11.69％を占め、教育経費はGDPの2.46％で、中央財政支出の21.06％を占めていた。一方2002年になると中央財政支出はGDPの21.56％を占め、教育経費はGDPの3.41％で、中央財政支出の16.13％を占めていた。2002年には教育経費のGDPに占める割合が増加し、それは実際の数字でも大幅な増加を示しているが、教育経費の中央財政支出に占める割合が逆に減少しているのである。当然のことながら、中央財政支出は毎年投資の重点を変化させているが、教育を社会主義現代化建設の戦略的地位に据えるのであれば、加えて教育経費がもともと定めた計画指標に達していないと分析するのであれば、一層投資を増加させるはずであるし、それは可能である。我々は常々、中国は貧しいのに大規模な教育を行っていると言ってきたが、まずまずの暮らしぶりの社会（小康社会）を建設する過程では、永遠にそうであってはいけないようである。

　次に支出を節減し収入源を拡充する必要がある。支出を抑えるとは学校運営効率を高めることである。現在、教育資金が逼迫している一方で、浪費現象も見られる。同一地区で、類似した学校の重複建設とか資源の共有ができていないこともある。また中学校・小学校の建設に豪華さを追求し、実用性も考慮しないので、ややもすれば何百畝[訳3]にもなる学校もある。例えば、

訳3　1畝は6.667アール。

ある中学校は四つのテニスコートを建設し、その全てを普段は使うことがないため、学校参観用の装飾品になってしまうことになる。また別の学校は校門に何十万元、百万元も費やしている。これは巨大な浪費というだけでなく、地域のバランスのとれた発展に悪影響を与え、さらに深刻なことは思想上の腐食剤となり、多くの地方政府や学校が互いに競い合うため、その影響は極めてひどいものになる。

　収入源の拡充は多様な収入源をもつことである。思想を解放し、新しい発想で道を切り開くことができれば、需給の矛盾した窮状から抜け出すことができる。第一に、民営教育の拡大、特に義務教育段階以外では民間が学校を運営することが奨励されれば、政府は経費を義務教育に向けることができる。現在中国の民営学校はすでに一定規模に達しており、「民営教育促進法」の公布以後、民営学校の地位はすでに明確になった。ただし、その政策が具体的に定まっておらず、その実行も成り行きにまかせられているために、民営学校の運営をとても難しくさせている。一部の地方の教育行政部門には、総じて民営学校では安心できないという気持ちがあり、民営学校が「貴族学校」となったり、営利のみを追求したりするのではないかと恐れたりしている。実際、それを避ける鍵は監督と管理であり、学校運営行為を標準化させることである。政府は公立学校を管理するように民営学校に対する管理を強化し、質を軽視し、利益のみを追求する学校を整理していく必要がある。正しい政策と基準で管理しさえすれば、各学校が自由に行動するという状況には至らないであろう。第二に、存続基盤が弱い公立学校を改革し、民間資金を取り入れて運営に関わり、運営条件を改善するとともに、民営メカニズムと現代的な企業管理方式で勤務効率を高め、資源の浪費をなくすのである。第三に、学校の人事制度を改革し、徹底した任期制を導入することである。現在の教員は「学校所有制」であり、一つの学校に固定されており、異動には不利である。徹底した任期制を実行し、目標責任をもって教員を招聘し、教員の人事異動を奨励すべきである。

2. 学校運営体制の刷新を実行する

　学校運営体制については現在の教育実践のなかで革新的なことが多くみら

れる。20年前から民営学校は存在していたが、最近では、公営民助、民営公助、公立学校、転制学校、株式会社立学校、バウチャーを利用した学校、有名公立校による民営学校の運営、大学の二級学院運営などの運営形態も出現している。これらの運営形態をそれぞれ調査し、管理を標準化する必要がある。ただし、教育行政部門のなかには、現在の趨勢に対する認識が乏しいところがあるが、学校運営は公立でなければ民営、民営でなければ公立であって、第三、第四の形式が左右するのかと頑なに疑っている人もいる。例えば公であって民でもある「混合経済」による連合運営形態はどうであろうか。実験してみればよいと思う。特に教育経費の投入が不足している状況では、様々なルートから資金を集め学校運営を行えば必然的に学校運営形式の多様化を実現しうるであろう。中国がWTOに加盟後、外国の教育機関が中国に入り合同で学校運営も行ってきている。多様な形式、多様な体制により学校運営を行うことは押し止められない状況である。このような学校運営体制の変化は当然のことながら中国教育の伝統に重大な影響を及ぼすであろうし、教育関係者は真剣に研究する必要があろう。

3. 政府の教育管理の権能をいっそう改め、法にもとづく学校の自主運営能力を増強すべきである。

「中華人民共和国教育法」は各段階の政府の教育管理部門と教育機関の権限を明確にしたが、具体化が不十分なところもある。したがって政策を実行する際に、政府の教育管理部門の管理がしばしば細かすぎ、具体的すぎて学校の自主管理能力を弱めてしまっている。法律的に言えば、公立学校の設置者は政府であり、教育行政部門は政府を代表して学校管理を行うのであり、学校運営者は校長であり、校長は学校を代表する法人である。学校は社会のニーズと自己の能力に基づいて専門や課程を設け、教員を任命する権能をもつ必要がある。ただし、現在、特別な許可を受けた大学6校以外、公立の高等教育機関には専攻を開設する自主権がない。中国は国土が広大で、各地の発展が不均衡であり、全国統一の専業を開設することは科学的ではない。同時に各学校が十分な運営自主権をもってこそ、その特色を出すこともできる。学校運営自主権に関しては議論すべきことがたくさんあろう。

第11章　結論：中国教育の現代化の道を探る　315

社会の資源を利用し、行政部門を助けて学校を管理する政府と学校の中間機関を設けてもよい。例えば、教育評価機関、民営学校認証機関などである。教育行政部門は調査研究を行って、重要な政策決定のための準備をするなど、広い視野から学校を指導するようにすればよい。

4. 民主的な現代学校管理制度を構築する

学校を民主的に管理することは、教員・生徒の積極性を引き出し、主体性、情熱をもって学校管理に参加してもらうためである。大学・学校は党の統一的指導の下で教授会や教授評議制度をつくる必要がある。校務委員会には生徒と親の代表も参加する必要がある。現在中国の学校においては教育の主体、つまり教員と生徒が発言権をもっていない。多くの学校では教員代表大会制度があるが、それらは教員や職員の福利制度に対して主に関心があるのみであり、教育や科学研究に関して発言権があるのは教員でなければならない。学生と親はいわば教育サービスの消費者であり、彼らは教育サービスの状況と質を理解する権利をもっている。多くの国の学校には父母委員会があり、中国ではごく少数の学校だけがこの種の組織をもっている。同時に、親は学校にとっての素晴らしい社会的資源であり、彼らは学校が直面する多くの難しい問題を解決できる。つまり、学校と社会の交流、学校と家庭の連携に役立つことになる。

5. 国民全員が学ぶことのできる生涯学習社会を構築する

共産党の「第16回全国代表大会」で提出されたまずまずの暮らしぶりの社会（小康社会）を全面的に建設するための教育目標の一つは、国民全員が学ぶことのできる生涯学習社会をつくり、人間の全面的発達を促進させることである。学習社会とは学ぶことを通して発展する社会のことであり、生涯教育と密接に関係している。生涯教育は現代教育の最も基本的な特質である。1972年、ユネスコの国際教育発展委員会の『未来の学習―教育世界の今日と明日―』の報告書の中で、1960年代のフラー（Buckminster Fuller）、マウ（René Maheu）、ベレディ（George Bereday）、ハッチンス（Robert Hutchins）等の文章を引用しながら、学習社会について「教育はもはやエリートの特権でもなく、ある特定の年齢に付随したものでもなくなっていて社会の全体を、また個人の全

生涯を、包含する方向へとますます拡がって行きつつある」、「明日の教育は社会のあらゆる部所が、構造的に統合される一つの総合的全体を形成しなければならない。明日の教育は普遍化され、継続的なものとなるであろう」（邦訳103頁）と述べている。つまり、未来の社会では各成員がみな学習者であり、社会の各組織はいずれも学習組織でなければならないというのである。

未来の社会では、生涯教育は、転職するため、あるいは生計を立てるまでの需要を満たすためにあるのではなく、人々の生活の一部分となり、生活の質を高めるための重要な手段となる。ユネスコの21世紀委員会が1996年に提出した報告書『学習―内なる豊かさ―』訳4で指摘されているように、「現代社会の活力のなかで教育の果たす役割が増大するにつれて、個人の人生の営みに占める教育の場も拡大の一途をたどっている」、「学習をする時間は人生のすべてを通じてでなければならず、習得すべき知識の分野は他の分野と交錯しあい、互いに豊かにし合うものでなければならない」。

生涯教育の需要を満たすためには、学習社会の建設が必要であり、いわば学習の社会化、社会の学習化、教育全体の一体化が必要である。学習社会では、すべての公民が教育の対象となり、同時に学習の主体でもあり、広範かつ平等な教育を受ける機会をもつことになる。学習社会をつくりには以下のいくつかの点を満たす必要がある。

第一に、各段階・各種の学校の交流や接続を成し遂げ、職業教育学校と普通教育学校の境界線をなくし、学生が社会の需要や個人の好みに基づいて専門の変更や、学校間で単位の互換等ができるようにする。当然、専門の変更や単位互換の相互承認等には一定の規則が必要であり、その規則に基づいて処理する必要がある。すなわち学歴主義の壁を壊して、学歴取得のため教育とそれ以外の教育、フォーマル・ノンフォーマル教育を結合させるが、特にノンフォーマル教育や学歴取得のためでない教育を重視する必要がある。現代社会は能力重視の社会であり、学生の能力に基づいて各種の学習機会を提供する必要があるが、そのことは特定の種類の学校や特定の専門の中に閉じ

訳4　同報告書（"*Learning: The Treasure Within*"）の邦訳は、天城勲訳『学習―秘められた宝―』（ぎょうせい、1997年刊）として出版された。

込めることではない。こうすることによって各人の学びの積極性を引き出すことになり、同時に大学入試の際に誰もが普通高等教育機関という狭く困難な道に殺到することにはならない。

第二に、学校教育、社会教育と家庭教育を結びつけてコミュニティとしての教育体系を作り上げる必要がある。学校教育はコミュニティ教育全体の一部分であり、コミュニティ教育の中核である。学校は壁を壊して社会に開放し、学校の資源、特に知的資源をコミュニティのために役立て、学校の影響がコミュニティに及ぶようにすべきである。同時にコミュニティの各種の資源を吸収して学校の発展のために寄与させ、資源の共有と共同発展を成し遂げるのである。

第三に、社会各種の企業や事業機関は全て学習型の組織をつくる必要がある。つまり、各種の社会組織はみな組織の成員の訓練や継続学習を組織の発展と管理の中に組み入れ、学習を通して刷新を促進し、刷新を通して発展を促進するようにすべきである。

学習は人類が自我を超越する一種の手段である。学習社会が教育と社会を結びつけ、人間の全面的発達のためによりよい条件を提供することができれば、人間の素質がより高いレベルに達するようになるであろう。

原注

1 『新青年』第1巻第6号。
2 同上誌。
3 丁鋼主編『歴史与現実之間：中国教育伝統的理論探索』教育科学出版社、2002年、17頁。
4 布魯納『教育過程』上海人民出版社、1973年、6頁（邦訳 ブルーナー著、鈴木祥蔵・佐藤三郎訳『教育の過程』岩波書店、1963年、11〜12頁）。

原著者あとがき

　本書の下準備を始めてから執筆に10年もの時間を費やして、ようやく今日何とか基本的に完成させることができた。この期間に、日本や香港の大学を訪問し滞在した折、何冊かの本を読んだり、またいくつかの資料を収集したりしたものの、ついぐずぐずとして筆を執ることができなかった。一昨年の春節にやっと執筆に取りかかった。しかしながら、いつも各種の会議、大学院生がらみの仕事など事務的な事柄のためにゆっくりと座ってもいられなかった。その間にコンピュータのトラブルに悩まされたし、ウィルスのために何章分かの執筆内容が一朝にして烏有に帰すといったこともあった。去年、"SARS"ウィルスが猖獗を極めていた期間に、やっと腰を据えて大部分の内容を完成することができ、年末に基本的に完成を見た。書き終えてみると、まだなお意を尽くし切れておらず、全文を通して読んでみても、何か要点を書いているだけで、展開が見られないようにも思える。本当は引き続き努力して、更に充実させるべきであろう。しかし、いつも各種の仕事がこの身につきまとい、また体力が思うにまかせないと感じており、もし引き延ばし続ければ、完成はいつのことになるやら分からない。この他、主要な観点はすでに明らかに述べており、更に紙幅を増やしてみても、より多くの史実を列挙するだけであり、より多くの見解を発表してみても、基本的な論点に関しては、それほど変わることはないだろう。したがって、ここで筆を擱くことに決めた。

　山西教育出版社、特に張金柱氏の懇切なサポートと協力に感謝したい。張金柱氏は心をこめて編集して下さっただけではなくて、本書のために大量の絵や写真を選んで、本書を見栄えの良いものにして下さった。ここにとくに

記して謝意を表したい。

2004年7月16日

北京の"求是書斎"にて
顧　明遠

事項索引

〔あ行〕

アヘン戦争　19, 50-51, 57, 76, 154, 161, 164-165, 167, 169-170, 297
維新運動　101, 174-175
因材施教　142-143, 147
エスノセントリズム　300
延安大学　220
応試教育　8

〔か行〕

『外国教育動態』　261
解放区　220, 227, 231
科学と民主　102-103
科挙　viii, 29-30, 46, 48, 50, 53, 99-101, 105-106, 114, 123, 126, 128-130, 133-135, 137, 160, 164, 168-170, 175, 179-181, 187, 200, 304-305
科教興国　271
学　96
学記　106, 114, 145-146, 148-151
学務綱要　187
革命根拠地　217, 221, 223, 227
学問の東漸　19, 24, 25, 49-50, 153-154, 156, 159, 161-162, 169-170
岳麓書院　132, 136
家塾　98, 161, 166
学校死滅論　242
学校所有制　313
華東師範大学　260-262, 268, 277, 295
株式会社立学校　314
官邸学　105
幹部教育　299
義学　98
『幾何原本』　50, 157-158, 160
企業管理論　310
貴族学校　313
癸丑学制　188-191
機能主義　22
癸卯学制　166, 169, 175, 184-188
義務教育　279-280, 282
旧解放区　227, 299
挙一反三　146
『教育雑誌』　203
『教育史ABC』　212
教育大革命　229
「教育体制改革に関する決定」　259, 271, 303
教育伝統　93-94, 102-105, 138
教学研究グループ　250
教学研究室　250
教学相長　150
共産主義的教育　239
京師大学堂　175, 182-183, 194
京師同文館　100, 165, 173
キリスト教　49, 66, 157, 161, 163-164, 168, 170-172
義和団　84, 182, 197
近代化論　280
グローバル化　20
君子　74, 82, 119-121, 140-141, 146-148
経館　98
校　96
公営民助　314
郷学　114
公車上書　179
広州同文館　100
江蘇教育会　198-199
構築主義　310

鴻都門学	105
江南水師学堂	100
抗日戦教育	218
抗日戦争	77
抗日民主根拠地	217-218
校務委員会	315
嵩陽書院	132
公立学校	314
五教	114
国学	105, 114
国際労働組織（ISCO）	303
国子監	105
五四運動	43-44, 50-51, 57, 69, 83, 86, 102, 154, 169, 193-194, 207, 297, 299
五段階教授法	196
コロンビア大学	199-200, 262

〔さ行〕

三綱五常	43, 48, 62, 66, 76, 86, 98, 100-101, 116, 177, 298, 301
『三字経』	108, 123
三従四徳	166, 168
三年調整	229
私塾	98
「四書」「五経」	45, 91, 106, 108-109, 122-123, 125, 127, 131, 160, 163, 165
『師説』	5, 110
実用主義	4, 194, 197-199, 201
時務学堂	175, 179
思孟学派	145
四門学	105
社会主義教育	13
上海広方言館	100
修正主義	254
儒家独尊	98-99, 116, 122
『朱子家訓』	140
序	96
書院	98, 131-137

庠	96
生涯教育	260
精舎	97
小成	146
上部構造	6, 35, 258-259
壬寅学制	169, 175, 184, 186
辛亥革命	51, 57, 189, 193, 298
新解放区	227, 230
進化論学派	21
『新教育大綱』	212-213
壬子学制	188-191
新思想	298
壬戌学制	190, 192-193
新制度経済学派	310
『新青年』	63, 207
人民教育出版社	262
新民主主義革命	50-51, 77, 205, 232
新民主主義教育	224-226, 233
スコラ（経院）主義	124, 126
聖王	118, 120
清華学校	197
清華大学	60
生活教育	200
聖人	70-71, 118-119, 121
聖人君子	118
整風運動	224
性理学	37, 178
精廬	97
石鼓書院	132
『説文解字』	5
専科学校	246-247
全国教育工作会議	271-272, 274, 276
『千字文』	108, 123, 125
総教習	180
総合大学	246-248
奏定学堂章程	184, 186
宗法制度	41-42, 58, 61, 63-64, 76, 78, 88, 91

事項索引　323

速成中学	245-246
素質教育	8, 272-275, 301, 311
ソビエト教育学	239, 243
ソビエト区	217, 218, 220
ソ連に学ぶ	238
村塾	98

〔た行〕

太学	105
大躍進	229
単科大学	246-248
中央教育科学研究所	261
中華職業教育社	199
中華人民共和国教育法	314
中華民族	41, 49, 52, 54, 57, 59, 67-68, 76-78, 80, 82-83, 300, 310
「中国教育改革・発展綱要」	271, 273, 280, 311
中国人民抗日軍事政治大学	219-220
中国人民大学	236
『中国大百科全書・教育』	6-7
中体西用	19, 165, 169, 172, 175, 185-186
程朱理学	109, 127
デモクラシー	84, 86
殿試	99
天津水師学堂	100, 173
転制学校	314
伝統教育	93-94, 100, 102-103, 113, 137-139, 142, 151
冬学（冬季学習）運動	222
鄧小平理論	299
東北師範大学	261-262
東林書院	133-134
ドルトン・プラン	201-203

〔な行〕

内聖外王	118, 120, 131
二級学院	314

「21世紀に向けた教育振興行動計画」	271
日清戦争	84, 174, 298
日本留学	183
ノンフォーマル教育	282-283, 316

〔は行〕

ハーバード大学	60
バウチャー	314
白鹿洞書院	132, 136
八股文	100, 125, 127-128, 179-181
ハルビン工業大学	237
汎教育	8
『万国公報』	206
半封建・半植民地	18
範例教授理論	266-267
比較教育	i, v-vi, 13, 31, 259, 261-262, 265
『百家姓』	108, 123, 125
百家争鳴	42-43
福建船政学堂	100
仏教	39, 44-45, 47-48, 53, 55, 66
武帝時代	116
父母委員会	315
プラグマティズム	230, 241, 243-244
プロジェクト・メソッド	201-202, 241-242
文化圏理論	22
文化相対論	22
文化大革命	229, 259, 261
文化独立論	22
文化覇権主義	20
焚書坑儒	35, 43
平民教育	200
平民教育社	199
辟雍	105
北京師範大学	ii, v-vi, 261-262, 277
北京大学	183, 198-199
変法維新	100, 174-175
変法運動	178
茅山書院	132

戊戌の変法　　　　　　　84, 177, 298
ポストモダニズム　　　　　　　310

〔ま行〕

マルクス・レーニン主義　　　207, 262
マルクス主義　　　　　　　194, 203,
　　　　　　　205-206, 209, 298-299
マルクス主義教育理論　　　　214, 216
マルチ知能理論　　　　　　　　　310
『未来の学習』　　　　　　　　　260
民営学校　　　　　　　　　　　　313
民営教育促進法　　　　　　　　　313
民営公助　　　　　　　　　　　　314
民族的、科学的、大衆的教育　224-225
毛沢東思想　　　　　　　　　　　299

〔や行〕

唯物史観　　　　　　　　　　　　298
ユネスコ　　　　　　　　　　315-316
洋務運動　　　19, 57, 100, 165, 174-175, 280
洋務西学　　　　　　　　　　　　297
四つの現代化　　　　　　　　　　258

〔ら行〕

六芸　　　　　　　　　　97, 107, 122
六三三制　　　　　　　　　191-192, 269
ロシア十月革命　　　　　　　　51, 208
『論語』　　　　　　vii, 36, 55, 59, 65-66, 72,
　　　　　　　74-76, 78, 80, 88, 90, 108, 119,
　　　　　　　124, 126-127, 140-142, 144, 152

人名索引

〔あ行〕

禹	118
ヴィゴツキー	264
于光遠	7, 258
ウシンスキー	4, 12
惲代英	211
エンゲルス	206
王国維	194, 196
王守仁（陽明）	48, 140
王承緒	262

〔か行〕

カイーロフ	viii, 5, 12, 231, 233, 238-239, 242-243, 252-253
岳飛	77-78
カリーニン	5
カルヴィン・マティア	162, 164, 171-172
漢の武帝	43-44, 47, 70, 89, 98, 116, 122
韓愈	110
乾隆帝	24, 50, 54
堯	113, 118
キルパトリック	202
瞿葆奎	258, 277, 294
屈原	77
康熙帝	50, 54
孔子	5, 41, 48, 55, 61-62, 65-66, 71, 74-76, 78-80, 88-90, 97, 99, 106-107, 110, 118-120, 124, 138-144, 179, 306
江沢民	310
光緒帝	178, 182
黄帝	39, 113
康有為	101, 178-179, 204
顧炎武	77, 109
胡適	199, 209
顧明遠	v-vii, 6, 294-295, 320
コメニウス	3-4, 12, 136
ゴンチャロフ	231, 234

〔さ行〕

蔡元培	101-102, 188-189, 197
蔡倫	96
サドラー	13
ザンコフ	viii, 263, 266-267
始皇帝	20, 24, 35, 43
司馬遷	42
朱熹	23, 37, 47-48, 75, 123-124, 127, 136, 138
シュナイダー	13
朱柏廬	140
朱勃	262
舜	113, 118
荀子	118, 120-121
蒋夢麟	199
徐光啓	49, 157, 160
舒新城	203-204
真宗皇帝	128
神農氏	95
燧人	95
スホムリンスキー	263-265
盛宣懐	182
銭亦石	211
銭穆	14-16, 37
倉頡	96
ソクラテス	90
孫文	188

〔た行〕

譚嗣同	174-175, 179
張之洞	100
張栻	136
張百熙	182
陳鶴琴	199-200
陳元暉	244
陳独秀	51, 63, 83-84, 91, 207, 210, 214, 297-298
程頤	48, 142
鄭和	154-155
デューイ	4, 8, 12, 69, 196-201, 230, 243-244
陶行知	126, 199-201, 204, 244
董純才	231
鄧小平	26, 257-258, 260-261, 270-271, 294
董仲舒	23-24, 35, 37, 43, 66, 70, 76, 79, 98, 116, 122

〔な行〕

ニーダム	118

〔は行〕

ハッチンス（Robert Hutchins）	315
ハンス	13
潘懋元	6
畢昇	96
伏犠	95
フラー（Buckminster Fuller）	315
ブルーナー	263, 265-267, 294, 306
ブルーム	267-268
ペスタロッチ	196
ヘルバルト	4, 12, 194-198, 200, 243, 255
ベレディ（George Bereday）	315
包犠氏	95
ポール・モンロー	200

〔ま行〕

マウ（René Maheu）	315
マカレンコ	234
マテオ・リッチ	49-50, 156-159
マルクス	26, 206
孟子	5, 78-79, 106, 118, 120-121, 141-143
毛沢東	26, 51, 56, 58, 111, 245
モリソン	161, 163-164
モルガン	94

〔や行〕

楊賢江	102, 211-212, 214-215

〔ら行〕

陸九淵	48, 136
陸定一	253
李大釗	51, 69, 91, 207, 210, 214
劉少奇	232
梁啓超	39, 42, 53, 56, 101, 174-175, 178-181, 204, 206
梁漱溟	14-15, 37, 60, 84-86, 91
ルソー	4, 196
レーニン	v, 17, 25-26, 76
老子	44
魯迅	vii, 85-86, 91, 122, 125, 309-310
ロック	3

【翻訳者紹介】

まえがき	大塚　豊	監訳者、奥付参照
序　論	同上	
第1章	同上	
第2章	南部広孝（なんぶ・ひろたか）	

1967年、富山県生まれ。京都大学大学院教育学研究科博士後期課程学修認定退学、博士（教育学）。比較教育学専攻。現在、京都大学大学院教育学研究科准教授。主要著作は『中国高等教育独学試験制度関連法規（解説と訳）』（広島大学高等教育研究開発センター、2001年）、『文革後中国における大学院教育』（広島大学高等教育研究開発センター、2002年）ほか。

第3章　　同上
第4章　　石井光夫（いしい・みつお）

1954年、福島県生まれ。東京大学文学部卒業。比較教育学専攻。現在、東北大学高等教育開発推進センター教授。主要著作は『中国の教育』（文部省、1987年）、『諸外国の教育改革』（共著、ぎょうせい、2000年）ほか。

第5章　　同上
第6章　　楠山　研（くすやま・けん）

1975年、千葉県生まれ。京都大学大学院教育学研究科博士後期課程修了、博士（教育学）。比較教育学専攻。現在、長崎大学大学院教育学研究科助教。主要著作は『大学の管理運営改革―日本の行方と諸外国の動向―』（共著、東信堂、2005年）、『世界の公教育と宗教』（共著、東信堂、2003年）ほか。

第7章　　植村広美（うえむら・ひろみ）

1977年、大阪府生まれ。広島大学大学院教育学研究科博士後期課程修了、博士（教育学）。比較教育学専攻。現在、愛知淑徳大学・愛知教育大学ほか非常勤講師。主要著作は『中国における「農民工子女」の教育機会に関する制度と実態』（風間書房、2009年）ほか。

第8章　　日暮トモ子（ひぐらし・ともこ）

1972年、千葉県生まれ。早稲田大学大学院教育学研究科博士後期課程中退、修士（教育学）。教育思想史、比較教育学専攻。現在、有明教育芸術短期大学子ども学科准教授。主要著作・論文は『諸外国の教育動向2007年度版』（共著、明石書店、2008年）、「中国の義務教育改革の動向―現状と課題―」霞山会編『東亜』2007年5月号ほか。

第9章　　同上
第10章　　角田　梢（つのだ・こずえ）

1981年、神奈川県生まれ。広島大学大学院教育学研究科博士課程前期修了、修士（教育学）。比較教育学専攻。現在、米国メリーランド大学大学院教育学研究科博士後期課程在籍。主要著作は「在米華僑・華人による寄付活動」『華僑華人研究』第5号、2008年、「中国の大学に対する海外華僑・華人基金会の寄付活動―大学教員支援の動機の分析を中心に―」『比較教育学研究』第35号、2007年ほか。

第11章　　小川佳万（おがわ・よしかず）

1965年、愛知県生まれ。名古屋大学大学院教育学研究科博士後期課程単位取得退学、博士（教育学）。比較国際教育学専攻。現在、東北大学大学院教育学研究科准教授。主要著作は『台湾の高等教育―現状と改革動向―』（共編、広島大学高等教育研究開発センター、2008年）、『教育改革の国際比較』（共著、ミネルヴァ書房、2007年）、『社会主義中国における少数民族教育―「民族平等」理念の展開―』（東信堂、2001年）ほか。

あとがき　大塚　豊　監訳者、奥付参照

原著者紹介

顧　明遠（ぐ　みんゆあん）

1929年、中国江蘇省江陰県生まれ。ソ連モスクワ国立レーニン師範学院教育学部卒業。北京師範大学教育系主任、外国教育研究所長、副学長、大学院院長、管理学院長、国務院学位委員会教育学評議グループ召集人、教育部小中学校教材検定委員会副主任、世界比較教育学会副会長などの要職を歴任。現在、教育学修士の専門学位の教学指導委員会主任、教育部社会科学委員会副主任、中国教育学会会長を務める。

主要著作として、『魯迅の教育思想と実践』（共著）、『比較教育』（共編著）、『比較教育学』（訳著）、『教育学』（共編著）、『教育大辞典・全12巻』（編著）、『戦後ソ連の教育研究』（共編著）、『比較教育入門』（共著）、『民族文化の伝統と教育の近代化』（共編著）、『世界教育大辞典』（編著）、『中国教育体系・全9巻』（編著）、『私の教育探訪』など（以上、いずれも中国語）。*Education in China and Abroad: Perspectives from a Lifetime in Comparative Education*, Hong Kong University Press ほか多数。

監訳者紹介

大塚　豊（おおつか　ゆたか）

1951年、鳥取県生まれ。広島大学教育学部教育学科卒業、米国 George Peabody 教育大学（現 Vanderbilt 大学）大学院修士課程修了、広島大学大学院教育学研究科修士課程修了、同博士課程中退。博士（教育学）。比較教育学専攻。広島大学助手、国立教育研究所（現国立教育政策研究所）研究員・同主任研究官、広島大学・大学教育研究センター助教授・同教授、名古屋大学大学院国際開発研究科教授を経て、現在、広島大学大学院教育学研究科教授。北京師範大学国際・比較教育研究所、華中科学技術大学、浙江大学教育学院の客員教授。

主要著訳書として、『中国の近代化と教育』（石川啓二氏と共著、明治図書出版、1983年刊）、『現代中国高等教育の成立』（玉川大学出版部、1996年刊）、『中国大学入試研究―変貌する国家の人材選抜―』（東信堂、2007年刊）、『アジアの大学―従属から自立へ―』（馬越徹氏と共監訳、玉川大学出版部、1993年刊）、『変革期ベトナムの大学』（監訳、東信堂、1998年刊）、『比較教育学』（馬越徹氏と共監訳、東信堂、2006年刊）、『大学と社会』（安原義仁氏、羽田貴史氏と共編著、放送大学教育振興会、2008年刊）ほか。

中国教育の文化的基盤

2009年6月20日　初版第1刷発行　〔検印省略〕

定価はカバーに表示してあります。

監訳者Ⓒ大塚　豊／発行者　下田勝司　　印刷・製本／中央精版印刷

東京都文京区向丘1-20-6　郵便振替00110-6-37828
〒113-0023　TEL (03)3818-5521　FAX (03)3818-5514
Published by TOSHINDO PUBLISHING CO., LTD.
1-20-6, Mukougaoka, Bunkyo-ku, Tokyo, 113-0023 Japan
E-mail : tk203444@fsinet.or.jp　http://www.toshindo-pub.com

発行所　株式会社　東信堂

ISBN978-4-88713-923-7　C3037　Ⓒ Yutaka Otsuka

東信堂

比較教育学——越境のレッスン	馬越徹	三六〇〇円
比較教育学——伝統・挑戦・新しいパラダイムを求めて	M・ブレイ編／馬越徹・大塚豊監訳	三八〇〇円
世界の外国人学校	末藤美津子・大塚豊監訳	三八〇〇円
ヨーロッパの学校における市民的社会性教育の発展——フランス・ドイツ・イギリス	新井浅浩・武藤孝典編著	三八〇〇円
世界のシティズンシップ教育——グローバル時代の国民／市民形成	嶺井明子編著	二八〇〇円
市民性教育の研究——日本とタイの比較	平田利文編著	四二〇〇円
多様社会カナダの「国語」教育（カナダの教育3）	関口礼子編著	三八〇〇円
ドイツの教育のすべて	浪田克之介編著／天野・木戸・長島監訳 マックス・プランク教育研究所研究者グループ編	一〇〇〇〇円
国際教育開発の再検討——途上国の基礎教育普及に向けて	野津隆志編著	二四〇〇円
アメリカの教育支援ネットワーク——ベトナム系ニューカマーと学校・NPO・ボランティア	小川啓一・北村友人	二九〇〇円
中国教育の文化的基盤	顧明遠著／大塚豊訳	三六〇〇円
中国大学入試研究——変貌する国家の人材選抜	大塚豊	三四〇〇円
大学財政 世界の経験と中国の選択	呂煒編／成瀬龍夫監訳	四六〇〇円
中国の民営高等教育機関——社会ニーズとの対応	鮑威	五四〇〇円
「改革・開放」下中国教育の動態——江蘇省の場合を中心に	阿部洋編著	五二〇〇円
中国の職業教育拡大政策——背景・実現過程・帰結	劉文君	五〇四〇円
中国の後期中等教育の拡大と経済発展パターン——江蘇省と広東省の比較	呉琦来	三八二七円
中国高等教育の拡大と教育機会の変容	王傑	三九〇〇円
バングラデシュ農村の初等教育制度受容	日下部達哉	三六〇〇円
オーストラリアの言語教育政策——多文化主義における「多様性と」「統一」性の揺らぎと共存	青木麻衣子	三八〇〇円
マレーシア青年期女性の進路形成	鴨川明子	四七〇〇円
「郷土」としての台湾——郷土教育の展開にみるアイデンティティの変容	林初梅	四六〇〇円
戦後台湾教育とナショナル・アイデンティティ	山﨑直也	四〇〇〇円

〒113-0023　東京都文京区向丘1-20-6
TEL 03-3818-5521　FAX 03-3818-5514　振替 00110-6-37828
Email tk203444@fsinet.or.jp　URL:http://www.toshindo-pub.com/

※定価：表示価格（本体）＋税

東信堂

書名	副題・説明	著者	価格
グローバルな学びへ	——協同と刷新の教育	田中智志編著	二〇〇〇円
教育の共生体へ	——ボディエデュケーショナルの思想圏	田中智志編	三五〇〇円
人格形成概念の誕生	——近代アメリカの教育概念史	田中智志	三六〇〇円
教育の自治・分権と学校法制		結城 忠	四六〇〇円
ミッション・スクールと戦争	——立教学院のディレンマ	前田一男編	五八〇〇円
教育の平等と正義		大桃敏行・中村雅行・後藤武俊編	三二〇〇円
学校改革抗争の100年	——20世紀アメリカ教育史	末藤・宮本・佐藤訳著 D・ラヴィッチ著	六四〇〇円
大学の責務		立川明・坂本辰朗・井上比呂子訳著 D・ケネディ著	三八〇〇円
フェルディナン・ビュイッソンの教育思想	——第三共和政初期教育改革史研究の一環として	尾上雅信	三八〇〇円
ヨーロッパ近代教育の葛藤	——地球社会の求める教育システムへ	太田美幸編 関 啓子	三二〇〇円
多元的宗教教育の成立過程	——アメリカ教育と成瀬仁蔵の「帰一」の教育	大森秀子	三六〇〇円
文化変容のなかの子ども	——経験・他者・関係性	相馬伸一	二六〇〇円
教育的思考のトレーニング		高橋 勝	二三〇〇円
NPOの公共性と生涯学習のガバナンス		高橋満	二八〇〇円
進路形成に対する「在り方生き方指導」の功罪	——高校進路指導の社会学	望月由起	三六〇〇円
「夢追い」型進路形成の功罪	——高校改革の社会学	荒川葉	二八〇〇円
教育から職業へのトランジション	——若者の就労と進路職業選択の教育社会学	山内乾史編著	二六〇〇円
「学校協議会」の教育効果	——「開かれた学校づくり」のエスノグラフィー	平田 淳	五六〇〇円
教育と不平等の社会理論	——再生産論をこえて	小内 透	三二〇〇円
オフィシャル・ノレッジ批判	——保守復権の時代における民主主義教育	野崎・井口・小暮・池田監訳 M.W.アップル著	三八〇〇円
新版 昭和教育史	——天皇制と教育の史的展開	久保義三	一八〇〇〇円
地上の迷宮と心の楽園〔コメニウスセレクション〕		J・コメニウス著 藤田輝夫訳	三六〇〇円

〒113-0023　東京都文京区向丘1-20-6
TEL 03-3818-5521　FAX03-3818-5514　振替 00110-6-37828
Email tk203444@fsinet.or.jp　URL:http://www.toshindo-pub.com/

※定価：表示価格（本体）＋税

東信堂

大学再生への具体像	潮木守一	二五〇〇円
フンボルト理念の終焉？──現代大学の新次元	潮木守一	二五〇〇円
いくさの響きを聞きながら──横須賀そしてベルリン	潮木守一	二五〇〇円
国立大学・法人化の行方	天野郁夫	三六〇〇円
私立大学マネジメント	㈳私立大学連盟編	四七〇〇円
大学のイノベーション──経営学と企業改革から学んだこと	坂本和一	二六〇〇円
30年後を展望する中規模大学──自立と格差のはざまで	坂本和一	二五〇〇円
大学行政論Ⅰ──マネジメント・学習支援・連携	市川太一	二五〇〇円
大学行政論Ⅱ	伊藤八郎編	二三〇〇円
もうひとつの教養教育──職員による教育プログラムの開発	近森節子編	二三〇〇円
政策立案の「技法」──職員による大学行政政策論集	伊藤昇編	二三〇〇円
大学の管理運営改革──日本の行方と諸外国の動向	江原武一編	二五〇〇円
教員養成学の誕生──弘前大学教育学部の挑戦	杉本均編	三六〇〇円
改めて「大学制度とは何か」を問う	福島裕敏編著 遠藤孝夫	三二〇〇円
原点に立ち返っての大学改革	舘昭	一〇〇〇円
戦後日本産業界の大学教育要求──経済団体の教育言説と現代の教養論	舘昭	五四〇〇円
現代アメリカのコミュニティ・カレッジ──その実像と変革の軌跡	飯吉弘子著	五四〇〇円
アメリカ連邦政府による大学生経済支援政策	宇佐見忠雄	二三八一円
戦後オーストラリアの高等教育改革研究	犬塚典子	三八〇〇円
大学教育とジェンダー──ジェンダーはアメリカの大学をどう変革したか	杉本和弘	五八〇〇円
アメリカの女性大学：危機の構造	ホーン川嶋瑤子	三六〇〇円
（講座「21世紀の大学・高等教育を考える」）	坂本辰朗	二四〇〇円
大学改革の現在〔第1巻〕	有本章編著	三二〇〇円
大学評価の展開〔第2巻〕	山野井敦徳・山本眞一編著	三二〇〇円
学士課程教育の改革〔第3巻〕	絹川正吉・舘昭編著 清水一彦	三二〇〇円
大学院の改革〔第4巻〕	江原武一・馬越徹編著	三三〇〇円

〒113-0023 東京都文京区向丘1-20-6
TEL 03-3818-5521　FAX 03-3818-5514　振替 00110-6-37828
Email tk203444@fsinet.or.jp　URL http://www.toshindo-pub.com/

※定価：表示価格（本体）＋税

東信堂

大学の自己変革とオートノミー——点検から創造へ	寺﨑昌男	二五〇〇円
大学教育の創造——歴史・システム・カリキュラム	寺﨑昌男	二五〇〇円
大学教育の可能性——教養教育・評価・実践	寺﨑昌男	二五〇〇円
大学は歴史の思想で変わる——FD・評価・私学	寺﨑昌男	二八〇〇円
大学改革 その先を読む	寺﨑昌男	二三〇〇円
大学教育の思想——学士課程教育のデザイン	絹川正吉	
あたらしい教養教育をめざして——大学教育学会25年の歩み：未来への提言	大学教育学会25年史編纂委員会編	二九〇〇円
現代大学教育論——学生・授業・実施組織	山内乾史	二八〇〇円
大学における書く力考える力——認知心理学の知見をもとに	井下千以子	三二〇〇円
ティーチング・ポートフォリオ——授業改善の秘訣	土持ゲーリー法一	二〇〇〇円
ラーニング・ポートフォリオ——学習改善の秘訣	土持ゲーリー法一	二五〇〇円
津軽学——歴史と文化	弘前大学21世紀教育センター・土持ゲーリー法一編著	二〇〇〇円
IT時代の教育プロ養成戦略——日本初のeラーニング専門家養成ネット大学院の挑戦	大森不二雄編	二六〇〇円
資料で読み解く南原繁と戦後教育改革	山口周三	二八〇〇円
大学教育を科学する——学生の教育評価の国際比較	山田礼子編著	三六〇〇円
一年次（導入）教育の日米比較	山田礼子	二八〇〇円
大学の授業	宇佐美寛	二五〇〇円
大学授業の病理——FD批判	宇佐美寛	二五〇〇円
授業研究の病理	宇佐美寛	二五〇〇円
大学授業入門	宇佐美寛	一六〇〇円
作文の論理——〈わかる文章〉の仕組み	宇佐美寛編著	一九〇〇円
学生の学びを支援する大学教育	溝上慎一編	二四〇〇円
大学教授職とFD——アメリカと日本	有本章	三二〇〇円

〒113-0023 東京都文京区向丘1-20-6
TEL 03-3818-5521　FAX 03-3818-5514　振替 00110-6-37828
Email tk203444@fsinet.or.jp　URL:http://www.toshindo-pub.com/

※定価：表示価格（本体）＋税

東信堂

〈シリーズ 社会学のアクチュアリティ：批判と創造 全12巻＋2〉

クリティークとしての社会学	──現代を批判的に見る眼	宇都宮京子編	一八〇〇円
都市社会とリスク	──豊かな生活をもとめて	西原和久編	一八〇〇円
言説分析の可能性	──社会学的方法の迷宮から	三浦正弘編	二〇〇〇円
グローバル化とアジア社会	──ポストコロニアルの地平	武川正吾編	二三〇〇円
公共政策の社会学	──社会的現実との格闘	吉原直樹編	二〇〇〇円
社会学のアリーナへ	──21世紀社会を読み解く	友枝敏雄編	二二〇〇円
厚東洋輔編			

〈地域社会学講座 全3巻〉
地域社会学の視座と方法	似田貝香門監修	二八〇〇円
グローバリゼーション／ポスト・モダンと地域社会	古城利明監修	二五〇〇円
地域社会の政策とガバナンス	矢澤澄子監修	二七〇〇円

〈シリーズ世界の社会学・日本の社会学〉

タルコット・パーソンズ──最後の近代主義者	中野秀一郎	一八〇〇円
ゲオルグ・ジンメル──現代分化社会における個人と社会	居安正	一八〇〇円
ジョージ・H・ミード──社会的自我論の展開	船津衛	一八〇〇円
アラン・トゥーレーヌ──現代社会のゆくえと新しい社会運動	杉山光信	一八〇〇円
アルフレッド・シュッツ──主観的世間と社会	森元孝	一八〇〇円
エミール・デュルケム──社会の道徳的再建と社会学	中島道男	一八〇〇円
レイモン・アロン──危機の時代の証言者	岩城完之	一八〇〇円
フェルディナンド・テンニエス──ゲマインシャフトとゲゼルシャフト	吉田浩	一八〇〇円
カール・マンハイム──時代を診断する亡命者	園部雅久	一八〇〇円
ロバート・リンド──アメリカ文化の内省的批判者	佐々木敦	一八〇〇円
費孝通──民族自省の社会学	藤本雅彦	一八〇〇円
奥井復太郎──都市社会学と生活論の創始者	山本鎮雄	一八〇〇円
新明正道──綜合社会学の探究	中島久滋	一八〇〇円
米田庄太郎──新総合社会学の先駆者	北島隆男	一八〇〇円
高田保馬──理論と政策の無媒介的統一・家族研究	蓮見音彦	一八〇〇円
福武直──実証社会学の軌跡		一八〇〇円
戸田貞三──民主化と社会学の現実化を推進		

〒113-0023 東京都文京区向丘1-20-6
TEL 03-3818-5521 FAX 03-3818-5514 振替 00110-6-37828
Email tk203444@fsinet.or.jp URL:http://www.toshindo-pub.com/

※定価：表示価格（本体）＋税

東信堂

《未来を拓く人文・社会科学シリーズ（全17冊・別巻2）》

科学技術ガバナンス	城山英明編	一八〇〇円
ボトムアップな人間関係——心理・教育・福祉・環境・社会の12の現場から	サトウタツヤ編	一六〇〇円
高齢社会を生きる——老いる人／看取るシステム	清水哲郎編	一八〇〇円
家族のデザイン	小長谷有紀編	一八〇〇円
水をめぐるガバナンス——日本、アジア、中東、ヨーロッパの現場から	蔵治光一郎編	一八〇〇円
生活者がつくる市場社会	久米郁夫編	一八〇〇円
グローバル・ガバナンスの最前線——現在と過去のあいだ	遠藤乾編	二二〇〇円
資源を見る眼——現場からの分配論	佐藤仁編	二〇〇〇円
これからの教養教育——「カタ」の効用	葛西康徳・鈴木佳秀編	二〇〇〇円
「対テロ戦争」の時代の平和構築——過去からの視点、未来への展望	黒木英充編	一八〇〇円
企業の錯誤／教育の迷走——人材育成の「失われた一〇年」	青島矢一編	一八〇〇円
多元的共生を求めて——《市民の社会》をつくる	桑子敏雄編	二二〇〇円
千年持続学の構築	木村武史編	一八〇〇円
日本文化の空間学	宇田川妙子編	一八〇〇円
芸術は何を超えていくのか？	沼野充義編	一八〇〇円
芸術の生まれる場	木下直之編	二〇〇〇円
文学・芸術は何のためにあるのか？	吉岡洋・岡田暁生編	二〇〇〇円
紛争現場からの平和構築——国際刑事司法の役割と課題	遠藤乾・石田勇治・城山英明編	二八〇〇円
〈境界〉の今を生きる	荒川歩・川喜田敦子・谷川竜一・内藤順子・柴田晃芳編	一八〇〇円

〒113-0023 東京都文京区向丘1-20-6　TEL 03-3818-5521　FAX 03-3818-5514　振替 00110-6-37828
Email tk203444@fsinet.or.jp　URL:http://www.toshindo-pub.com/

※定価：表示価格（本体）＋税

東信堂

【世界美術双書】

バルビゾン派	井出洋一郎	二〇〇〇円
キリスト教シンボル図典	中森義宗	二二〇〇円
パルテノンとギリシア陶器	関 隆志	二二〇〇円
中国の版画―唐代から清代まで	小林 宏光	二二〇〇円
象徴主義―モダニズムへの警鐘	中村 隆夫	二三〇〇円
中国の仏教美術―後漢代から元代まで	久野 美樹	二三〇〇円
セザンヌとその時代	浅野 春男	二三〇〇円
日本の南画	武田 光一	二三〇〇円
画家とふるさと	小林 忠	二三〇〇円
ドイツの国民記念碑――一八一三―一九一三年	大原 まゆみ	二三〇〇円
日本・アジア美術探索	永井 信一	二三〇〇円
インド、チョーラ朝の美術	袋井 由布子	二三〇〇円
古代ギリシアのブロンズ彫刻	羽田 康一	二三〇〇円

【芸術学叢書】

芸術理論の現在―モダニズムから	藤枝晃雄編著	三八〇〇円
絵画論を超えて	尾崎信一郎	四六〇〇円
幻影としての空間―図学からみた東西の絵画	小山 清男	三七〇〇円
美術史の辞典	P・デューロ他　中森義宗・清水忠訳	三六〇〇円
図像の世界―時・空を超えて	中森 義宗	二五〇〇円
バロックの魅力	小穴 晶子編	二六〇〇円
新版 ジャクソン・ポロック	藤枝 晃雄	二六〇〇円
美学と現代美術の距離―アメリカにおけるその乖離と接近をめぐって	金 悠美	三八〇〇円
ロジャー・フライの批評理論―知性と感受	要 真理子	四二〇〇円
レオノール・フィニ―境界を侵犯する新しい種 性の間で	尾形 希和子	二八〇〇円
イタリア・ルネサンス事典	J・R・ヘイル編　中森義宗監訳	七八〇〇円
キリスト教美術・建築事典	P・マレー／L・マレー　中森義宗監訳	続刊
福永武彦論―「純粋記憶」の生成とボードレール	西岡 亜紀	三三〇〇円

〒113-0023　東京都文京区向丘1-20-6
TEL 03-3818-5521　FAX 03-3818-5514　振替 00110-6-37828
Email tk203444@fsinet.or.jp　URL:http://www.toshindo-pub.com/

※定価：表示価格（本体）＋税